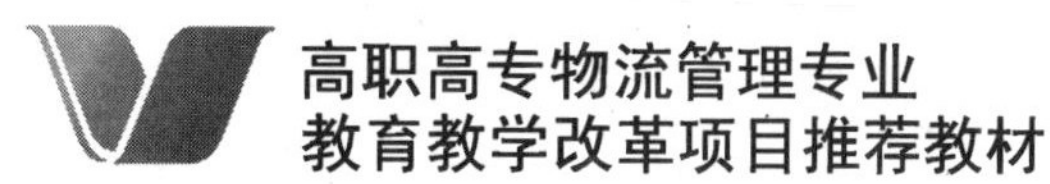

高职高专物流管理专业
教育教学改革项目推荐教材

物流服务营销

主　编　王　进
副主编　林小兰　党康林　兰贵秋
主　审　周艳军

人民交通出版社

内 容 提 要

依托**教育部高职高专物流管理专业教育教学改革研究项目**,由项目负责人上海第二工业大学黄中鼎教授牵头,组织多所院校的专家编写了本套推荐教材。本书为其中之一。

本书是教育部高职高专物流管理专业教育教学改革项目的研究成果,是面向21世纪课程教材。本书主要内容包括:物流服务营销的基本概念和基本理论,物流服务市场细分和定位的方法;通过对服务、定价、渠道、促销、有形展示、人和服务过程等7个要素的分析,阐述了物流服务营销组合的运用策略;同时还介绍了物流服务营销管理的基本方法。

在内容安排上,本书按照高职高专教材"适度、够用"的要求,加大了案例和实训内容,融合了职业资格标准,突出职业综合能力的培养,符合2005年9月教育部推出的"高等职业教育物流管理专业紧缺型人才培养方案"中对《物流服务营销》教材的要求。

本书适合高职高专院校、成人高等教育和本科二级职业学院物流管理及相关专业的教师和学生使用,也适用于物流企业管理人员的培训。

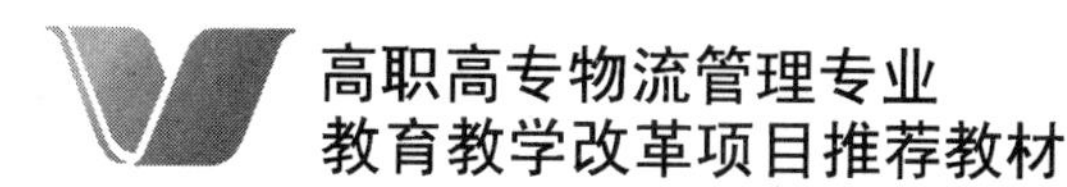

编委会 BIAN WEI HUI

前言 QIAN YAN

依托**教育部高职高专物流管理专业教育教学改革研究项目**，由项目负责人上海第二工业大学黄中鼎教授牵头，组织多所院校的专家编写了本套推荐教材。本书为其中之一。

随着世界经济的发展，物流作为企业的第三利润源，日益受到企业广泛的关注。在我国，现阶段物流人才短缺现象十分严重，物流人才被列为全国12种紧缺人才之一。为满足企业对物流人才的需求，培养物流专业技能人才，根据教育部高职高专物流管理专业教育教学改革项目安排我们编写本书。

本书的编写，采用了大量的案例和实训内容，融合了职业资格标准，突出了职业综合能力的培养，突出专业性、技能型和实效性，具有以下特点。

1. 适度、够用。本书按照高职高专教育的要求，知识体系清楚、简单、明了，实用性强。

2. 案例多、新。本书每章开篇有引导案例，篇尾有案例分析，切合每章的知识点，贴近实际，生动形象。

3. 突出实践教学。本书有大量的实训内容，实践性强，重点分析物流服务营销实务等内容。

4. 习题针对性强。本书每章都有适量、精炼、针对性强的习题，供学生练习，并配套用于教学的PPT及习题参考答案。

本书适合高职高专院校、成人高等教育和本科二级职业学院物流管理及相关专业的教师和学生使用，也适用于物流企业管理人员的培训。希望本书对我国物流管理人才、物流营销人才的培养及物流行业的发展有所贡献。

本书主编为王进，副主编为林小兰、党康林、兰贵秋，参编为刘秀英、吕慧、陈春李、姜立波、孙鹤嘉。上海第二工业大学的周艳军老师担任主审。

全书最后由王进修改和统稿，具体编写分工如下。

大连职业技术学院王进编写第一章、第八章、第十章和第三章第四节、第六章第三节；大连工业大学职业技术学院刘秀英编写第二章；北京信息职业技术学院林小兰编写了第三章第一～第三节和第九章；大连职业技术学院吕慧编写了第四章、第十二章；渤海大学高职学院兰贵秋编写了第五章；营口职业技术学院党康林、孙鹤嘉编写了第六章第一、二、四节；广东松山职业技术学院陈春李编写了第七章；大连职业技术学院姜立波编写了第十一章。

本书聘请了中远物流北方集装箱运输公司大件部经理刘绍民为顾问。

感谢人民交通出版社为本书的编写搭建了平台。在编写过程中，大连职业技术学院管理工程系主任王薇薇、物流教研室主任朱华老师为本书提供了宝贵的意见；此外，还参阅、引用了有关著作和教材，特此一并表示衷心的感谢。

由于编者水平有限，书中难免有不完善的地方，敬请读者批评指正。

编者

2007 年 5 月

目录 MU LU

第一章 物流服务营销概述

学习目标

- ◆ 掌握物流服务含义；
- ◆ 了解物流服务的起源；
- ◆ 了解物流服务相关理论；
- ◆ 掌握物流服务营销的概念；
- ◆ 掌握物流服务营销与产品营销的差异性；
- ◆ 掌握物流的基本服务和增值服务；
- ◆ 掌握物流服务模式的种类及特点。

弗朗斯马斯公司的物流服务❶

引入案例

弗朗斯马斯(FRANS MAAS)物流服务公司创建于1890年，已有百余年的历史。1950年该公司开始在欧洲各国建立分公司，从事运输业，有多年从事物流和快速运输服务的经验。1983年开始采用计算机跟踪技术，对货物运输进行管理。弗朗斯马斯公司为4万多个客户提供服务，其中有许多国际大公司，例如，美国的孙氏(SUN)微机公司、施乐复印机公司等。孙氏微机公司在全世界拥有45个代理商，美国东海岸、西海岸、苏格兰都有它的生产厂。1993年弗朗斯马斯公司开始为孙氏公司提供其在欧洲的物流服务，调整了孙氏公司在欧洲的销售和仓储网点，仅1年时间就使孙氏公司在产品库存上降低了费用支出72%，货物运达用户的时间下降了89%，运输成本下降了54%，物流成本下降了48%。

弗朗斯马斯荷兰公司(FRANS MAAS OOSTRUM，荷兰)是专为施乐复印机公司在全世界提供物流服务的中心，包括仓储、零部件包装、零部件回收、加工厂之间的调运、增值服务、运输和货物运输代理等，使其物流成本从1987年占产品成本的12%下降到1992年的8%，1995年下降到6%以下。1992年节省开支2亿美元，运

❶长沙运管网/首页/企业案例，http://www.csyg.net/web/news_one.asp? i_id=805，2004-12-2。

输成本降低30%(3 500万美元)，产品库存从1987年的5.35亿美元降到1992年的3.25亿美元，分发中心成本减少1 000万美元。在欧洲范围内货物配送的时间可在1～3d内送达。

由于弗朗斯马斯公司的出色服务，1990年它获得了荷兰皇家奖，1991年获得欧洲先进物流管理奖，1992年获得施乐公司杰出物流奖，1994年获得孙氏微机公司奖。

请分析：物流服务为什么会有如此大的潜力呢？物流服务的观念是怎样不断地认识与提升的？

第一节　物流服务的起源

一、物流的基本概念

国际及国内物流专家关于物流的定义众说纷纭，但基本包括以下内容：物流是克服时间间隔和空间间隔的经济性活动，物流包括物资流通和信息流通。

1. 国外对物流的定义

美国物流管理委员会(Council of Logistics Management，CLM)的定义："为了满足消费者的需求，对商品、服务和相关信息从产出点到消费点的合理、有效的流动和储存，进行规划、实施与控制的过程。它不局限于顾客服务、搬运及运输，包括仓库保管、工厂和仓库选址、信息、采购、装卸、零件供应并提供服务、废弃物回收处理、包装、退货业务、需求预测等。"

日本工业标准的定义："物流将实物从供给者物理性移动到用户这一过程的活动，一般包括输送、保管、装卸以及与其有关的情报等活动。"

欧洲物流协会关于物流的定义为："物流是在一个系统内对人员和商品的运输、安排及与此有关的支持活动进行计划、执行和控制，已达到特定的目的。"

2. 我国对物流的定义

2001年8月1日起正式实施的由国家质量技术监督局发布的《中华人民共和国国家质量标准物流术语》中规定："物流是物品从供应地向接收地实体流动的过程。根据实际需要，将运输、储存、装卸、搬运、包装、加工、配送、信息处理等基本功能实施有机结合。"

简单地说，物流是关于在需要的时候，在指定的地点，得到所需的物品，或者可用7个恰当(7R)来表示：恰当的产品(Right Product)、恰当的数量(Right Quantity)、恰当的条件(Right Condition)、恰当的地点(Right Place)、恰当的时间(Right Time)、恰当的顾客(Right Customer)、恰当的成本(Right Cost)。

7个恰当指出了物流的基本活动，强调了空间和时间的重要性，也强调了成本与服务的重要性，当物流系统发生变动时，物流管理者应不断评价成本与服务水平的合适性。

二、物流的由来

1. 物流产生缘由

物流是个古老的话题，从有商品生产就产生了物流，随着商品生产和商品流通规模与范围的扩大，物流业经历了由简单到高级、由传统到现代的发展过程。

(1)生产和消费在时间和空间上的分离

人类社会开始生产之后，生产和消费逐渐分离，这就产生了连接生产和消费的中间环节——流通。马克思在描述流通的这种地位时说："流通和生产本身一样重要。"恩格斯也说过："这两种职能在每一瞬间都互相制约，并且互相影响。"随着工业文明的崛起，社会生产和消费水平及规模的扩大和发展，大生产和专业化分工方式的采用，使现代的生产和消费在空间、时间及人这三个要素都表现为分离的形式。将生产和消费在空间上连接必须进行物资输送；在时间上连接就需要进行物资储存；将生产和消费的人进行连接，就需要进行商品的买卖与交换。商品的运输、储存以及与此相联系的包装、装卸等物资实物流动即形成物流。物流产生的根源就在于生产与消费在时间上和空间上的分离。20 世纪 50 年代后由于生产的发展，产品逐渐丰富，这就使生产和消费的分离越来越普遍。但是生产和消费的有效连接却存在着难度，而与此同时，人们要求流通的时间却越来越短，由此进一步促进了物流的迅速发展。

(2)经济发展的结果

第二次世界大战以后，世界各国经济环境都发生了巨大的变化。尤其是石油危机的爆发使主要的资本主义国家和企业开始面对提高利润和市场条件不稳定的巨大压力，导致流通成本相对于生产成本而言有上升的趋势，影响了商品的竞争力，而在生产中依靠提高生产效率却很难取得显著降低费用的目的。物流作为提高生产效率、控制与减少成本的一种途径不断受到关注，这促进了其发展。

2. 现代物流发展中存在的问题

(1)产业尚未成熟

虽然物流的概念早在 20 世纪 50 年代就已经提出，但物流真正的发展是在近十几年，物流作为一种提高流通速度、节约仓储和在途运输费用的有效手段还需要进一步发展。

(2)尚未有统一的物流服务标准

在物流服务上处于发展期，各种不同的物流企业不断地进入市场。由于各个企业的不同背景以及对物流的不同认识，因而服务呈现不同的特点，尚未形成基本统一的服务标准。

(3)法律规范尚未到位

目前尚未有一个关于现代物流的法规或规则，来规范物流服务的提供者和顾客之间的权利、义务和责任。

(4)信息技术的利用还有待进一步加强

在物流发展的现阶段,信息比任何时候都更加重要。各种物资到达的时间和数量、离开每个地点的时间和数量、在途时间和数量、生产量和需求量等各种信息都影响着物流作业的效率和功能的发挥。现代信息技术的加强将成为影响物流发展的关键因素。而目前高效信息手段的利用仍受到各方面的制约,尚未普及且存在着不平衡。

三、物流的服务功能

物流的服务功能包括两个方面:从总体上来看,物流是物的物理性流动,最终为用户服务;从具体内容上看,构成物流总体的种种活动,实际上是物流所具有的具体功能,见图 1-1。

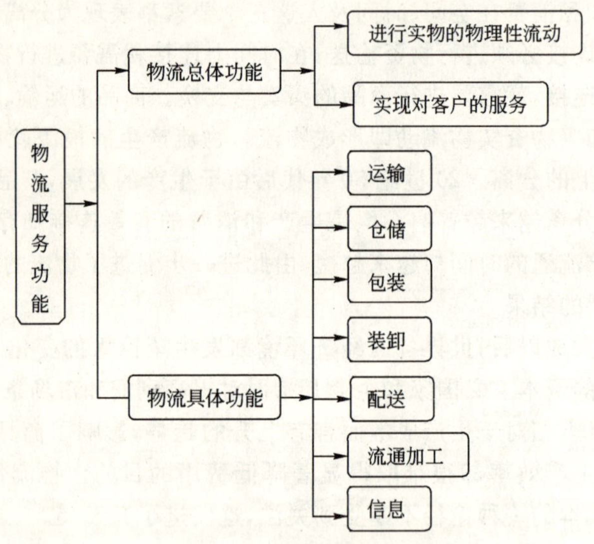

图 1-1　物流的服务功能

1. 物流的总体功能

(1)进行实物的物理性流动

物流的物理性运动的动力来自 5 个方面:

生产活动和工作活动的要求;生产活动和消费活动的要求;流通活动的要求;军事活动的要求;社会活动、公益活动的要求。

(2)实现对客户的服务

虽然在物流的某些领域内存在"利润中心"、"成本中心"等作用,但是所有的物流活动都无一例外地具有"服务"这个共同的功能特性。所以,实现对用户的服务是物流的另一个总体功能。

2. 物流的具体功能

(1)运输

物流的一个主要活动是实现物料及商品从起始点到消费点甚至是最终处理点的运输。运输是物流系统中最为重要的功能要素之一，是通过运输手段使货物在不同地域范围内以改变“物”的空间位置为目的的活动，创造场所效用。运输在物流活动中占有重要的地位，是社会物质生产的必要条件，是“第三利润源”的主要源泉。

(2)仓储

仓储与运输在物流系统中同样重要，可以消除生产和消费之间的时间间隔，产生时间效用。同时，仓储还有调整价格的功能，防止产品过多导致价格的暴跌。因此，仓储具有以调整供需为目的调整时间和价格的双重功能。

(3)包装

包装是包装物及包装操作的总称，是物品在运输、保管、交易、使用时，为保护物品的价值、形状而使用适当的材料容器进行保管的技术和被保护的状态。包装是生产的终点，同时又是物流的起点，具有保护性、单位集中性和便利性三大特点，同时具有保护商品、方便物流、促进销售、方便消费四大功能。

(4)装卸

装卸是指在同一区域范围内，以改变物资的存放状态和空间位置为主要内容和目的的活动，包括装卸、搬运、堆垛、拆垛、取货、理货等活动。装卸本身不创造价值，但装卸的质量影响着物流成本和物流效率。

(5)配送

配送是物流中一种特殊的、综合的活动形式，几乎包括了所有的物流功能要素。配送集包装、保管、运输、装卸搬运、流通加工等于一身，是物流的一个缩影或在某小范围中物流全部活动的体现。从经济学角度讲，配送是以现代送货形式实现资源的最终配置的经济活动；从配送的实施形态角度讲，配送是按用户订货要求，在配送中心或其他物流节点进行货物配备，并以最合理的方式交付用户的服务活动。

(6)流通加工

流通加工是流通中的一种特殊形式。它是指在物品从生产领域向消费领域流动的过程中，为促进销售，维护产品质量和提高物流效率，而对物品进行加工，使物品发生物理、化学或形状变化的活动。流通加工的主要作用是优化物流系统，表现为：增强物流系统服务功能；提高物流对象的附加价值，使物流系统可以成为“利润中心”；降低物流系统成本等。

(7)信息处理

物流信息主要是物流数量、物流地区、物流费用等信息。与其他领域信息相比，物流信息有其特殊性，表现在：物流信息源点多，信息量大，信息缺乏通用性，这是由物流活动范围的广阔性及物流管理未统一化、标准化决定的；物流信息动态性能特别强，决定了信息的收集、加工、处理应及时、快速；物流信息种类繁多，不仅要收集处理本系统内部的各类信息，还要收集与之相关的生产、销售等系统的信息，这样物流信息的分类、研究、筛选难度加大。物流信息具有“中枢神经作用”和“支持保障作用”。

物流系统的服务目标:服务好,费用省。所谓服务好,是指物流系统是一个服务系统,它的所有活动都是服务活动,为生产服务、为流通服务、为客户服务,而这种服务的核心,就是满足客户的需求,包括不缺货、保质、保量、及时送货,安全可靠的运输、储存、包装、装卸、信息支持、技术咨询、技术支持、售后服务,几乎遍及物流活动的各个方面、各个环节。在服务好的同时,尽可能地降低成本,也就是费用省。

四、服务业与服务经济

物流是服务业里的一支新兴力量,随着工业化进程的深入和经济信息化、知识化程度的不断提高,服务业在当代经济中扮演的角色越来越重要,人们对服务业的态度发生了根本性的转变,针对服务业的研究逐渐丰富起来。现在不论在全世界还是在我国,服务业都得到了迅猛发展。服务业已经不能用低技术与低收入水平来描述了。相反,诸如银行、保险、通信、物流等成为增长最快速的行业。事实上,服务业是当今世界经济全球化的重要推动力。

1.服务经济理论

服务经济是指服务活动为主导经济活动类型的经济发展阶段,在此阶段,一国从以农业产品和工业产品的生产为主转向以服务产品的生产为主。“服务经济社会”的出现是相对于人类社会发展历史上的另两个阶段“农业社会”和“工业社会”而言的。

(1)社会发展历程与服务经济

一般认为,我们的社会经历了农业社会(前工业化社会)、工业化社会和后工业化社会(服务社会)3 个阶段,现在有些国家正在进入信息化社会或称为“体验经济时代”。

“农业社会”是人类社会发展的第一阶段,它是以农业活动为主要的经济活动类型、以生产农产品为主的社会,工厂手工业和服务业居于次要地位。目前就全球范围来看,世界上大多数人的生活状况是维持生存,可以说仍然生活在农业社会(或前工业化社会)。劳动者主要凭借体力和传统习惯从事农业、矿业、牧业和渔业等辛勤劳动,生活条件受诸多外在因素限制,如天气、土壤状况和水源等,生活就像是对抗自然的游戏。生活节奏由自然创造,工作脚步随季节变动,技术水平落后,生产效率低下。为改变这一状况,大多数人在服务业中寻找机会,但仅仅限于个人和家庭范围。农业社会是围绕习惯、传统和权威构筑而成的。

“工业社会”是人类社会发展的第二阶段,它以工业活动为主要活动类型,以生产工业品为主,农业和服务业居于附属地位,现在世界上的大部分国家正处于这一阶段。我国正处在由工业化的初级阶段向更高级阶段的转变时期。工业社会的主导活动是物质产品的生产,关注的焦点是降低成本和提高产量,能源和机器设备使产品成倍增长。劳动分工法则创造出了重复性工作,工作在人工环境中完成,工人日夜与机器打交道,生活变成了对抗“人造自然”的游戏。生活节奏与机器的步调一致,每日都有严格的工作时间限制。工业化社会是充满时间表的社会，时间的价值得到了充分的体现。人们的生活水准由物质的多少来衡量，协调物质的生产和分销的复杂性导致了大型组织的形成。他们的运作方式趋近于非人性化，人被当作物来使用和对待。

第三阶段是“后工业化社会（服务社会）”阶段，它是在一些国家的工业化全面完成以后，服务产品的生产成为经济活动的主体，同时服务业成为经济中的主要产业部门后才出现的。服务社会以美国为代表（著名学者福克斯早在1968年就宣称美国在西方发达国家中率先进入“服务经济社会”），目前，北美、西欧和大洋洲的一些发达的工业化国家已先后进入这一阶段。后工业化社会关心的是生活的质量，而非物质产品的多少。它由诸如教育、健康、娱乐等方面的服务水平决定。各种专业人士成为主导力量，因为信息成为压倒能源和体力的资源。生活变成了人与人之间相处的游戏。社会逐渐明白，个人的独立行为结合在一起可能产生波及每一个人的大灾难，像环境污染、交通堵塞等。社区而不是个人称为社会的基本单位。

从工业化向后工业化社会转变有多种方式。首先，为了支持工业化进程，服务业得到了自然发展，比如交通运输和公用事业；其次，人口的增长和物质产品的大量销售促进了零售和批发业的发展，物流、银行、保险和房地产业随之受益；第三，随着收入的增加，个人生活必需品的消费比例下降，而耐用消费品和服务消费明显增加。

由此可见，从工业化社会向后工业化社会转变的过程中，服务起着至关重要的作用，成为社会经济健康发展的关键和核心，因此，也就产生了服务经济的概念。

在世界经济快速发展变化的今天，存在三个明显动向：一是世界各国正在进行经济结构的调整；二是科技的迅猛发展及作用的日渐突出；三是跨国公司的力量和影响日益强大。在经济结构的战略调整方面，发达国家正从制造业向服务业转移，通过服务业的发展增强制造业的竞争力，努力实现经济从“硬”向“软”的转变；发展中国家也在大力发展服务业，通过服务业竞争力的增强来提高整个国家的竞争力。同时，科技的迅猛发展促使知识和技术含量高的服务业得到快速发展，并成为服务业中的主体。

（2）服务经济的特征

随着服务业的迅速发展，服务在一国经济结构中的比重越来越大。在新增的就业机会中大多来自于服务业。服务业与传统制造业的联系也日益紧密并相互融合。另外，服务业也从劳动密集型更多地转向了知识密集型。总之，“服务经济”具有以下特征。

①服务业产值在经济结构中的比重日趋上升。二战以后，服务业产值在经济结构中的比重在不断上升，并成为许多发达国家的主导产业。发达国家国民经济结构中的三次产业（农业、工业和服务业）产值变化的基本发展趋势是：农业产值在经济结构中的比重急剧下降，工业特别是制造业的产值开始缓慢下降，服务业的产值则持续快速上升。

②服务业就业人数持续大幅度增加。服务经济不仅表现在服务业产值所占比重

的明显增加，还表现在就业结构伴随着生产力发展和产业结构演变而发生的巨大变化。发达国家就业结构变化的基本趋势是：本来已经很低的农业就业比重继续下降，工业特别是制造业的就业比重大幅度下滑，服务业的就业比重持续大幅度上升。

③服务贸易发展迅速，将在国际贸易中逐渐占据主导地位。根据WTO（World Trade Organization，简称WTO）的统计，1990～1997年间国际服务贸易额的年增长率为8%，高于同期世纪货物贸易的增长率。

④服务业与生产型产业结合得越加紧密，"服务化"特征明显。服务经济的另一个明显特点是，不仅服务业本身得到了很大发展，而且它与工业和农业间的结合也越来越紧密，并使这些生产型产业出现了明显的"软化"趋势，改变了其单纯生产的特点。

⑤服务经济的内部结构越来越呈现出知识经济的特点。在各国的服务业中，知识密集型服务业发展迅速，其产值比重和就业比重不断增加，如金融、保险、房地产、商业服务等。此外，服务业是新技术发展的重要推动者，它不仅是新技术的主要使用者和推广者，还指引着新技术的发展方向，并促进了多项技术之间的沟通和发展。

(3)"经济服务化"概念

经济服务化就是经济活动中服务性要素逐渐增多并发挥主导作用的过程及造成的社会和经济结果，它以工业化的高度发展为前提，并最终导致产业结构的变化，包含以下几方面的含义。

①经济服务化是一个过程，该过程不仅体现在产品型经济向服务型经济的转变，还体现在当今产品型经济越来越多地依赖服务并将它作为重要的竞争手段，即生产型产业也会逐步"服务化"，服务性要素成为经济主导要素。

②经济服务化还是由过程造成的结果，其中最明显的是引起国民经济产业结构的变化，服务业逐渐超过农业和工业而成为现代经济中的主导产业。

③经济服务化并不意味着工业与服务业的隔离，相反，两者的联系更加紧密和频繁，相互渗透和彼此合作程度更加深化，具体表现为：工业为服务业发展提供坚实的基础，服务业使工业得到深化并重新获得发展动力，从而提高整个国民经济的质量。

④经济服务化的根本原因是技术进步导致的分工深化引起的经济活动的"信息化"。

2.服务业在当代经济中的作用

意大利市场营销专家佩里切利认为，服务在经济和社会发展中起决定作用，或所谓"中心作用"，它主要包括以下两方面的作用。一是竞争作用。某一国家的服务业如果比其他国家更有竞争力并能实现规模效益，就能在国际竞争中处于优势；而将服务业与其他产业（如农业和制造业）相结合，就可以使这些产业更具有竞争力。二是增倍器作用。如亚特兰大奥运会产生了对农业和制造业的需求，并带动了美国其他地区旅游业的发展；同时，服务业还是极少产生污染的产业，并具有"抗萧条"的明显特点，以服务业为主的地区比以农业和工业为主的地区更能抵抗萧条的冲击。

其他学者也都从各自的角度阐述了服务业的作用，总之，服务业在经济发展中主要有以下几种重要作用。

(1)服务业是经济增长的动力和源泉。

(2)服务业竞争力的增强会提升国家的整体竞争力，并成为国际竞争力最重要的部分。

(3)服务业是解决就业问题的最重要途径。

(4)服务业的发展会促进产业结构的升级以及生活质量的提高。

由此可知，服务业越来越受到人们的普遍重视，发挥的作用也更加重要和明显。服务业的兴旺发达是现代经济的一个重要特征，它已成为创造社会财富、满足社会需要的重要产业部门，并正在成为经济活动的中心，“服务经济”时代越来越清晰地呈现在人们面前。

五、服务概念的界定

世界各国有关服务概念的界定不下几十种，其中有代表性的有如下几种。

1960 年美国市场营销学会 AMA(American Marketing Assciation)定义为：“用于出售或者是同产品连在一起进行出售的活动、利益或满足感”。

1963 年著名学者雷根的定义是：“直接提供满足(交通、房租)或者与有形商品或其他服务(信用卡)一起提供满足的不可感知活动。”

1990 年北欧学者格隆鲁斯定义为：“服务是指或多或少具有无形特征的一种或一系列活动，通常(但并非一定)发生在顾客同服务的提供者及其有形的资源、商品或系统相互作用的过程中，以便解决消费者的有关问题。”

A·佩恩在分析了各国营销组织和学者对服务的界定之后，对服务作出这样的界定：“服务是一种涉及某些无形性因素的活动，它包括与顾客或他们拥有财产的相互活动，它不会造成所有权的更换。条件可能发生变化，服务产出可能或不可能与物质产品紧密相连。”

综合以上各种定义，可将服务定义为：服务是具有无形特征却可给人带来某种利益或满足感的可供有偿转让的一种或一系列活动。

服务和产品由交融在一起到彼此分离呈现 4 种状态，即：

(1)纯有形商品状态，如香皂、牙膏、盐等，产品本身没有附带服务。

(2)附有服务的商品状态，如计算机、家电产品等；附有服务以提高对顾客的吸引力。

(3)附有少部分商品的服务状态，如空中旅行的头等舱，除提供服务外，还附食品、报章杂志等。

(4)纯服务状态，如心理咨询、家政服务等服务者，直接为顾客提供相关的服务。

服务是无形的，但研究服务时往往对服务所依托的综合要素进行研究，并以“服务产品”的特定概念予以表达。服务产品是服务劳动者的劳动以活劳动的形式所提供的服务形成的，它结合服务场所、服务设施、服务方式、服务手段、服务环境等属于劳动资料、劳动对象的范畴要素综合构成的。显然，服务产品既有物的要素，也有非物的要素；既有有形要素，也有无形要素。在服务产品的交换中，因只有部分要素改变其所有权，而另一部分要素只出售使用权，因此，同一服务产品可以不间断地多次出售。

服务在社会经济活动中的重要性是与日俱增的，社会经济越发达，服务的地位越突出。服务既是企业间竞争的焦点，也为企业的发展提供机遇，不论是服务业还是以产品营销为主体的企业，服务将成为企业价值和利益的核心。服务的这种突出的核心地位是由市场驱动和技术驱动这两个因素决定的：一方面，顾客已经不满足于用技术手段解决需求问题，顾客需求企业提供更多的形象价值、人员价值、超值服务，尽量减少顾客的时间成本、精神成本、精力成本，这迫使企业向顾客增加服务；另一方面，技术的发展，尤其是信息技术领先发展的条件下，企业的创新服务变得更加便捷，使企业的服务高性能化、智能化。

显然，现代社会企业间的竞争实质上是服务的竞争。服务竞争的成功是企业成功及发展的金钥匙。

服务竞争的过程也是企业核心价值集中于服务的过程。在这个转移中企业将获得服务机遇。服务机遇是顾客与企业各种资源相互作用而形成的商机和发展因素。企业的任何营销活动都存在着创造和提供优质服务的条件和机遇，成功的企业就是善于捕捉和运用服务机遇，做好服务工作，从而形成竞争优势。服务是使企业做得与众不同的基础，也是获取竞争优势的基本条件，因而企业树立服务导向观念是非常重要的。管理者树立服务为先的导向后，他们就会认真思索服务特有的本质属性，就会在管理中采用新的营销方式和服务方式。

1.服务概念界定的必要性

造成服务概念理解的模糊和不统一的重要原因是，服务业过于纷杂。服务业既包括新兴的服务活动，如物流服务、电信服务和技术中介服务，又包括十分传统的活动，如理发服务；既包括劳动密集型产业，如零售业务，又包括资本密集型产业，如交通运输业，还包括知识和技术密集型产业，如金融保险业；既包括生产率增长最快的部门，如信息服务，又包括生产率几乎不增长的部门，如艺术服务；既包括可以标准化和大规模生产的服务业，如餐饮业，又包括只能以顾客化方式生产的服务，如咨询服务。

2.完善服务的概念

服务组织设计服务产品，主要基于销售整体概念以及产品和服务整体组合的思想。在现实生活中，几乎没有纯粹的产品和纯粹的服务。顾客总是在购买由有形成分和无形成分共同组成的销售整体，任何销售整体都包含有形成分和无形成分。例如，汽车是有形产品，但是消费者在购买汽车的同时，也购买了汽车制造商提供的服务。

在销售整体概念基础上，学者们进一步提出产品和服务整体组合概念，这一概念包含两层含义。第一，任何产品和服务整体组合，都同时包含了有形成分和无形成分。有形成分和无形成分都是满足消费者需求及向消费者传递利益和价值的手段，它们可以相互替换。第二，产品和服务整体组合概念强调服务是一个动态的过程，强调管理者必须深入了解顾客的整个消费过程。在顾客整个消费过程中，服务组织都必须尽力从整体上提高顾客感知价值。从顾客的角度看，顾客亲自参与服务过程，与服务组织发生接触，服务质量不仅与服务结果有关，也与服务的过程有关。

六、服务类型的划分

服务依据不同的划分标准，可以进行不同的分类。这里介绍 3 种分类法。

1. 服务推广顾客参与程度分类法

此法依据顾客对服务推广的参与程度，将服务分为 3 大类。

(1)高接触性服务

高接触性服务是指顾客在服务推广过程中参与其中全部或大部分的活动，如电影院、娱乐场所、公共交通、学校等部门所提供的服务。

(2)中接触性服务

中接触性服务是指顾客只是部分地或在局部时间内参与其中的活动，如银行、律师、地产经纪人等所提供的服务。

(3)低接触性服务

低接触性服务是指在服务推广中顾客与服务的提供者接触较少的服务，其间的交往主要是通过仪器设备进行的，如信息、邮电业等提供的服务。

这种分类法的优点是便于将高接触性服务从中低接触性服务中分离出来、突现出来，以便采取多样化的服务营销策略满足各种高接触性服务对象的需求；其缺点是过于粗略。

2. 综合因素分类法

此法从服务的综合因素着手，分别从不同的侧面进行分类。

(1)依据提供服务工具的不同分两类

①以机器设备为基础的服务，如自动售货机、自动化汽车刷洗等。

②以人为基础的服务，包括非技术性、技术性和专业性服务，如会计审计服务、旅行服务、物流服务等。

(2)依据顾客在服务现场出现必要性的大小分为两类

①必须要求顾客亲临现场的服务，如身体检查、理发美发、按摩美容等。这样的

服务要考虑环境卫生、设施等因素。

②不需要顾客亲临现场的服务，如汽车修理、成衣整烫等。

(3)依据顾客个人需要与企业需要的不同分两类

①专对个人需要的专一化服务。

②面对个人需要与企业需要的混合性服务。

(4)依据服务组织的目的与所有制分4类

①营利性服务，以盈利为目的的服务。

②非营利性服务，以社会公益服务为目的的服务。

③私人服务，其所有制为私人所有的服务。

④公共服务，以社会主义全民所有制和集体所有制为主体、面对全社会公益事业的服务。

这种分类法综合考虑了各类因素，对其客观状态进行了分类，包容性较广，但从服务营销管理角度考虑不够，与对服务业的管理不太协调。

3.服务营销管理分类法

此法吸收了前几种分类法的优点，并重点结合对服务业的管理过程进行分类。

(1)依据服务活动的本质分4类

①作用于人的有形服务，如民航、理发服务等。

②作用于物的有形服务，如航空货运、草坪修整等。

③作用于人的无形服务，如教育、广播等。

④作用于物的无形服务，如咨询、保险等。

(2)依据顾客与服务组织的联系状态分4类

①连续性、会员关系服务，如银行、保险、汽车协会等。

②连续性、非正式关系的服务，如广播电台、警察保护等。

③间断的、会员关系的服务，如电话购买服务、担保维修等。

④间断的、非正式关系的服务，如邮购、街头收费电话等。

(3)依据服务方式及满足程度分4类

①标准化服务，选择自由度小，难以满足顾客的个性需求，如公共汽车载客服务等。

②易于满足要求，但服务方式选择自由度小的服务，如电话服务、旅馆服务等。

③提供者选择余地大，而难以满足个性要求的服务，如教师授课等。

④需求能满足且服务提供者有发挥空间的服务，如美容、建筑设计、律师和医疗保健等。

(4)依据服务供求关系可分为3类

①需求波动较小的服务，如保险、法律、银行服务等。

②需求波动大而供应基本能跟上的服务，如电力、天然气、电话等。

③需求波动幅度大并会超出供应能力的服务，如交通运输、饭店和宾馆等。

(5)依据服务推广的方法可分为 6 类

①在单一地点顾客主动接触服务组织，如电影院、烧烤店。

②在单一地点服务组织主动接触顾客，如出租汽车等。

③在单一地点顾客与服务组织远距离交易，如信用卡公司等。

④在多个地点顾客主动接触服务组织，如汽车维修服务、快餐店等。

⑤在多个地点服务组织主动接触顾客，如邮寄服务。

⑥在多个地点顾客和组织无距离交易，如广播站、电话公司等。

由于服务内涵的复杂性，决定了人们考察服务时从不同的视点介入，因而导致不同的分类法。服务的分类是为认识不同行业、不同部门的特征服务的，它是制订服务营销战略的基础。

第二节　物流服务概述

一、物流服务的含义

1. 物流服务的概念

物流服务是企业为了满足客户的物流需求，进行一系列物流活动的结果。物流服务本身不创造商品的形质效用，而是产生空间效用和时间效用。现代物流管理的核心是在成本有效的范围内，向物流需求方及时有效地供应物品和服务。现代物流管理以客户满意为首要目标，在物流企业经营战略中确立客户服务的标准，通过物流服务差异化途径保证物流服务的高水平。

2. 物流服务与客户服务的关系

企业物流服务属于客户服务的范畴，物流服务围绕客户期望的物品、期望的传递时间和期望的质量开展。企业物流服务可从以下 3 个方面满足客户对物流的需求。

(1)备货保证

对于客户所期望的物品要有足够的存货保证。

(2)输送保证

在客户期望的时间内及时输送物品，包括物品长距离的运输保证和近距离的配送保证。

(3)品质保证

质量应保证符合客户的期望。

3. 物流服务的作用

(1)物流服务成为市场细分营销的重要环节

在从大批量生产和销售的规模营销转向细分市场营销后，市场的多样化和分散化使企业不断地符合各种类型与不同层次的市场要求，企业根据差别化战略对客户进行差异化服务，物流服务是差别化营销的重要方式和途径。

(2)物流服务水平对经营效益的作用

企业的物流成本控制决定企业的物流服务是有限的。因此，在制订合理的企业预期物流服务时，必须考虑到对企业经济效益的影响，特别是对一些非常规紧急物流服务，应考虑成本适当化，保证经营效益不受太大影响。

(3)物流服务方式的选择对降低成本的作用

合理的物流服务方式能够给企业带来经济效益，成为企业的第三利润源，特别是采用精益物流、虚拟物流、共同配送都能够有效降低总体的物流成本。

(4)物流服务有效推动供应链的运作

对供应链的所有成员提高物流服务，将导致在整个流通过程中不断调整企业应对市场的策略，进而创造出一种超越单个企业的供应链价值。

二、物流的基本服务

物流服务通过功能要素的活动实现，包括：包装、运输与配送、储存、流通加工，以及相关的物流信息。

物流基本服务，实现物品的空间效用、时间效用和流通加工效用，提供可靠性和及时性，见图 1-2。

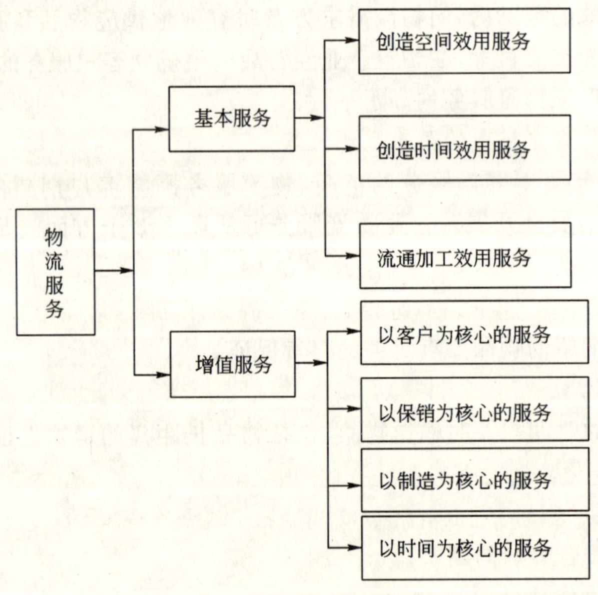

图 1-2　物流服务示意图

1. 创造空间效用服务

物品由生产地通过分销渠道发送给客户的过程为运输与配送，由生产地至流通仓库或物流中心的物品空间位移是运输，从流通仓库或物流中心到用户的空间位移是配送。物流服务选择满足用户需要的最经济的运输方式，在规定的时间内将物品送达客户的收货地，并实时监控运输过程，合理调配运输工具，减少回程车辆放空，在为客户提供满意服务的同时，提高自身的经济效益。

2. 创造时间效用服务

物品在生产经营过程中的暂时停滞，对货主是资源的被动浪费，储存功能将其转化为积极的调节功能。

(1)调节供需与价格的功能

生产和消费不可能完全同步，当市场上物品供应过多，价格下降时，将一部分物品储存起来，减少供应，导致价格回升；当市场物品供应减少，价格上升时，将储存物品尽快输送到市场，保证供应，实现价格稳定。

(2)调节物品运输功能

将分散货源集中到集货中心，然后进入快速干线运输；或者将集中货物从干线运输分散到配送中心，再配送到终端客户。从物品的分散到集中的过程中，使储存功能发挥保障和调节作用。

(3)调节库存，保障供给

物流商选择连贯的运输方式，通过在储存体系中配备高效的分拣、传送、保管设备，多种物流作用同时交叉进行，减少货主企业的库存量和库存时间。物流服务商号可以采用准时供应方式，利用信息网络的虚拟库存代替实物库存，实现在不降低物流服务水平的前提下尽可能减少实物库存水平。

3. 流通加工效用服务

流通加工是在流通过程中，应客户要求对物品进行的外形和包装加工。流通加工的作用是促进销售，维护产品质量，实现物流的高效率，流通加工是物流作业中最明显的客户服务功能要素。

在提供上述 3 种服务时，通过包装、运输和储存功能，保证物品无货损或低货损。

三、物流的增值服务

增值服务是针对特定客户或特定物流活动的定制化服务，它是超出基本服务范围之外的附加性服务。物流增值服务的内容包括：以客户为核心的服务、以促销为核心的服务、以制造为核心的服务和以时间为核心的服务，见图 1-2。

1. 以客户为核心的服务

以客户为核心的增值服务向买卖双方提供利用第三方专业人员配送产品的各种可供选择方式。在企业密集的城市中央商务区，由专门的商务文件与票据传递公司在提供配送服务的同时,又提供的服务。这是简单的以客户为核心的增值服务,复杂的以客户为核心的增值服务包括从订货服务到送货服务,再到按零售后货仓储备所需的明细货品规格持续提供配送服务。这类专门的增值服务可以用来有效支持新产品的市场引入,以及根据当地市场的季节性需求而进行的配送。

2. 以促销为核心的服务

这种增值服务是对企业促销的特定支持服务。成熟商业地区的销售是集中在特定展销中心,全年不断地变化自己的产品形象和销售表演,称为"SHOW"。如果均由本公司承担,其成本必然高,效果也不一定会提高。促销方案决定后,转由第三方配送样品的公司负责全程促销活动就是这种增值服务的表现。

3. 以制造为核心的服务

即通过独特的产品分类和配送来支持制造活动的增值服务。这种增值服务的核心是将物流加工活动提前至生产加工阶段进行,根据客户的需要,对产品进行最终的修正和调整,以适应特定客户的需求,其结果是使服务得到了极大的改善。

4. 以时间为核心的服务

这种增值服务的主要特征是消除不必要的仓库设施、减少重复装卸、搬运活动,最大限度地提高服务速度。以时间为核心的服务正在原材料工业和标准化组行业中大力推广,比如汽车装配线以准时制的零部件配送代替传统的车间内仓库,进而以同步零件输送线,供应组装所需的零件。物流的增值服务与配送有直接的关系,配送是终端物流活动,它掌握最终消费客户的需求,因此所有的物流增值服务都是从配送引申发展出来的。

四、物流服务模式的种类及其特点

物流服务需求分为单功能服务、多功能服务及一体化服务需求 3 大类,并以此为依据,将物流服务模式分为单功能物流服务模式、多功能物流服务模式和一体化物流服务模式 3 种,对于每种物流服务模式其特点分析如下。[1]

1. 单功能物流服务模式

目前,我国有许多物流企业是由传统的运输、仓储企业(或部门)转型(或分离)而来的,这些企业以运输或仓储为主业,在物流市场中占有很大的比例。单功能物流服务模式的提出就在于指导这类企业的发展。

---

[1] 案例摘选自飞诺网/资讯首页/经济/产业风云/商业流通/正文,http://info.feno.cn/2007/110316/c000057829.shtml,吴群琪,2007-05-31。

单功能物流服务模式是具有相应物流设施与设备的物流企业为社会提供单一功能(如运输、仓储、配送等)物流服务的一种服务模式。由于运输和仓储是物流系统最强大和最主要的功能,单功能物流服务模式又可以分为运输主导型物流服务模式和仓储主导型物流服务模式。

(1)运输主导型物流服务模式

运输主导型物流服务模式是拥有适当的运输设备(火车、轮船、飞机等)、运输设施(货运站、港口、机场)、必要的装卸设备等的物流企业为社会提供专业运输服务的物流服务模式。运输主导型物流服务模式的内容既包括点到点的货物运输,也包括多式联运(物流企业在多式联运中发挥主导作用),还包括物流企业根据客户需求所进行的 JIT(Just in time)运输等,在服务实际操作过程中,物流企业可以联合其他物流企业共同完成运输任务。我国目前已经有部分物流企业向该方向发展,如常州交运集团有限公司、上海佳宇物流有限公司、渤海石油运输公司、汕头市水运总公司、芜湖县弋江航运公司等。

运输主导型物流服务模式企业的发展要领如下:

①要能提供高水平的专业化运输服务。由于运输主导型物流服务的服务功能单一,只有通过专业化的运输服务才能在多样化、个性化的物流市场中立足。专业化运输服务主要体现在以下几个方面。

要有专业化的运输设施和运输设备:无论是在数量还是尺寸、标准上,运输主导型物流企业都要能够满足不同货物、不同货主对运输设施与设备的要求。

要能通过高效科学的管理方法,提供高水平的服务:通过高效科学的现代化管理方法,降低物流成本或提供其他企业无法提供的物流服务。如,多式联运服务,针对不同的需求者,结合不同运输方式的技术经济特点,通过合理的选择,实现有效多式联运,降低物流成本,JIT 运输服务,用适当的时间、将正确的货物送达到正确的目的地。

②要有相对完善的运输网络。运输业是规模经济行业,较大的运输量和较强的运输组织能力,能够保证企业提供低成本、高效率的运输服务。拥有相对完善的运输网络可以使运输主导型物流企业大量减少回程空驶,提高运输效率,降低运输成本,从而发挥规模效益。

③要能充分利用现代信息技术。随着终端产品市场的个性化、多样化需求日趋明显,需求企业要求为其提供服务的物流企业具有较强的反应机制,因此,运输主导型物流企业要以现代信息技术(如 EDI、GPS 等)为支撑,快速地响应客户以满足客户需求。

(2)仓储主导型物流服务模式

仓储主导型物流服务模式是拥有适当的仓储设备(货架)、仓储设施(仓库)以及必要的装卸和拣选设备等的物流企业,为社会提供专业仓储服务的物流服务模式。仓储主导型物流服务模式的服务内容既包括货物的保管服务,也包括适当的加工包装以及流通服务。以仓储服务作为切入点进入物流市场也是许多物流企业的选择,如广东鱼珠物流基地有限公司、浙江元通物流有限公司、湖州华盛达仓储物流有限公司等。

仓储主导型物流服务模式企业应把握好的发展要领主要有:

①要能提供高水平的专业化仓储服务。与运输主导型物流服务模式相似,仓储主导型物流服务功能单一,只有通过专业化的仓储服务才能在多样化、个性化的物流市场中立足。专业化仓储服务主要体现在以下方面。

要有专业化的仓储设施与设备:在数量上,要有一定量的仓容以满足客户需求,在质量上要有适应不同货物储存条件的特殊仓库,如冷藏、冷冻库以及危险品仓库等,可以满足不同需求主体对仓储设施与设备的要求。

要有高效、专业的仓储管理能力:仓储主导型物流服务涉及的货物品种较多,不同的货物由于化学、物理性质不同,其储存条件也各不相同,并且各需求企业的不同货物的进出频率也不一样,只有具备较强的管理能力才可以合理地兼顾各项因素提高仓储效率,从而降低仓储成本。

②要有较高的信息化水平。较高的信息化程度能提高物流企业对货物管理的便利性和服务效率,减少货损、货差,同时也为物流供需双方之间的有效沟通提供保障。

③要有相对固定的服务对象。仓储主导型服务成本中固定成本所占比例较大,服务对象相对固定能保证一定量的货源,并且随着货物数量的增加以及仓库利用率的提高,物流企业的单位服务成本相对降低,从而发挥规模效益。

2. 多功能物流服务模式

根据第六次中国物流市场调查分析报告显示,在外包物流服务中,企业对包含多种物流服务的综合物流服务需求呈上升趋势,如生产制造企业的第三方物流服务中,希望提供3种以上物流服务的企业需求比例高达73%。它是指物流服务企业为需求方提供两种或两种以上的物流服务内容的一种服务模式。

多功能物流服务模式企业应把握好的发展要领主要有:

(1)要有相对丰富的服务内容

与单功能服务模式相比,多功能物流服务模式的核心竞争力就是能提供相对丰富的服务内容,因此,多功能物流服务企业需要至少提供运输、仓储、配送、包装、流通加工等两种或两种以上的服务内容。

(2)要有较强的技术性

物流服务的技术性既包括物流服务实际操作的技术性也包括对物流服务内容管

理、组织协调的技术能力，通过较强的技术能力，可以实现相对现代化的服务内容并做好物流服务内容之间的互相协调，提高物流运作效率，降低成本。

(3)要有实现物流系统局部优化的能力

实现物流系统局部优化是多功能物流服务模式相对单功能服务模式的另一大优势，虽然企业还不能做到物流系统整体优化，但通过多功能物流服务已经可以做到相对较优。因此，多功能物流服务企业需要具有一定的整合、组织能力，使所负责的物流部分实现局部优化。

3. 一体化物流服务模式

随着制造、零售企业专业化程度的不断提高，更多的企业(尤其是大型企业)期望物流企业为其提供包括方案设计和物流实际运作在内的一体化物流服务。一体化物流服务模式是物流企业为客户提供两种或两种以上物流服务，并将这些服务一体化的一种服务模式。一体化物流服务模式是许多大型物流企业的发展方向和目标，如中国远洋物流有限公司、中海集团物流有限公司、中国外运股份有限公司、新科安达等。

一体化物流服务模式企业应把握好的发展要领主要有：

①要有一体化服务的策划能力，寻求到一体化服务的利润空间，并据之明确一体化服务的内容及方式。一体化物流服务不是单纯提供运输、仓储、配送等多个功能性物流服务的组合，扮演物流参与者角色，而是需要将多个物流功能视为一个整体，考虑各个物流环节的衔接，然后进行整合，对客户物流运作进行总体设计和管理，实现物流系统的整体最优，扮演的是物流责任人角色。因此，企业必须具备一体化服务的策划能力，才能为需求方提供一体化物流服务。

②要有很强的管理组织能力和资源整合能力，能按上述确定的服务内容和方式提供一体化物流服务。一体化物流的服务难度很大，需要企业有很强的管理组织能力和资源整合能力，充分利用企业内部和外部资源，将所提供的各服务环节整合成一个整体来进行管理，目标是实现物流系统的整体最优。

③要能与物流需求方长期合作结成战略联盟。一体化物流服务模式企业需要新建专门的物流设施，购置专门的物流设备，深入分析需方企业物流过程，为需方企业提供一体化的物流服务。这使供需双方的风险都很大，所以双方应建立长期合作的战略联盟关系来降低供需双方的风险。

④要有很高的信息化水平。一体化物流服务模式供需双方之间的关系十分密切，是一种战略同盟的关系，双方之间的交流非常频繁，只有通过全面、系统、深入的信息交换，物流企业才能为需求方适时提供一体化物流服务。

第三节　物流服务营销

一、物流服务营销的含义与运行背景

1.物流服务营销的含义

物流服务营销是以物流服务的建立、维持、强化物流活动中的客户关系并使之商品化，识别不同的物流服务市场，设计营销方案，用顾客的满意为中心来优化物流的作业和管理，如图1-3所示，即：

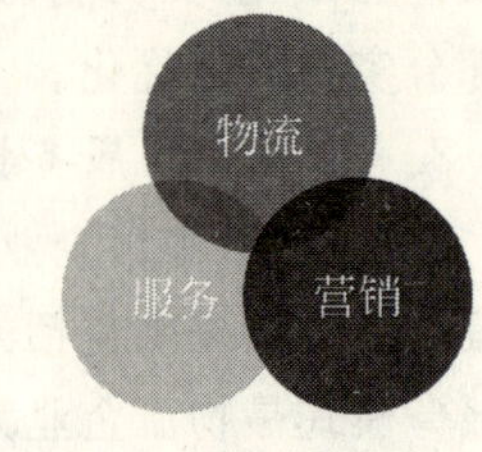

图1-3　物流服务营销示意图

(1)它是一个综合的经营管理过程，贯穿于企业经营活动全过程。

(2)它是以用户满意为中心来组织企业经营活动，通过满足需求而达到企业获利和发展的目标。

(3)它是以整体性的经营手段来适应和影响客户需求。

因此，营销是企业提供出售，进行产品和价值交换，以获得其所需所欲物的一种社会行为和管理过程。这个过程需要识别客户的需求和欲望，确定某个组织所能提供最佳服务的目标市场，设计适当的产品、服务和计划方案以满足这些市场的需要，其目的是通过与重要的客户建立有特定价值倾向的关系，创造客户满意并且获取利润。

2.物流服务营销运行的背景

物流服务营销的运行背景有3个基本特征。

(1)经济全球化约束的影响

在20世纪的后20年，世界经济已经基本完成了剧烈的转变，随着高新技术产品的不断涌现，全球经济往来的联网和社会交往的扩展，传统意义上的地域和文化间的差距开始缩短。这些变化让企业不但成为全球经济链节中的组成部分，也使得企业大大地扩大了它的销售市场和供应来源。全球生产、全球采购和全球销售成为经济全球化下的企业全球市场行为的注解和载体。

经济全球化产生资本商品及服务的非限制性流动，使所有参与者的财富和繁荣程度增加，带来了全世界经济结构和经济政策的趋同，促使通过改革与协调所有权模式和规则安排带动经济增长。经济全球化的一个附带效应就是政治边界模糊化了，削弱了政府对国内市场的控制。

经济全球化意味着商品和服务得到了一个前所未有的更大市场，也意味着本土企业面临着更多数量的竞争者，日益要求企业必须具备核心竞争力才能成为全球企业——融入全球产业体系，参与产业链的整合。显示出企业的竞争力被要求提升到全球范围内衡量比较的地步，所以，企业市场运作需要有全球性的战略眼光。

经济全球化让企业在更广阔的层面上有着多样化的市场机会，企业的市场不局限于本土，价值链的延伸和新技术的应用使空间的距离迅速缩短，信息传递的手段变化使企业的进入和退出障碍产生了质的改变，企业将面临着数不清的生存发展和提高的机会。

经济全球化带来了世界经济格局的变化，区域贸易集团正在走向成熟，世界一体化的贸易组织（WTO）正在组成一个有望消除贸易壁垒、共享普遍标准和规则的大市场。适应这一大市场的企业规模越来越大，行业的集中度越来越高，带来了世界经济的较高增长率。

(2)新经济的约束和影响

信息技术（Information Technique，简称 IT）的迅速发展以及在信息产业中对技术的联合应用，已经直接地影响和制约了企业的营销和营销的产品，使我们进入了一个新经济时期，这一时期又称做网络时代，它的载体标志是人机对话条件下的网络化，带来了企业运作模式的更新。

在经济分析中，彼此密切相关的 3 个传统概念——生产、生产率和就业——适用于一个"封闭的"世界，即适用于企业世界。在这个世界里人的活动是能被清楚地辨认的，虽然并不总是能被精确地计算。但是，网络时代则属于一个虚拟的、潜在的世界。它可以使人对尚未被探索领域的干预能力增加许多倍。由此看来，我们正面临着一部新的"机器"，这部新机器的生产能力不是由其发明者事先确定的，而是要取决于其操作者的智慧和革新精神。这是一部可以把使用的自由推向极限的很"柔韧"的机器。

如今，网络已成为最有前途的联络和沟通工具，它将使企业的运转和人际关系发生革命性变化。

网络为载体的新经济体系中的组织并未让其结构单一化，恰恰相反，由于只需要少量的启动资金，开办小型企业成为最简便的方式。但这样，最终依然会形成大型企业，其途径或者是通过自主发展，或者是通过收购企业。网络也能促进商界巨擘之间的联合，处理能力的加强可以降低集中活动的费用。而所有这些活动都能导致创造高附加值，并促进经济增长率的提高。因此，这些活动在自身发展中创造的就业机会都是"具有带动作用的就业机会"。当然，技术进步带来的新经济体系在冲击旧经济体系的大厦支柱的同时，也冲击了原有体系下的合理结构。收入差距会加大，简单劳动和复杂劳动间的"贫富"扩大，经济领域中的创新者收入会很高，地域间的经济结构不稳定性加剧，与"新经济"这种运转方式相连的就业机会不稳定也会加剧，企业的营销定位和稳定市场占有率的难度大大增加，由此，人们对新技术的非难也会增加。

(3)强有力顾客的约束和影响

20 世纪营销的迅速发展是建立在较多的企业在并没有顾客的直接参与情况下

设计和供应顾客需要的产品的，因此也就会有较多的企业经常性地忘却销售后的顾客要求，虽然20世纪的营销成功是因为有那么一些企业以市场和顾客的要求为基础维系了市场和经济的发展。

在21世纪，由上一世纪延续下来的顾客导向已经使得顾客逐渐地认识到了他们自身的价值，他们的理性程度提高，参与热情持续高涨，面对生产力高度发达的社会，顾客已经给企业开出了众多的经营（营销）案，即多种的实际需求，所以就企业而言，其主题只能是一种创造概念——创造市场和创造需求的组合。

3.物流服务营销的核心要素

物流服务营销包含的要素有：需要、欲望和需求；产品；价值、效用、成本和满意；交换和交易，如图1-4所示。

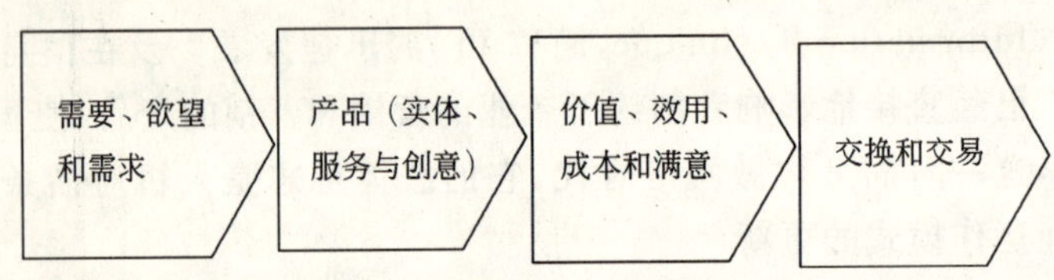

图1-4 营销的核心要素

(1)需要、欲望和需求

人类的各种需要和欲望是营销的出发点。人类的需要是指没有得到某些基本满足的感受状态，如食品、衣物、房屋、安全、归属、认同等。这些需要存在于人的生理和心理要求中，这些需要不是社会或营销者能够创造的。

欲望是指对具体满足物的愿望。人类的需要并不多，但欲望却很多。各种社会机构或现象都可能激起人们产生和形成种种欲望。需求是指对有能力购买并愿意购买的某个具体产品的欲望。当购买能力日渐增长，欲望便转化为需求。

事实上，营销并不创造需要，需要早就存在于营销活动出现之前。营销，连同社会上的其他因素，都是影响了人们的欲望，并试图向人们指出何种特定产品可以满足其特定需要，进而通过使产品富有吸引力，适应消费者的支付能力且使之容易得到来影响需求。

(2)产品（实体、服务与创意）

产品是用来满足人类某种需要或欲望的东西。由3个因素组成：实体、服务与创意。实体产品的重要性在于它们所提供的物体组合，体现该产品的主旨。

产品包括有形产品与无形产品。有形产品是为客户提供服务的载体，通过这些有形产品和其他载体来提供无形产品和传递服务。通过对实体产品的拥有来满足我们的欲望，人们通过购买某种产品实体能够获得自己所需要的服务。人们购买汽车不是为了观赏，而是因为它可以提供一种叫做交通的服务。营销的任务，是通过描述产品的特性、功能，向市场展示产品实体中所包含的利益或服务。这构成了产品中的概念提供。值得注意的是，只有首先接受产品的概念，消费者才会去购买这一概念涵盖的产品实体和服务。

(3)价值、效用、成本和满意

价值是消费者对产品满足自己特定需求的能力的评价，是顾客所得到的与所付出的比值；效用是消费者对满足其需求的产品全部效能(效率和效果)的实际认识，是指产品满足人们欲望的能力，即产品的有用性程度。效用实际上是一个人的自我心理感受，它来自人的主观评价。在对能够满足某一特定需要的一组产品进行满意选择时，人们所依据的标准就是各种产品的效用。对价值的评价是由边际效用 m_1 等于边际效用 m_2 衡量的，因此有成本和满意两个基本标准。

例如，某消费者到某地去所用的交通工具，可以是自行车、摩托车、汽车、飞机等。这些可供选择的产品构成了产品的选择组合。又假设某消费者要求满足不同的需求，即速度、安全、舒适及节约成本，这些构成了其需求组合。这样，每种产品由不同能力来满足其不同需要，如自行车省钱，但速度慢；飞机速度快，但成本高。消费者要决定一项最能满足其需要的产品。为此，将最能满足其需求到最不能满足其需求的产品进行排列，从中选择出最接近理想产品的产品，它对客户效用最大，如客户到某目的地所选择理想产品的标准是安全、迅速，他可能会选择汽车。

客户选择所需的产品除效用因素外，产品价格高低也是因素之一。如果客户追求效用最大化，他就不会简单地只看产品表面价格的高低，而会看每一元钱能产生的最大效用，如一部好汽车价格比自行车昂贵，但由于速度快、修理费少、相对于自行车更安全，其效用可能大，从而更能满足客户需求。

消费者会根据不同产品满足其需求的能力来决定这些产品的价值，并据此选择购买效用最大的产品。他所愿支付的价格(即需求价格)取决于产品的边际效用。

(4)交换和交易

所谓交换是指通过提供某种东西作为回报，从别人那里取得所需物的行为。交换的发生，必须具备 5 个条件。

①至少有两方；

②每一方有被对方认为有价值的东西；

③每一方都能沟通信息和传送物品；

④每一方都可以自由接受或拒绝对方的产品；

⑤每一方都认为与另一方进行交换是适当的或称心如意的。

交换能否发生，取决于买卖双方能否找到交换的条件，在于交换之后双方的状况能否变得比交换前好。当人们决定以交换方式来满足需要或欲望时，就存在营销的可能了。

交易是交换活动的基本单元，是由交换双方之间的价值所构成的行为。一次交易包括 3 个可以量度的实质内容：

①至少有两个有价值的事物；

②买卖双方所同意的条件和认定的协议；

③完善的法律制度。

由此，交换是一个过程，而不是一种事件。如果双方正在洽谈并逐渐达成协议，称为在交换中。如果双方通过谈判并达成协议，交易便发生，交易是交换的基本组成部分。交易是买卖双方价值的交换，它是以货币为媒介的；而交换不一定以货币为媒介，它可以是物物交换。

二、物流服务营销特点

物流企业提供的是服务，因而具有服务的5种特征，在进行物流服务营销时，要根据这些特征，采取不同于产品营销的策略。这些特征是：

(1)不可感知性(Intangibility)

不可感知性包括两层含义，即：①服务与实体商品相比较，服务的特质及组成服务的元素，许多情况下都是无形无质的，让人不能触摸或凭视觉感到其存在；②消费者消费服务后所获得的利益，也很难被察觉，或是要经过一段时间后，消费服务的享用者才能感觉出利益的存在。服务的这一特征决定消费者购买服务前，不能以对待实物商品的办法去触摸、尝试、嗅觉、聆听等去判断服务的优劣，而只能以搜寻信息的办法，参考多方意见及自身的历史体验来作出判断。

正因为服务的不可感知性。许多服务业为了变不可感知为可感知，常常通过服务人员、服务过程及服务有形展示，并综合运用服务设施、服务环境、服务方式和手段等来体现。

服务的不可感知性只是用以区别实物商品，其意义在于提供一个视角割清服务与实物商品。服务有时是需要一定的载体的，如录音磁带、录像带等作为音乐、电视服务的载体。载体的有效性的强弱，体现了服务质量的高低，如优质磁带声音清晰，使人欣赏音乐的质量得以提高；相反，劣质磁带的服务效果就差。

服务的不可感知性要求服务业提供服务介绍和承诺。服务介绍的诚实性与准确性是服务质量所要求的。服务承诺的针对性与周到性及服务履约的及时性、兑现性，也是服务质量水平的体现。

(2)不可分离性(Inseparability)

服务的不可分离性即是指服务的生产过程与消费过程同时进行，服务人员提供服务于顾客之时，也正是顾客消费、享用服务的过程，生产与消费服务在时间上不可分离。由于服务是一个过程或一系列的活动，故而在此过程中消费者与生产者必须直接发生联系。消费者不参与服务生产过程，即不能享受服务。这一特征要求服务消费者必须以积极的、合作的态度参与服务生产过程，只有参与才能消费服务，否则便不能消费服务，如医疗服务，病人接受治疗。只有主动地诉说病情，医生才能作出诊断,并对症下药。

服务的这一特征有别于产品质量及营销管理的地方主要在于:

①服务营销管理将对顾客参与生产过程纳入管理,而不只局限对员工的管理。因而对顾客宣传其服务知识,提高顾客参与服务生产过程的水平十分重要。服务营销就是要妥善地引导顾客参与服务生产过程,并要及时沟通服务人员与顾客之间的关系。促使顾客在服务生产过程中扮演好自身的角色,以保证服务生产过程亦即顾客的服务消费过程高质量地完成。

②服务的这一特征表明服务员工与顾客的互动行为既是服务质量高低的影响因素,也是服务企业与顾客之间关系的影响因素。服务质量管理是服务业的生命。服务质量管理应包括对服务生产全过程中对员工和顾客的双重管理,要促进服务员工与顾客的良性互动,两好相合,以全面提高质量,树立企业的形象。服务员工与顾客的良性互动的关键是沟通,适时恰当的沟通是全面推行服务质量管理的中心环节。

(3)品质差异性(Heterogeneity)

服务品质差异性是指服务的构成成分及其质量水平经常变化,难于统一认定的特性。服务的主体和对象均是人,人是服务的中心,而人又具有个性,人涉及服务方和接受服务的顾客两个方面。服务品质的差异性既由服务人员素质的差异所决定,也受顾客本身的个性特色的影响。不同素质的服务人员会产生不同的服务质量效果;同样,同一服务人员为不同素质的顾客服务,也会产生不同的服务质量效果。全国劳动模范李素丽的售票服务不仅给人购买乘票的方便,还使乘客感受到尊重、温暖、体贴和愉悦;相反,素质低下的售票员会给人带来烦恼、冷淡、不安全感。顾客的知识水平、道德修养、处世经验、社会阅历等基本素质,也直接影响服务质量效果。如同为听课,有人津津有味,受到巨大的启发,产生丰富的联想;有人则昏昏欲睡、收获甚微;同是旅游,有人乐而忘返,有人则扫兴而归。

服务品质的差异性会导致"企业形象"混淆而危及服务的推广。同一企业的若干分店,如果是销售产品,易于统一企业形象;如若销售服务则会产生各分店服务质量优劣不等的差异性,由于这种差异性的存在,提供劣质服务的分店对整个企业带来的负面影响,将大大盖过大多数优质服务分店所形成良好企业形象而产生负面效应。

(4)不可储存性(Perish Ability)

服务的不可储存性是指服务产品既不能在时间上储存下来,以备未来使用,也不能在空间上,将服务转移带回家去安放下来,如不能及时消费,即会造成服务的损失,如车船、电影、剧院的空位现象,其损失表现为机会的丧失和折旧的发生。

服务的不可储存性是由其不可感知性和服务的生产消费的不可分割性决定的。不可储存性表明服务无需储存费用、存货费用和运输费用。但同时带来的问题是:服务企业必须解决由于缺乏库存所引致的产品供求不平衡问题。服务业在制订分销战略、选择分销渠道和分销商等问题将有别于实体商品的不同做法。

服务的不可储存性也为加速服务产品的生产、扩大服务的规模提出了难题。服务业只有在加大服务促销、推广优质服务示范上积极开发服务资源，才能转化被动服务需求状态。

(5)所有权的不可转让性(Absence Ownership)

服务所有权的不可转让性是指服务在生产和消费过程中不涉及任何东西的所有权的转移。服务在交易完成后便消失了，消费者所拥有的对服务消费的权利并未因服务交易的结束而产生像商品交换那样获得实有的东西，服务具有易逝性。如银行存款，并未发生货币所有权的转移；空中飞行服务，只是解决乘客由此地到彼地之需，也未形成任何东西所有权的转移。

这一特征是导致服务风险的根源。由于缺乏所有权的转移，消费者在购买服务时并未获得对某种东西的所有权，因此感受到购买服务的风险性，而造成消费心理障碍。为了克服消费者的这种心理障碍，服务业在营销管理中逐渐采用"会员制度"，以维系企业与顾客的关系。顾客作为企业的会员可享受某些优惠，从而在心理上产生拥有企业所提供的服务的感觉。

在上述 5 种特征中，不可感知性是最基本的特征，其他的特征都是由这一基本特征派生出来的。服务的这 5 个特征从各个侧面表现了服务与实体商品的本质区别。服务的特征如图 1-5 所示。

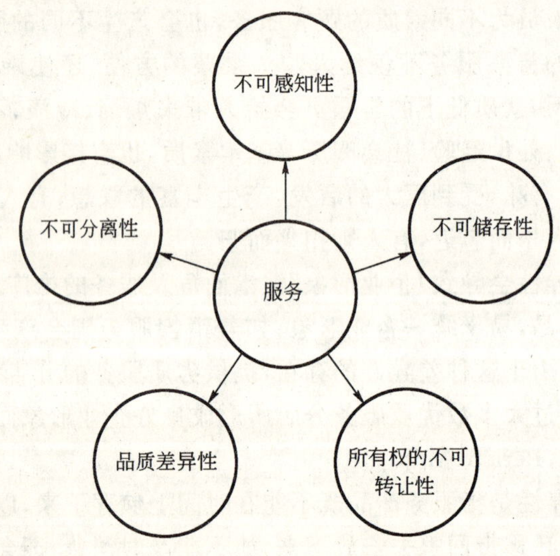

图 1-5　服务特征示意图

三、物流服务营销是一种核心竞争力

当今的时代是竞争的时代，没有竞争的优势，就没有生存和发展的空间。只有以服务市场营销的理念为指导，提高顾客的满意和忠诚度，才能最终取得长久的竞争优势。

1. 两种基本的竞争战略分析

获得竞争优势的方式很多，包括产品更新、技术进步、低劳动力成本、政府保护性管制、规模效益和提高顾客的满意与忠诚度等，综合起来可以归纳为两种基本的竞争战略，即低成本战略和高顾客满意度战略。

低成本战略的基本原理是：由于价格基本上是由市场决定的，公司不能影响价格的高低。因此，公司获取竞争优势的最好办法就是提高效率，降低成本。在这一原理指导下公司为了提高利润就必须寻求低成本的劳动力、原材料，采用新的工艺和技术，改进产品设计，扩大规模效益以及寻求政府保护性管制等，从而降低成本，同时，保持产品的顾客满意度在最低可接受的水平。

高顾客满意战略的基本原理是：通过提高顾客的满意程度，获取顾客的忠诚，同时适当控制成本来获取高利润，采用这一战略的目标就是最大限度提高顾客的满意度，从而通过比竞争对手收取高额溢价，获得重复购买以及降低营销成本来取得比竞争对手更高的利润，值得指出的是，这种战略并不否定技术进步和产品更新。不仅如此，这种战略还将技术进步和产品更新作为提高顾客满意度的重要组成部分。

这两种战略有比较明显的区别。从最基本的观点来看，低成本战略采用了内部的和以生产为中心的观点，它建立在顾客的需求是不变的和静止的基础上，它认为企业应以最高的效率和最低的成本来满足这一需求；而高顾客满意度战略采用了外部的和顾客导向的观点，这就要求企业最大限度地满足顾客。从行为特点来看，采用高顾客满意度战略的企业更重视长远的发展，更倾向于投资只有长期性影响的项目，如设计顾客热线、拓展质量保证项目等，甚至为了取得高顾客满意度这一长期目标，通常愿意牺牲一些短期利润。从内部管理特点来看，采用低成本战略的公司在其内部采用功能性管理模式，了解顾客的需求被认为是市场营销部门的事情；而采用高顾客满意度战略的公司，则使了解与满足顾客的需要成为内部员工及各部门的核心任务。

2. 服务市场营销是企业竞争取胜的最佳途径

上述两种竞争战略都有取得成功的案例，两者并无优劣之分，有的只是适应的条件及环境不同。然而，在服务经济时代，市场环境发生了巨变，以提高顾客满意与忠诚度为基础的高顾客满意度战略将成为企业获取长期竞争优势的最佳途径。

低成本战略适应的基本前提条件之一，就是顾客需求的稳定性和单一性，然而，随着买方市场的形成和消费水平的提高，人们的消费日益个性化和多样化，消费需求的时尚周期也越来越短，因而低成本战略所依赖的前提条件被动摇了。与此同时，随着科学技术的迅速发展，在较短的时间内，仿造并改进某一成功产品已经变得越来越容易了。据有关研究表明，大约有 60%～90%的技术革新在一年内就会被竞争对手所掌握。因此，仅靠产品更新和技术进步是难以取得长期竞争优势的。在 20 世纪 60 年代，美国企业的劳动力成本要远高于欧洲公司，然而，到了 70 年代，欧洲企业的这一竞争优势丧失了，日本取而代之获得了这一优势。不过，稍后一些时候，日本企业的这一优势又让位给了韩国。再往后，韩国企业的这一优势又让位给了中国、印度的企业。今天，中国企业的这一优势正在逐步消失。这证明了，以劳动力成本也不可能取得长久的竞争优势。至于通过政府保护性管制来取得长久竞争优势，对大多数行业而言是与市场经济的内在要求不一致的，因而也是不现实的或不可取的。因此，低成本战略在越来越多的行业及企业中被证明是一个不再适用的竞争战略。

然而，以服务市场营销理念为核心的高顾客满意度竞争战略，却被证明越来越适用于当今竞争日益激烈的市场环境。这一战略，一方面通过服务等手段增加提供给顾客的价值，以此形成差别化优势；另一方面，通过顾客满意度和忠诚度的提高，获取大量忠诚顾客，提高了市场份额的质量，最终获得了比竞争对手更多的利润，从而获得并巩固企业的长期竞争优势。

四、物流服务营销的内容

1.物流服务营销的实质

物流企业服务营销的实质是不断创新营销理念和优化营销活动，以客户为核心，以物流资源链为服务手段，以市场占有率和建立客户忠诚度为导向，开展针对性的营销策略，注重客户的保有与开发，实现客户的系列化、个性化物流服务，注重客户关系的维护，提高物流服务质量，根据客户的行为来预测客户的物流需求，并为其设计物流服务，建立长期的、双赢的客户关系，良好的营销策略可以使物流企业获得长期的、稳定的客户，增强物流企业的市场竞争力。

2.物流服务营销的方法

(1)直接卖

通过与客户签订一次性的、短期的或长期的协议，将自己现成的部分或全部物流产品或服务项目直接推销给客户，或先从部分区域、业务、个别产品入手，逐步为客户提供全方位的物流服务。

如 Menlo Worldwide Logistics 与 IBM(International Business Machine，国际商用机器公司)的合作，就经历了从对美国中央物流中心的运输服务，到增加对重要物流中心的管理服务，再增加到欧洲市场的物流服务，最后到提供全球一体化的物流服务，建立长期合作伙伴关系。

(2)先买再卖

先买再卖，即先部分或全部买进客户的物流系统，使自己的物流系统更加完善和充实，再为原企业或其他企业提供物流服务。一般是客户的物流系统很具有优势，可以急剧增加自己物流服务的竞争力。

(3)与某一优势资源捆绑起来一同卖

采用这种方式，一般是自己的物流系统还不完善，无法向客户提供他们所需要的各种物流服务。这里实际上又有两种方式，一是通过合资，把自己与客户合资，共同拥有部分物流系统的产权，然后共同推广和营销双方的物流系统和物流服务项目。二是先与社会上零散的、少量的物流资源实现整合，一般通过挂靠的方式，实现物流资源的积聚，再共同开展营销的方式。

(4)客户物流资产托管

对那些自己没有能力运营和管理而又希望自己拥有属于自己的物流系统和资源的客户，通过签订全面托管协议，向他们出让自己物流系统的管理服务，而几乎可以完全依托客户的物流设施，自己只输出物流管理服务即可，替客户管理产权仍属于他们自己的物流系统和业务。

3.物流服务营销管理的任务

物流服务市场营销管理的任务有以下方面。

(1)物流服务营销的目的不仅仅是为了销售，更主要是为了融资

物流服务营销的目的除了推广自己企业的服务项目外，更多的还有寻求与其他物流企业的合作、合资和联合，以及寻求与国内外客户建立战略性的合作关系为主要目标。

物流服务的无形性和顾客感知评价的主观性决定了物流服务营销的中心不仅仅是为了销售自己的物流服务项目，而更重要的是为了企业融资，融资的内容包括各级政府的支持(包括政策的倾斜)等；顾客的知名度、回头率和顾客相互之间1∶8∶5的联谊效应式的口碑宣传；优质良好的世界性的人力资源向自己企业源源不断地流动；媒体的免费宣传报道；银行等各金融机构的优惠贷款支持；拥有更先进原材料企业的加盟；优质中间经销渠道的主动支持和代理；社会公众的声源；竞争对手的主动学习；社会各类与企业经营相关的资源的依附、挂靠和主动捆绑等。

物流以柔性化为主要竞争手段。物流企业为了不断变化的市场需求，满足用户个性化的需求，更主要的是取决于物流系统的定制化水平，这要求企业建立更为柔性化的物流系统，柔性化的物流系统是实现柔性化的制造系统、充分发挥其功能的重要前提条件。物流客户的需求是千差万别、各不相同的，一个物流企业要满足不同客户的不同需要，一方面要使自己各类硬件设施不仅要多还要解决其刚性和功能单一性等不足的问题，同时要使自己的软件更加具有标准化和更容易整合，但是这依靠一个企业的力量是很难做到的，它不仅不能对客户的需求实现快速反应，还会导致顾客的流失。另一方面，要解决上述问题可以通过各类物流企业的合作、整合、联合等措施以实现物流企业的柔性化问题。一个企业融入的资源越多，则企业针对客户的不同需求的柔性程度就越高，就越会得到顾客的信赖，业务也会不断增加，市场份额和市场占有率就越高。

(2)物流服务营销是一个系统的管理过程

物流服务的特性和复杂性，特别是物流企业致力于向客户提供一体化的各类解决方法方案，决定了物流市场营销不是一个部门、一个机构、单一的一项活动，复杂的

物流服务营销要获得成功需要组建一个强有力的营销团队,按照企业流程再造模式组建一个营销项目组,在其内整合企业各个部门的优势资源,可以在顾客需要的时候为客户提供最快捷、最优秀的方案。同时,企业还应该鼓励各种“管办”或“民办”的企业团队协助营销团队的工作,这些团队包括:问题解决团队、自然团队、自我管理团队、顾客服务团队、信息收集团队、虚拟团队等。物流服务营销基本上宣告了“以业务员为主体”的市场营销策略的终结和“以团队为主体”的市场营销模式的兴起。

(3)物流服务营销客体不仅是对企业外部顾客的营销,同样也是对企业内部顾客的营销或企业对内营销

物流服务不像有形产品那样容易感知、容易辨别、容易价值识别,其评价依赖于顾客的主观性,带有更多的感情色彩。所以,企业员工的素质、能力、服务的主动性、服务的热情、态度等直接决定了服务的质量和顾客的满意程度。因此如何首先让自己的员工满意,建立起员工的荣誉感、认同感,建立起企业的文化是营销关键。所以,物流企业首先要做的是如何向自己的内部顾客营销,企业要将自己置于同员工平等的地位上,企业的每一项营销制度、服务规范、一个营销理念、一个口号、一个营销指标、一份营销规划等都要有员工的参与,并以同员工协商、洽谈等方式来实现,最好是通过企业内部招标、公开买卖等方式来实现。由于企业不仅要面对众多的外部顾客,同时还要面对众多的内部顾客,所以,对于企业内部顾客的营销是一个企业市场营销的起点,也是企业对外市场营销取得成功的关键所在。

(4)物流附加服务产品的营销已经成为核心产品营销中不可分割的组成部分,对企业主打产品的营销具有极好的推动作用

物流服务产品的附加产品形式是指物流服务除了提供给客户已经承诺的服务项目外又免费为客户提供的额外服务,如各种优惠、折扣、赠品、保险等。物流服务产品的附加产品形式可以直接成为物流企业市场营销和促销的手段,也会成为物流企业赢得市场竞争的重要工具。其中物流金融服务产品是物流服务附加产品中最主要的形式之一。

(5)物流服务营销应以“营销企业”为主的营销

由于物流市场营销产品的不可事前展示性,决定了物流企业在市场营销过程中更应以积极主动和有计划地向各个客户和营销对象推广和推介自己整个企业、整个品牌为主的活动,在向客户推广自己企业的同时,增强客户对企业的信心和吸引力,进而促使客户放心大胆地同自己签订业务合同,达到市场营销的目的。物流企业的营销是以“营销企业”为主的营销,其最终目的在于实现物流优势资源的整合,实现物流企业长久化、经济化发展。

(6)物流服务营销更应强调“一一对应制”和“量身定制化”

物流服务营销的最高境界是可以迅速地根据每一个不同顾客的不同需求量身定制出一套独一无二的产品或服务,而对于一般的生产加工企业来说根本无法做到,即

使可以做到，其成本也无法估量，顾客也难以承受得起。而对物流企业来说，其实现的难度低得多，物流企业完全可以根据不同的客户分别设计不同的物流服务项目组合和产品，来满足他们的个性化需求。

S 本章小结

本章介绍了物流、服务、物流服务营销的基本概念和基本理论。

在物流服务的起源中，主要介绍了物流的基本概念、物流的由来，要掌握物流的服务功能，包括物流的总体功能，即进行实物的物理性流动和实现对客户的服务；物流的具体功能包括运输、仓储、包装、装卸、配送、流通加工、信息。了解服务业与服务经济、服务概念的界定，理解服务类型的划分。

在物流服务概述中，掌握物流服务的含义。物流服务是企业为了满足客户的物流需求，进行一系列物流活动的结果。物流的基本服务，即创造空间效用服务、创造时间效用服务、流通加工效用服务；物流的增值服务，包括以客户为核心的服务、以促销为核心的服务、以制造为核心的服务、以时间为核心的服务。

在物流服务营销中，理解物流服务营销的含义与运行背景，物流服务营销是指物流企业以客户需求为出发点，有计划地组织各项经营活动，为客户提供满意的商品和服务，进而实现企业目标的过程。掌握物流服务营销的核心要素，即需要、欲望和需求；产品；价值、成本和满意；交换和交易。掌握物流服务营销组合为服务产品、定价、渠道、促销的4P′s组合上，又增加了“有形展示”(Physical Evidence)、“人”(People)和“服务过程”(Process)，从而达到了7P′s组合。物流企业提供的是服务，服务的5大特点是：不可感知性、不可分离性、品质差异性、不可储存性、所有权的不可转让性。物流服务营销是一种核心竞争力，因此要了解物流服务营销的研究方法，掌握物流服务营销的实质、物流服务营销管理的任务、物流服务营销的方法。

C 案例分析

米其林轮胎物流项目的服务体会[1]

(一)背景

中国外运沈阳物流服务中心成立一周年的庆典仪式上，米其林公司质检部经理弗朗索瓦·佩秋先生代表公司充分肯定了物流中心的杰出表现，并指出米

[1] 案例摘选自锦程物流网/首页/案例精选，http://info.jctrans.com/wuliu/aljx/2005112177550.shtml，2005-11-2。

其林的产品技术与中国外运的物流服务正是两种一流质量的完美结合，他强调，在米其林客户眼中，外运的服务就是米其林的服务，希望在今后的合作中，中国外运能一如既往地保证服务质量。至此，中国外运为米其林提供物流服务为期5年的合作刚刚过去1年。

（二）具体

1.米其林高标准选择物流商

米其林公司是以生产各种轮胎而闻名于全球的世界500强企业之一，在国际轮胎市场中占有19%的份额。1996年12月26日，第一条中国生产的世界级米其林品牌轮胎下线。随着其产量的快速提升，米其林在中国的业务正处于强劲的增长态势，米其林已在国内建立起广泛便捷的销售网络。此外，部分产品还销往海外市场。

从生产线直到最终用户手中，米其林产品涉及众多业务环节，如产成品的仓储、运输、配送及进出口货代等，这被称为“销售物流”。同时，生产米其林所需的许多原材料，需从世界各地采购，也涉及到物流，即“采购物流”。米其林追寻的是集中自己的专业化优势，致力于研制和生产出世界领先水平的轮胎。因此，米其林将物流服务委托给专业的第三方物流供应商来承担。

米其林公司在选择物流合作伙伴时特别注重服务商的综合服务能力，他们除了要求物流商拥有最完善的物流服务网络、最先进的物流管理手段和最丰富的物流管理经验外，还针对其产品的特点，对物流服务提出了最有代表性的6项要求：库存管理的先进先出原则；库存数量的准确性；生产配送的及时性；服务质量的关键考核指标；服务的安全系数；综合服务能力。

2.中国外运量身订做物流方案

米其林曾是中国外运辽宁公司的客户之一，辽宁公司下属海运分公司长期以来一直为其提供优质的货运代理服务，在长期的服务过程中，双方建立起融洽的伙伴关系，为米其林项目的成功奠定了良好的基础。根据米其林标书上提出的物流需求，投标项目组确定了物流服务目标。

（1）在保证米其林仓储管理服务质量基础上，降低仓库租金和管理费用；减少国内运输和出口货代费用，达到低成本、高质量的综合物流服务水平。

（2）实施科学合理的标准化仓库作业流程，制订严格的物流管理规章制度，为米其林提供的仓储物流服务达到国际水准。

（3）实现仓库管理的信息化，完成库房管理中所有业务环节的信息化操作；严格遵守米其林要求的FIFO（先进先出）原则，达到PMC管理水平；仓储管理软件预留接口，以备米其林业务扩大需求，能与公司的全国物流管理信息系统MK对接。

(三)案例思考

1. 米其林轮胎选择物流服务商的标准是什么?

2. 作为物流服务的提供者——中外运,应如何开展物流服务营销?

(四)点评

中外运作为一家物流服务的提供者,具备客户所需要的综合服务能力,在保证服务质量的基础上,降低服务成本,为客户提供订制化的物流服务。

E 练习与思考

一、选择题

1. 企业物流服务可从(　　)、(　　)、(　　)3 个方面满足客户对物流的需求。

A. 备货保证　　B. 品质保证　　C. 输送保证　　D. 包装保证

2. 物流基本服务实现物品的(　　)、(　　)和(　　),提供可靠性和及时性。

A. 经济效用　　B. 空间效用　　C. 流通加工效用　　D. 时间效用

3. 物流增值服务的内容包括(　　)、(　　)、(　　)和以时间为核心的服务。

A. 以客户为核心的服务　　B. 以促销为核心的服务

C. 以制造为核心的服务　　D. 以空间为核心的服务

4. 物流服务营销的 7P′s 包括产品、定价、渠道、促销、(　　)、(　　)、(　　)。

A. 人　　B. 物　　C. 有形展示　　D. 服务过程

5. 物流服务的 5 个特征是:(　　)、(　　)、(　　)、(　　)、(　　),其中最基本的特征是(　　)。

A. 不可感知性　　B. 不可分离性

C. 品质差异性　　D. 不可储存性

E. 所有权的不可转让性

6. (　　)是针对特定客户或特定物流活动的定制化服务,它是超出(　　)范围之外的附加性服务。

A. 总体功能　　B. 增值服务　　C. 基本服务　　D. 具体功能

7. 依据顾客对服务推广的参与程度,将服务分为 3 大类,优点是便于将(　　)从(　　)中分离出来、突现出来,以便采取多样化的服务营销策略满足其需求;其缺点是过于粗略。

A. 低接触性服务　　B. 中接触性服务　　C. 私人服务　　D. 高接触性服务

8. 根据物流服务需求将物流服务模式分为(　　)、(　　)和(　　)3 种。

A. 单功能物流服务模式　　B. 一体化物流服务模式

C. 综合物流服务模式　　D. 多功能物流服务模式

9.交易是买卖双方(　　)的交换,它是以货币为媒介的;而交换不一定以货币为媒介,它可以是(　　)交换。

A.使用价值　　B.价值　　C.物物　　D.成本

10.低成本战略适应的基本前提条件之一就是顾客需求的(　　)和(　　)。

A.复杂性　　B.稳定性　　C.变动性　　D.单一性

二、思考题

1.简述物流服务的含义。

2.物流基本服务和增值服务的作用有哪些?

3.物流服务模式的种类及其特点是什么?

4.简述物流服务营销的特点。

第二章 物流服务的价值链

学习目标

- ◆ 理解物流服务价值链的含义;
- ◆ 掌握物流服务价值链的内容;
- ◆ 了解"价值链"的相关理论;
- ◆ 理解物流服务质量及物流服务质量的相对性;
- ◆ 掌握物流服务价值链在营销管理中的作用;
- ◆ 熟悉物流客户服务流程。

独特的海尔现代物流[1]

引入案例

海尔的物流改革是一种以订单信息流为中心的业务流程再造,通过对观念的再造与机制的再造,构筑起海尔的核心竞争能力。

海尔物流管理的"一流三网"充分体现了现代物流的特征。"一流"是以订单信息流为中心;"三网"分别是全球供应链资源网络、全球配送资源网络和计算机信息网络。"三网"同步流动,为订单信息流的增值提供支持。

1."一流三网"

在海尔,仓库不再是储存物资的水库,而是一条流动的河。河中流动的是按单采购来的生产必需的物资,也就是按订单来进行采购、制造等活动。这样,从根本上消除了呆滞物资,消灭了物资。

目前,海尔集团每个月平均接到6 000多个销售订单,这些订单的品种达7 000多个,需要采购的物料品种达26万余种。在这种复杂的情况下,海尔物流自整合以来,呆滞物资降低了73.8%,仓库面积减少50%,库存资金减少67%。海尔国际物流中心货区面积7 200m^2,但它的吞吐量却相当于普通平面仓库的30万m^2。同样的工作,海尔物流中心只有10个叉车驾驶员,而一般仓库完成这样的工作量至少需要

[1] 案例摘选自沈珺、徐家骅编写的《物流管理概论》第27～28页,清华大学出版社、北京交通大学出版社。

上百人。

2. 全球供应链资源网的整合使海尔获得了快速满足用户需求的能力

海尔通过整合内部资源优化外部资源，使供应商由原来的 2 336 家优化至 840 家，国际化供应商的比例达到 74%，从而建立起强大的全球供应链网络。CE、爱默生、巴斯夫、DOW 等世界 500 强企业都已成为海尔的供应商，有力地保障了海尔产品的质量和交货期。不仅如此，海尔通过实施并行工程，更有一批国际化大公司已经以其高科技和新技术参与到海尔产品的前端设计中，不但保证了海尔产品技术的领先性，增加了产品的技术含量，还使开发的速度大大加快。另外，海尔对外实施日付款制度，对供货商付款及时率达到 100%，这在国内，很少有企业能够做到，从而杜绝了"三角债"的出现。

3. 流程再造是关键观念的再造

海尔实施的现代物流管理是一种在现代物流基础上的业务流程再造，而海尔实施的物流革命则是以订单信息流为核心，使全体员工专注于用户的需求，创造市场、创造需求。

机制的再造。海尔的物流革命是建立在以"市场链"为基础上的业务流程再造。以海尔文化和 OEC 管理模式为基础，以订单信息流为中心，带动物流和资金流的运行，实施三个"零"目标（质量零距离、服务零缺陷、零营运资本）的业务流程再造。

构筑核心竞争力。物流带给海尔的是"三个零"。但最重要的是可以使海尔一只手抓住用户的需求，另一只手抓住可以满足用户需求的全球供应链，把这两种能力结合在一起，从而在市场上可以获得用户忠诚度，这就是企业的核心竞争力。这种核心竞争力正加速海尔向世界 500 强的国际化企业挺进。

请分析：

1. 你对海尔集团现代物流管理有什么认识？

2. 海尔集团的物流管理是如何实现"三个零"的？

第一节　物流服务价值链的概述

越来越多的企业认识到，对于今天的竞争，一个最为明显的改变就是：竞争不再是产品与产品、企业与企业之间，而是价值链和价值链之间的竞争。这个真切的竞争事实要求营销发生根本的改变，这就是营销需要基于价值链来进行。但是在中国的营销实践中，我们却常常混淆竞争对手、目标顾客、同行、供应商等之间的相互关系和确切含义。如果我们明确了价值链的真正含义，那么就能够切实把握供应商、同行、分销商、渠道商、顾客等价值链上所有利益相关者之间的共享关系，也能够切实把握营销的核心基础是价值链而非其他。

一、物流服务价值链的含义

在激烈的市场竞争中，每个企业都面临着这样一个现实：产品差异性愈来愈小，促销手段已经用尽，竞争对手愈来愈多，而客户的需求总是千变万化。如何在竞争中立于不败之地，建立核心优势，赢得市场回报，方法只有一条，关注你的客户、关注客户的需求，用服务达到最高的客户满意。而取得对最终客户价值的最大化，只有通过分析企业内外环境而制订总体性和长远性的谋划来实现。

目前，学术界对物流企业环境分析的理论中引入“价值链”分析法。价值链分析是由美国哈佛商学院著名战略管理学家波特提出来的。他认为企业每项生产经营活动都是其创造价值的经济活动，企业所有的互不相同但又相互联系的生产经营活动，便构成了创造价值的一个动态过程。具体地说，如果企业所创造的价值超过其成本，企业便盈利；如果盈利超过对手的话，企业便有更多的竞争优势。

因此，我们在这里把物流服务价值链理解为：物流企业对客户价值的最大化和员工、客户的满意连在一起而形成的链条。这条链有几个关节点：

(1)内部服务质量——高级职员的挑选和培训，高质量的工作环境，对前线服务人员的大力支持；

(2)满意的和干劲十足的服务人员——更加满意、忠诚和刻苦工作的员工；

(3)更大的服务价值——效力更大和效率更高的客户价值创造和服务提供；

(4)满意和忠诚的客户——感到满意的客户，他们保持极大的忠诚；

(5)服务利润的获得和增长——优秀服务公司的表现。

对物流企业而言，客户服务是一个以成本有效性方式，为供应链提供增值利益的过程。客户服务水平的高低，决定了具有相同生产研发能力的企业为客户提高个性化服务的水平。但是，客户服务作为经营活动中的一项支柱性的活动，必须严格考评其为企业创造的效益。

二、物流服务价值链的内容

1.提高客户忠诚度

提高客户的忠诚度能明显促进企业获利能力的增强。有研究表明，忠诚客户每增加50%，所产生的利润可达25%～85%；流失的客户减少5%，利润可以增加50%，即客户流失率减小一半，利润会翻倍。究竟哪些人能被视为忠诚客户呢？一般来说，具备以下3个特征的顾客可被视为忠诚客户：

(1)不购买或极少购买其他公司的产品和服务；

(2)重复购买本公司的产品和服务；

(3)推荐他人购买本公司的产品和服务。

2.客户忠诚度取决于客户满意度

客户之所以对某企业的产品或服务表现出忠诚,视其为最佳和唯一的选择,首先是因为他对于公司提供的产品和服务满意。客户满意度反映的是客户的一种心理状态,它来源于客户对企业的某种产品或服务消费所产生的感受与自己的期望所进行的对比,是客户期望值与最终获得值之间的匹配程度。企业不断追求客户的高度满意,原因就在于一般满意的客户一旦发现更好或者更便宜的产品后,会很快地更换产品供应商,只有那些高度满意的客户一般不会更换供应商。客户的高度满意和愉悦创造了一种对产品品牌在情绪上的共鸣,而不仅仅是一种理性偏好,正是由于这种满意而产生的共鸣创造了客户对产品品牌的高度忠诚。

3.客户满意度取决于客户所获得的价值大小

这里所说的价值是指客户获得的总价值与客户为之付出的总成本之间的差距。由于客户在购买商品和服务时,总希望把有关货币、时间等成本降至最低限度,而同时又从中获得更多的实际利益,以使自己的需要得到最大限度的满意。因此,客户所获得的价值越大,其满意度也就会越高。

4.企业高价值的创造来源于员工的高效率工作

价值最终是由人来创造的。企业员工的工作是价值产生的必然途径,而员工的工作效率无疑直接决定了他们所创造的价值的高低。

5.员工的高效率工作源于员工忠诚度的提高

为什么忠诚度高的员工会有很高的工作效率呢?这是由其所具备的特征所决定的。忠诚意味着对公司未来发展有信心,为能成为公司的一员而感到骄傲,十分关心企业的经营发展情况,并愿意为之长期效力。

6.员工的忠诚取决于员工对公司的满意度

正如客户忠诚度取决于他们对产品或服务的满意度一样,员工的忠诚同样取决于员工对公司的满意度。凡是对企业满意的员工不会轻易离职,对企业的忠诚自然从其对企业的回报中得以体现,而不满意企业现状的员工则不会对企业表现出太多的忠诚,希望获得更为满意工作的展望会促使他跳槽,更谈不上高效率的工作了。

7.员工满意与否的主要因素源于公司内在服务质量

促使员工对企业满意的主要因素一般包括两个方面:一是企业提供的外在服务质量,如薪金、红包、福利、舒适的工作环境等,这一切是人们能实际看到的。二是企业提供的内在服务质量。内在服务质量是指员工对工作及对同事所持有的态度和感情。若员工对工作本身满意,同事之间关系融洽,那么这种内在服务质量是较高的。

第二节 物流服务价值链的拓展

一、物流服务价值链的有关理论

1."价值链"的定义

1985 年,哈佛大学的迈克尔·波特在其著名的《竞争优势》一书中,提出了价值链这个概念。波特将价值链定义为是从原材料的选取到最终产品送至消费者手中的一系列价值创造的过程。它可以作为一种分析工具去确定各种创造客户价值的途径(如图 2-1 所示)。他认为每个公司集合了设计、生产、销售、送货和支持其产品等采取的一系列活动。价值链将在某一特定行业中创造价值和产生成本的诸活动,分解为在战略上相互关联的 9 项活动。这 9 项价值创造活动又分为 5 项基础活动和 4 项支持性活动。

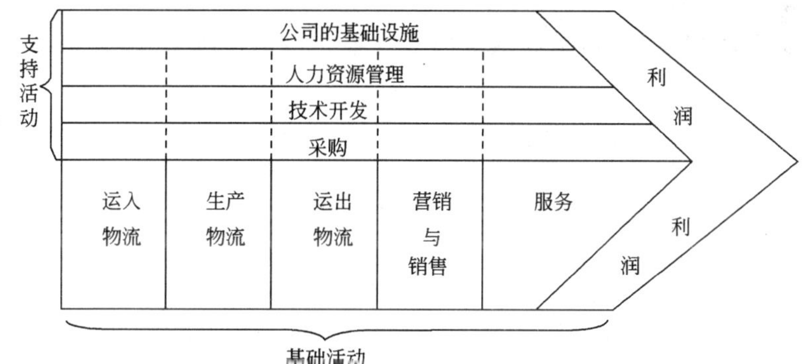

图 2-1 一般的价值链

基础活动是指企业购进原材料(运入物流),进行加工以生产成最终产品(生产操作),将其运出企业(运出物流)、上市销售(营销与销售)和售后服务(服务)这一套依次进行的活动。

支持活动包括采购、技术开发、人力资源管理和基础设施都由特定部门负责。公司的基础设施涉及一般性管理、计划、财务、会计、法律和政府有关事物所需要的开支。

价值链作为一种分析工具,在企业战略分析中,已超越企业的边界而扩展到了分析供应商和分销商,涵盖了企业外部价值链分析和内部价值链分析。外部价值链分析包括供应链分析和顾客链分析;内部价值链分析包括研发、生产和营销分析。

从外部价值链分析来看,价值链的竞争优势不仅在于价值链中的每一个企业的竞争优势,更重要的是通过企业间的战略合作,塑造了整个价值链的竞争优势。因为企业之间的竞争不单是企业单体之间的竞争,同时也是企业所处的价值链之间的竞争。同处一条价值链的企业之间应是一种战略合作关系,而不仅仅是一种简单的买卖关系。

从内部价值链分析来看,同时一个企业要具有竞争力,必须创建自己高效的价值链。企业的任务是检查每项价值创造活动的成本和经营情况,并寻求改进措施。公司应对其竞争者的成本和经营绩效作出估计,并以此作为公司的参照标杆基础,只有公司在某些活动上做得比其他的竞争者好,它才能获得竞争优势。

价值链的竞争优势表现为:

(1)成本最低;

(2)向消费者提供与众不同的产品和服务。

2.“核心业务”与“核心能力”的派生

(1)核心业务过程

内部价值链分析理论告诉我们:企业的竞争力源自具有自己高效的价值链。而企业的成功不仅取决于每个部门做得如何,还取决于不同部门之间如何协调核心业务过程。所谓核心业务过程包括:

①感知市场的过程,包括在组织内部收集和传播市场信息,并根据信息调整活动。

②新产品实现过程,包括识别、研究、发展和成功地迅速推出高质量和按预算开发的新产品的所有活动。

③顾客探测过程,包括确定目标市场和发现新顾客的所有活动。

④顾客关系管理过程,包括与各种顾客建立更深的理解关系和报价系统的所有活动。

⑤履行管理过程,包括接受和批准订单,按时送货、收取货款的所有活动。

(2)核心能力

为了执行核心业务过程,一个公司需要诸如人力、原材料、机器、信息和能源等资源。

这里的关键是公司掌握和培养企业必需的核心资源和能力。

核心能力应具有3个特征:

①它是一种具有竞争优势且能显著地创造消费者期望价值的资源;

②它能在多个市场上被广泛应用;

③竞争者要模仿的难度很高。

竞争优势也会自然增强公司所具有的差异化能力。核心能力一般指专门技术和生产方面的专长,而差异化能力则是指那些在更广泛的业务流程中表现出的优秀特质。

竞争优势最终来源于公司将核心能力和差异性融合进它的“行动系统”。竞争者们发现,模仿诸如西南航空、戴尔或耐克是很困难的,因为不能模仿它们的行动系统。

3."全面营销导向"和"客户价值"理论

全面营销导向可以提供捕捉顾客价值的具有洞察力的计划。一种观点认为,全面营销理论是"整合了价值探索、价值创造、价值传递过程,目的是为了与关键的利益方建立长期的互动的令人满意的关系"。根据这一观点,全面营销的成功运用需要管理一条传递优质产品、服务和速度的价值链。通过扩大顾客份额,建立顾客忠诚度,捕捉顾客终身价值,全面营销者可使利润不断增长。图 2-2 是全面营销的框架,它表明在相关人员(顾客、公司和合作者)与以价值为基础的活动(价值探索、价值创造和价值传递)之间的作用是如何创造、维持和更新客户价值的。

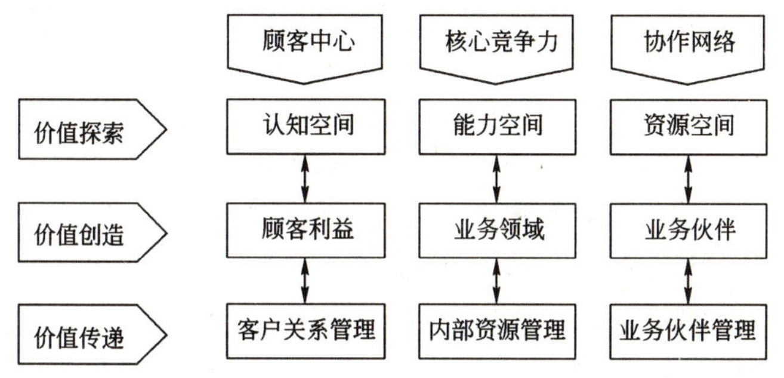

图 2-2 全面营销框架

二、物流服务质量的相对性

1. 物流服务质量的含义

客户满意还是取决于产品和服务质量。什么是质量?不同的专家对质量有许多不同的定义,诸如"适合使用"、"符合要求"等。国际标准化组织总结质量的不同概念,归纳提炼出一个含意十分广泛的质量定义。ISO 9000—2000《质量管理体系——基础和术语》中将质量定义为一组固有特性满足要求的程度。这一定义,既反映了要符合规范的要求,也反映了要满足客户需要的要求。在这个定义中,质量具有广泛性、时效性和相对性的特点。

界定质量的好坏取决于质量是否满足客户和其他相关方的要求。不同的客户和其他相关方可能对同一产品、过程或质量管理体系的固有特性提出不同的需求,也可能对同一产品、过程或质量管理体系的同一功能提出不同的需求。由于对同一种产品的质量要求不同,有些被客户或相关方认为好的产品却不被另一些客户或相关方所认同。

物流服务质量是指企业通过提供物流服务所达到的服务产品质量标准、满足客户需要的保证程度、客户感知到的物流服务水平的集合。

2. 物流服务质量的要素

物流服务质量是一个综合概念,包括有形的实物产品质量、无形的劳务质量、服务设备设施质量和服务环境质量4个部分，它们共同构成了服务质量管理的对象。

(1)实物产品质量

物流的对象是具有一定质量的实体，即有合乎要求的等级、尺寸、规格、性质、外观。这些质量是在生产过程中形成的，物流过程在于转移和保护这些质量，最后实现对客户的质量保证。因此，对客户的质量保证不可能完全依赖于流通。同时，物流过程不单是消极地保护质量及转移质量，现代物流由于采用流通加工等手段，还可以改善和提高质量，因此，物流过程在一定意义上也是提高质量的形成过程。

(2)无形的劳务质量

物流企业具有极强的服务性质，属于第三产业范围，其工作的主要目的在于提供服务，满足客户要求。所以，为实现总的服务质量目标，物流企业需要掌握和了解客户要求，如商品质量的保持程度、物流加工对商品质量的提高程度、批量及数量的满足程度、配送额度、间隔期及交货期的保证程度、配送和运输方式的满足程度、成本水平及物流费用的满足程度、相关服务(如情报提供、索赔及纠纷处理等)的满足程度等。此外，劳务质量还包括服务人员的服务态度、言谈举止、仪容仪表以及服务项目、服务方式、服务时间等。劳务质量集中反映了物流企业的信誉和形象，客户对服务质量的评价在很大程度上取决于劳务质量。

(3)服务设备设施质量

与产品生产的情况相似，物流质量不但取决于工作质量，而且取决于工程设施质量，并受到物流技术水平、管理水平、技术装备等因素的影响。好的物流质量是在整个物流过程中形成的，要想能事前控制物流质量，预防物流造成的不良品质，必须对影响物流质量的诸因素，如人员、体制、设备、工艺方法、计量与测试等进行有效控制。因此，设备设施的质量是服务质量的组成部分。例如，物流企业的仓储设施质量决定着货物存放的安全性与有效性，运输工具的完好直接关系着客户的财产安全。

(4)服务环境质量

环境质量不同于服务设备设施质量，主要指工作场所的卫生状况、设备设施摆放布局、灯光及室内温度的适宜性等。

3.物流服务质量的特性

评价实物产品的质量，一般以产出后产品实体的质量为依据，是比较客观的。评价服务质量就要复杂多了，服务质量区别于实物产品质量的特点在于评价过程的主观性、过程性和整体性。具体说来，物流客户服务质量具有以下5个特性。

(1)物流服务质量的主观性

物流服务质量具有较强的主观性。客户在评价物流服务质量时，更多地凭主观期望和感受作判断。因此，物流服务质量的高低，更多地受这些主观因素的影响。对于相同水平的服务，期望高的客户可能对其质量评价比较低，期望不高的客户评价反倒可能比较高。由于物流服务具有无形性的特征，物流客户服务质量缺乏有形的客观评价标准,因而主观标准往往成了主要的标准。又由于生产与消费的不可分性,物流客户服务质量的形成必须有客户的参与、经历和认可,因而不可能不受客户主观因素的影响。

(2)物流服务质量的过程性

实物产品的质量主要是指产出质量,产品的生产及其质量形成过程,客户一般是看不到的,看到的只是产出后的产品质量。而物流客户服务质量是一种过程质量,由于服务的不可分性,物流服务的生产及其质量形成过程,对客户而言一般是可参与的和可感知的,因而对于物流客户服务质量的评价可以是依据物流服务过程质量作出的判断。

(3)物流服务质量的整体性

物流客户服务质量的形成,需要由提供服务的全体人员的参与和协调。不仅一线的服务生产、销售和辅助人员的工作质量关系到物流客户服务质量,而且二线的营销策划人员、后勤人员对一线人员的支持和有形实物的状况也关系到物流客户服务质量。因此,物流客户服务质量是服务组织整体的质量。

(4)物流服务质量的广泛性

物流客户服务质量因不同客户的要求而各异,其内涵非常广泛,既包括商品狭义质量的保持程度、流通加工对商品质量的提高程度、批量及数量的满足程度,也包括配送额度、间隔期及交货期的保证程度、配送运输方式的满足程度、成本水平及物流费用的满足程度,相关服务(如信息提供、索赔及纠纷处理)的满足程度。

(5)物流服务质量的发展性

物流客户服务质量是变化发展的。近年来,随着社会的发展,我国出现了绿色物流、柔性物流等新的服务概念,形成了新的服务质量要求。同时,为适应经济全球化发展,我国引进了国际物流服务标准,不断提高物流客户服务质量,积极开展国际化物流经营活动。

可见,物流服务是由一个物流系统作为基础的。物流服务质量不是一个静态标准,而是一个动态过程,也就是说物流服务质量是相对性的。因此,对于一个物流服务企业而言,必须把不断提高物流客户服务质量、更好地满足客户和其他受益者的需求作为企业管理发展的宗旨,而且要经常定期检查、变更物流服务水准,以保证物流服务的质量。只有以健全的质量管理体系为依托,采用科学的管理方法,才能够实现物流客户服务质量管理的有效开展。

三、物流服务价值链在营销管理中的作用

1.揭示了客户忠诚度与企业获利能力之间的关系

客户忠诚度的提高能大大促进企业获利能力的增强,而且忠诚客户的增加不仅给企业带来更多的利润,同时能弥补企业在与非忠诚客户交易时所发生的损失。有

专家经调查研究得出这样一组数据：

(1)开发1个新客户的成本是留住1个老客户的5倍;而流失1个老客户的损失,只有争取10个新客户才能弥补。

(2)1个不满意的客户会向8～10个人进行抱怨。

(3)企业只要将客户保留率提升5%,就可以将其利润提高85%。

(4)将产品或服务推销给1个新客户和1个老客户的成交机会分别是15%和50%。

(5)如果事后补救得当,70%的不满意客户仍然将继续购买企业的产品或服务。

(6)1个满意的客户会引发8笔生意,其中至少有1笔成交;1个不满意的客户会影响25个人的购买意愿。

除此之外,在营销界还有一个著名的等式:100－1＝0。意思是,即使有100个客户对企业满意,但只要有1个客户对其持否定态度,企业的美誉度就会立即归零。这种形象化的比拟显然有些夸大,但实际的调查数据表明每位非常满意的客户会将其满意的产品或服务至少告诉12人,其中大约有10人在产生相同需求时会光顾该企业;相反,1个非常不满意的客户会向至少8～10个人抱怨他的不满,这些人在产生相同需求时几乎都不会光顾被抱怨的企业,而且还会继续扩大这一负面影响。

因此,在营销管理中,物流服务价值链所揭示的客户忠诚度与企业获利能力之间的关系告诉我们,企业对客户需求的满足程度决定着企业的获利能力,客户满意战略可以被认为是企业效益的源泉。所以企业应根据忠诚客户的特征,加强对忠诚客户的管理,并将提高客户忠诚度作为营销管理的首要任务。

2.物流服务价值链提出了“公司内在服务质量”的概念

所谓公司内在服务质量是指员工对工作及对同事所持有的态度和感情。

在前面的叙述中,我们已经理解了物流服务价值链的内涵。物流服务价值链是物流企业对最终客户价值的最大化和员工、客户的满意连在一起而形成的链条。这个链条的一大关节点就是公司内部服务质量。

企业物流服务质量管理的目的就是在成本可行的前提下,向客户提供尽可能高的物流质量服务。物流质量服务应该是一个整体概念,其管理特点是全员参与、全程控制、全面管理、整体发展。物流服务价值链理论已揭示了客户忠诚度与企业获利能力之间的关系,在现代市场竞争中,使客户满意的企业才具有极强的竞争力,实践亦证明“客户满意”可以极大地增强组织的凝聚力和竞争力。也就是说,在物流服务的价值链条上,提高公司的内部服务质量,使客户满意度增加,保障客户的忠诚度,从而使企业获利。同时“客户满意”又可以极大地增强企业组织的凝聚力。

较高的公司内部服务质量是可以针对客户综合的、个体的物流服务要求,按照客户的特点进行物流过程纵向重组,形成综合的、一体的物流服务项目,从而和客户的整个供应链的运作紧密结合。而要达到这种高质量的公司内部服务,企业就必须有一支高效的物流团队。那么,高效的物流团队应具备哪些特征呢?

(1)清晰的目标

高效的团队对于要达到主要目标有清楚的了解,而且目标的重要性激励着团队成员把个人目标升华到群体目标中去。在有效的团队中,成员愿意为实现团队目标作出承诺,清楚地知道他们做些什么。物流团队奋斗的大目标:第一,在每一个过程框架中完成的工作有利于综合,综合后的群体目标即以最小的投入取得最大的产出;第二,所有的努力都必须集中于为客户增值。这两个目标短期内可能有冲突,但从长远的眼光看,两个目标应该是一致的。

(2)相关的技能

高效的团队是由一群有能力的成员组成的。高效的物流团队不仅需要具备丰富的物流专业知识,特别要注意有关法律法规的差别。而且物流团队除了必须具备团队及企业内部协调能力外,还应当具备与外部客户协调的能力。

(3)团队合作和奉献精神

物流服务的物流特性表现为一种网状结构,这个网是由多个节点和连线构成的。任何一个节点出现问题,又没有得到及时妥善的解决,就有可能造成重大的损失。因此,在作业过程中,团队成员要在做好本职工作的同时,为周边相关岗位多想一点和多做一点,使信息传递、业务交接达到无缝化状态。如果没有这种团队协作和奉献精神,就不可能将整个线上的作业点有机地结合在一起,就不可能有效地完成复杂程度较高的物流服务。

(4)一致的承诺

高效的物流团队成员对团队表现出高度的忠诚和承诺,可以称之为一致承诺。一项物流活动仅当其对客户价值作出贡献时,其存在才被认为是正当的。团队核心成员必须培养这种能对外在因素进行思考的能力。另外由于物流服务常常会涉及客户商业机密,因而要求物流团队成员不仅忠诚于团队,还要忠诚于客户。

(5)良好的沟通

物流服务的特征之一是客户参与到物流方案设计、设施及评价的全过程。物流团队成员在工作中需要时时与他人协调沟通、与上下游环节岗位人员进行协作。时间是衡量物流服务水平的要素之一,因而要求团队成员信息交换及时。另外还需要保证各种渠道的畅通。此外,管理层与团队成员之间有效的信息反馈,也是建立良好沟通的重要特征,有助于管理者指导团队成员的行动,消除误解。

(6)恰当的领导

现代物流活动不可预测的因素很多,有效的领导能为团队指明前途所在。优秀的领导者不一定非得指示或控制,高效物流团队的领导者往往担任的是教练和后盾的角色。他们告诉团队可能的风险和困难,并对他们提供指导和支持,但并不试图去控制它,因为一线工作人员对实际情况更清楚。一些管理者已开始发现这种新型的权利共享方式的好处，但仍然有些习惯于专制方式的管理者无法接受这种新观念。这些人应通过这种方式或领导培训逐渐意识到它的益处，并应用于今后的工作。

(7)内部支持和外部支持

要成为高效物流团队的最后一个必要条件，就是支持环境。不论是企业自身、合作伙伴或客户的管理层，均应给团队提供完成工作所必需的各种资源。外部支持有时难以获得，这要求核心成员与他们沟通协调，有时甚至需要管理层出面协助。

第三节　物流服务价值链的管理

一、物流客户服务流程

物流客户服务的实质是发现客户需求，然后通过提供相应的服务，最大限度地满足这种需求。物流企业首先通过市场调研发现物流客户的需求，然后确定相应的物流客户服务程序及业务流程，并以此为标准贯彻到实际服务过程中去。

1.物流客户服务流程图

设计物流客户服务流程图是物流服务企业为客户服务的关键一环。在物流服务体系设计中，为了使客户对物流作业整个过程感到满意，管理人员应绘制物流服务流程图。标明企业和客户的直接接触点，以便发现服务工作中的薄弱环节，采取必要的改进措施，防止出现服务质量问题。物流服务流程图表明物流企业对客户服务的步骤，这些步骤能否使客户满意，取决于该流程图的设计思路和科学性，取决于参与执行该流程图的人员(管理者和服务人员)的执行水平。如图 2-3 所示，我们可以看出，在服务流程中，物流企业通过对服务人员组织管理，使服务过程规范化、全面化，从而使客户满意。

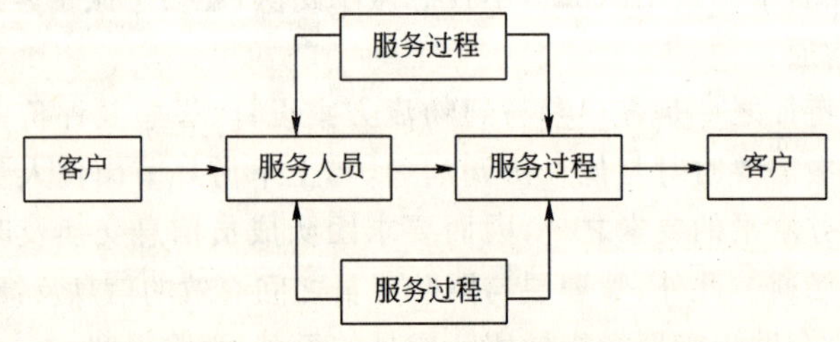

图 2-3　物流服务流程纲要图

物流企业是以服务客户为导向的企业。物流企业对客户的服务可以通过机械来提供，但更主要的是依靠员工与客户面对面地交流来实现的。在为客户提供服务的过程中，服务人员的行为至关重要。物流企业服务质量的好坏，直接取决于员工在服务过程中的表现。因此，物流企业更应重视对服务人员特别是直接面对客户的服务人员的素质要求。物流企业服务人员不仅具备良好的仪表，而且还要具备交际能力、合作能力、营销能力、观察能力和自我调节能力。

2. 物流客户服务的业务流程

(1)物流客户确认

物流客户确认是通过收集与整理物流客户信息，认识和提升物流服务的客户价值，努力开发物流服务新客户，不断巩固原有的物流服务客户。

(2)物流服务战略策划

根据物流客户的需求、物流企业自身条件和物流市场竞争对手的情况以及物流服务发展的趋势，企业需要明确自己的价值观、物流服务的定位和基本的服务策略。

(3)客户服务系统的设计

客户服务系统由有形的设施和无形的保障两大部分所组成。其中，有形的设施指客户的设施设备、服务组织机构和人员等；无形的保障指制度、运行机制和客户信息等。在确定的客户需求和企业服务战略的制约下，物流服务系统是进行客户服务和客户关系管理的主要平台。

(4)客户服务实施

企业的物流活动包括采购、运输、装卸、入库、保管与理货、配送出库的整个流程，物流客户服务主要围绕着上述活动而展开。特别需要指出的是，在物流的一系列如信息集成、供应链再造、功能转化、业务流程再整合的新增业务中，客户服务的内涵和外延都在不断地拓展和深化。

(5)客户服务的监控

在有效的服务质量管理信息系统的支撑下，企业对客户服务质量进行持续的记录和分析，企业在物流服务过程的各个环节、各个阶段，对所有参与服务的部门和个人进行全方位的监督和控制。

(6)客户服务的评价

要根据服务效率、服务质量和客户满意程度的合理契合，建立精确的、连续的、实用而可信的评价指标体系，并把评价结果反馈到客户服务的各个环节。此外，还必须把科学的评价和有效的激励措施结合起来。

(7)客户服务绩效改进

物流服务以客户开始，以客户结束。整个物流客户服务最终的目标在于不断吸收国内外物流企业的先进管理理念和管理技术，不断提升企业客户服务的效率和效益，保持和发展客户的满意度和忠诚度，在服务客户中使企业也得到进步。

二、规划物流服务的全流程

1. “全流程”的观点

今天竞争环境的改变，要求竞争变为基于价值链的竞争。因为今后的竞争不是产品与产品、企业与企业的竞争，而是价值链与价值链的竞争。在这样一个竞争环境的要求下，需要供应商、制造商、零售商等采用“全流程”的观点。

这里所定义的全流程是指：价值链上的每一个节点都是流程中的组成部分，只有每一个节点的经营或服务被看作是始于客户需求的整体流程和价值链的时候，企业才能够适合于这个竞争的环境，才能够拥有价值，见图 2-4。

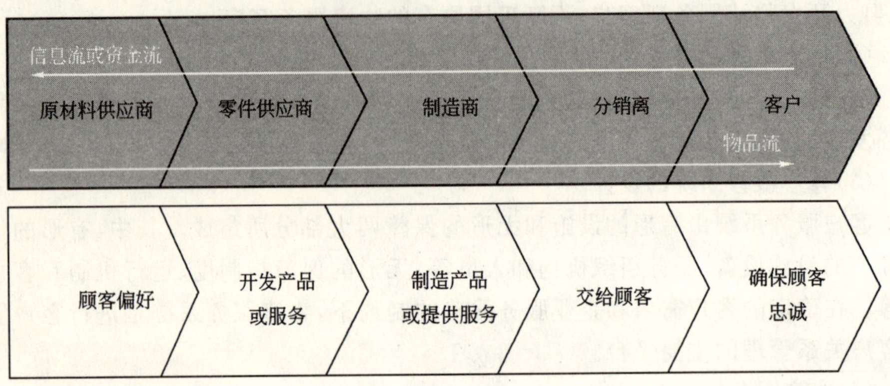

图 2-4 物流服务全流程

上图能很好地说明什么是全流程。从图上我们可以这样理解，形成顾客忠诚度的过程是企业从顾客的偏好入手，界定产品开发或者服务，之后制造产品或者服务交给顾客。因为这个产品或者服务的前提是基于顾客的偏好，所以可以确保顾客的忠诚度。这样的逻辑表现在企业的流程里面是从原材料供应商开始，经过零件供应商、制造商、分销商，最后到客户，所以如果让这个流程具有价值，就要从三个流方向来体现，信息流和资金流的起点是顾客，而物品流的起点是原材料供应商。完整地体现这三个流方向的，我们可以理解为全流程的观点。

服务业不同于制造业，物流服务和一般的服务也有所不同。物流服务是企业为了满足客户的物流需求，进行的一系列物流活动的结果。企业物流服务属于客户服务的范畴，是客户服务的主要构成部分，是企业提供给客户的最终的物流服务。对物流企业而言，客户服务是一个以成本有效性方式为供应链提供增值利益的过程。客户服务水平的高低，决定了具有相同生产研发能力的企业为客户提高个性化服务的水平。物流服务全流程是基于物流、资金流、信息流，通过合作伙伴关系，实现信息共享、资源互动和客户价值最大化，并以此提升企业竞争力的一种集成管理系统。

2. 物流服务全流程的规划

规划物流服务的全流程首先应对物流客户进行识别和选择，以支持企业在合适的时间和合适的场合，通过合适的渠道，将合适价格的合适产品或服务提供给合适的客户。物流服务是始于客户，终于客户的。物流客户管理是物流服务水平提高的基本保证；物流客户服务水平是构建物流服务体系的基础。而物流服务水平的提高依赖于物流服务价值链上的各个节点的整合，需要物流服务各个部门、各个管理层次既要有明确的分工，又要有效地协作。从一个简要的物流客户服务管理协作图（图 2-5）中，我们可以形象地了解物流服务的全流程和关键环节，认识各部门之间建立合理的分工协作的重要性。

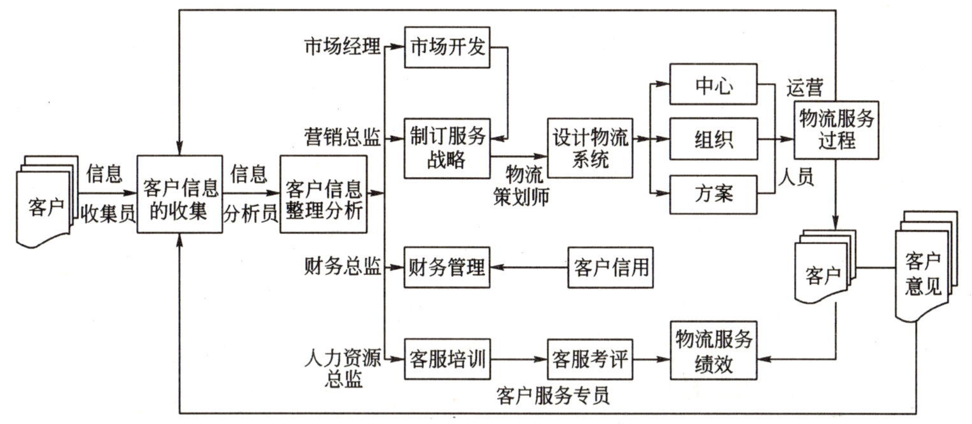

图 2-5　物流客户服务管理协作图

3. 确定物流服务的水准

确定物流服务水准的步骤如图 2-6 所示。

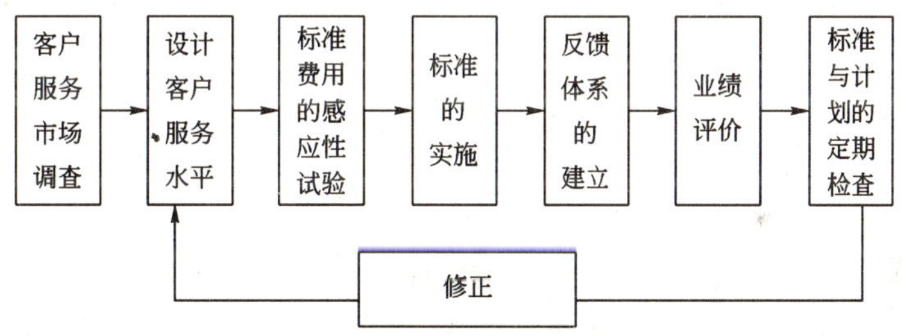

图 2-6　确定物流服务水准的步骤

（1）对客户服务进行市场调查。通过问卷、专访和座谈，收集物流服务的信息，了解客户提出的服务要素是否重要，他们是否满意，与竞争对手相比是否具有优势。

（2）设定客户服务水平。根据对客户服务调查所得出的结果，对客户服务的各环节的水准进行界定，初步设立水平标准。

（3）进行标准费用的感应性试验。标准费用的感应性是指客户水平变化时成本的变化程度，如库存可得率 80％提高到 90％，库存将提高 3 倍。

（4）根据客户服务水准实施物流服务。

（5）建立反馈体系。客户评定是对物流服务质量的基本测量，而客户一般不愿意主动提供自己对服务质量的评定，因此必须建立服务质量的反馈体系，及时了解客户对物流服务的反应。这可以为改进物流服务质量，采取改进措施提供帮助。

(6)业绩评价。在物流服务水平试行一段时间后，企业的有关部门应对实施效果进行评估，检查客户有没有索赔、事故、破损等。通过客户意见了解服务水平是否已经达到标准，成本的合理化达到何种程度，企业的利润是否增加，市场是否扩大等。

(7)标准与计划的定期检查。物流服务水准不是一个静态标准，而是一种动态过程。也就是说，最初客户物流服务水准一经确定，并不是以后就一成不变，而是要经常定期检查、变更，以保证物流服务的质量。

(8)标准的修正。通过对物流服务标准的执行情况和效果的分析，如果存在问题，需要对标准作出适当修正。

物流服务是由一个物流系统作为基础的，物流服务水准的确定还应通盘考虑商品战略和地区销售战略、流通战略和竞争战略，物流系统所处的环境以及物流系统负责人所采取的策略等具体情况，再作出决定。

S 本章小结

本章介绍了物流服务价值链的理论及物流服务价值链的管理相关内容。

在物流服务价值链的概述中，要理解物流服务价值链的含义。在这里把物流服务价值链理解为：物流企业对客户价值的最大化和员工、客户的满意连在一起而形成的链条。这条价值链有几个关节点：内部服务质量；满意的和干劲十足的服务人员；更大的服务价值；满意和忠诚的客户；服务利润的获得和增长。掌握物流服务价值链的内容，其包括：提高客户忠诚度；客户忠诚度取决于客户满意度；客户满意度取决于客户所获得的价值大小；企业高价值的创造来源于员工的高效率工作；员工的高效率工作源于员工忠诚度的提高；员工的忠诚取决于员工对公司的满意度；员工满意与否的主要因素源于公司内在服务质量。

在物流服务价值链的知识拓展中，首先要了解价值链分析是由美国哈佛商学院著名战略管理学家波特提出来的。波特将价值链定义为是从原材料的选取到最终产品送至消费者手中的一系列价值创造的过程。价值链分析理论还告诉我们：企业的竞争力源自具有自己高效的价值链。企业的成功不仅取决于每个部门做得如何，还取决于不同部门之间如何协调核心业务过程和核心能力。其次，全面营销理论的成功运用需要管理一条传递优质产品、服务和速度的价值链。通过扩大顾客份额，建立顾客忠诚度，捕捉顾客终身价值，全面营销者可使利润不断增长。

物流服务质量是指企业通过提供物流服务所达到的服务产品质量标准、满足客户需要的保证程度、客户感知到的物流服务水平的集合。物流服务质量不是一个静态标准,而是一个动态过程,也就是说物流服务质量是相对性的。

物流服务价值链在营销管理中的作用:揭示了客户忠诚度与企业获利能力之间的关系;物流服务价值链提出了"公司内在服务质量"的概念。

在物流服务价值链的管理中,我们要清楚:物流企业首先通过市场调研发现物流客户的需求,然后确定相应的物流客户服务程序及业务流程,并以此为标准贯彻到实际服务过程中去。设计物流客户服务流程图是物流服务企业为客户服务的关键一环。在物流服务体系设计中,为了使客户对物流作业整个过程感到满意,管理人员应绘制物流服务流程图。

规划物流服务的全流程,首先应对物流客户进行识别和选择,以支持企业在合适的时间和合适的场合,通过合适的渠道,将合适价格的合适产品或服务提供给合适的客户。物流服务水平的提高依赖于物流服务价值链上的各个节点的整合,需要物流服务各个部门、各个管理层次既要有明确的分工,又要有效地协作。规划物流服务的全流程须从 3 方面考虑:规划物流的基本服务;规划物流的增值服务;确定物流服务的水准。

C 案例分析

联邦快递的服务体系[1]

(一)背景

联邦快递的创始者佛莱德·史密斯有一句名言:"想称霸市场,首先要让客户的心跟着你走,然后让客户的腰包跟着你走。"由于竞争者很容易采用降价策略参与竞争,联邦快递认为提高服务水平才是长久维持客户关系的关键。

(二)具体

电子商务的兴起,为快递业者提供了良好的机遇。电子商务体系中,很多企业间可通过网络的连接,快速传递必要信息,但对一些企业来讲,运送实体的东西是一个难解决的问题。如对于产品周期短跌价风险高的计算机硬件产品来讲,在接到客户的订单后,取得物料、组装、配送,以降低库存风险及掌握市场先机,是非常重的课题。因此,对那些通过大量网络直销的戴尔电脑来讲,如果借助联邦快递的及时配送服务来提升整体的运筹效率,可为规避经营风险作出贡献。有一些小企业,由于经费、人力的不足,往往不能建立自己的配送体系,这时就可以借助联邦快递。

要成为企业运送货物的管家,联邦快递需要与客户建立良好的互动与信息

[1] 案例摘选自沈毅编写的《物流实用手册》第 52～54 页,江苏科学技术出版社。

沟通模式，使得企业能掌握自己的货物配送流程与状态。在联邦快递，所有客户可借助其网址(http://www.fedex.com)同步追踪货物状况，还可免费下载实用软件，进入联邦快递协助建立的亚太经济合作组织关税资料库。线上交易软件可协助客户整合线上交易的所有环节，从订货到收款、开发票、库存管理一直到将货物交到收货人手中。另外，联邦快递特别强调，要与客户相配合，针对客户的特定需求，如公司的大小、生产线地点、业务办公室地点、客户群科技化程度、公司未来目标等，一起制订配送方案。

联邦快递还有一些高附加值的服务，主要是3个方面：

(1)提供整合式维修运送服务。联邦快递提供货物的维修运送服务，如将已坏的电脑或电子产品送修或归还所有者。

(2)扮演客户的零件或备料银行。扮演业者的零售商的角色，提供诸如接受订单与客户服务处理、仓储服务等功能。

(3)协助客户简化并合并行销业务。帮助客户协调数个地点之间的产品组件运送流程。在过去，这些作业是由客户自己设法将零件由制造商送到终端客户手中，现在的快递业者可完全代劳。

联邦快递的客户服务信息系统主要有两个：一是一系列的自动运送软件，如PowerShip、FedExShip和FedExinterNetShip；二是客户线上作业系统(CustomerOperationsServiceMasterOn－lineSystem，COSMOS)。通过这些信息系统的运作，联邦快递建立起全球电子化服务网络。

单靠先进的技术就能实现良好的客户关系是不绝对的，还要再三强调员工的主观能动性的重要。在对员工进行管理以提供客户满意度方面，联邦快递具体方案有3个方面：一是建立呼叫中心、倾听客户的声音。员工的主要任务除了接听客户电话外，还要主动打出电话与客户联系，收集客户信息。二是提高一线员工的素质。招新员工时要做心理和性格测试；对新员工的入门培训强调企业文化的灌输，先课堂学习，后服务站训练，再让正式员工带训，最后才独立作业。三是运用奖励制度。联邦快递最主要的理念是：只有善待员工，才能让员工热爱工作，不仅做好自己的工作还能主动提供服务。在公司达到预定指标后，员工红利的发放可达年薪的10%，而为避免本位主义各区域主管不参与这种分红。各层主管的分红要以整个集团的目标计划为依据，以增强他们的全局观念。

(三)案例思考

联邦快递的服务体系的成功在于哪些因素？公司的快递服务的价值流程如何实现？

(四)点评

联邦快递具备：成功捕捉客户核心利益；利用快递系统管理订单、准确掌握货物行踪；推出具有竞争力的高附加值服务；建立周到灵敏、功能安全的客户服务信息系统；注重员工在客服中的关键作用，用个性化的服务赢得客户，赢得员工。

E 练习与思考

一、选择题

1. 今天的市场竞争，一个最为明显的改变就是：竞争是（　　）之间的竞争。

A. 产品与产品　　B. 企业与企业　　C. 价值链和价值链

2. 价值链分析法是由（　　）提出来的。

A. 美国哈佛商学院著名战略管理学家波特

B. 全球市场营销学权威菲利普·科特勒

C. 西方管理学界称为"科学管理之父"的泰罗

3. 物流服务价值链就是：物流企业对（　　）的最大化和员工、客户的满意连在一起而形成的链条。

A. 企业利润　　B. 客户价值　　C. 竞争优势

4.（　　）的提高能促进企业获利能力的增强。

A. 客户忠诚度　　B. 客户满意度　　C. 员工忠诚度

5. 客户忠诚度是由（　　）决定的。

A. 客户忠诚度　　B. 客户满意度　　C. 员工忠诚度

6. 客户满意度取决于（　　）。

A. 客户所获得的价值大小　　B. 员工工作高效率　　C. 企业服务质量的高低

7.（　　）是决定员工满意与否的主要因素。

A. 员工所获得的价值大小　　B. 企业内在服务质量　　C. 企业外在服务质量

8. 物流服务质量不是一个静态标准，而是一个动态过程，也就是说（　　）。

A. 物流服务质量是过程性的

B. 物流服务质量是相对性的

C. 物流服务质量是整体性的

9.（　　）是物流服务企业为客户服务的关键一环。

A. 制订物流客户服务战略

B. 设计物流客户服务流程图

C. 收集有关物流服务的信息

10. 物流服务水平的提高依赖于（　　），需要物流服务各个部门、各个管理层次既要有明确的分工，又要有效地协作。

A. 如何提高客户忠诚度

B. 物流服务价值链上的各个节点的整合

C. 物流企业内外部服务质量

二、思考题

1. 简述物流服务价值链的含义。

2. 物流服务价值链的内容有哪些?

3. 怎样理解物流服务质量及物流服务质量的相对性?

4. 物流服务价值链在营销管理中的作用是什么?

5. 物流客户服务的实现流程如何?

第三章　物流服务营销战略

学习目标

- ◆ 了解企业竞争战略的意义；
- ◆ 掌握企业的三种基本竞争战略；
- ◆ 掌握物流服务竞争战略的制订过程；
- ◆ 理解信息技术对物流服务竞争的重要作用；
- ◆ 了解基本的物流信息化技术。

引入案例

大连港口物流发展战略❶

一、战略目标

党中央、国务院明确提出，充分利用东北地区现有港口条件和优势，把大连建设成东北亚重要的国际航运中心。建设大连国际航运中心的基本内涵是：面向国内、国际的两个市场、两种资源，利用大连港口和城市的比较优势，谋求生产要素跨区域、跨国界的配置与循环，通过参与国内外市场的分工、交换与竞争，促进城市的现代化、国际化，成为大连乃至东北区域经济与世界经济融合的桥梁和纽带。为此，大连要依托大连港建成面向国内、国际的两个市场，覆盖东北亚，辐射渤海湾，连接华北、华中、华东，兼顾区域物流服务的综合型物流中心，成为中国北方和东北亚重要的物流基地。

二、战略选择

1. 一体化战略

一是横向一体化。大连港要搞好与周边港口的合理分工，培育大连港的比较优势和核心竞争力。在正确判断和处理与周边地区港口（包括天津、青岛港及韩国、日本的港口）市场分工的基础上，围绕东北经济及大连港的特点，发展具有大连特色和竞争优势的港口功能。辽宁沿海港口完全有条件进行优势互补，形成合作共赢的横向港口一体化。

❶案例摘选自物流天下网/首页/综合物流论文，http://www.56885.net/new_view.asp? id=15309，2007-3-15。

二是纵向一体化。大连港应该努力提高港口服务质量和效率，为货主提供更好更多的增值服务，同时采取各种措施拓展腹地的范围，开发更多的货源。要不断提高通关效率、港口效率、政府效率，完善海关、边防、检验检疫，仲裁、金融、保险、贸易、保税、海事等口岸环境，通过提供一体化和高水平的服务，吸引更多的直接腹地和中转腹地的运输需求，实现大连港口物流服务纵向一体化。

2.集中化战略

东北经济和大连港自身的特点决定了大连港应突出发挥区位和深水岸线优势，重点发展深水化泊位、大型化船舶、远洋化航线、专业化货种，在适度发展集装箱的同时，应下力气发展油品、矿石、粮食和汽车等大宗货种，把大连建设成东北亚地区的油品、矿石、粮食和汽车转运中心，建成东北亚地区最大的客滚运输中心。

3.差异化服务战略

打造中国北方国际航运中心，关键是建设面向东北亚的国际主要枢纽港和中转港。大连港要与青岛、天津等进行国内竞争，还要与韩国釜山、日本东京、横滨、神户等港口展开国际竞争。要想迅速崛起，大连港应该努力提高港口服务质量和效率，为货主提供更好更多的增值服务，港口要因地制宜发展自己的特色物流，针对不同客户的个性需求提供个性化的服务，以提高客户的满意度，吸引更多的货流量。

4.人才制胜战略

港口物流专业技术人才的匮乏是制约我国港口物流发展的最主要的因素之一，因此，要从长远考虑，注重对物流人才的培养，在培养具有开拓精神的高级管理人才的同时，造就一般业务人员、物流技术骨干队伍。可以与高校合作培养理论基础扎实的物流专业人才，而且要留住人才，同时千方百计从国内外其他地区吸引专业人才。

三、战略实施

1.进行产业结构调整，构建区域物流体系

要发展大连港口物流，调整与优化产业结构是根本出路。利用港口优势发展区域经济，促进结构调整是区域经济发展的成功经验之一，同时区域经济发展反过来也会增加港口物流的需求量，促进港口物流的发展。

2.发展临港工业

从一些比较成熟的国际航运中心的成长看，优良的港口条件不是生成国际航运中心的唯一决定因素。临港产业的兴起，对国际航运中心的迅速发展同样起着不可忽略的作用。临港产业的优势在于减少原材料或产成品运输中转次数，最大限度地降低运销成本。依托港口大力发展临港工业、保税区、加工业区、现代物流中心等，作为未来产业规模扩大和结构提升的重要支撑力量之一。

3.港口资源整合

政府应加大力度对港口物流产业进行整合，积极引导传统运输企业向物流企业转型，对现有的港口物流企业加大重组力度，实现资源共享，提高物流基础设施的利用率。

4. 建设先进的信息网络

要对现有的口岸信息系统、海关及检验检疫信息系统、保税区信息系统等各种口岸信息资源进行统一整合，建立面向货主、与经贸、口岸、航运等联网的开放式物流信息系统，有效提高港口运作效率。

5. 争取政府更多的优惠政策

要发展大连港口物流产业，应对国内外物流企业竞争，必须积极争取政府的支持，取得一定的政策优惠，为港口物流中心的发展争取一个有利空间。

6. 完善集疏运体系

需要政府帮助协调铁路部门，在疏港铁路、大窑湾集装箱枢纽站、东北集装箱双层重载班列、东部边境铁路建设等方面予以重点支持，加快推进港铁联运，在加快港口建设的同时，进一步完善和构筑新的港口集疏运体系。

7. 多渠道吸引资金参与港口物流产业

港口物流发展是一个庞大的系统工程，涉及方方面面，需要各方面的参与才能成功，因此要积极吸引班轮公司、跨国码头经营集团和专业物流公司参与码头和堆场等各种设施的投资建设与经营管理，以实现多赢。

请分析：大连港口物流的竞争战略有哪些？大连港口物流是如何实现其竞争战略的？

第一节　物流服务竞争战略概述

物流企业的竞争战略是如何选择的？答案是：由企业的发展战略决定。竞争战略解决的是在既定市场企业生存和发展的问题，而发展战略解决的是企业市场进退和发展方向的问题。

竞争来源于生物学的“优胜劣汰”法则，寻求和建立竞争优势是物流企业确立竞争力体系、实现战略制胜的基础，也是物流企业实现一体化物流目标，创建和培育物流企业核心竞争力、在市场竞争中获得持久竞争优势的基础和必要条件。

可用来指导物流企业建立竞争优势的理论主要涉及产业市场定位、企业内部资源和企业动态能力3个方面。可简要概括为（产业）“定位观”、（内部）“资源观”和（动态）“能力观”3个战略理论体系。

一、以市场导向外生方式形成竞争优势

肯尼斯·安德罗斯在其论著《Concept of corporate strategy》中认为，战略是企业内部优势与劣势同外部机会与威胁的平衡，以此为基础提出了SWOT（S代表strength优势，w代表weakness弱势，o代表opportunity机会，t代表threat威胁）

战略分析构架;波特认为公司制订战略与其所处的外部环境(即市场等)是高度相关的,最关键的环境因素是企业所处的产业,他提出了包括企业竞争者、购买者、供应商、替代者、潜在竞争者等在内的5种竞争力量模型。"定位观"认为企业战略分析的基本单位是行业、企业和产品,应通过对这5种竞争力量的分析来确定企业在产业中的合理定位。用这一理论进行物流企业竞争研究,强调企业必须在行业、市场结构中寻找到一个恰当的定位,从而获得相对于竞争对手的竞争优势。这种竞争优势的建立是市场导向型的。

二、以企业资源内生方式形成竞争优势

以鲁梅尔特、沃尔纳菲特等为代表的学者认为:企业盈利是因为他们拥有企业特有的稀缺资源,可以产出低成本、高质量的产品。这种资源依附于企业内在组织中,具有无形性和知识性,难以模仿,并为企业专有。普拉哈拉德和哈默尔提出核心能力概念,其中心观点是:管理者不应再从终端产品的角度看问题,而应从核心能力的角度看问题。企业的竞争优势依赖于企业内部异质性的、难以模仿的、效率高的专有资源,这些资源包括专利、技术诀窍、独有的原料供应、品牌声誉等,企业有不断产生这种资源的内在动力,保持企业的竞争优势在于不断地形成、利用这些专有的优势资源。用这一理论研究物流企业竞争优势来源,主要关注于企业内部专有资源及其获得使用资源最优效益的途径和方法。利用这一理论分析物流企业竞争优势,强调其来源在企业内部。

三、以企业动态能力复合创新方式形成竞争优势

提斯等人将产业定位观和企业资源观结合起来,提出了一个"动态能力"观的战略理论框架。能力是在企业生产经营过程中形成并稳定下来的专有活动,体现在整合、重构内外部组织资源等方面的自身胜任技能;"动态"则要求企业为适应不断变化的市场环境,所必须具有不断调整、更新这种自身胜任的能力。依"能力观"可将企业资源划分为4个层次:第一层是企业购买的生产要素和获得的公共知识;第二层是企业的专有资产;第三层是企业的能力,即将企业的生产要素和专有资产有机地整合起来的组织机制和管理活动;第四层是企业能力的创新。能力观强调了逐级提升企业竞争力的重要性以及获得持久竞争优势的途径。

Helfat和Raubitschek于2000年把产品放进资源观和能力观的战略理论框架中,提出一个知识、能力和产品共同进化co-evolution的模型,进一步完善了"能力观"。它的中心思想是企业的产品发展由企业的知识系统和学习系统所支撑,而产品的序列发展又反过来增强企业的知识和学习能力,进一步丰富了动态能力观理论体系。这样就有"动态能力=专有资源+专有活动+整合创新",以动态能力观指导物流企业形成竞争优势,需要强调不断的能力创新,并将其与企业产品、资源、组织、文

化等密切整合起来。近年来，随着物流企业外部环境变化激烈，企业的动态能力也就成为竞争中最关键的能力，动态“能力观”强调企业必须不断取得整合组织、技术、资源和功能的能力，使企业不断地获得持久的竞争优势。

这些理论在指导物流企业建立竞争优势时是相互补充、共同进化的，当物流竞争力、核心竞争力的形成和提升达到一定水平，才能维持物流企业持久的竞争优势。本章将重点介绍波特的竞争战略理论及其在物流服务营销战略中的应用。

形成竞争战略的实质是将一个公司与其环境建立联系。尽管相关环境的范围，包含着社会的、也包含着经济的因素，但公司环境的最关键部分就是公司投入竞争的一个或几个产业。产业结构强烈地影响着竞争规则的确立以及潜在的可供公司选择的战略。产业外部力量主要在相对意义上有显著作用，因为外部作用力通常影响着产业内部的所有企业。因此，关键在于这些公司对外部影响的应变能力。

一个企业的竞争战略目标在于使公司在产业内部处于最佳定位，保卫自己，抗击5种竞争作用力，或根据自己的意愿来影响这5种竞争作用力。由于5种竞争作用力的合力对于所有竞争者都是显而易见的，因此，战略制定的关键就是要深入到表面现象之后分析竞争压力的来源。对于表象之后的压力来源的认识可使公司的关键强项与弱项突出地显露出来，使公司生机盎然地在其产业中定位，使战略变革可能产生最大回报的领域清晰化，并且使产业发展趋势中最具有机遇和危险的领域显露出来。

5种竞争作用力为：进入威胁、替代威胁、买方砍价能力、供方砍价能力、现有竞争对手的竞争。这反映出一个产业的竞争大大超越了现有参与者的范围。顾客、供应商、替代品、潜在进入者均为该产业的“竞争对手”，并且依具体情况会或多或少地显露出其重要性，见图3-1。

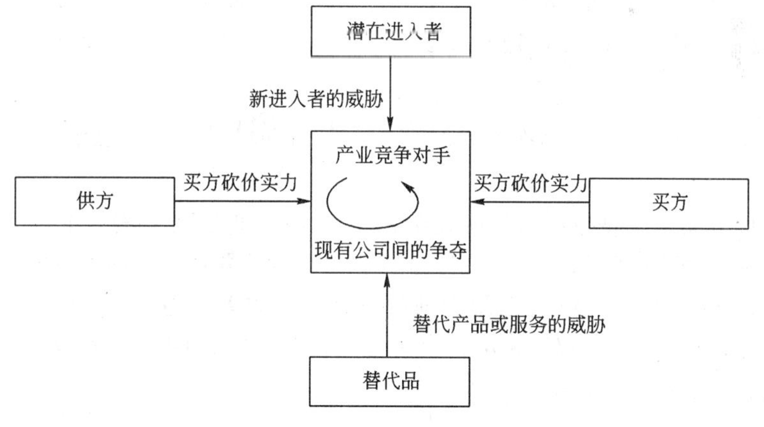

图3-1 5种竞争力

进入威胁：即产业中新企业的进入，导致产品(服务)价格降低或产业内现有企业的成本上升，利润率下降。进入威胁取决于进入壁垒加上进入企业可能遇到的现存企业的反击。如果进入壁垒高或新进入者认为现存企业会坚决地报复,这种威胁就会较小。

进入壁垒主要包括:规模经济、产品特色、资本需求、转换成本、获得分销渠道以及政府政策。

替代产品压力:广义地讲,一个产业的所有企业都与生产替代品的产业竞争。替代设置了产业中企业可以谋取利润的定价上限,从而限制了一个产业的潜在收益。替代品所提供的价格—性能选择机会越有吸引力,产业利润的"上盖"压得就越紧。

买方砍价实力:买方的产业竞争手段是压低价格、要求较高的产品质量或索取更多的服务项目,并且从竞争者彼此对立的状态中获利,以下的情况会使买方砍价实力增强,对企业造成竞争压力:相对于卖方的销售量而言,购买是大批量和集中进行的;买方从产业中购买的产品占其成本或购买数额的相当大一部分;买方从产业中购买标准的或非特色产品;买方转换成本低;买方盈利低;买方采取后向整合;产品对买方产品的质量及服务无重大影响;购买者掌握充分的信息。

供方砍价实力:供应商们可能通过提价或降低所购产品或服务的质量的威胁来向某个产业中的企业施加压力。供方实力的强弱是与买方实力相互消长的。具备下述特点的供方集团将更强有力:供方产业由几个公司支配,且其集中化的程度比买方产业高;供方在向某产业销售中不必与替代产品竞争;该产业并非供方集团的主要客户;供方产品是买方业务的主要投入品;供方集团的产品已经具有特色或已建立起转换成本;供方集团表现出前向整合的现实威胁。

现有竞争对手的竞争:同行业中的企业为了自身利益采取多种竞争手段,如价格战、广告战、公关战、产品(或服务)定位和产品(或服务)差异化等。同行业间的这种竞争,如果能提高行业利润,提高行业的稳定性,则是有益的;如果因此降低了价格,从而降低了行业利润,而引起行业波动,则它就成了消极的因素。同行业竞争威胁最大,因此是制订竞争战略时首先要考虑的因素。

第二节　物流服务竞争战略的制订过程

物流服务竞争战略包括为物流企业定位,以使企业区别于其竞争对手的能力具有最大价值。制订战略的一项中心任务是了解分析竞争对手。在这一任务完成的基础上,结合企业自身条件以及运用有利的资源和能力条件迫使结果有利于本企业。竞争行动也是一种技巧游戏,无论企业具有什么样的资源,都可以依靠战略制订、行动选择和执行而使效果最优。

一、我国物流服务企业竞争的特性

1. 相对较低的进入壁垒

在我国,随着很多行业的竞争加剧和营销渠道的扁平化,分销型企业的暴利时代一去不复返了，利润越来越薄，不得不从成本上再下工夫，但企业的销售、市场、财务、人力资源方面的成本可挖掘的空间已经不大，而物流是可以再降低成本空间最大的领域，企业越来越重视这一块。

由于目前我国还没有相关的法律法规或行业协会的限制，使得进入物流行业的门槛过低。只要符合工商管理部门的注册资金的要求，不管是否具有相当的设施设备或条件，都可以注册成为物流公司。由于中小物流企业鱼龙混杂，资质水平参差不齐，造成了严重的过度竞争、恶性竞争。

由于我国物流企业还未建立起规模优势，使各企业在物流成本方面差别不大，从而使该行业的进入壁垒较低，相对较容易进入。

2. 难以达到经济规模

当前，中国物流产业发展尚处在起步发展阶段，产业总体规模还比较小。根据国际研究机构的估计，美国第三方物流市场规模约相当于其全社会物流成本支出25％，欧洲为30％，亚洲的总体水平低于5％，而中国则在2％左右。物流产业规模较小的一个直接原因就是，大量的物流活动仍然停留在工商企业内部。以制造企业为例，近80％的原材料和成品的物流服务是由企业自我服务系统和供应商承担的，只有20％的物流服务是由专业化物流企业提供的。

就工商企业内部的物流发展情况来看，由于工商企业普遍信息化水平较低，信息技术和信息管理在物流管理中的应用也比较少，物流活动还没有成为企业管理者关注的重点，分散的、低水平的物流管理活动比较多见。这说明，加强企业内部物流管理仍然是全社会物流活动的重点。

企业从事物流活动需要投入大量的资金来建设物流设施、购买物流设备，这对于缺乏资金的企业，特别是中小企业来说是个沉重负担。企业自己从事物流活动，往往难以达到经济规模，从而导致成本过高。我国物流产业的整体实力较弱，产业集中度低。物流企业“散、小、弱、差”，几辆车、十几个人的物流公司比比皆是，相当多的企业仍然处于原始落后的经营状态，企业规模过小，大部分企业服务能力和品质都不高，物流服务收入偏低。我国的第三方物流成长仍然缓慢，专业化程度不高。有能力为客户提供完整的物流策划方案、提供一体化物流服务，从而最大限度地降低物流成本、满足客户需求的物流公司并不多。

此外，物流服务企业与购买者或供应商交易，在规模上没有优势。我国物流服务的对象分布广泛，具有不固定的特点，大多数的客户都具有不固定性，所以物流服务具有移动性以及面广、分散的特征。从零售业的角度来看，长期以来，由于我国市场体系的欠缺和企业自有资金薄弱、技术能力不足，导致国内零售企业规模普遍偏小，市场集中度低，无法获取规模效益。外资零售企业一般与连锁经营相挂钩，网点多、规模大、进货总量大，从而能在价格上争取更多的优惠，降低进货成本，以低廉的价格赢得顾客。从零售业的零散程度来看，欧美为40％，日本为50％，而我国为90％。

沃尔玛2000年销售规模超过1 913亿美元，其销售规模比我们国内连锁企业前100名销售总额的10倍还多。零售企业规模偏小的缺点致使物流服务企业在与购买者或供应商交易时，在规模上没有优势。

这种难以达到规模经济的现状使企业的物流成本居高不下，企业的竞争力因此而受到影响。

3.无规则的销售波动

物流企业在经营上常常出现劳动效率低、费用高的情况，这是由物流服务的对象多而又难以固定，客户需求方式和数量往往又是多变的，有较强的波动性，易造成供需不平衡等因素造成的。

如对于商业零售物流，特别是连锁商业的物流来说，商品的进货价格变动快，通常连锁超市经营的快速消费品价格随着市场供需的变化会有较快的变化，同时生产商或零售商的促销频繁引起经常变价，导致无规则的销售波动。

4.存在产品替代

我国现代股份制企业大多是从计划经济体制下转型而来，基本上都具有自营运输，自家保管等自营物流的能力，都具有物流服务能力。这种自营物流的普遍性，使得物流企业从量上和质上调整物流服务的供给能力变得相当困难。也就是说，物流服务，从供给能力方面来看，富于替代性，这也就从另一方面说明物流企业目前在竞争上具有一定难度。

5.竞争激烈

我国物流业的竞争主体多样且比较混乱，以供应链为基础的物流网络和企业联盟尚未形成。目前我国物流市场竞争主体非常多，既有专业化的物流企业，也包括拥有物流设施和能力的工商企业，还有相当部分的传统运输企业、仓储企业及货运代理企业。受传统计划经济体制的影响，我国相当多的工商企业仍然保留着大而全、小而全的经营组织方式，从原材料采购到产品销售过程中的一系列物流活动主要依靠企业内部组织的自我服务完成。这种自我服务的内部物流组织及其效率的提高，在一定时期内仍然是我国物流市场发展的主流，并对物流企业构成较大的竞争压力。

而传统上就从事物流活动的运输企业、仓储企业和货运代理企业在激烈的市场竞争中，以传统市场和客户为基础，也在积极拓展服务领域，向物流服务领域延伸，成为物流市场竞争的一个主要群体。由于这些竞争主体之间还没有根据物流流程优化的要求形成必要和合理的分工关系，上下游企业之间和从事不同物流作业环节的企业之间的长期交易关系和分工协作关系都还没有理顺，也因此影响和制约了像发达国家那样的企业协作群体或战略联盟的发展。在我国物流市场规模还比较有限的条件下，上述竞争主体之间的过度竞争就不可避免。

国外各大物流企业纷纷进入中国市场，加剧了我国物流业的竞争。以快递业为例，UPS(联合包裹)、FedEx(联邦快递)、DHL(中外运—敦豪)、TNT(天地快运)等国外快递物流企业已进入中国。随着我国逐步取消对国外物流企业进入的政策限制和关税壁垒，这些跨国物流商将以其雄厚的资金实力、一流的技术装备、先进的管理方法及全球化运作的实际经验等优势，给国内的众多物流企业带来更大的竞争压力。

6. 顾客忠诚度低

我国物流服务企业的功能单一，服务水平不高。大多数物流企业的功能基本上停留在储运和城市配送上，其中生产企业的外包物流中，单纯仓储占 21%、干线运输 36%、市内配送 28%、包装仅占 4%；商业企业的外包物流中，单纯仓储占 37%、干线运输 21%、市内配送 43%、包装也只有 14%。显然物流企业缺乏相关的包装、加工、配货等增值服务，从事的只是单一功能的运输和仓储，很少能提供物流策划、组织及深入到企业生产领域进行供应链的全过程管理，增值性的物流服务很少，也没有真正形成网络服务的优势。据中国仓储协会 2001 年调查，在采用第三方物流需求的企业中，有 23%的生产企业和 7%的商业企业对第三方物流提供的服务不满意。由于以上原因，同时由于物流业的竞争激励，物流服务的顾客忠诚度比较低。

7. 退出壁垒高

我国企业中的自营物流企业在退出时有较高的退出壁垒，因企业自身有较大的物流能力，物流外包即由物流服务企业完成其物流任务就意味着裁员和资产出售；此时的物流设施很难或只能以低价转让，给企业带来巨大的沉没成本，形成较高退出壁垒。此外，企业退出物流领域时，需要解雇相关的物流部门从业人员，国有企业解雇职工时，需要支付退职金、解雇工资等，在国有企业普遍不景气的情况下，这笔费用也构成了企业退出物流领域的障碍。退出壁垒过高使留在物流领域的企业数量较多，行业竞争加剧。

二、理解所从事的特定物流服务

物流服务营销主要是针对第三方物流而言的。第三方物流（Third-PartyLogistics，简称 3PL 或 TPL）是相对“第一方”发货人和“第二方”收货人而言的第三方专业承担的企业物流活动的一种物流形态。具体地说，第三方物流是指生产经营企业为集中精力搞好主业，把原来属于自己处理的物流活动，以合同方式委托给专业物流服务企业，同时通过信息系统与物流服务企业保持密切联系，以达到对物流全程管理和控制的一种物流运作方式与管理方式。因此，第三方物流又叫合同物流、物流外协、物流联盟、物流服务公司等。

我们可以把第三方物流理解为那些基于管理技能的物流公司，他们与那些基于资产的传统仓储或运输企业在服务对象、服务范围、定价策略等方面都有很大不同。前者更多地向客户提供除仓储运输等基础物流服务外，还包括物流规划、方案设计、信息跟踪等增值服务在内的综合物流服务，他们的价值在于通过资源整合及专业技能做到为客户提高管理效率和降低总体物流成本，他们部分地取代了客户物流部门的管理职能。而后者主要向客户提供仓储、运输等单项物流服务，其基础是他们拥有廉价或正好符合客户要求的硬件资产。

此外，我国一些具有自己物流配送中心的连锁企业开始利用自身较强的物流配送能力，进行社会化的配送。通过扩大配送服务对象，开展商品配销业务。这种配送方式与社会化的专业物流服务的最大差别是，它不仅提供物流服务，还伴随着商品的销售甚至管理的输出。

现代物流服务企业必须掌握先进的管理技术，与各有关单位沟通很大程度上要依靠信息交换和信息处理的技术与设备；物流服务的目标是不断地满足客户的需要，帮助客户制订经营策略，因而是主动的，具有导向作用。现代物流服务并不一定从事具体的货运工作。其主要任务是通过向有关客户推销先进的货运一体化管理技术，着重对整体运输环节进行控制，从而对客户提供运输管理服务，因此，他们不一定像货运代理人那样，实际从事具体的货运工作，将客户的货物从某一点运到指定的另一点。货运代理人仅参与和货运有关的活动，但现代物流服务还可能向顾客提供全球性订货与供货服务。因此，现代物流服务的范围更广，与供应链上的企业联系更为紧密。现代物流服务企业更需要完善的物流网络，如何建立健全自己的物流网络比起只从事货运代理的企业更加重要。没有完善的网络就无法做好供应链的管理与运输服务工作。

三、形成物流服务竞争对手进入障碍

企业在竞争过程中，可以通过规模优势、专有技术以及服务多样化形成其他企业进入的壁垒，以降低竞争的激烈程度。

1. 规模

通过实现规模经济可以降低总成本，形成竞争对手进入的壁垒。在物流业中，要形成规模经济必须走资源整合之路。通过协作，形成功能齐全、高效、统一的运行网络。将分散在不同企业、部门的资源，按照一体化物流目标的要求进行剥离、重组、置换、联合或虚拟运作，以取得资源利用的整体最佳效果。资源整合是将分散的资源按照客户供应链物流要求进行系统运作，以取得协同效应。能够将所有权、经营权、使用权分散于不同主体的资源按共赢准则进行整合，对资源进行优化配置，实现这样的规模经济能够给企业带来较低的成本，或者是突出企业的服务能力，如快速响应顾客需求等，从而增强其竞争力。

2. 专有技术

随着物流业的快速发展，越来越多的新技术和新设备被广泛应用，如全球卫星定位系统(GPS Global Positioning System)，互联网技术，条形码及识读技术，电子数据交换，射频识别技术，自控技术，机器人及高速、灵活的运输工具。以推动企业的反应快速化、操作规范化，有效地降低库存和交货不及时的现象，提高运营效率和准确率。

物流产业的发展已经到了这样一个阶段:现代物流的信息系统已经成为企业物流管理和操作的一个不可或缺的要件。实际上,有没有 IT 系统的支持已经成为现代物流运作的重要标志之一。而对信息技术进行充分的开发利用则可以形成企业自己的专有技术,成为企业竞争过程中的一个关键要素。

例如,国际快递公司 DHL(DHL Corporation),在上海建成的联合快递中心里,采用了当今世界最先进的操作系统,货物可以全部自动分拣、直接装载、就地上机,大大降低了货机的等待时间,使货运周期缩短了近一倍。DHL 还通过 EDI(Electronic Data Interchange)技术系统与海关对接,使得进口包裹、文件在航班落地前实现清关,出口货件在飞机起飞前 2h 内清关,大大缩短了清关和转运时间。另外,在快件服务领域,DHL 最早推出全球货件跟踪系统用于客户查询服务,通过该系统,无论快件走到哪儿,货件在运送途中的各主要阶段都可以被及时跟踪;客户每天 24h 均可以通过跟踪查询,取得对国际货件的完全控制。四大速递巨头还陆续使用了速递资料收集器(DIAD)(Delivery Information Acquisition Device,简称 DIAD),这是目前较先进的高科技速递工具,收货驾驶员只要用它扫描包裹上的条码,便完成递送记录,从而取代了传统的纸上递送记录,让收货人的签名数字化。在快递业除了国际巨头,很多企业无法建立起这样的技术壁垒,因而无法在速度、成本等方面与之匹敌。

3. 服务多样化

传统物流服务的功能包括:运输功能、储存功能、装卸搬运功能、包装功能、流通加工功能、物流信息加工与处理功能等。物流企业提供的产品本质上是服务,而对服务的需求相对于对产品的需求而言,更需要个性化和差异化。

物流企业在提供传统的运输、仓储等产品的同时,还可向客户提供增值服务。增值性的物流服务包括以下几层含义和内容。

(1)增加便利性的服务。

一切能够简化手续、简化操作的服务都是增值性服务。推行一条龙门到门服务、提供完备的操作或作业提示、免培训、免维护、省力化设计或安装、代办业务、一张面孔接待客户、24h 营业、自动订货、传递信息和转账物流全过程追踪等都是有用的增值性服务。

(2)加快反应速度的服务

快速反应已经成为物流发展的动力之一。传统观点和做法将加快反应速度变成单纯对快速运输的一种要求,但在需求方对速度的要求越来越高的情况下,它也变成了一种约束,因此必须想其他的办法来提高速度。

(3)降低成本的服务

前期的物流成本居高不下,有些企业根本承受不了。但可以通过采用比较适用、投资比较少的物流技术和设施设备,或推行物流管理技术,如运筹学中的管理技术、单品管理技术、条形码技术和信息技术等，提高物流的效率和效益，降低物流成本。

(4)延伸服务

向上可以延伸到市场调查与预测、采购及订单处理；向下可以延伸到配送、物流咨询、物流方案的选择与规划、库存控制决策建议、货款回收与结算、教育与培训、物流系统设计与规划方案的制作等。即将物流的各项基本功能延伸、各环节有机结合，实现便利、高效的物流运作。如配送的延伸服务包括集货、分拣包装、配套装配、条码生成，贴标签、自动补货等，其他各项基本功能也都有许多延伸的增值服务。

目前我国物流服务商的收益85%来自传统性物流服务，其中运输管理占53%，仓储管理占32%，增值服务与支持物流的财务收益只占15%。国内的物流企业绝大部分都停留在传统的物流业务(运输和仓储)上，许多物流的增值服务都被忽视了。中国仓储协会组织的第三次全国物流状况调查表明，在物流需求市场期望的服务内容中，工业企业需要市内配送服务的有29%，需要物流信息查询、条码采集、物流系统设计及代为报关的各为7%。在商业企业中，需要物流系统设计的为20%，需要代结货款、物流信息查询、市内配送服务的各为7%，需要条码采集的为13%。这说明我国物流市场对增值服务有着巨大需求。目前有些传统的仓储型企业，将仓库改为配送中心，不但为客户的货物提供了储存场所，还进行分拣、包装并直接配送到户。这样不但减轻了客户企业的工作量，也为自己营造了利润空间。如果物流企业能够深层次挖掘这些潜在的服务需求，实质上就提供了差异化的服务。

又例如，中国发展规模较大的物流企业——中外运集团，与摩托罗拉(中国)公司的合作中，根据客户市场的发展和物流需求的变化，不断规范、调整和创新企业的物流服务内容，提高服务质量，使物流服务内容从简单空运发展为全程物流服务，能够提供报关、商检、运输合同管理等专业化的物流服务，服务区域从天津市场扩展到全国，服务领域从最初的个别货物发展到多种货物，运量也增长到每月数百吨，成为摩托罗拉(中国)公司最主要的物流服务供应商。

四、实现低成本运营

受多种因素影响，我国物流成本大大高于发达国家。英、美、日、新加坡物流成本占GDP(Gross Domestic Product，国内生产总值)的比例分别为10.1%、10.5%、11.4%、13.9%，我国大陆地区物流成本占GDP的比例为16.9%，香港为13.72，台湾为13.1%。我国物流企业基础设施落后，国家投资不够，交通运输矛盾突出，物流产业一直缺乏现代运输及物流配送的网络技术系统；货运的空载率高达60%，仓储量则是美国的5倍。我国传统物流经营模式是以仓储、运输、装卸、养护为重点，不重视对商品配送、流通加工、企业内部的信息化改造、物流技术的引进、物流信息的搜集、处理及发布。目前，大部分物流企业电子化水平低，信息加工和处理手段落后，信息处理水平只相当于世界平均水平的2.1%。物流环节成本居高不下,降低了竞争力。

要降低物流成本,就要增加企业技术改造的资金投入,下大力气实现企业设备现代化。打破目前的部门独立、信息分散的状况,其关键是利用企业自己的Intranet,将其内部各个部门连接起来,资源共享。健全企业内部的统一信息管理体系,极大地降低重复性投入,减少企业运营成本。实现企业运营的网络化,通过Intranet或Internet、电子数据交换(EDI)完成诸如网上交易、售后服务等。

如深圳市中南运输集团有限公司与深圳移动于2004年携手合作,公司首次在车辆上采用了定位和监控调度管理系统,有效实现了对车队的实时监控和灵活调度,一辆车完成任务之后,不用回基地,就可以直接执行下一个任务,大大减少了车辆在执行任务时的空跑频率。

为中南运输公司提供的这套管理系统主要运用于中南运输集团的旅游包车和出租车上。在这方面,定位和监控调度管理系统的确可以大幅度提高车辆的使用率。粗略统计显示,中南运输在实施这套系统后空跑率比应用前下降了约15%,企业运营成本显著降低。另外,由于GPRS(General Packet Radio Service,通用分组无线业务)实时定位和监控,大大提高了车辆和人员的安全性。

中南运输公司的负责人指出,移动信息化的应用,使得中南运输集团从以前的分割作战、单兵作战提升为协同作战、大兵团作战,作战模式的转变直接带来成本的节约。一辆车少跑一公里,那么随之而来的车辆磨损率的降低,油料的节省,维修费用的节省,以及安全方面保障系数的增加,都将促成现实成本和可能成本的降低。更为重要的是,由于实时调度管理的实现,运营效率的提高,可以使整个公司旅游包车业务控制车辆购置数量。比如100个任务,以前需要100辆车才能完成,那么现在只需要90辆,这样的结果,就是直接投资的降低和运营成本的降低。

五、制订合理的价格策略

从经济学的角度来看,产品的供求状况、产品的价格弹性是确定产品价格的最重要因素,且产品价格是相对静态的。而物流营销学认为产品的价格是活泼的,是可以随时随地根据众多因素的变化而变化的,营销学产品定价的出发点是企业的竞争、发展、盈利,其定价措施是最接近市场实际情况的。在物流营销中,一般情况下各种有形产品定价的概念和方法均适用于物流产品定价,但是由于物流产品受其产品特征的影响,企业与顾客之间的关系通常比较复杂,物流产品定价策略也有其不同的特点。根据物流产品本身的特殊性,物流企业的定价决策既受企业内部因素的影响,也受外部因素的影响。

价格策略对物流及其所提供的服务也具有影响作用,价格策略的正确与否将影响物流活动的广度和深度及其顺畅性。价格策略中对顾客的数量折扣将影响顾客的订货规模。适宜的折扣优惠,将吸引顾客加大订货量,仓库的作业将趋向于处理大宗货物,搬运和运输作业都将变得简单而高效,在实行配送制时尤为突出。因此,只有从营销和物流两个角度综合考虑,才能制订出一个能够满足营销和物流综合需求的定价策略。

物流企业在提供物流服务时其定价的基本原则是:物流企业进行定价时要考虑成本因素、要考虑其所提供的物流服务的效率是否是顾客满意的服务水平,要考虑自身的物流服务经验与能力,还要综合考虑顾客对物流产品的感觉价值与接受程度。

六、进行新服务的开发和测试

要开发差别化的物流服务。企业在制订物流服务要素和服务水准时,应当保证服务的差别化,即与其他企业物流服务相比具有鲜明的特色,这是保证高服务质量的基础,也是物流服务战略的重要特征。

日本大和运输公司早期是从事陆地运输的专业运输公司,1976 年开始从事"宅急便"业务,当时它通过开展新型的配送服务,创造了"宅急便"这样一种物流服务品牌,之后,随着陆运物流服务的不断延伸和扩展,它将这种陆地配送服务称为"宅急便"。

大和运输公司开发、运营"宅急便"的当年,交易量不到 170 万件,当时一些大型运输公司,像日本通运等公司都相继推出了"宅急便"服务,而后者在运营能力、经营规模和运输网络上都要强于大和运输公司。

面对挑战,大和运输公司分析了其自身的优势,经过对企业内外环境的分析后,决定全面转入"宅急便"的配送服务市场。大和运输公司要想在"宅急便"市场立足,必须在服务内容上下功夫,塑造自身的核心竞争力。

基于这种考虑,大和运输公司在开展"宅急便"业务的初期就着力新技术和服务的开发。开始,顾客只是将"宅急便"看做是一种简单的配送服务,但在其便利性的服务特点得到认同之后,顾客的需求转为主动的行为,企业也进一步扩大了服务领域和内容。如大和运输公司的滑雪板"宅急便"、高尔夫"宅急便"、产地直送业务(即直接从产地采购商品到顾客指定的地方)等。这些都是大和运输公司差别化服务的表现,而且得到了顾客的认同与欢迎,成为大和运输公司在竞争中立于不败之地的杀手锏和新利益的增长点,这是其他任何从事"宅急便"业务的公司所不能比拟的。

可以看出,开发新服务的过程是在创造一种观念,而测试过程是推广这种观念,顾客必须被"吸引"到市场上,体验新服务,这就需要在营销上加大投入。

七、采取兼并策略

20 世纪 90 年代,随着全球经济一体化的发展,兼并、购并也成为一些跨国公司尽快占领国际市场、拓宽业务范围的重要手段。世界物流 10 强企业,都是能提供快递物流方面的多项服务，并且在与物流相关的一些行业或者新领域里联合或者兼并，借以巩固或者占领新的市场，从而达到增加利润、赢得客户的目的。通过收购、兼并这些公司，使各国公司的经营范围大大拓宽，可以提供能满足不同层次需要的物流服务。中国作为全球新兴的物流市场，在经过10年的起步与发展期后，必然进入物流企业资产整合、重组阶段。联邦快递对天津大田，TNT对华宇，UPS对中外运的股权并购，中铁行包与中铁快运的整合，中邮速递与中邮物流的整合，宝供与福田物流的重组，以及中远物流、中外运股份、中储控股等物流公司的上市，都说明了这一点。

第三节　物流服务竞争战略的选择

一、企业的基本竞争战略

按照哈佛商学院波特教授的理论，企业的基本竞争战略有三种：一是总成本领先战略，二是差异化战略，三是集中战略。这个理论基本可以覆盖或解释其他竞争理论，物流行业的竞争战略也可以用这个理论框架来解释。

总成本领先战略就是通过采用一系列针对总成本领先的具体政策在产业中赢得总成本领先。它要求积极地建立起达到有效规模的生产设施，在经验基础上全力以赴降低总成本，抓紧成本与管理费用的控制，以及最大限度地减少研究开发、服务、推销、广告等方面的成本费用。为了达到这些目标，有必要在管理方面对成本控制给予高度重视。尽管质量、服务以及其他方面也不容忽视，但贯穿于整个战略中的主题是使成本低于竞争对手。

差异化(标新立异)战略是将公司提供的产品或服务标新立异，形成一些在全产业范围中具有独特性的东西。实现该战略可以有许多方式：设计或品牌形象、技术特点、客户服务、经销网络及其他方面的独特性。

集中战略是主攻某个特定的顾客群、某产品系列的一个细分或某一个地区市场。目标集聚战略可以具有许多形式。这一战略的前提是：公司能够以更高的效率、更好的效果为某一狭窄的战略对象服务，从而超过在更广阔范围内的竞争对手。结果是，公司或者很好地满足了特定对象的需要实现了标新立异，或者为这一对象服务时实现了低成本，或者二者兼得。尽管从在整个市场的角度看，集中战略未能取得低成本或差异优势，但它的确在其狭窄的市场目标中获得了一种或两种优势地位。

二、制订适宜的物流服务发展战略的原则

1.明确制订物流发展战略的依据

服务资源优势不等于企业的市场竞争优势，因此制订物流发展战略的基本依据是市场。发达国家的现代物流企业或企业的物流服务系统已经呈现出资源整合和业

务整合的趋势，表现出技术密集和资本密集的特征，但从我国的情况来看，物流服务业市场还远远没有成形，物流服务供需双方的运作基本上还处于初级阶段水平。因此，市场的基本特征表现为开发需求的潜力巨大、进入的较低壁垒和竞争的激烈。这个市场特征应当成为企业制订物流发展战略的基本依据。

2. 选择正确的战略指导思想

从现实情况来看，采用传统技术手段、提供阶段性物流服务的物流企业，将会成为我国物流服务业的主要力量。所以，对许多传统物流企业来说，选择正确的物流战略指导思想就是从小规模做起，从专业化做起。

3. 明确物流发展战略的服务性

无论从哪个角度来看，物流发展战略的功能都是支持和保障。对以特定商品的物流服务为市场定位的第三方物流企业来说，其发展战略具有明显的行业发展战略的市场特征。如集装箱物流服务供应商的发展战略必定要与港口的发展战略密切相关；做日用消费品物流的必然与超市的发展战略有关；做汽车物流的必然与汽车工业的产业政策有关。这时，物流企业的发展战略将以特定货品相关行业的发展战略为基本指针。

4. 选择物流服务发展战略

物流业具有容纳大中小企业共存竞争的特性。少数大型物流企业定位于高端综合服务领域，发挥其网络优势、高端技术优势和规模效益优势等；大多数中小型物流企业则定位于低端单一服务领域，发挥其定制化优势、灵活性优势和地域性优势等；大中小型物流企业可针对不同的目标市场共存竞争，相互促进。中小型物流企业在制订物流服务要素和服务水准时，应当保证服务的差别化，即与其他物流企业服务相比具有鲜明的特色，这是保证高服务质量的基础，也是物流服务战略的重要特征。

三、一般战略的实现方式

1. 成本领先战略适合有实力的企业

中国仓储协会 2001 年调查资料显示，企业在选择物流服务企业时最看重的是物流需求的满足能力和作业质量。同时，物流服务企业只有具备一定的实力，才能实现低成本扩张，实现规模效益，实现从粗放型经营向集约化经营的转变。不能否认目前中国物流行业存在着巨大的浪费现象，物流成本的节约空间还非常大。

在生产制造行业，往往通过推行标准化生产、扩大生产规模来摊薄管理成本和资本投入，以获得成本上的竞争优势。而在物流服务领域，则必须通过建立一个高效的物流操作平台来分摊管理和信息系统的成本。在一个高效的物流操作平台上，当加入一个相同需求的客户时，其对固定成本的影响几乎可以忽略不计，自然具有成本竞争优势。那么，怎样才能建成高效的物流操作平台呢？

物流操作平台由以下几部分构成：相当规模的客户群体形成的稳定的业务量，稳定实用的物流信息系统,广泛覆盖业务区域的网络。

稳定实用的信息系统是第三方物流企业发展的基石,物流信息系统不但需要较高的一次性投资,还要求企业具有针对客户特殊需求的后续开发能力。企业可以根据自身的需求选择不同的物流系统,但任何物流服务企业都不可能避开这方面的投入。

对于一个新的物流服务企业,除非先天具有来自其关联企业的强大支持,否则一般不大可能直接拥有广泛的业务网络和相当规模的客户群体。能否在一定时间内跨越这道门槛是企业成功与否的关键。对于一个物流服务企业来说,这是企业发展的一个必经阶段。如果能够在两至三年中完成业务量的积累和网络的铺设,企业将迎来收获的季节;如果不能达成,往往意味着资金的浪费和企业经营的寒冬。

对于一个全新的企业,主要有三个途径能够完成这一任务。第一个途径是在严密规划的基础上,采用较为激进的方式,先铺设业务网络和信息系统,再争取客户。这种方式较为冒险,只有资金实力非常强的企业才能这样做。一些外资公司就声称要在很短的时间内在全国成立几十家分公司或办事处。第二个途径是与某些大公司结成联盟关系,或成立合资物流公司以获取这些大公司的物流业务。国内许多家电行业是这样做的。这种方式较为稳妥,使企业在短期内获得大量业务,但这种联盟或合资物流由于与单一大企业的紧密联系,会在一定程度上影响其拓展外部业务的能力。最后一种途径是建立平台,它是更为缓慢的方式,边开发客户,边铺设网络。

2.起步较晚的新企业最可取的是差异化战略

差异化战略是指企业针对客户的特殊需求,把自己同竞争者或替代产品区分开来,向客户提供不同于竞争对手的产品或服务,而这种不同是竞争对手短时间内难于拷贝的。物流企业的服务定位于某个领域后,就应该考虑怎样把自己的服务和该领域的竞争对手区别开来,打造自己的核心竞争力。如果具有特殊需求的客户能够形成足够的市场容量,差异化战略就是一种可取的战略。医药行业对物流环节GMP标准的要求,化工行业危险品物流的特殊需求,VMI管理带来的生产配送物流需求,都给物流企业提供差异化服务提供了空间。其实,对于一个起步较晚的新企业,差异化战略是最为可取的战略。

3.集中战略适合有一定自身优势的企业

目标集聚战略就是把企业的注意力和资源集中在一个有限的领域,这主要是基于不同的领域在物流需求上会有所不同,如IT企业更多采用空运和零担快运,而快速消费品更多采用公路或铁路运输。每一个企业的资源都是有限的,任何企业都不可能在所有领域都取得成功。物流服务企业应该认真分析自身的优势所在及所处的外部环境,确定一个或几个重点领域,集中企业资源,打开业务突破口。在物流行业中,我们不难发现,BAX Global、EXEL等公司在高科技产品物流方面比较强,而马士基物流和美集物流则集中于出口物流,国内的中远物流则集中在家电、汽车及项目物流等方面。可见，在国内企业对物流服务企业普遍认可以前，物流服务企业必须集中于那些较为现实的市场。这种目标集聚战略不仅仅指企业业务拓展方向的集中，更需要企业在人力资源的招募和培训、组织架构的建立、相关运作资质的取得等方面都要集中；否则，简单的集中只会造成市场机遇的错过和资源的浪费。

第四节　物流服务战略中信息的作用

现代信息技术的发展及其在经济活动中的广泛应用，直接推动了物流产业组织的发展和创新，并使物流产业组织呈现出资本和劳动密集度下降、信息密集度不断提升的特征。以信息技术应用为导向的物流产业组织发展大致经历了三个阶段，一是以企业物流信息管理系统为基础的一体化物流组织；二是以电子数据交换技术(EDI)为基础的专业化物流组织；三是以网络通信技术为基础的物流流程一体化组织。

一、信息技术在物流组织的几个发展阶段

1. 信息技术在以物流信息管理系统为基础的一体化物流组织中的发展

这种一体化物流组织主要形成和发展于 20 世纪 50 年代末至 80 年代初，是以工商企业物流管理功能集合为主要特征的物流组织。在这一阶段，企业内部的物流功能开始从分离走向集中，其首先是向企业的少数核心业务集中，如销售部门；而后逐步从核心业务部门中剥离出来成为独立的职能部门，将企业内部的物流活动和运作逐步统一到专业化的职能部门。

2. 信息技术在以电子数据交换技术(EDI)为基础的专业化物流组织中的发展

在发达国家，以第三方物流企业为主体的专业化物流组织出现于 20 世纪 80 年代中期，进入 90 年代后得到快速发展，目前已趋于成熟稳定。EDI 强调计算机系统之间穿越组织界限的数据和信息的传递，这种电子方式的数据传送不仅提高了信息传递速度和精确性，而且排除了传递延误的可能，为相互联系的企业之间业务和功能相互衔接和协调提供了可能。在 EDI 技术的支持下，工商企业不仅能够与外部物流企业之间实现物流信息的快速传递，也能够实现对物流活动有效控制。在此基础上，工商企业将自身的物流功能分离出来，各种物流作业由运作效率更高的专业化物流企业承担。

3. 信息技术在以网络通信技术为基础的物流流程一体化组织中的应用

20 世纪 90 年代以来网络通信技术的迅速发展，为信息快速传递和企业之间的信息共享创造了更为畅通的渠道。EDI 技术只能为企业提供有限的、点对点式的信息的连接和传递，而且是在企业内部纵向传递汇总基础上才能实现组织之间的传递。因此，很难实现整个物流过程和系统的信息共享。而在网络通信技术的支持下，各种

信息能够到达企业管理和运营的每一个作业层次，并能够支持企业生产、营销、信息管理等活动与物流活动在空间上的分离。在信息共享的基础上，从原材料供应到商品到达最终客户的全部物流过程就成为一个透明的管道，对这一过程的优化和功能集合就成为提高物流效率的必然选择，其结果是形成了以供应链为基础的物流流程一体化的新型物流组织，也称为第四方物流企业。

二、信息技术在物流服务中的应用

物流服务组织可以利用信息技术改进现有的服务流程，从而获得竞争优势。有些改进是以提高速度的形式体现的，还有一些是给顾客提供了更多的选择，或提高了质量。

信息技术在物流服务运营中可用于以下 4 个不同的目的：作用于顾客；作用于顾客的财产（或物品）；处理数据信息；创造全新服务。

1. 信息技术作用于顾客

“作用于顾客”是用于物流的运输服务。通过信息技术，可能解决在运输中的 3 个问题：一是顾客变得越来越不愿意排队等待服务；二是为了满足高峰时的需求，多配备服务人员所带来的高成本应如何降低；三是在 1d 内不同时段服务需求的波动性如何使之均衡。

美国的阿拉斯加航空公司就是一个好的例子。它们解决问题的方法的核心是，利用信息技术，让不同的乘客通过不同的渠道完成登机手续。例如通过互联网购买了电子机票的乘客可以在机场的计算机上自动办理登机手续，这只需要 1min 的时间。有时候，这些计算机还可以发放带有条形码的行李牌。阿拉斯加航空公司使用的另一项新技术是“可移动的乘客服务代理人”，他们随身携带手持电脑和袖珍打印机，可以在机场内的任何一个地方随时为乘客办理登机手续并发放登机牌。信息技术的这些应用，使得乘客极大地节省了排队等候的时间。

2. 信息技术作用于顾客的财产

信息技术应用的第二个领域是对顾客的财产（或物品）进行处理。一个典型的例子是联邦快递的 COSMOS(Customer, Operations, Service, Master On-line System)系统。

这是一个全球信息系统网络，其中心数据库设在美国的田纳西州。每一个由联邦快递运输的包裹都有一个条形码，当邮递员接受一个包裹时，他用自己的手提电脑扫描条形码，并将包裹的邮政编码和服务种类输入电脑，这些数据随后被传送到中心数据库或一个地区网络中心后进行再分类，然后装上飞机运往最后目的地，并再一次扫描条形码录入计算机系统。当另一个目的地的邮递员分发包裹时，他最后再扫描一次条形码并输入分发地点和收件方信息，这些信息随后被传送到 COSMOS 系统。这个系统使得顾客可以通过互联网或联邦快递软件跟踪包裹的处理进程。联邦快递信息系统的第二部分是数字分拣系统，有 3 万名递送员通过他们汽车中的液晶显示屏与系统沟通。这样，使得递送员能很快地接受或分发邮件。联邦快递还在其顾客的办公室里安装了POWERSHIP计算机系统，这个系统使得联邦快递的顾客可以打印包裹的标签、下载运输表格、结账并通过COSMOS系统跟踪包裹的处理进程。

3. 处理数据

信息技术用于改进服务的第三个应用领域，是数据和信息的处理。现代物流中所用的电子数据交换主要是应用于单证的传递、货物送达的确认等。现代物流中应用电子数据交换传输的单证种类有采购单、采购变更单、询价单、采购订单、提单、发票、到货通知单、交货确认单等。电子数据交换包含数据交换标准、计算机网络、信息处理软件3个构成要素。

使用物流EDI的3个前提条件：

(1)物流企业和供应商、零售商都拥有EDI信息系统；

(2)物流企业和供应商、零售商都有计算机化的会计记录；

(3)物流企业和供应商、零售商之间建立电子数据交换的伙伴关系。

物流EDI工作流程：现代物流中电子数据交换能够为顾客提供与银行、认证中心、物流企业、供应商的信息交换有关的物流信息。

4. 创造全新服务

信息技术有可能通过开发新产品或新流程，创造全新的物流服务。例如有了地理信息技术，就有可能帮助物流企业进行空间查询和分析，使物流过程中，可以迅速、准确地掌握供需双方的地理分布，确定物资调运的数量和运输方式，决定运送货的数量、种类、到货方式等，从而降低经营成本，提高收益；可以帮助物流企业辅助决策，主要包括位置决策、生产决策、库存决策、运输决策等；还有可能进行商业服务，利用GIS(Geographic Information System，地理信息系统)可准确掌握潜在顾客的地理分布，可以根据顾客的地址给顾客信息赋以地理位置值，并使这些信息与顾客收入、心理因素、购买行为等许多有关数据联系起来，从而分析出潜在的顾客，降低经营成本，提高收益；还有可能实时跟踪物资的流通。这些都是信息技术给我们创造的全新服务。

三、信息技术对物流业的重要影响

1. 为物流企业的发展提供必要的技术支持

传统上物流活动早已经是实际存在的。但是传统的物流活动被分散在不同的经济部门，或者是一个企业内部不同的职能部门来进行的。在这个从生产到消费的整个过程中，物流活动被分解为若干个阶段和环节来进行，而且由于没有信息技术的支持，物流信息本身也被分散在不同的环节和不同的职能部门之中。在这样的条件下，物流活动的运行方式实际上是一种被动的方式，也就是说，通过生产商产生需求信息之后，再要求物流供应商来完成。物流与信息之间的交流与共享，由于技术的阻碍，是非常缓慢的，而且是滞后于许多管理活动的。

随着计算机、互联网等很多信息技术的群体性的突破，这些技术开始广泛应用到企业管理特别是物流管理活动中，采集技术、传播技术还有处理技术的广泛应用，使得物流信息不再局限于某一个物流环节上，在整个物流供应链上，所有的企业、所有的管理者，都能够很透明地看到这些信息，同时根据这些进行必要的管理、协调和组织工作。信息资源的共享使得物流活动可以与原有的生产过程或者商品销售过程分离开来，成为一种独立的经济活动。第三方物流企业的出现，是跟这种现代信息技术的广泛应用结合在一起的。

可见，信息技术为物流企业的发展提供了必要的技术支持。

2.提高企业的运营效率

在物流企业的生产流程中广泛应用信息技术，可以容易地实现产品设计自动化、生产过程自动化和生产设备智能化。信息技术的引入，能够减少物流生产部门的从业人员，大大降低物流企业的生产成本，从而有效地提高生产效率。从全社会范围看，随着各行各业信息化程度的进一步提高，整个社会的信息流通更为顺畅，这样，单个企业的人流、物流和资金流也将相应随之畅通起来。因而，信息技术在全社会范围内的广泛应用将有助于提高物流企业的运营效率。

3.增强企业竞争优势

物流的核心是“物的流动”，与运输不同，物流不但改变了物的时间状态，也改变了物的空间状态；而运输只是物流的主要功能要素之一，是改变空间状态的主要手段。现代物流就是通过信息化的手段进行运输，实现运输、仓储、配送的高效一体化。其主要目的就是通过快速、准确地传递物流信息，使生产厂商实行准时制生产，物流提供商实行准时制配送，以“信息”降低“物流”，将生产地和流通过程中的库存降到最低，甚至达到“零库存”或“零距离”，由此降低物流费用。

在系统工程思想的指导下，以信息技术为核心，强化资源整合和物流全过程优化是现代物流的最本质特征。在国际上，信息技术与标准化两大关键技术的系统化集成应用对物流的整合与优化起到了革命性的影响，网络规划和优化理论与方法、自动化、智能化的关键技术的应用以及新型包装材料与技术的应用等科技进步也对现代物流发挥了明显的推动作用，大大降低了物流成本，并且在新的技术平台的支持下不断创新。

物流成本的降低必然会增强企业的竞争优势。

如山东省大型物流企业龙口胜通物流有限公司就通过山东移动提供的“GPS 定位配载”信息化解决方案，解决了由于信息沟通不畅而导致的车辆空驶严重、货物运输安全无保障、车辆资质可靠性差、车辆调度难等突出问题，通过信息化手段最大限度地整合了现有资源，使企业获得良好的经济效益。所以，信息技术正在成为物流服务企业构筑新的竞争优势的有力武器。

4. 信息技术改变了企业的运营模式和供应链管理模式

信息技术的发展有利于第三方物流企业的业务整合，实现“一站式”服务。第三方物流能够从事多种物流服务，这是与从事单一服务的传统运输或仓储企业的重要区别。先进的第三方物流企业通常从事物流业务种类繁多，拥有类型各异而且数量众多的客户群。先进的信息技术能够处理复杂的业务信息，信息技术减少了物流地域限制，为客户提供全面和高效的物流解决方案，促进了供应链的全球一体化。

信息技术提高了第三方物流的服务质量和运作效率，提高了客户的满意程度。现代物流更加强调准时(JIT)和可视性(Visibility)，及时配送和货物实时追踪业务等依赖于先进的信息技术手段。信息技术降低了物流成本，减少了企业的无效物流，大大缩短物流配送的在前置期(Lead Time)，提高订单满足率(Fill Rates)和更加妥善处理延迟订单(Back Order)等。

综上分析可以看出，信息技术改变了企业的运营模式和供应链管理模式，信息技术已经渗透到物流运作的所有领域。第三方物流的专业化服务获得更多的发展机会，物流企业的核心竞争力已经转向技术专业知识和研发能力，信息技术的迅速发展是第三方物流产业发展的重要推动力，第三方物流正是依靠其信息技术优势实现高速成长。

5. 信息技术改变了物流产业结构

(1)信息技术对买卖双方的议价能力有很大影响。

Internet 的应用使人们从来没有像现在这样对各种产品或服务的议价能够有如此大的提高。人们可以很方便地了解到企业的竞争对手所提供的服务及其价格，然后进行对比，企业也可以很方便地了解到竞争对手的情况。因此买卖双方均对服务的价格产生影响。

(2)信息技术使得替代品以及新进入市场者加入竞争的机会和可能性大大增强，从而使竞争更加激烈。

四、运用信息技术提高物流服务竞争力

信息技术，尤其是互联网出现后，整个世界正在连为一体。这就要求物流服务企业必须在其竞争策略中给予信息技术足够的考虑。如今，无论是采用成本领先战略、差别化战略还是市场集中战略，都有必要考虑信息技术的影响，信息与信息技术在竞争战略的制订、实施、反馈过程中起着越来越重要的作用。通过有效地运用信息技术，可以极大地提高物流服务的竞争力，主要表现在如下几个方面。

1. 形成企业进入壁垒

物流服务业的进入障碍相对较低，但通过信息技术可以形成阻碍竞争者进入的市场障碍。以航空业为例，航空公司利用信息技术建立的订票系统，可以为旅行社等中介机构以及个人顾客提供即时订票服务，还可以对那些经常乘坐该航空公司的顾

客，利用数据库累积其消费情况，给予免费旅行等奖励。一个形成了这种优势的航空公司不是很容易被其他公司模仿的，顾客一旦成了某航空公司的"常飞者"，积累了一定的消费分数，也不会轻易转向其他航空公司。此外，还有医院，现在许多医院应用信息技术进行药品管理，并在供应商那里配置了系统终端，医院通过信息系统掌握药品的库存情况，需要时，通过信息系统发出采购指令。这样一来，医院节省了药品的库存成本，供应商节省了销售成本，双方都从信息技术中获得了收益，而且竞争者很难将顾客拉走，因为改变一个顾客，需要改变系统、改变运营信息、改变运营方式等，产生较高的转换成本。

所以通过信息技术的使用使企业提高效率，降低成本，形成产业壁垒，避免新企业的进入，减少业内的竞争。

2.创造收益和提高效率

信息技术在内部运行管理、提高内部运行效率方面具有重要作用，在提高收益方面也能够扮演重要角色。例如，航空公司通过预订系统，可以了解未来航班中的订票情况和竞争对手的飞行情况，灵活调整自己尚未出售座位的价格和分配，例如将优惠座位调整，以确保能够销售出去。这种方法确保将折扣飞机票售给那些寻求低价票的乘客，而将全价飞机票留给愿意支付全价的乘客，从而使收入最大化。利用信息技术扩大收益的另一个例子是"销售点服务"。一些商场在比较醒目的地方（销售点）安放一些导引装置，给顾客购物提供方便，这些装置多是利用信息技术，如触摸屏装置、液晶显示屏等。顾客可以在触摸屏上查找商品目录等，这一系统提供商品存放的位置，既节省了时间，又提高了顾客购物的兴趣，从而增加了销售额。另外从货物的接收、分拣、装卸、运送、监控到快速对客户需求进行反应、接受订单、处理订单、处理顾客投诉等直到整个供应链的管理的信息技术利用，可以大大提高企业的效率，从而为企业创造更大的收益。

3.形成数据库资产

物流服务企业拥有的大量数据是其宝贵的财富，信息与信息技术结合在一起，不仅有可能成为竞争者进入市场的障碍，而且可以成为物流服务组织非常有价值的数据资产和数据产品。比如在营销中，要使营销策略更具有针对性，必须在微观层次上了解顾客。条形码和扫描技术为营销人员利用信息进行市场分析提供了可能，从而提高了销售量。

4.改进服务质量和顾客关系

由于信息技术的使用，使企业与顾客之间的沟通变得更为便利。通过互联网，企业可以实时了解顾客对所得到的服务的感受及其建议，从而为改进服务质量提供了第一手信息。通过互联网及时对顾客的不满进行处理，或与顾客进行沟通，按其定制的要求提供服务，能够增进企业与顾客的关系。此外，应用客户关系管理系统，能够实时地对顾客进行管理，修改顾客信息，使为顾客提供个性化的服务变得更容易。

S 本章小结

本章介绍了物流服务营销战略的理论及物流服务竞争战略的制订，还介绍了信息技术在物流服务中的应用及其对物流服务竞争的影响。

在物流服务营销战略中，拓展性地介绍了企业获取竞争优势的相关理论，并重点介绍了迈克尔·波特的竞争战略理论：形成竞争战略的实质是将一个公司与其环境建立联系。公司所在的产业结构强烈地影响着竞争规则的确立以及潜在的可供公司选择的战略。一个产业内部的竞争状态取决于5种基本竞争作用力，即供方、买方、潜在进入者、产业竞争对手以及替代品。一个企业的竞争战略目标在于使公司在产业内部处于最佳定位，保卫自己，抗击5种竞争作用力，或根据自己的来影响这5种竞争作用力。

在物流服务竞争战略中，介绍了物流服务业中具体的战略竞争制订过程，即了解物流服务企业的竞争特性，理解所从事的特定物流服务、形成竞争对手的进入障碍、实现低成本运营、制订合理的价格策略、进行新服务的开发和测试、采取兼并策略。

在物流服务竞争战略选择中，重点介绍了3种基本的竞争战略，即总成本领先战略，差异化战略及集中战略，物流企业要建立适宜的竞争战略，成本领先战略适宜有实力的企业，起步较晚的新企业最可取的是差异化战略，集中战略适合有一定自身优势的企业。

最后介绍了物流服务战略中信息的作用，介绍了信息技术在一体化物流组织中的应用、在专业化物流组织中的应用，以及在物流流程一体化组织中的应用。最后论述了信息技术对物流业的重要作用，并提出应通过信息技术提高物流服务竞争能力。

C 案例分析

西南航空公司的营销战略[1]

（一）背景

美国西南航空公司达到的绩效水平和各种奖项是罕见的：它在1998年被《财富》杂志命名为第一位的“最佳工作场所”；它是整个20世纪90年代行业内盈利能力最强的航空公司，自1973年以来，公司每年都保持盈利；它在所有的主要航空公司中，是销售收入成长最快的公司；它获得了美国交通部颁发的“三冠王”称号；它在所有的主要航空公司中是运营成本最低的公司之一，每英里座位

[1] 案例摘选自民航资源网/倪海云，http://news.carnoc.com/list/74/74651.html，2006-9-7。

成本大约 7 美分,这一优势使它能够用低成本的票价打击竞争对手。

(二)具体

1971 年 6 月 18 日,罗林·金和赫伯·凯莱赫创建了美国西南航空公司。它的首航是从达拉斯的爱田机场到休斯敦和圣安东尼奥,这是一个简单配餐而且没有额外服务的短航程,为美国西南航空将来几年的迅速扩张和发展奠定了基础。

在载客量上,它是世界第 3 大航空公司,在美国它的通航城市最多。与国内其他竞争对手相比它是以"打折航线"而闻名,从 1973 年开始它每年都盈利。西南航空公司成功的秘诀是什么呢?

1. 与众不同

作为一家低票价航空公司,当进入一个新市场时,竞争对手通常会采取降低票价的竞争方式。实际上两者的区别在于:公司票价一直保持在低票价,除此之外还向商业/公务和休闲旅客提供大量的便利航班以满足需求。和许多竞争对手不同,公司并不收取任何改签费,也没有周末必须停留一晚的规定。目前公司一共在 32 个机场运营,每日提供的航班量超过 3 000 班。通过和 ATA 航空公司之间的代码共享,公司能提供更好的联程服务。

2. 高效生产率

(1)为了效率最大化,公司实施的是点对点航线网络,全力以赴关注始发到达客源,而不是中转联程客源。公司目前大约 80%的客源都是直达旅客。直达航班减少了经停点和联程点,从而减少了航班延误和整个旅行时间。

(2)飞机的过站时间通常只有 25min,甚至更少,这相当于提高了飞机利用率。公司一直实施单一机型(燃油经济型的 B737 飞机),这样做的好处是简化维修、运营和训练。为了降低燃油消耗,公司 737—700 机队都安装了翼梢小翼。公司飞行员、签收员、地面操作人员和燃油管理人员共同努力想方设法将燃油消耗最小化。

3. 制胜法宝

即使许多航空公司试图模仿美国西南航空公司的很多做法,但他们无法模仿的是公司最重要的成功因素——员工队伍。员工是公司最宝贵的财富。正是他们的热情服务,对乘客的关心照料,以及永不停歇的足智多谋,帮助了美国西南航空公司成为了全球最成功的航空公司之一。公司的员工对任何事情都充满了热情,他们真挚地关心公司的客户。所提供服务的社区以及公司,也正是这种热情让美国西南航空公司成为美国最令人尊敬的品牌之一。《财富》杂志已经连续几年评选西南航空公司为美国最令人羡慕的公司。

(三)案例思考

西南航空公司采取的是什么样的竞争战略?

（四）点评

美国西南航空公司在所有的主要航空公司中是运营成本最低的公司之一，每英里座位成本大约7美分，这一优势使它能够用低成本的票价打击竞争对手。与众不同的战略、高效的生产率和优秀的员工队伍是西南航空公司的制胜秘诀。

E 练习与思考

一、选择题（单选或多选）

1. 顾客物流服务中，增值服务是其中一个独特的物流活动，它是物流服务提供商与其客户能够通过共同努力提高其效率和效益。常见的增值服务类型有（　　）。

A. 产品维修服务　　B. 增加便利性的服务
C. 延伸服务　　D. 加速反应速度的服务
E. 提高市场竞争力的服务　　F. 降低成本的服务

2. 按照哈佛商学院波特教授的理论，企业的基本竞争战略有（　　）。

A. 总成本领先战略　　B. 差异化战略
C. 集中战略　　D. 竞争优势战略

3. 全球定位系统的简称是（　　）。

A. GIS　　B. GPS　　C. POS　　D. DSS

4. 产业内的竞争作用力主要有（　　）。

A. 进入威胁　　B. 替代威胁
C. 买方砍价能力　　D. 供方砍价能力
E. 现有竞争对手的竞争　　F. 退出壁垒

5. 有实力的企业宜采用（　　）战略。

A. 总成本领先战略　　B. 差异化战略
C. 目标集聚战略　　D. 竞争优势战略

6. 起步较晚的新企业宜采用（　　）战略。

A. 总成本领先战略　　B. 差异化战略
C. 目标集聚战略　　D. 竞争优势战略

7. 有一定自身优势的企业宜采用（　　）战略。

A. 总成本领先战略　　B. 差异化战略
C. 目标集聚战略　　D. 竞争优势战略

8. 信息技术在物流服务运营中可用于以下四个不同的目的：作用于顾客、（　　）。

A. 作用于顾客的财产(或物品)　　B. 处理数据信息

C. 创造全新服务　　D. 作用于供应商

9. 在系统工程思想的指导下,以(　　)为核心,强化资源整合和物流全过程优化是现代物流的最本质特征。

A. 信息技术　　B. 运输　　C. 配送　　D. 仓储

10. 可用来指导物流企业建立竞争优势的理论主要涉及产业市场定位、企业内部资源和(　　)三个方面。

A. 产业定位　　B. 内部资源　　C. 企业动态能力

二、思考题

1. 企业竞争战略的目标是什么?

2. 如何选择企业的竞争战略?

第四章 物流服务营销环境分析与市场调研

学习目标

- ◆ 理解物流服务营销环境的含义；
- ◆ 掌握物流市场营销外部环境分析体系；
- ◆ 理解物流市场营销内部环境分析的相关理论；
- ◆ 掌握物流需求分析的相关内容；
- ◆ 掌握物流服务需求模式及行为过程；
- ◆ 了解物流服务的调研方法。

中海物流的快速发展[1]

引入案例

中海物流是中海集团上市公司系列之一。1995 年中海物流(深圳)有限公司正式开业。经过 2 年的迅速发展，1997 年中海物流在激烈的竞争中脱颖而出，开始为 IBM 提供电子料件的全程物流服务。以此为契机，NEC、美能达、LG、东芝、惠普、松下、联想、华为等著名跨国企业纷纷委托中海物流提供物流服务。

2004 年在中国道路运输协会物流企业百强排名中，中海物流位列第 35 名，在第三方物流企业中列前 3 名(前 37 强物流企业中海洋水运类企业有 7 个，铁路航空类企业有 7 个，邮政快递类企业有 9 个，仓储运输类企业有 9 个，综合第三方物流企业 3 个)。

目前中海物流拥有各类专业人才 403 人，经营仓库面积 50 000m^2，各类运输车辆 250 辆，形成了以中海物流、中海运输、中海咨询、中海货代 4 个专业子公司为核心，外加鹏骏国际、桂中海迅、中国采购与招标网和福海发展等合资合作企业集团组织架构，具有完备的资质牌照和经营许可资格，拥有《中海物流网》作为公司的门户和电子商务网站。公司致力于发展以信息网络和电子商务为基础技术服务平台的仓储、运输、报关、报检、配送、集装箱拆箱拼柜、国际货代、船代、空运代理、国际结算及

[1] 案例摘选自海大青年网/资源下载，http://www.hiyouth.net。

物流规划和技术咨询等物流业务，服务网络遍布全国。

中海物流创立并运营自己的物流网站——中海物流网，是国内开发最早的大型跨境电子物料配送中心。自行开发的中海2000物流管理信息系统是中海物流网强大的后台支持系统，可以满足客户在仓储、运输、配送、货代、报关、商检等多方面的需求，并且承担国内外多家大型跨国公司和知名IT企业的JIT供应链支持。

请分析：

1. 你认为中海物流的快速发展是怎样成功的？
2. 中海物流怎样实现第三方物流的发展？

第一节　物流服务营销环境分析

一、物流市场营销环境

1. 每个物流企业都有其发展目标，有其具体明确的经营任务

企业是一个开放的经济系统，成功开展物流市场营销，要求对企业要把握住环境的现状及将来的变化趋势，利用有利于企业发展的机会，避开环境威胁的因素，有针对性地进行物流市场营销活动。物流市场营销环境一般分为内部环境和外部环境。内部环境一般是指企业自身内部的相关因素，外部环境是指企业外部影响企业经营活动的相关环境，该营销环境又分为微观和宏观两部分，如图4-1所示。

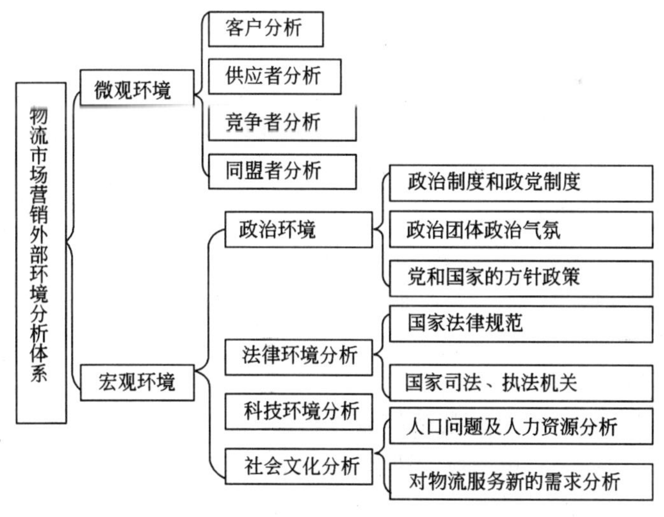

图4-1　物流市场营销外部环境分析内容体系

对于一个企业来说，要有明确的经营目的就必须有明确的自我分析。也就是说，企业要对其自身的财务状况、营销能力、研发能力、组织结构、企业曾经用过的战略目标等，及已建立在这些内部环境基础上的企业核心能力（企业核心竞争力）有完全良好的控制能力。企业的发展目标不同，企业的内部环境侧重也就有所不同。下面主要介绍常用的企业能力分析的方法。

(1)企业内部要素分析

企业内部条件是由若干要素组成的，如果把企业看做一个投入产出系统，其内部条件可以由三大要素组成，一是需要投入资源要素；二是需要将这些要素合理组织、使用的管理要素；三是资源要素与管理要素相互结合而产生的能力要素。这三大要素又由若干因素组成：资源要素包括人财物力资源、技术资源、市场资源、环境资源等；管理要素包括计划、组织、控制人事、激励和企业文化等；能力要素包括供应能力、生产能力、营销能力、科研开发能力，具体如下。

①资源要素。包括人力资源、财务资源、物力资源、技术资源、市场资源、环境资源，具体构成见表 4-1。

企业资源要素类别具体构成 表 4-1

资源要素类别	人力资源	财务资源	物力资源	技术资源	市场资源	环境资源
具体构成	企业总人数、人员结构	资产总值、资产负债率、流动固定比率	厂房、设备、基础设施	专利、诀窍、情报、科研、技术装备	销售渠道、用户关系、商誉、商标	公用设施、地理位置与气候

②能力要素。这里提到的能力要素就是管理学常说的五大职能，计划、组织、控制、人事与激励，这里还包括企业文化。

③管理要素。这里管理要素指的是企业的供应能力、生产能力、营销能力和科研开发能力。

对企业的资源要素分析从本质上说，是要在竞争市场上为企业寻求一个能够充分利用自身资源的合适位置。为了充分利用企业的资源，使其经营活动更加有效、合理，管理要素作为一种手段是不可缺少的。能力要素虽然不是基础性的条件要素但却是企业不可缺少的功能性要素，也是比两个基础性要素更高层次的要素。企业对外部环境的应变性，竞争性均是这些能力要素的综合体现的。企业内部条件要素的分析最终落脚点就是能力分析。而企业的能力分析最终就是为了确定企业的发展目标和实现这个目标。

(2)SWOT 分析

SWOT 分析即企业内外环境的综合分析。通过这两者的综合分析，即企业应该如何利用自身的优势去利用环境的机会，规避环境的威胁；同时，尽量避免由于自身的弱点所带来的不利因素。

SWOT 分析法是把企业内外环境所形成的机会（Opportunities）、风险（Threats）、优势（Strengths）和劣势（Weakness）四个方面的情况，结合起来进行分析，以寻找制订适合本企业实际情况的经营战略和策略方法。

SWOT 分析方法的主要目的在于对企业的综合情况进行客观公正的评价，以识别各种优势、劣势、机会和威胁因素，有利于开拓思路，正确地制订企业战略。

通过对企业内外部环境分析，搞清楚客户管理是如何同公司整体业务战略融合在一起的。首先是需要确认公司对项目的期望和业务目标，同时要考虑现有业务环境，以及公司战略的优先层次。需要回答的问题包括：公司的市场是在发展，保持稳定，还是在下降；公司目前最紧迫的问题是什么（如降低成本是否比提高市场份额更重要）；争取客户、发展客户、挽留客户和为客户服务的成本哪个相对更重要一些；同客户交流和服务的过程有价值的客户是哪些，为什么；如何平衡“以产品为中心”和“以客户为中心”；公司认为他们最有价值的客户是哪些，为什么；在找到这些答案的基础上企业制订出适合本企业的服务战略。

2. 供应者是指物流企业从事物流活动所需各类资源和服务的供应者

物流企业的供应商主要提供其开展物流的业务所需的物流设备，包括运输车辆、装卸搬运工具、包装加工工具、物流信息技术设备等的生产商，以及这些设备的经销商等；还包括开展一体化物流业务必需的物流通道的提供者，这又包括分管道路、铁路、水路、航空等相关政府部门和直接经营者。其次，相关因素还包括运输工具等相关物流设备生产商所在行业的集中化程度、产品的标准化程度、供应商所提供的产品在物流企业提供物流服务中的成本比例、供应商提供的产品对物流企业运作流程的重要性、供应商提供的产品对物流企业服务质量的影响、企业采购的转换成本、供应商向前一体化的战略意图等。

3. 客户是物流企业服务的对象，是物流企业一切营销活动的出发点和最终归属

客户是企业的利润之源，是企业的发展动力，没有客户，企业的一切经营活动将无从谈起；没有客户，企业就失去了生存的根本。物流服务的本质就是满足顾客的需求，其内容具体包括：第一，保证顾客需要的商品（保证有货）；第二，可以在顾客要求的时间按时送达（保证送到）；第三，服务能够达到顾客所要求的质量（保证质量）。

物流服务的质量直接影响着顾客的满意程度。一般情况下，企业赢得新顾客的代价往往较高，所以对任何企业来说，留住老顾客都是至关重要的，否则，就会犯“猴子掰玉米，掰一个丢一个”的错误。物流服务的目标之一是“第一次就做好”，以免顾客抱怨的发生。研究表明，每当有一个顾客对所购买的产品或服务产生抱怨时，就会有十几个潜在顾客投向其他厂商。当然顾客的抱怨是难以完全杜绝的，关键是要处理好顾客的抱怨。如果对顾客的抱怨处理得当，不仅不会丢失顾客，更有利于企业发现问题，改进自身以减少未来抱怨而提高顾客忠诚度。通过提高顾客的忠诚度自然也就保证了企业的经济效益和未来收益。因此物流服务的一切活动都要以客户的需求作为自己的出发点和最终归宿。

4. 竞争者包括现有的物流企业、从事同类产品及服务的所有企业及潜在的进入者

（1）现有厂商的威胁

任何行业都存在着竞争,物流服务市场也是一样。对于一个服务的提供者来说最强大、最激烈的竞争是来源于现有竞争厂商之间的竞争。该竞争的核心可能是价格,也可能是产品或服务的特色。一般而言,行业中的竞争厂商都采取在自己的产品上增加新的特色以提高对客户的吸引力,物流行业作为一种服务行业和"第三利润源",能为客户设计更好的物流方案,尽可能节约成本就会取得价格竞争优势。

厂商之间的竞争是一个动态的、不断变化的过程。各企业之间对客户服务的重视程度会随着时间不同而发生变化。

(2)潜在的进入威胁

潜在进入威胁是指新市场进入者对现有企业产生的威胁。对于特定的市场而言,新进入者所面临的竞争威胁来自于进入市场壁垒和现有企业对其作出的反应。潜在进入者所面临的威胁还有现有企业的水平和反应。检验潜在的市场进入是不是一个强大的竞争力量,最好的方法是要看行业的成长和利润前景是否能有足够的吸引力来吸引额外的市场进入者。如果答案是肯定的,那么拥有足够资源和技能的潜在进入者对现有企业就产生威胁,迫使其采用措施来抵御新进入者。

目前我国的物流企业面临的潜在进入威胁除了国内企业外,更大的威胁来源于国外物流企业。由于技术和管理上的差异,我国物流企业将面临严峻的挑战。

二、营销环境分析与物流企业对策

1.市场机会与环境威胁

进入WTO之后,我国的国际贸易、国内贸易都会大幅度的增加,同时带来的物流业的快速发展也是意料中事。整个市场的机会,也是通过SWOT分析。在实际运用中,我们可以清楚地看到,我国的物流服务的竞争日趋激烈。基础性服务项目竞争激烈程度高于延伸服务项目。由于大量外资背景物流公司的进入,中国物流市场受到了外来的物流公司的激烈冲击。由此可见,服务项目全面、专注特定行业、非资产型的物流公司具有一定的竞争优势。

从竞争范围来看,我国国有物流企业占据大部分的市场份额,而这些企业绝大部分是从计划经济时期运输商业、物资、粮食等部门的运输企业转型而来的,基本上还处于各自特定的服务领域。

从竞争程度来看,具有现代物流管理理念的新型物流公司的兴起,以及随着中国加入世界贸易组织,越来越多的国际物流公司的进入将会引起中国物流市场结构的变化,导致物流市场竞争更加激烈。

从竞争内容看,目前物流企业提供的服务基本上是运输、仓储等基本物流服务项目,竞争也是围绕这些项目展开,缺乏潜力巨大的物流延伸市场的服务。随着工商企业对物流服务要求的提高以及基本服务内容竞争空间的缩小,竞争内容也会转向不断扩大的增值服务,如物流系统设计、库存管理等复杂性的延伸服务项目。

(1)来自国外物流企业的挑战

中国加入WTO以后,物流领域与运输服务、分销领域一样,将进一步对外开放。国外物流企业纷纷看好中国物流市场的发展空间,面对巨大的物流市场需求和弱小的供应能力,国外物流企业早已跃跃欲试。其中已有部分世界著名的物流企业先期进入中国市场,参与国内物流市场的竞争,如快递业的UPS、DHL和TNT等,目前还没有进入中国市场的国际著名物流企业也将进入中国物流市场。众多已经进入国内市场的国际物流企业或与国内物流企业结成联盟,或并购股权,组成新的专业化的物流企业,为客户提供涉及全国的配送、国际物流服务、多式联运和邮件快递等方面的专业化服务;或凭借雄厚的资金、丰富的经验、悠久的历史、优质的专业化服务、一流的管理和优秀的人才,占据了“三资”物流企业供给的大部分市场。因此中国的物流企业将要面临国外物流企业的巨大挑战。

(2)国内物流同行之间的竞争

在中国实行市场经济的情况下,物流企业之间的竞争是不可避免的。随着现代物流需求的增长,大型传统储运企业纷纷向物流企业转型,一些大型制造企业如海尔、一汽、青啤等的物流部门也有向专业物流企业转型的趋势,此外随着中国物流热的掀起,大大小小的运输、仓储企业甚至小型送货、送报企业都打起了物流的牌子进入物流市场,使中国物流市场竞争更加激烈。在未来几年里,中国物流市场上大量没有竞争力的企业将会被淘汰,或与别的企业合并、整合。

2.面对机会与威胁的对策

随着市场竞争的进一步加剧,不同企业的产品性能差别逐渐缩小,物流服务是企业创造竞争优势的一种主要手段。显然物流服务作为企业竞争的一种手段,必须明显地超越对手才能显示出竞争优势。也就是说,在确定物流服务标准时,企业必须采用进攻性策略而不是防御性策略。

对于一个企业,在面临机会和威胁时应当把握住机会,避开或解决威胁。一般来说,要想成为竞争中的不败者就应该做到以下几点。

(1)保持具有竞争优势的物流服务水平

要保持这个优势的服务水平,企业必须做到八点。第一,弄清楚企业能够以自身优势提供的服务项目;第二,通过多种调查方法收集相关物流服务的信息;第三,根据客户的不同需求划分不同的类型;第四,分析物流服务的满意程度,尤其是各个不同服务项目的满意程度;第五,和竞争对手相对比,以找出自己的竞争优势和弱势;第六,按顾客的类型确定物流服务形式;第七,建立物流机制,即为了实现上述一整套物流服务项目而建立的运作和管理机制;第八,对物流机制进行追踪调查,定期检查实施物流服务的效果。

(2)制定物流服务标准

在明确企业物流的哪些要素最为重要之后,管理层还需制订物流服务的业务标准;同时企业员工也应经常向上级汇报物流工作的基本情况。企业所重视的服务要素同时也应当是其顾客所认为的重要要素。诸如存货可得性、送货日期、订货处理状态、订单跟踪,以及延期订货状态等要素都需要与顾客之间的良好沟通。

(3)提高物流服务绩效

企业可以通过四个方面的活动来提高物流服务绩效:第一,彻底研究顾客的需求;第二,在认真权衡成本与收益的基础上确定最优的物流服务水平;第三,在订货处理系统中采用最先进的技术手段;第四,考核和评价物流管理各个环节的绩效。综上四个方面,有效的物流服务战略立足于深刻理解顾客对服务的需求。物流服务审计和调查研究必不可少,一旦明确了顾客对服务的需求,管理层必须制订合适的物流服务战略,以实现企业长期盈利和收回投资的目标。最优的物流服务水平能以最低的服务成本为企业留住最有价值的顾客群。

(4)克服物流服务战略的阻碍因素

由于许多企业都缺乏有效的或稳定的物流服务战略,即使那些管理十分出色的企业在实施物流服务时也会碰到棘手的阻碍因素。企业的物流服务标准和绩效期望很大程度上受到竞争环境及行业传统的影响。企业的管理层要深刻理解本行业的特点、规则、顾客的期望,以及提供高水平物流服务所需的成本费用。许多企业在实践中没有评估物流服务水平的成本与收益,也缺乏有效的手段来确定有竞争力的服务水平。引导决策的反馈信息往往来自于希望无限度提高服务水平的销售部门,或者来自行业传统观点以及某些过于强烈的顾客抱怨,这些信息会导致企业的过度反应。企业在产品研究与开发以及广告促销上往往投入巨大,但是,要获得长期的盈利与发展,同样离不开对物流服务水平的充分研究和正确决策。

第二节　物流服务需求分析

一、企业状况与物流需求

1.行业分布与需求

行业是指经营同类产品或业务的企业集合。行业构成了物流服务的市场细分基础,同一行业的企业有着相同的物流需求和物流的产品,它们比行业之外的企业更少差异性,而且对物流企业而言,不可能在企业规模和能力既定的条件下,去满足所有物流的需求,满足基本相同的物流需求意味着更低的成本和更好的客户关系。

以流通产业为例,零售行业是一个典型的物流需求者,普遍存在着及时“补货”的要求,但却有每次“补货”的量不大的特点。有鉴于此,物流企业可以用“量少多批”的服务方案去满足零售行业及时补货的需求。

所以,物流需求因行业的不同而有异。

2. 地域分布与需求

地域的分布牵涉到不同地理区域的人口、经济收入、生活习惯、城市大小以及文化背景等多种人文因素的差别。就大多数企业而言，满足的消费群总是一定地理区域的消费需求，如此一来，对这些潜在的物流需求者而言，他们的物流需求就与地理区域的人文因素有关。在人口众多的区域，需求量大，物流量也就随之扩大；在经济收入高的地区，消费力强，物流的量当然也不会低……因此，物流的需求与企业所在地域特点有直接的联系。值得指出的是，地理区域往往还产生“产业集聚效应”。例如，意大利米兰地区是服装生产和销售地，该地区对面料的供给和服装的外运有着共同的需求特征，这种特征就给物流企业设计特殊的运力、包装组合和专业化装卸需求提供了用武之地。再如，法国的干邑地区盛产葡萄和酒，这些“产业集聚”的结果，同样为物流企业的专业化服务带来了极佳的机会。

所以，区域分布形成了不同的物流需求。

3. 规模大小与需求

对于那些提供专业化物流服务的企业来说，接受服务的企业的规模与物流需求量有着直接的联系，企业规模大，意味着它们的投入和产出量大；企业规模小，则反之。对那些规模大的物流需求者，往往可以成为物流企业的高端客户，为之服务，可以比较稳定地得到物流业务，也可以据此扩展企业的新客户，但往往这些客户成为物流业内激烈争夺的对象，所以让它们成为固定购买群是物流企业的营销重点。

总之，接受物流服务的企业规模与它们的物流需求量成正比，与它们的物流需求变更成反比。

二、客户需求的价值种类

物流需求是指一定时期内社会经济活动对生产、流通、消费领域的原材料、成品和半成品、商品以及废旧物品、废旧材料等的配置作用而产生的对物在空间、时间和费用方面的要求，设计运输、库存、包装、装卸搬运、流通加工以及与之相关的信息需求等物流活动的诸多方面。物流之所以在世界范围内受到企业的青睐，根本原因就在于其独到的作用与价值，能够帮助客户获得诸如利润、价格、供应速度、服务、信息的准确性和真实性及采用新技术的潜在优势。客户对物流企业的服务需求，按照价值一般分为以下几种。

1. 关注服务能力价值

客户关注的是通过物流企业的能力，提高自身的服务水平。对于附加价值较高的产品，或刚刚进入市场的产品，对能力的需求往往较强。

服务水平的提高会提高客户满意度，增强企业信誉，促进企业的销售，提高利润率，进而提高企业市场占有率。在市场竞争日益激烈的今天，高水平的客户服务可以成为一个企业的竞争优势，帮助企业提高客户服务水平和质量也就成了物流企业所追求的根本目标。而物流能力是企业服务的一大内容,会制约企业的客户服务水平。例如,在生产时由于物流问题使采购的材料不能如期到达,也许会迫使工厂停工,不能如期缴纳客户订货,而承担巨额违约金,更重要的是可能会使企业自身信誉受损,销量减少,甚至是失去良好的客户。由此可见,物流服务水平的重要性,它实际上已成为企业实力的集中体现。而物流企业在帮助企业提高自身客户服务水平上自有其独到之处。利用物流企业信息网络和结点网络,能够加快对客户订货的反应能力,加快订单处理,缩短从订货到交货的时间,进行门对门的运输,实现货物的快速交付,提高客户满意度;通过其先进的信息和通信技术可加强对在途货物的监控,及时发现、处理配送过程中的意外事故,保证订货及时、安全送达目的地,尽可能实现对客户的承诺;产品的售后服务,送货上门,退货处理,废品回收等也可由物流企业来完成,保证企业为客户提供稳定、可靠的高水平服务。

2.关注成本价值

客户希望通过与物流企业的合作,降低成本。这类客户大多是在市场上已经取得一定市场份额,他们关注的不是大幅提高服务水平的问题,而是在现有的服务水平基础上,如何降低成本的问题。因为,事实证明,企业单靠自己的力量,降低物流费用存在很大的困难。尽管从20世纪70～90年代,企业在提高物流效率方面已经取得了巨大的进展,但要取得更大的进展将付出更多努力,要想实现新的改善,企业不得不寻求其他途径,例如选择物流。

购买物流服务,能够降低成本,主要表现在以下方面:企业将物流业务外包给物流公司,以支付服务费用的形式获得服务,而不需要自己内部维持运输设备、仓库等物流基础设施和人员来满足这些需求,从而可以使得公司的固定成本转化为可变成本。其影响,对于那些业务量呈现季节性变化的公司更为明显;由于拥有强大的购买力和货物配载能力,一家物流公司可以通过其自身广泛的结点网络实时共同配送,或者可以从运输公司或者其他物流服务商那里得到比其他客户更为低廉的运输报价,可以从运输商那里大批量购买运输能力,然后集中配载不同客户的货物,大幅度地降低单位运输成本;许多物流公司已在信息技术方面进行了大量的投入,所以与合适的物流公司合作,企业不需进行物流信息系统方面的投资就能以最低的投入充分享用更好的信息技术。

3.关注复合价值

对物流服务的需求是出于多种因素的考虑的。物流企业需要综合考虑多个因素后方可取得一个折中方案。

在专业化分工越来越细的时代,企业业务领域不可能面面俱到,任何企业都要面临自身资源有限的问题。因此对于那些并非以物流为核心业务的企业而言,将物流运作外包给物流企业来承担,有助于使企业专注于自身的核心能力,提高竞争力。这主要表现在:第一,随着企业生产经营规模的不断扩大,对物流提出了更高的要求,企业本身,已很难满足自身的物流需求，只有寻求专业化的物流服务；第二，企业既要把更多的精力投入到生产经营当中，又要注重市场的开拓，资源容易受到限制，而许多大型物流企业在国内外都有良好的运输和分销网络，因此希望拓展国际和国内市场以寻求发展的企业可以借助这些网络进入新的市场；第三，现在企业要在激烈的竞争环境中立于不败之地，越来越需要与其他企业建立良好的合作与联盟的关系，作为面向社会众多企业提供物流服务的物流企业，可以站在比单一企业更高的角度上来处理物流问题，可以与整个制造企业的供应链完全集成在一起，为企业设计、协调和实施供应链策略，通过提供增值信息服务来帮助客户更好地管理其核心能力。而且物流企业的客户可能遍及供应链的上下游，通过它可以将各相关企业的物流活动有机地衔接起来，形成一种更为强大的供应链竞争优势，这是个别企业，特别是中小企业所无法实现的。

4.关注资金价值

这类客户，一般资金不足或较重视资金的使用效率，不愿意自己在物流方面投入过多的人力和物力。针对这种需求，物流企业要充分展现自己在物流方面的专业能力和投资潜力，提供可垫付货款或延长付款期限的物流服务项目。

企业如果自己运作物流，要面临两大风险。一是投资的风险。自己运作物流，需要进行物流设施、设备及运作等的巨大投资，而非物流企业内部，对物流设施的需求往往是有限或波动的，物流管理能力也不强，因此很容易造成企业内部物流资源的闲置浪费。如果把这些用在物流上的巨额投资投到企业的核心业务上，可能会产出更大的效益，因此，企业物流投资有着巨大的机会成本。二是存货的风险。企业由于自身配送、管理能力有限，为能对客户订货及时作出反应，防止缺货，快速交货，往往采取高水平库存的策略，即在总部以及各分散的订货点处维持大量的存货。而且一般来说，企业防止缺货的期望越大，所需要的安全储备就越多，平均存货数量也越多。在市场需求高度变化的情况下，大量的存货对于企业来说有着很大的资金风险。因为存货要挤占大量资金，而且随着时间的推移，变现能力会减弱，有贬值的风险，所以在存货没有销售出去变现之前，任何企业都要冒着巨大的资金风险。

物流需求企业如果利用物流的运输、配送网络，通过其管理控制能力，可以提高客户响应速度，加快存货的流动周转，从而减少内部的安全库存量，降低企业的资金风险，或者把这种风险分散一部分给物流企业来共同承担。

第三节　物流服务需求模式与行为过程

一、物流客户需求的一般规律性

物流客户的需求产生于其内生要求，从经济学角度分析，需求与效率和效益结合在一起，一般而言，物流客户只有在其外部物流供给的效率和效益超过其内部物流满足时，他们才会去寻求物流的供给。此外，物流客户希望得到物流服务，还在于取得更迅速的市场先机，即取得企业的竞争力。上述内容构成物流客户需求的一般规律性。

1. 物流需求的特性

(1)物流需求的空间和时间特性

物流需求会因时间和空间的变化而异，例如销售的增长或者下降，季节性变化的波动等。物流需求的这种空间和时间的维护，要求物流企业必须知道物流需求量在何处发生，何时发生，仓储位置，平衡运输资源。

(2)物流需求的不规则和规律性需求

物流企业通过对物流需求的分组，确定不同的服务水平，然而这些不同的产品组合不同种类的产品都会随时间不同形成不同的需求模式，如果需求是“规律性的”(例如每次运送 X 吨)，则需求变化只是趋势性的；如果需求是“非规律性的”，则需求变化就是随机的。

(3)物流派生需求和独立需求

就物流企业而言，其物流需求的差异很大，因为在一般情况下，需求会来自许多不同的客户，他们独自采购，物流量只占物流企业能够满足量的很少一部分，此时，这种需求往往被称作“独立需求”，而有时，物流需求是特定计划下的派生。例如，某汽车制造厂商需“物流”一批新轮胎，其原因是该厂商制造一种新车型而配套需要，此时，这种需求称之为“派生需求”。如此，根据派生需求的特点及时掌握需求者的计划，就可以做到及早准备，及时满足。

2. 本质需求

物流客户是经济活动中的特殊群体，当他们购买物流服务时，作为“消费者”，希望得到“消费者剩余”；而在出售其产品时，又作为“生产者”，希望得到“生产者剩余”。不同流程导致的物流客户这种双重身份，尤其显示出效率与效益对他们的需求产生的重要性。

经济学原理告诉我们，如果资源配置使总剩余最大化(总剩余＝购买者评价－出售者成本)，这种资源配置就表现出效率，总剩余将带给企业效益。如果一种配置是无效率的，那么买者和卖者之间交易的一些好处就还没有完全被实现。就物流服务而言，如果一种服务方案不是由最低成本的物流企业提供，此时物流客户的资源配置就是低效率的。在这种情况下，将物流需求从高成本物流提供者转到低成本物流提供者就会降低物流客户的总成本并增加总剩余。同样对物流企业来说，如果一种物流服务方案不是被对方评价最高的物流需求者“购买”，则资源配置也是低效率的，在这种情况下使该服务方案的“消费”从出价低的买者转到出价高的买者，就会增加总剩余，而我们知道总剩余的走势将决定市场的运行效率，他们的构成内容又决定着客户的需求。因此效率和效益承担的是物流客户的本质需求。

3. 市场竞争力

一个企业是社会生态系统中的一个细胞，有趣的是这种细胞的成长并不能完全依赖于自身，它的成长还必须依赖其他同样的细胞的衰败。如果假设一定时间内的市场需求总量是一个常数，那么，如果一个企业要壮大，它除了拥有自己的强壮体质之外，还必须采用社会允许的手段使其他企业能够让出一块市场的份额，否则，这个企业是无法在同一市场上壮大的。但是“物竞天择”同样是经济社会生态系统运行中的客观规律，其他企业并不会主动让自己的细胞被你依附，更不会主动让自己的细胞让你吃掉。由此谁最终能在市场称雄，就取决于企业自身能否拥有一种既能立足又能防止侵蚀，也能让企业不断壮大的能力，这就是企业竞争力建立的道理所在。

企业竞争力是什么？从性质上看，竞争力是一种能力，使企业在一个竞争性市场中取得企业行为绩效的创造力和持续力的总称；从效果上讲，竞争力是一种优势，使企业获得一种区别于竞争对手的要素、稳定地为市场提供更优越价值的地位；而从目的上分析，竞争力创造出企业生存和发展的社会活动空间。

21 世纪是强调速度价值的时代，在一个工业化高度发达的经济社会中，企业创造经济价值的方式与途径有很大的变化，那种以规模化壮大企业的做法已经是很传统的了，取而代之的是速度，一种经济要素流动的速度。通过速度的加快，取得实际上的“大企业”效果。丧失了速度，任何商业机会，任何“订单”都会流失。所以在这样一个信息无时差、经济全球化的时代中，企业要获得竞争优势，就必须重视以速率提高来增强或改善企业的竞争力。此时，物流的价值得以显现。

二、物流客户需求的内在性

物流需求的分析，主要是为社会物流活动提供物流能力，供给不断满足物流需求的依据，以保证物流服务的供给与需求之间的相对平衡，使社会物流活动保持较高的效率和效益。在一定时期内，当物流能力供给不能满足这种需求时，将对需求产生抑制作用；当物流能力供给超过这种需求时，不可避免地造成供给的浪费。因此，物流需求是物流能力供给的基础，物流需求分析的社会经济意义亦在于此。借助于定性和定量的分析手段，了解社会经济活动对于物流能力供给的需求强度，进行有效的需求管理，引导社会投资有目的地进入物流服务领域，将有利于合理规划、建设物流基础设施，改进物流供给系统。

物流需求分析是将物流需求与产生需求的社会经济活动进行相关分析的过程。由于物流活动日益渗透到生产、流通、消费整个社会经济活动过程之中，与社会经济的发展存在着密切的联系，是社会经济活动的重要组成部分，因而物流需求与社会经济发展有着密切的相关性，社会经济发展是影响物流需求的主要因素。

(1)经济发展本身直接产生物流需求；

(2)宏观经济政策和管理体制的变化对物流需求将产生刺激或抑制作用；

(3)市场环境的变化将影响物流需求,包括国际、国内贸易方式的改变和生产企业、流通企业的经营理念的变化及经营方式的改变等;

(4)消费水平和消费理念的变化也将影响物流需求;

(5)技术进步诸如通信和网络技术的发展、电子商务的广泛应用,对物流需求的量、质和服务范围均将产生重大影响;

(6)物流服务水平对物流需求也存在刺激或抑制作用。

重视物流趋势分析、加强物流需求管理,能有效引导投资,避免物流设施建设及服务行为的一哄而上,对减少浪费现象具有现实的指导意义。

三、物流客户需求的阶段性

从物流的发展规律来看,现代物流服务的需求包括量和质两个方面,即从物流规模和物流服务质量中综合反映出物流的总体需求。

物流规模是物流活动中运输、储存、包装、装卸搬运和流通加工等物流作业量的总和。当前在没有系统的社会物流量统计的情况下,由于货物运输是物流过程中实现位移的中心环节,用货物运输量的变化趋势来衡量社会物流规模的变化趋势是最接近实际的。

物流服务质量是物流服务效果的集中反映,可以用物流时间、物流费用、物流效率来衡量,其变化突出表现在减少物流时间、降低物流成本、提高物流效率等方面。为了清晰地反映社会经济活动对物流活动的需求,在物流需求分析中还应考虑物流需求的地域范围、渠道特性、时间的准确性、物流供应链的稳定性以及客户服务的可得性、专业绩效和可靠性等方面。

在当前中国经济发展水平仍然落后的情况下,在物流规模继续增长、物流服务质量需要提高、物流需求结构不断发展的条件下,要使物流需求与供给相适应,除设法提高物流服务的供给总量及质量外,还应引入物流合理化的概念,加强物流需求管理,即最大限度的控制物的不合理流动,如通过发展区域经济使区域内及区域间的物流趋向合理,适应生产力的合理布局,减少原材料、制成品在产地与消费地之间的双向流动量。

四、物流客户需求的模式表示

物流客户的需求因为个体和单位的不同,因此单个客户的需求也是不尽相同的,尽管营销人员一再努力,但是仍然很难对它了解彻底。

通常以 S-R 模型即刺激(Stimulus)—反应(Response)模式来确定物流需求的种类,从中进行需求产生的 7O’s 分析,7O’s 代表:

购买者,Occupants;

购买对象,Objects;

购买目的,Objectives;

购买组织,Organizations;

购买行为,Operations;

购买地点,Outlets;

购买时间,Occasions。

物流客户的需求模式,包括3个阶段的内容:其一是刺激部分,也就是说,物流需求的产生源自内在动机和外部刺激;其二是混合思维过程,这是说思维受着各种客观条件的约束;其三是反应过程,经过思维之后,物流需求者作出的对物流服务的各种要求。

1. 客户需求刺激

(1)外部激励内容

外部激励来自于物流的服务能够提供的6个主要方案,即库存、保管、配送、运输、包装、装卸方案的科学化、合理化、经济化程度。当物流企业提供出一个系统的物流方案时,它们综合地激活了物流需求者的内在动机。

(2)内在动机组成

①基础需求。指物流需求者对物流的基本要求,他们具有明确的标的,但并无特殊的要求。

②附加需求。指物流需求者在基础需求之上对物流的客体有着特殊性的要求,例如,希望比常规时间更短的运输时间等。

③发展需求。指对物流供给者的延伸服务的追求,物流需求这不仅要完成自己产品的空间和时间协调统一的转移,更希望物流供给者在市场信息市场准入方面提供完整的交易。

2. 客户需求思维

显而易见,思维过程是一个"自我操作"的过程,对外界而言,这是一个可能被感受但无从知晓的过程。这一过程的完成,是多种条件混合的"化学反应"过程。

(1)需求者特征

这包括服务价值判断能力、本企业的规模大小、本企业所处的行业以及地理区域等形成的物流特殊性。

(2)需求者决策

①需求认识阶段。无论是购买什么样的商品,总是以认识到对某种商品的需要为开始,服务也是一样。购买者自身的因素和其所处的环境因素都会引起这种需要,而物流需要可能与实际的条件之间存在着一定的差距,主要来源于经验和引致需求。营销人员在这一阶段的主要任务是:仔细辨别物流需求者的各种需求以及判断各种需求产生的内驱力。

②信息收集阶段。物流需求者在确认自己有某种需求后,就会注意与满足这种

需求有关的各种产品信息。而信息来源又不外乎以下几种。

个人来源:只有家人、朋友、邻居、熟人或者同行业的其他需求者构成的信息通道。

商业来源:由物流企业的广告、销售人员、中介商、展览、展示活动构成的信息通道。

公共来源:由大众媒体、行业组织等构成的信息通道。

经验来源:由包装等物流环节活动构成的信息通道。

在信息收集阶段,最重要的工作就是要了解物流需求群主要的信息来源是什么,以及这些信息来源对需求者作出的购买决策的重要意义是什么;在此基础上作出有效的传播计划。

在信息传播中重要的是客户对信息的关注和认识,如果只是提高认识还不足以推动客户需求的增强,信息及时转化为物流服务购买力才是目标。

③可供选择的方案评价阶段。需求者评价物流服务方案过程中,最常见的模式是认识导向模式。他们首要考虑的是服务的属性,即首要考虑物流供给者的服务方案哪些属性能满足自己的需求。并且长期合作形成的品牌信念,就构成了对物流企业的品牌形象。但由于认识的个体差异,使品牌信念与服务的真实属性并不一致。因此需求者往往对不同的物流企业的服务方案属性进行一一对比,并按照比较结果和这一属性对满足需求的重要性两种因素对各企业提供的服务作出综合评价。评价值越高,差异越低,说明需求者对这一企业的倾向性越大。

④购买决策阶段。在评价阶段,物流需求者已经对各种服务方案选择形成了一定的倾向。但此时仅仅是一种购买意图的倾向,在真正作出购买决定之前还会经历一个小过程,受到两种因素的影响,如图 4-2 所示。

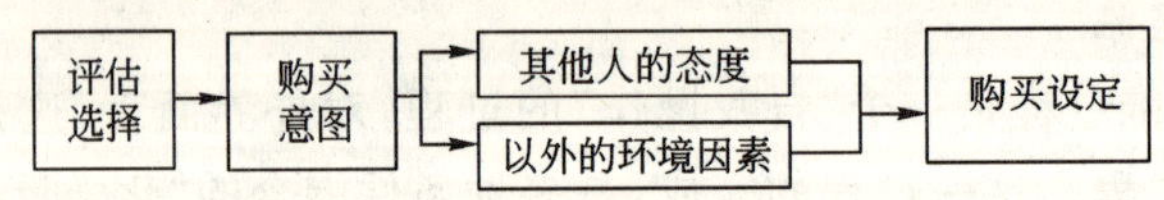

图 4-2　影响购买决策的两个因素

其他人的态度。这一因素对购买者购买意图的影响非常微妙,因为其他人的态度本身是以一种通过个人途径传播的信息;另一方面,购买者在决策之前容易听取其他人的意见,这也是一种避险心理的表现。

物流需求是一种引致需求,不可预料的环境因素对物流的产生有着重大关联。

3.客户需求反应

客户需求反应是其决策的结果,表明物流客户是否接受,又在多大程度上接受物流服务的行为路径,也是物流企业能够直接“领略”物流客户态度并为之服务的基本出发点。

从营销的角度分析物流企业,不仅要在推出物流服务方案前根据物流客户的需求开发“服务方案”，在这一阶段同样应该根据物流客户的“反应”，进一步作出让物流客户满意的服务方案。

第四节　物流服务需求调研方法

物流服务需求市场调查常用方法很多，归纳起来主要有询问法、观察法、实验法和抽样调查法 4 种。

一、询问法

询问法是通过向人们询问他们的知识、态度、偏好和购买行为来收集第一手数据的方法，这是最常用的了解受访者的基本情况、态度和观点的方法。根据调查人员与被调查者接触方式的不同，又可分为人员调查、电话调查、邮寄调查和网上调查等。调查过程由 4 个主要步骤组成，即确定研究目的、制订研究策略、收集资料和分析资料。

1. 人员调查法

人员调查是通过调查者与被调查者面对面交谈以获取信息的一种调查方法。询问时可按事先拟定的提纲顺序进行，也可采取自由交谈的方式。

2. 电话调查法

电话调查是通过电话中介与选定的调查者交谈以获取信息的一种方法。由于彼此不直接接触，而是借助于电话这样一种中介工具进行，因而是一种间接的调查方法。电话调查自身的特点决定了，要成功进行调查就必须首先注意解决好以下几个问题。

(1)设计好问卷调查表。由于受通话时间的影响，这种问卷调查表大多采用两项选择法对被调查者进行调查。

(2)挑选和培训好的调查员。电话调查对调查员的要求主要是口齿清楚、语气亲切、语调平和。

(3)调查样本的抽取及调查时间的选择问题。由于电话调查的结果只能推论到有电话的对象这一总体，所以必然存在缺陷。同时电话调查又很容易导致无反映问题，如白天上班不在家，周末团聚拒答率高等。所以电话调查对于调查样本的抽取及调查时间的选择问题就显得尤为重要了。通常的做法是随机抽取几本电话号码簿，再从每个电话号码簿中随机抽取一组电话号码，作为正式抽中的被调查者。至于调查时间的选择，一要根据调查内容而定，比如说调查年轻人有关消费者偏好问题，最好选择在工作日的晚上，而对老年人购买习惯的调查，则可以在白天；二要考虑被调查者的生活习惯等问题。

3. 邮寄调查法

邮寄调查是一种将事先设计好的调查问卷邮寄给被调查者，由被调查者根据要求填写后寄回的调查方法。

邮寄调查的最大缺点是问卷回收率低，因而容易影响样本的代表性。因此在问卷发出后，要跟踪提醒，提高问卷回收率。要请权威机构主办，由受人尊重的权威机构主办将大大提高问卷的回收率。再有就是要注意细节，例如附上回邮信封和邮票可以有效地提高回收率。

4. 网上调查法

网上调查是一种随着网络发展而兴起的最新调查方式，主要是市场调查者将需要调查的问题系统制作，通过互联网收集资料的一种调查方法。进行网上调查主要有以下 3 种基本方法：E-mail、交互式 CATI（Computer Assisted Telephone Interview，CATI）系统和网络调研系统。

以上 4 种调查方式都有各自的优缺点，很难绝对地说哪种调查方式明显优于哪种调查方式，而必须根据具体的调查内容和课题要求决定。

询问法 4 种调查方式各有其优缺点，其比较如表 4-2 所示。

询问法 4 种调查方式优缺点比较 表 4-2

调查方式	人员调查	电话调查	邮寄调查	网上调查
优点	灵活性强，拒答率低，质量好，适用范围广	信息反馈快，费用低，辐射范围广	空间范围广，被调查者有宽裕的时间准备，匿名性好	辐射范围广，速度快，反馈及时，匿名性好，费用低廉
缺点	费用较高，对调查者要求较高，匿名性差，周期长	内容缺乏深度，目标对象随机性大，缺乏准确性	问卷回收率低，周期长，时效性差	样本局限性大，缺乏准确性和真实性

二、观察法

观察法是通过观察相关的人、行为和情景来收集一手数据的一种调查方法，是指通过观察正在进行的某一特定的营销过程，来解决某一营销研究问题。观察时采用的手段可以是机械观察、电子观察、人员观察等。

这是调查人员直接观察或采用各种仪器（如使用录音机、照相机、摄影机或某些特定的仪器）间接观察被调查者的行为或现场事实的一种收集资料的调查方法。观察法通常有直接观察法、亲身经历法、测量观察法。直接观察法是指物流企业的调查人员直接到现场进行观察。亲身经历法是指物流企业的调查人员想了解服务人员的态度，可以作为顾客去体验服务的感觉。测量观察法是指物流企业的调查人员运用机械工具或电子仪器进行观察记录和测量。

观察法能客观地获得准确性较高的第一手资料，但调查面较窄，花费时间较长。

三、实验法

实验法是指先在较小范围内进行实验，取得数据资料后再研究决定是否大规模推广的一种市场调查方法。

通常的做法是通过选择几组调查对象，对不同的组施加不同的影响，控制相关的变量，最后检查各组反应的差异，来获得数据的一种调查方法。具体是指将选定的刺激措施引入被控制的环境中，进而系统地改变刺激程度，以测定客户的行为反应。

实验法要求选择相匹配的目标小组，分别给予不同的处理，控制外来的变量和核查观察到的差异是否有统计上的意义。在外来因素加以控制的情况下，观察结果与受刺激的变量有关，这就解释了事物之间的因果关系。实验设计的主要类型有：简单时间序列实验、重复时间序列实验、前后控制组分析、阶乘设计、拉丁方格设计等。

实验完成以后要检测其有效性，包括检测其内部有效性和外部有效性。只有当内部和外部同时有效时，实验结果才能推广到总体。客观地说，内部有效性和外部有效性很难达到绝对一致，这就需要权衡二者之间的关系，同时检测其有效性程度，从而决定是否推广。

实验法是比较科学的调查方法，比较准确，但所花费用较高，时间也较长。

四、抽样法

抽样调查技术。在许多调查对象中如何以最少的时间费用与手续获得正确的调查结果，这就有赖于从抽样调查的情况推断总体特征，即抽样调查方式。采用抽样调查要注意抽样对象的确定、样本大小的选择、抽样方法的确定。

抽样调查可以分为两个大类。

1. 随机抽样

随机抽样就是按随机的原则抽取样本，在调查对象中每一个个体被抽取的机会都是均等的。由于随机抽样能够排除人们有意识的选择，所以抽出来的样本具有很好的代表性。随机抽样的方式很多，常用的有：简单随机抽样、分成随机抽样、分群随机抽样等。

2. 非随机抽样

非随机抽样是根据调查目的与要求，按照一定的标准来选择样本，因而在非整体中不是每一个体都会被选作样本。非随机抽样常用的方法有：任意抽样、判断抽样、配额抽样等。

利用 SPSS/WIN 等同机软件进行数据分析。SPSS 是世界上著名的统计分析软件，它是在 SPSS/PC 的基础上发展起来的，适用于自然科学和社会科学各种领域的统计分析。在 SPSS 普遍使用 Windows 的窗口程序管理程序运行的全过程，通过对话框来实现各种命令参数的指定。只要掌握基本的 Windows 操作方法，粗通统计分析原理,就可以应用该软件得到具有专业水准的统计分析结果。

五、问卷调查法

采用问卷调查可以了解客户的认识、看法和喜好程度等,并可以分析处理这些数据,得出结论。问卷调查关键之一,即在于问卷设计的技巧。

问卷调查法适用于描述性调查;观察法、询问法适用于探索性调查,而实验法适用于因果性调查。

物流市场调查所涉及的技术如下。

问卷设计技术。营销调查问卷应包括以下基本要素:开场白调查的问题、被调查的情况和编号。在具体设计问卷时应注意以下几点:

问卷开始时,必须说明调查目的,并感谢被调查者的合作;

问卷必须简单明了,含义清楚,避免使用语义模糊的问句;

不要问难以回答的问题;

问卷提问中所采用的措辞或逾期不能带有某种倾向或暗示;

问卷要简短,一般情况下问题最好在 15min 内回答,以免被调查者产生厌烦情绪。

此外问卷的形式也会影响到问卷质量。在调查中,问卷形式有两种类型,一种是封闭式,调查人员事先准备好所有可能的答案,被调查者从中选择回答,这种方式更易进行统计分析;另一种是开放式,被调查者用自己的话回答,这种方法有可能提示更多的信息。

以下是一个物流需求调查的封闭式问卷的事例,见表 4-3。

物流需求调查表 表 4-3

一、调查目的 二、调查对象 三、调查时间 四、有关调查问卷的说明 1.本次调查真诚邀请您或贵公司根据实际物流需求发表您的看法和观点; 2.本次无对错之分,如果您不明确某个问题的具体意思,可以跳过该题; 3.调查问卷绝对保密; …… 五、调查内容 1.您需要的物流服务内容: (1)生产商原材料供应;(2)零售商的配送业务;(3)消费者的直接物流需求;(4)网上销售的物流配送。 2.您需要的主要运输方式: (1)公路;(2)铁路;(3)水路;(4)航空;(5)管道。 3.您最看重的物流服务品质: (1)安全性;(2)时间性;(3)经济性;(4)舒适性;(5)及时性;(6)综合性。 …… 六、结束语

S 本章小结

本章重点探讨了物流市场营销环境分析时，常用的SWOT分析方法、竞争力模型分析方法等。明确了物流市场营销外部环境分析和企业内部条件分析的具体内容，并且针对这些分析的结论探讨了我国现代物流市场营销环境对企业存在的机会和挑战，并提出面对这些挑战企业应该采取的措施。

企业状况与物流需求：地域分布与需求、行业分布需求、规模大小与需求。

客户关注的物流价值种类：关注服务能力价值、关注成本价值、关注复合价值、关注资金价值。

物流服务的相关需求模式及行为分析，包括物流分析的一般特性、物流客户需求的内在性、物流客户需求的阶段性、物流客户需求的模式表示4个方面。一般特性又包含物流需求的特性（时间空间）、本质需求（规模与质量的标准）、市场竞争力（企业的能力）。物流客户需求的模式表示包括客户需求刺激（外部激励和内在动机）、客户需求思维（需求者特征和决策）、客户需求反应。

通过以上分析结合现有的调研方法。为现代物流企业的市场营销能力、物流企业资源等分析给出了操作性很强的框图。

C 案例分析

联邦快递公司的建立❶

（一）背景

联邦快递是世界上发展速度最快的几个快递公司之一，这和它在公司建立伊始取得的成功是密不可分的，即使后来发生几乎破产的可能，后在多方努力下成功破除威胁。

（二）具体

创始人弗雷德·史密斯冒着极大的风险，将全部财产850万美元投入到联邦快递公司，然而这还远远不够。为了筹到巨额资金，他竭尽全力游说华尔街大银行家、大投资商，筹集到9 600万美元，创下了美国企业界有史以来单项投资的最高记录。

进入20世纪60年代以后，美国经济越来越依赖服务业和高技术产业，那种从原料基地通过铁路、公路甚至运河把原料运至大工厂，再由工人制成体积庞大的工业产品的时代正在悄然消失。许多制造质轻价昂产品的公司不再依赖于接

❶案例摘选自海大青年网/资源下载，http://www.hiyouth.net。

近原料产地，技术人员、科学家和管理人员已经成为经济结构中最难得的商品。因此，许多公司纷纷把自己的企业设在能够吸引科学家、技术人员和管理人员的地方，诸如文化享受、高等教育、娱乐消遣和环境气氛都适合他们兴趣的地方。而工厂的制造设备可以设在旧金山、波士顿、纽约的郊区，还可以设在巴哈巴群岛。

这一新的产业布局造成了人员和产品的分散，同时也带来了一个新的问题，那就是如何迅速、安全、可靠地传递各种信息和货物，特别是某些时间性很强的高技术产品。虽然很多信息都可以通过电子设备传送，但像图纸、文件、磁带、磁盘以及小型电子元件等货物是不可能通过电信服务送到目的地的。对那些从事技术的公司或者依赖信息的公司来说，传统的邮政传递和货运公司在可靠性和时效性上都远远不能满足它们的要求。于是在美国的运输市场上，急需要一种能够保证快速、可靠地传送货物的公司出现。这是时代的挑战，更是难得的机遇。然而，敏锐地发现这一机遇，并勇敢地接受挑战，紧紧把住历史契机的，就是被誉为“隔夜快递业之父”的美国著名企业家——弗雷德·史密斯。就像亨利·福特看到许多人渴望有郊区居住的苗头，及时推出价格低廉的汽车一样，弗雷德·史密斯在美国历史上首创了“隔夜快递”这一新兴的服务行业。

1966年，弗雷德·史密斯从耶鲁大学毕业，获得了经济学学士。毕业后应征入伍，成为美国海军陆战队的一员，并到越南战场服兵役。1969年7月，弗雷德·史密斯两年服役期满离开部队，他获得了一枚银星奖章、一枚铜星奖章和两枚紫心勋章。越南战场上的经历使弗雷德·史密斯在又潮又热，温度高达120华氏度的越南丛林中前所未有地面对死亡和危险；越战经历培育了他应付企业经营可能失败的顽强精神；越战经历教会了他如何管理和激励人们。经历了越战磨砺的弗雷德·史密斯曾经说过：“我对破坏和炸毁东西感到如此厌恶，以致回来后特别想做一点建设性的事情。”美国风险投资资本家戴维·西尔弗在《企业巨富》中指出：“在越南的经历使史密斯仅凭直觉就能知道危险之所在，或许还能使他铤而走险。”

1969年，史密斯从越南战场回到美国后，先购买了一家叫阿肯色航空公司的飞机维修公司，使之变为收购和销售旧飞机的交流中心，两年就盈利25万美元。但史密斯远未满足这样的成功，他在大学时提出隔夜递送小包裹的想法一直使他念念不忘。他先委托咨询公司对运输市场的形势和前景进行了研究与调查，根据咨询公司提供的美国现有邮政状况，史密斯进一步证明了这一领域具有巨大的潜力。

弗雷德·史密斯凭着特有的直觉预见到一种隔夜传递服务将是十分重要的。

根据咨询公司的调查结果，弗雷德·史密斯立即开始创办真正能够适应高技术时代发展潮流的“隔夜快递”公司。1971年6月28日，“联邦快递”公司正式成立，它的总部设在小石城旧址，写着“欢迎顾客光临”的大标语悬挂在公司办公室里。

公司正式成立以后,弗雷德·史密斯便积极努力地争取第一个大客户,寻求与美国联邦储备系统签订服务合约。为了这第一笔业务,他使尽了全身解数,耗费了无数个夜晚,通宵达旦地研究,不知在纽约与华盛顿之间跑了多少个来回,拿出几百个小时与那些"官方的人"解释、沟通、协调。

在弗雷德·史密斯看来,自己提供的隔夜传递可以为对方节省大量的金钱与时间,好处是显而易见的,对方根本没有理由拒绝这种服务,他坚信这笔生意肯定能作成,甚至连公司的名字都定为"联邦快递公司"。在与联邦储备系统进行谈判的同时,弗雷德·史密斯就已经信心十足地向泛美航空公司购买了两架装有涡轮风扇发动机的达索尔特鹰式飞机。他信奉圣哲柏拉图的话:"如果善用财富,则会为人类带来无穷的福祉。"弗雷德·史密斯个人投资35万美元,并用家庭信托基金为一笔360万美元的银行贷款作了担保,把购得的客机改装成货机以适用于运送包裹。

可是,弗雷德·史密斯做梦也没有想到,几周以后他得到的却是联邦储备系统拒绝接受"隔夜快递"服务的消息,负责监督联邦储备系统的联邦储备委员会正式通知联邦快递公司,拒绝联邦快递公司为联邦储备系统提供"隔夜快递"服务的申请。理由就是联邦储备系统下属的个别地区的银行不同意弗雷德·史密斯的建议。长期以来,联邦储备银行系统内部,各地区的银行自立山头,靠多年的苦心经营才形成了各自的势力范围,用飞机连夜快递银行票据虽然可以为系统节省时间与金钱,但却阻塞了太多人的财源,有许多人就是靠原来的工作流程生存的,如果要采用新的方法传递票据,这些人的既得利益该怎么办?

用飞机为联邦储备系统快递票据的计划彻底失败了,特地购买的两架飞机被闲置在机库里动弹不得,刚刚建立起来的联邦快递公司和年仅26岁的弗雷德·史密斯面临着首战失利的沉重打击。然而,弗雷德·史密斯之所以无愧地被誉为当代成就最大的企业家之一,正是因为他在任何艰难险恶的环境面前都表现出了一种不屈不挠的斗志、杰出的领导能力和超凡的智慧,正如联邦快递公司的一个雇员所说的:"在联邦快递公司成立后的最初三四年里,它本来会破产五六次,但弗雷德·史密斯不愿放弃。他真是个不屈不挠的人,怀着对前途的无限信心和十足的勇气,他创造了奇迹。"

(三)案例思考

联邦快递成立伊始取得的成功归因于什么?怎样分析"隔夜快递"计划的失败?

(四)点评

联邦快递成立伊始的物流市场营销环境从外部环境来看是比较适合快递公司生存和发展的。而从内部环境来看企业内部相关管理者的素质较好,善于把握市场机会,正确地进行市场需求分析。"隔夜快递"计划的可行性较高,但是外部因素及客户分析不够充分。这是导致其计划未能实施的主要原因。

E 练习与思考

一、选择题

1.物流客户的本质需求是(　　)。

A.效率和效益承担　　B.增加产品的利润

C.低成本的取得　　D.顾客满意度提高

2.电话调查法属于物流服务需求调研方法中的(　　)。

A.实验法　　B.观察法　　C.抽样法　　D.询问法

3.物流客户需求思维的信息收集阶段,其信息收集的来源有哪些?(　　)

A.个人来源　　B.商业来源　　C.经验来源　　D.公共来源

4.企业内部条件是由若干要素组成的,这些要素包括(　　)。

A.资源要素　　B.管理要素　　C.能力要素　　D.人力要素

5.调查人员事先准备好所有可能的答案,被调查者从中选择回答,该调查方法是(　　)。

A.开放式的　　B.封闭式的　　C.多方选择式的　　D.自由发挥式的

6.某汽车制造厂商需“物流”一批新轮胎,其原因是该厂商制造一种新车型而配套需要。此时,这种需求称之为(　　)。

A.独立需求　　B.派生需求　　C.本质需求

7.物流客户的需求模式,包括3个阶段的内容:一是(　　),其二是(　　)其三是(　　)。

A.混合思维过程　　B.刺激部分　　C.反应过程

8.内在动机组成包括(　　)。

A.基础需求　　B.引申需求　　C.附加需求　　D.发展需求

9.进行网上调查主要有以下3种基本方法:E-mail、(　　)系统和网络调研系统。

A.CATI　　B.CAII　　C.EDI　　D.GPS

10.观察法通常有(　　)、亲身经历法、测量观察法。

A.间接观察法　　B.直接观察法

二、思考题

1.简述物流市场营销环境的构成。

2.简述客户需求价值的种类。

3.简述物流客户需求模式的3个阶段。

4.物流客户相关调查方法的内容有哪些?

第五章　物流服务目标市场营销

学习目标

- ◆ 理解物流服务市场细分；
- ◆ 掌握物流服务市场细分的步骤；
- ◆ 掌握并运用物流服务目标市场策略；
- ◆ 理解物流服务市场定位层次；
- ◆ 掌握物流服务市场定位的步骤；
- ◆ 理解物流服务营销组合。

汽车物流四大环节细分市场❶

引入案例

由于汽车制造业涉及的上下游环节非常多，汽车物流业一直都被国际物流同行公认为是最复杂、最专业的领地。从以汽车制造企业为核心的供应链来看，汽车物流的主要组成部分可分为零部件供应商的运输供应物流、生产过程中的储存搬运物流、整车与备件的销售物流和工业废弃物回收处理物流等。

1. 实现零部件供应物流

供应链采购下的零部件供应物流在汽车行业产、供、销链条中，零部件采购管理是企业经营管理的重要环节之一。随着汽车行业分工精细化发展的趋势，零部件的生产功能和物流配送功能都将从制造企业中剥离出来，把生产供应物流管理的部分功能委托给第三方物流系统管理，实行零部件供应链采购。

供应链采购是一种供应链机制下的采购模式，即汽车零部件的采购不再由汽车制造商操作，而是由零部件供应商操作。实施供应链采购，汽车制造商只需把自己的需求信息向供应商连续及时地传递，由供应商根据汽车制造企业的需求信息，预测未来的需求量，并根据这个预测需求量制订自己的生产计划和送货计划，主动小批量多频次向汽车制造商补充零部件库存。供应链采购模式改变了汽车零部件设计、生产、

❶案例摘选自锦程物流网首页/专题/物流专题/正文，www.jctrans.com，2005-5-28。

储存、配送、销售、服务的方式，有效地缩短了企业内生产线的长度，提高了生产效率。

2. 实现精益生产的生产物流

汽车生产过程是一个复杂的系统工程，单就汽车装配而言，通常在一条装配线上混流装配两个或两个以上平台、十几种配置的轿车，生产节拍是每小时20～40辆车，每种车型的装配零部件是3 000多种，涉及上万个复杂的生产工序。生产线旁的物流位置有限，极易发生零部件的堆积和断档，上万种零部件必须准确地送到消耗点，这是汽车生产物流管理的难点。为了提高劳动效率，彻底消除无效劳动和浪费，必须推行精益生产方式，连续不断地向生产线边准时供货。保证精益生产方式实现的汽车生产物流战略之核心是准时化生产，改进劳动组织和现场管理，彻底消除生产制造过程中的无效劳动和浪费。

3. 实施柔性化管理的销售物流

汽车销售是汽车制造企业实现价值的过程。选择正确的汽车销售物流战略，是汽车制造企业能否生存和发展的重要条件。汽车生产向多品种、小批量方向发展的趋势越来越明确，汽车生产商难以对市场作出准确的预测，很容易造成生产计划频繁变动，需要汽车销售物流系统以顾客需求为源头逐步拉动上游工序的运作模式。

柔性化汽车销售物流系统是用"以顾客为中心"的理念指导销售物流活动，建设与之配套的柔性化的物流系统，根据消费者需求的变化来灵活调节物流服务。在这方面，一些汽车企业已经有所涉足，如通过配送加工对部分部件加装以吸引顾客，展示汽车性能的包装、装饰；通过第三方物流企业的运输服务，直接把轿车运送到各地区经销网点进行销售，对顾客实现了零公里的交货承诺；通过储存过程中检修、维护服务，实现了汽车的"保鲜储存"等。

4. 实现"绿色物流"目标的工业废弃物回收处理物流

实现"绿色物流"目标的回收物流。汽车制造企业在零部件生产、整车装配、销售等活动中总会产生各种边角余料和废料，如果这些回收物品和废弃物处理不当，往往会占用生产空间，影响整个生产环境和产品质量，甚至会污染环境，造成不可忽视的社会影响。在这个物流活动中，零部件生产商、整车装配商和物流供应商都不能只考虑自身的物流效率，而必须从整个产供销供应链的视野来组织物流，通过对回收物和废弃物的循环利用，在物流过程中抑制物流对环境造成危害的同时，实现对物流环境的净化，使物流资源得到最充分利用，这就是汽车物流实现绿色管理的目标。

请分析：您对汽车物流四大环节细分市场有什么认识？

第一节　物流服务市场细分

市场细分可以准确地定义客户的物流服务需求，帮助决策者更准确地制订营销目标，更好地分配物流资源。物流企业按照一定的分类标志将整个物流服务市场划分成若干个细分的市场以后，再根据自身的条件与外部环境、竞争情况及细分市场客户的服务需求、偏好与特点等要素，确定企业主攻的细分市场，并努力去开拓和占领这一细分市场。

一、对物流服务市场进行细分的依据

一般而言，对物流服务市场进行有效市场细分的依据如下。

1. 可测量性

可测量性即表明该细分市场特征的有关数据资料必须能够加以识别和测量。亦即细分市场时所采用的细分变量具有实际意义，并且是可以在实际中进行测量的。比如在物流市场中，在重视服务质量的情况下，有多少人更注重时间，有多少人更注重价格，有多少人更注重技术，有多少人更注重速度，或者兼顾几种特征。将这些变量予以量化是比较复杂的过程，必须运用科学的市场调研方法。亦即细分出来的市场不仅范围明确，而且对其容量大小也能大致作出判断，主要包括以下3个方面：

①客户对服务有不同的偏好，对企业的营销策略具有明显不同的反应；

②企业必须能够获得客户的准确情报；

③企业对于各细分市场能进行定量分析且便于对市场进行可行性的研究，使企业能选择较好的目标市场。在实际物流活动中，有些市场捉摸不定，难以衡量，就不能对其进行细分。

2. 易接近性

易接近性是指细分出来的市场应是企业营销活动能够抵达的，即企业通过努力能够使服务产品进入市场，并对市场中的客户产生积极影响。一方面，有关物流的信息能够通过一定媒体顺利传递给市场的大多数需求者；另一方面，企业在一定时期内有可能将服务方案通过一定的分销渠道运送到该市场，否则，该细分市场的价值就不大。比如，航空服务企业，如果将中国中西部农村需要的农资作为一个细分市场，恐怕在一个较长时期内都难以进入，也就更谈不上对该市场产生影响了。

3. 实质性

实质性即细分出来的物流需求市场，有足够的需求量且具有一定的发展潜力，使企业赢得长期稳定的利润。进行市场细分时，企业必须考虑细分市场上的市场容量、客户的数量以及他们的购买数量、购买能力和购买服务的频率。如果细分市场的规模过小，市场容量太小，就不值得去细分。此外还需注意：需求量是相对本企业的服务而言，并不是泛指一般的人口和购买力。

4. 差别反应力

差别反应力即各细分市场的物流需求者对同一营销组合方案会有的差别性反应，或者说对营销组合方案的变动，不同细分市场会有不同的反应。如果不同细分市场客户对物流服务需求差异不大，行为上的同质性远大于其异质性，此时，企业就不必费力对市场需求进行细分。另一方面,对于细分出来的市场,企业应当分别制订出独立的营销方案。如果无法制订出这样的方案,或其中某几个细分市场对是否采用不同的营销方案不会有大的差别性反应,便不必进行市场细分。

5.稳定性

细分市场必须在一定时期内保持相对稳定,以便使物流企业制订较长期的营销策略,从而有效地开拓并占领目标市场,获得预期的经济效益。如果细分后的市场变动过快,目标市场稍纵即逝,则企业营销风险也随之增加。

在细分市场时,要了解物流市场细分的原因。首先,通过市场细分使物流企业能够识别有相似需求的客户群体,分析这些群体的特征和购买行为,有效地提供专业物流服务;其次,市场细分可以帮助物流企业准确的寻求物流客户,制订符合一个或多个目标市场的特征和需求的营销组合;第三,市场细分与营销的目的一致,都是在实现组织的同时满足客户的需求。通常,市场细分后的子市场规模必须足够大,以保证能够发展和维持专门的营销组合,即要拥有较多的潜在客户。

二、物流服务市场细分变量

1.消费者市场细分

消费者市场上的需求是千差万别的,影响因素也是错综复杂的。消费者市场细分没有一个固定的模式,各行业、各企业可根据自己的特点和需要,采用适宜的变数进行细分,以求得最佳的营销机会,一般来说,这些影响因素可概括为4类:地理变数、人口统计变数、心理变数和行为变数。消费者市场可根据这4类变数进行细分。

(1)地理细分

地理变数指消费者市场所处的地理位置与地理环境,包括地理区域(国家、地区、南方、北方、城市、乡村等)、地形、气候、人口密度、生产力布局、交通运输和通信条件等。按照地理变数细分市场称为地理细分。由于地理条件不同,会形成不同的消费习惯和偏好,消费者的需求就会有差异;同时,市场潜量和营销费用也会因地理位置的不同而有所不同。地理变数是市场细分的一个最常用的变数,也是最明显、最容易衡量和运用的细分变数。但它基本上是一个相对稳定的静态因素,并且不是影响消费者需求的唯一因素,同一地理环境的消费者也常有不同的需求和行为,因此,还必须考虑其他因素。

(2)人口统计细分

人口统计变数包括消费者的年龄、性别、职业、收入、教育、家庭生命周期、社会阶层、国籍、宗教、种族等。按人口统计变数细分市场称为人口细分,人口统计变数的构成虽然复杂,但并不难衡量,而且这些因素直接影响到消费者的心理和行为,因而它是市场细分的一个极为重要的依据。

人口细分可从以下几个方面进行:

①按消费者年龄及其生命周期阶段细分。不同年龄和生活阶段的消费者的需要和购买力具有明显的差别。例如，儿童对玩具、少儿读物的需求最多；青年对时装、文化体育用品的需求较多；而营养滋补品和医疗保健用品的需求者多为老年人等。玩具、服装、食品等市场均可按年龄细分。例如，美国一家玩具制造商，按婴儿从 3 个月到 1 岁的需求特点，设计了 12 种玩具，使家长和亲友很容易给孩子买到合适的玩具，从而扩大了玩具的销售量。

应当注意的是，年龄和生命周期是复杂而微妙的变数。因为随着社会发展和人们物质文化生活水平的提高，生理年龄已不能完全说明一个人的健康、工作、家庭等状况，而心理年龄日益发挥着更大的作用。例如，同是老年人，有的坐在轮椅上，有的却仍活跃在运动场上；同是年轻人，有的生气勃勃，有的老气横秋。因此，企业不应只看到生理年龄，还要注意心理年龄。

②按性别细分。性别也是影响消费者行为的一个重要因素。在服装、纺织品、化妆品等市场上因性别不同而产生的差异极其明显，因此在上述行为中性别早已成为一个常用的细分变数。另有些原本男女通用的物品，后来也有人创立了女子专用品牌，国外一些企业针对妇女需要，生产女用香烟，味道规格和包装都与普通香烟有所区别。

③按消费者的收入水平细分。消费者的实际收入直接影响他们的购买力、生活方式以及对将来的期望，因而对消费需求的数量和结构具有决定性影响。家具等耐用消费品、旅游用品、饮食服务业等许多行业均可以此为依据进行市场细分。企业在分析市场时，必须要了解不同消费者的工资水平、家庭收入总额、人均收入及其对消费者需求的影响。然而，在现代市场经济发达的国家和地区，人均收入已达到一定水平的情况下，收入并不总是影响基本需求的决定性因素。如在美国，普及型的“雪佛莱”车的购买者并不仅仅是收入较低的工人，许多经理也买来当作备用车；而高档的“卡迪拉克”车除了收入较高的阶层购买外，劳动者阶层也有不少人购买。因此，在运用收入因素细分市场外，要注意因产品而异，有些产品的市场还要结合其他因素进一步细分。

④按消费者职业和受教育程度细分。消费者职业不同的需求。如教师与演员对服装鞋帽和化妆品等产品的需求必然有很大差异。消费者受教育程度的不同也必然形成不同的消费行为和需求特点，这是由于文化水平影响人们的价值观和审美观。

⑤多变量细分。人口变数包括许多内容，大多数情况下要将其中几个有关因素结合起来，才能更有效地细分市场。例如，家具公司可根据与家具销售关系最密切的人口因素，如户主年龄、家庭人口和收入水平三项来细分家具市场。若把收入与家庭人口数各分成 3 个等级，户主年龄分成 4 个等级就可以把家具市场细分成 36 个子市场。

按照这种细分，家具公司销售人员就可以分析估算每个子市场的户数、平均购买力及竞争程度等，进而估计每个子市场的潜在价值或吸引力，然后从中选出公司的目标市场，并制订相应的营销方案。

(3)心理变数及心理细分

这里所说的心理变数是指消费者的生活态度、个性、购买动机、消费习惯等。这些与市场需求及促销策略有着密切关系，尤其是在经济发展水平较高的社会中，心理变数对购买者行为的影响更为突出。所谓心理细分，就是按照上述心理变数的不同，将消费者划分为不同的群体。

①按消费者生活态度细分。辨识消费者的生活态度可从其活动内容(工作、娱乐、锻炼)、兴趣点(家庭、食物、消遣等)、意见(包括对社会经济、教育问题等)方面着手。例如，可将消费者分为紧跟潮流者、享乐主义者、主动进取者、因循保守者等，据此来确定自己的目标市场及营销组合策略。有些汽车生产者为“安分守己”的销售者设计经济、安全、低污染的汽车；为“玩车者”设计华丽的、灵敏度高的汽车等。

②按消费者个性细分。消费者的个性千姿百态，色彩纷呈，对消费者的需求和购买动机都有不同程度的影响。例如，妇女由于个性的差异，在化妆品的选择上各有所好，基本上可分为随意型、科学型、时髦型、本色型、唯美型、生态型6种类型，这对化妆品公司开发新产品很有参考价值。

消费者个性可分为坚强与懦弱、外向与内向、独立与依赖、竞争与非竞争、显耀性与沉默性等。因此，企业应努力建立品牌个性(品牌形象)，以吸引相应个性的消费者，如服装可分成朴素型、豪华型、新潮型、保守型等。

③按消费者的购买动机细分。动机是个体发动和维持其行为的一种心理机制，购买动机是驱使消费者实现个人消费目的的一种内在力量。购买动机可分为追求产品的耐用性、经济性、安全性，以及满足自尊需要多种类型，对购买者行为有很大影响，均可作为细分依据。

消费者个性与购买动机是两个很难衡量的变数，运用起来比较困难，但它们对企业却具有重要意义。因而，需要对做大量细致的调研工作，注意研究消费者心理活动。随着经济的发展，人民生活水平的提高，收入因素对购买者的行为的影响将日益突出，尤其是对购买非生活必需品。

(4)行为细分

行为变数包括购买动机、消费者所寻求的利益、使用场合、购买频率、使用状况；消费者对品牌或企业的忠诚程度；消费者对影响刺激(价格、服务、广告等)的敏感程度；消费者的待购阶段等。按照上述行为变数将消费者细分为不同的群体，就是行为细分。

①购买时机细分。消费者购买和使用某种商品往往有特定的时机。例如，西方消费者一般在“圣诞节”期间，我国在春节等节日期间，对食品、礼品等需求激增；在生活的不同阶段(如暑假、开学等)也会引起某些特殊需要。企业通过这种行为细分，抓住有利时机开展营销活动，就可事半功倍。

②按消费者所寻求的利益细分。消费者对同类商品所追求的利益往往有所不同。如牙膏，有的消费者是为了洁齿，有的是为了防龋齿、防酸，有的要求口味清爽，还有的希望价廉等。又如，航空公司的乘客主要有两类：一般旅游者和工商界人士，他们所追求的利益有所不同，旅游者的要求主要是顺利、经济地到达目的地；而工商界人士特别重视的是时间和舒适，对票价却不甚在意。从这种差别出发，斯堪的纳维亚精致航空公司在1982年初率先为工商人士创设了一种宽敞舒适的商务舱位，并提供一系列相应的高档服务；而为旅游者设置了紧凑的座位和长期预留的机票（给予折价优待）。这种方法取得了很大竞争优势，从而被许多其他航空公司所效法。

③按消费使用状况细分。按使用状况的不同可将消费者分为经常使用者、初次使用者、潜在使用者、非使用者4类。一般来讲，实力雄厚的大企业应着重吸引潜在使用者，以扩大市场阵地，而中小企业力量薄弱，应注意吸引经常使用者，以巩固市场，同时也要根据自己的实力去争取潜在使用者。在我国，近来随着经济的发展和居民收入水平的提高，消费结构正悄悄地发生变化，许多商品都有大量的潜在使用者，尤其是在高档服装、耐用消费品、新兴的家庭装饰、家庭护理等市场。企业应亲切注视需求动态，注意按使用状况细分市场，并制订相应的发展战略。

④按消费者使用频率细分。按消费者使用频率的不同，一般可分为大量使用者、中量使用者和少量使用者，对有些产品来说，大量使用者占市场总人数的比重很小，但在该类总消费量中所占比重很大。例如，玩具的大量使用者是学龄前儿童，化妆品的大量使用者是成年妇女，啤酒的大量使用者是中青年男子等。这些，都是有关企业应重点开发的目标市场。

⑤按消费者的品牌忠诚度细分。假定某个企业有A、B、C、D、E 5个品牌，根据消费者的忠诚程度可分为4种类型：一是坚定的忠诚者，即始终购买一品牌（如品牌A），从不转移；二是动摇的忠诚者，即同时忠于两三个品牌，如交替购买品牌A和B；三是喜新厌旧者，即经常由偏好一种品牌转移到另一种品牌，如从品牌A转向B，又转向C等；四是无固定偏好者，指各种品牌都购买，还没有形成品牌偏好的消费者，他们或是追求减价品牌，或是追求多样化，变换不定。

在每一个市场上都程度不同地存在着4种类型的消费者，尤其在食品、化妆品、服装、家用电器等市场上，品牌偏好更为明显。对此，企业要认真分析研究，及时从中发现问题，采取适当对策，对于自己品牌的坚定忠诚者，企业可进一步研究判断其性质和特征，进一步投其所好，巩固其忠诚度，对于动摇的忠诚者，应摸清谁是主要的竞争者，从而改变自己的产品定位，或者进行比较式广告宣传，突出本企业产品的优点；对于那些经常转移的喜新厌旧者，要注意分析转移的原因，研究自己的弱点，及时弥补；对于无固定偏好的购买者，要努力从促销上下工夫，争取他们成为本企业产品的偏好者。

⑥按消费者对产品的态度细分。消费者态度一般可分为热爱、肯定、不感兴趣、

否定和敌对五种类型。企业对不同态度的消费者要分别采取相应的营销措施，争取更多的消费者热爱和肯定的产品。

⑦按消费者待购阶段细分。消费者的待购可分为知晓、认识、喜欢、偏好、确信、购买 6 个阶段。企业对处在不同待购阶段的消费者，必须动用与之相适应的市场营销策略。例如，对那些还不知道本产品的消费者，应重点做好广告宣传，使其进入知晓阶段；对于在认识阶段的消费者，要着重介绍购买和使用本产品的好处、销售地点等，以促进其进入发生兴趣和决定购买阶段。

2.物流服务市场细分

物流企业应该如何进行市场细分呢？根据物流市场的特点，可以用以下几类标准进行细分。

(1)地理区域

不同地理区域的经济规模、地理环境、需求程度和要求等差异很大，使进行物流活动的物流成本、物流技术、物流管理、物流信息等方面会存在较大的差异；不同区域的客户对物流企业的要求也各有特色，物流企业必须根据不同区域的物流需求制订不同的营销方案。按此标准，一般可以将物流市场分为：

①区域物流，指在一定的时空内，具有某种相似需求物流的一定区域。通常是指省内或省际之间的物流。

②跨区域物流，指在不同的区域内进行物流活动。包括省际之间、行政区之间和国际物流。

也有的企业将市场细分为：城区、郊区和乡村三种市场。

(2)客户行业

同一行业的客户，其产品的构成差异不大，对物流的需求也具有一定的相似性。不同行业的客户，其产品的构成存在很大差异，对物流需求各不相同。按客户行业不同一般可以将市场细分为：农业、工业、商业和服务业等细分市场。例如上海的某民营物流公司在市区配送方面很有优势，它们的客户都是大型的食品企业。

(3)客户业务规模

按照客户对物流需求的规模细分市场，可以将客户分为：

①大客户，是对物流业务要求多的客户，它们是企业的主要服务对象。在充分竞争环境下，大客户往往是物流公司争相合作的对象。但服务大客户的管理和运作难度高，对资金的需求大，合作风险也大。

②中等客户，是对物流业务需求一般的客户，是物流企业的次要服务对象。中等规模的客户，一般操作起来比较容易，而服务的利润空间比较高。

③小客户，是对物流业务需求较小的客户，是物流企业较小的服务对象。

(4)客户所有制性质

客户所有制性质对企业开发市场的成本、合作的难易程度、客户维护成本、合作

层面的定位和空间等有较直接的影响。根据客户所有制的性质,一般将客户分为:

①三资企业,指外商以合资、合作或独资的形式在大陆境内开办的企业。

②国营企业,指生产资料归国家所有的企业。

③民营企业,指生产资料归公民私人所有、以雇佣劳动为基础的企业。

④其他企业组织,除以上三种形式以外的其他企业或组织。

(5)物品属性

物流企业在进行物流活动过程中,由于物品的差异,使得企业物流作业的差别也很大。按客户物品的属性将市场分为:

①生产资料市场,指用于生产的物资资料市场,其数量大,地点集中,物流活动要求多且高。例如上海莲雄物流,在天津专门负责某化工集团的物流业务管理。

②生活资料市场,指用于生活需要的物资资料市场,其地点分散,及时性要求高。

③其他资料市场,指除以上两个细分市场以外的物质资料市场。

(6)服务方式

就是根据客户所需要的物流服务功能的实施和管理的要求不同而细分市场。按服务方式将物流市场分为:

①综合方式服务,就是客户需要提供两种以上的物流服务。例如有实力的大企业在为其客户提供仓储、运输服务的同时,还为客户提供咨询服务。

②单一方式服务,就是客户只需要提供某一种方式的服务。

(7)外包动因

按客户选择第三方物流企业的动因进行细分,可将市场细分为:

①关注成本型,这类客户在选择物流商时,最关注的是物流成本问题。它们希望通过与第三方物流企业的合作,降低成本。

②关注能力型,这类客户希望通过第三方物流公司的能力、提高自己的客户服务水平。

③关注资金型,这类客户一般资金不足或比较关注资金的使用效率,它们不希望自己在物流方面投入过多的人力和物力。

④复合关注型,这类客户选择服务商的动因不止一个。严格来讲,大多数客户选择物流服务商的动因都是复合型的。

当然,企业在进行市场细分的时候,既可以用一个变量标准,也可以用两个或者更多的变量标准。物流企业可根据自己的情况作出具体决定。

市场细分的标准是灵活的、变化的,企业可以用单一标准来细分市场,也可以用多个因素组合的划分标准来细分市场。

例如中远物流的市场细分。中远物流总部在北京,下设大连、北京、宁波、厦门、青岛、广州、武汉八个区域公司;在韩国、日本、新加坡、希腊和我国的香港设有代表处,并与国外 40 多家货运代理企业签订了长期合作协议;在国内 29 个省、自治区建立了300多个业务网点，形成了功能齐全的物流网络系统。中远物流凭借国际化的网络优势，在细分市场的基础上，重点开拓了汽车物流、家电物流、项目物流、展品物流，为客户提供高附加值的服务。目前，汽车物流领域主要为上海别克、一汽捷达、神龙富康等厂家提供进口汽车组装的物流配送服务，为沈阳金杯提供“零公里成品车”物流配送服务。家电物流客户主要有海尔、科龙、小天鹅、海信、澳柯玛及长虹等知名企业。项目物流主要开发了长江三峡水电站、秦山核电站、江苏田湾核电站、齐鲁石化工程、厦门翔鹭PTA、上海磁悬浮轨道梁等国家重点建设工程的物流项目。展品物流方面，在完成了“中华文化美国行”、“德国亚太文化周”、“北京国际工程机械暨技术设备展览会”等多项具有经济和社会效益的展品物流项目的基础上，中远物流已初步形成以北京、上海和广州为中心的跨国展运物流服务核心经营体系。

中远物流把市场细分为：汽车物流、家电物流、项目物流、展品物流等，有利于分析、发掘新的市场机会，使企业处于有利的地位，给企业带来更多的经济效益；有利于其选择目标市场和制订营销策略，使企业获得了最佳的市场营销效果。

三、物流服务市场细分的步骤

1.选定产品市场范围

依据物流企业的营销战略任务和目标，才能确定自己应该进入哪个行业或哪种产品市场进行经营。这样，物流企业可以对该产品的市场发展潜力作出估计，并确定行业和产品的有关属性，可以对欲进入的市场进行基本的确认。

2.分析潜在顾客的基本需要

列出物流企业所选定产品市场范围内所有潜在顾客的各种需求，主要是心理的、行为的和地理的特征。物流企业向市场提供的任何产品，对于消费者来说，首先表现为满足某种基本的需要。细分市场时，物流企业需要了解产品能满足消费者的哪些基本需要，才能对市场的需要类型作初步的认定。

3.分析潜在顾客中的不同需要

物流企业将列出的各种需求交由各种不同类型的顾客挑选出他们最迫切的需求，最后集中顾客的意见，选择几个作为市场细分的标准。确定了顾客对产品的基本需要，仅解决了一般性需要，还不可作为物流企业作为选定目标市场的依据。物流企业需要进一步了解，对一种产品，消费者有哪些不同的要求和想法。这样就找到了可能作为细分市场的所有因素。

4.去掉潜在顾客的共同需要

检验每一细分市场的需求，抽掉它们的共性、共同需求，突出它们的特殊需求作为细分标准。共同的需要是设计和开发某种产品的基本要求，这只是产品的最低要求。从中去掉这些共同的需要后，物流企业就可以发现具有相互区别的需要类型。这些差别，就可以成为设计产品和确定营销组合的依据。

5. 暂为不同的细分市场取名

根据不同消费者的特征，划分为相应的市场群并赋予一定的名称，名称应该能反映这一消费者群的特质。在还没有进行市场检验前，哪些细分因素是适当的，哪些是不能确定的。物流企业为了便于对市场的细分因素加以确认，需要为可利用的细分因素而细分出的各子市场暂时取名。这样，细分市场的基本轮廓就会有了。

6. 确认细分市场的特点

进一步分析每一细分市场的不同需求与购买行为及其原因，并了解要进入细分市场的新变量，使物流企业不断适应市场的发展变化。现在，物流企业需要对可能采用的细分因素所可能得到的细分结果进行市场的调查确认工作。通过访问消费者，通过历史的统计资料，通过其他的市场分析方法，可发现应该采取哪些因素才能最恰当地细分市场，这些市场具有什么特点，可否进行营销设计。

7. 测量各子市场的潜力

决定市场细分的大小及市场群的潜力，从中选择使物流企业获得有利机会的目标市场。物流企业在调查的基础上，需要确定每个子市场的购买量和在一定时期可能形成的需求量的大小。这样才能最终根据物流企业的资源、实力、市场的竞争情况，选择目标市场。

例如某第三方物流企业的物流市场细分。某第三方物流服务企业在营销组合设计中提出：该公司现阶段首先应打入和开拓家电的成品配送物流服务市场，在站稳脚跟并取得经验后，再进一步开发为商业企业提供分销配送的物流服务市场。因为家电生产企业的成品物流服务相对比较规范，定制化程度不高，而商业的分销配送物流服务的定制化程度较高，其物流服务的要求与运营的要求及复杂程度较高，有些还需要具备特定的运输车辆和仓储设施条件(如冷冻设备与设施)。

我国的第三方物流服务企业在现有规模和服务技术水平相对都不高的情况下，首先应该针对一个或少数几个物流服务细分市场去发现自己的服务业务。该企业的市场细分有其实际基础，并且市场具有一定的规模，企业有能力占领该物流服务市场。站稳脚跟并取得经验后，再进一步开发为商业企业提供分销配送的物流服务市场。

第二节　物流服务目标市场选择

一、评估物流服务细分市场的指标

企业为选择适当的目标市场，必须对每个细分市场进行评估。物流企业评估细分市场要从以下几个方面考虑。

1. 市场规模

作为目标市场，首先要评估细分市场是否具有一定规模。因为企业要开发一个新市场，无论规模大小都要付出一定的广告、宣传费用。适当规模是相对于企业的规模与实力而言的。较小的市场对于大企业，不值涉足；而较大的市场对于小企业，又缺乏足够的资源，并且小企业在大市场上也无力与大企业相竞争。

2. 市场增长率

理想的细分市场应具有市场潜力，这样为选择这一细分市场的企业提供了长远的发展机会，而且其增长最好能同企业对该市场的控制能力同步增长。市场增长潜力的大小关系到企业销售和利润的增长，但有发展潜力的市场也常常是竞争者激烈争夺的目标，这又减少了它的获利机会。

3. 支付能力

只有顾客具有现实的支付能力，才能把潜在需求变为现实需求。因此，评价目标市场，首先要进行顾客支付能力的分析。应当注意，分析顾客支付能力，不仅要分析其收入水平和经济实力，而且要研究顾客的不同消费倾向及变化趋势。

4. 竞争程度

如果某个市场上已有为数众多、实力强大或者竞争意识强烈的竞争者，该市场就失去吸引力；如果某个市场可能吸引新的竞争者进入，它们将会投入新的生产能力和大量资源，并争夺市场占有率，这个市场也没有吸引力；如果某个市场已存在现实的或潜在的替代产品，这个市场就不具有吸引力；如果某个市场购买者的谈判能力很强或正在加强，它们强求降价，或对产品和服务苛求不已，并强化卖方之间的竞争，那么，这个市场就缺乏吸引力；如果企业的供应者——原材料和设备供应商、公用事业、银行等，能够随意提高价格或降低产品和服务质量，或减少供应数量，该市场就没有吸引力。

5. 可变性

一方面是提高物流内部管理的运作表现。作业改进表现形式可以是增加物流服务的灵活性、提高质量与服务、速度与服务的一致性及具有效率的服务表现。

另一方面表现在其利益灵活性上，包括地理范围跨度的灵活性（设点及撤销）及根据环境变化进行其他调整的灵活性。共担风险的利益也能通过使用拥有多种类型客户的服务供应商来获得。

6. 规模经济

由低要素成本和规模、范围经济性为企业创造与经济或财务相关的利益。物流服务避免了物流客户将资金不恰当地投资于非主业的物流价值链上，帮助物流需要客户将原先的固定成本转变成可变成本，带来资金效益的更大化。让物流需求者减少了物流服务搜寻成本，使得客户企业既将人力资源集中于公司核心活动，同时又能获益于别的公司的核心经营能力。另外，合理的物流减少了转移费用并减轻了企业在几个物流服务供应商间协商的压力，便于协调管理活动，实现规模效益。

二、物流公司在该细分市场的实力

为了生存和竞争，任何组织都必须创造效用，而创造效用的目的是创造企业的客户群。在本质上，创造客户意味着发现了组织能够满足并由此获得的潜在需求者，具备有将潜在需求者转变为客户的实力，这些实力体现在以下几个方面。

1.相关市场份额

对于绝大多数物流企业，在营销设计的指导下，成立之初就会有一个市场细分定位，但是在实际运行中，随着各种约束条件的变化，原有的资源条件会发生改变。从而，通过市场细分，重新选择资源利用最大化的市场作为今后的运行市场，充分地利用现有企业资源，发挥资源最大价值，占据相关市场份额。

如中外运扩大市场份额的例子。"快递属于相对垄断的行业，在外资没有完全进入国内快递市场之前抢先布点，我们就有相对优势。而目前除邮政外，国内并没有一家特别大的全国性的快递公司。"该高层表示中外运正是看到了这一机会。兼并正是物流企业扩大网络的最快方式。而申通目前在国内已经有 400 多个签约网点，覆盖城镇达到 600 多个。而业内公认的是：申通在长三角地区市场有着明显的优势，而这一带正是国内经济最活跃的地区，集中了中国市场包括国际和国内快递近 36%的份额，且这一快递市场每年都在以极快的速度增长。申通的一位工作人员告诉记者，在华东地区的任何两个县级单位之间，申通都可以做到次日达。而由于申通采取的是灵活的加盟模式，而且通过 12 年的摸索，这一模式已经比较成熟。每年的业务目前都以 150%的速度增长。

中国国际货代协会副会长李力谋认为，并购申通，中外运可以以最快的速度得到他们想要的国内华东地区大量的快递客户资源与密集的网络，可以补上中外运在物流供应链上的一个短板：国内快递的缺失。

据了解，本月初，中外运的国内物流业务与国内快递业务已经合并为"国内快运"，中外运希望在一个统一的平台上提供物流业务。而申通快递网络的加入相当于打通中外运物流供应链中物流与快递的任督二脉，中外运将可以在一个全国性的网络平台上运作其物流和快递的业务。而前述高层告诉记者，中外运仍在寻找其他可以并购的快递企业。中外运毫不隐瞒其通过兼并来抢跑国内快递的策略，申通只是它们布局的第一步。

2.价格竞争力

物流企业的竞争力，也是通过服务价格、客户群大小等指标来衡量的。价格优势对企业分享市场和增加利润至关重要。为此，物流企业应该根据客户的要求，合理地对运输工具、路线、运距、费率等进行系统优化，合理控制物流费用支出，提升价格竞争力。

3.服务质量

一般而言，企业的销售增长是企业生存和发展的基本前提，特别是在一个竞争激烈的行业内，企业只有不断地扩展其产品（服务）的销售面和销售量，才可能为其经营提供广阔的前景。而从经济性角度分析，销售增长也是平均成本下降的前提。作为物流企业，也受这两个目标的约束。通过市场分析，找出企业可以不断满足的物流需求，扩展物流企业的服务品种、服务空间、服务对象，提升服务质量，满足不断增长的销售需求。

4. 消费者/市场知晓

企业的市场地位建立，离不开目标受众的特点及其有效选择。营销人员要寻求能够接受企业价值观并为之进行广泛传播的目标受众的认知、情感和行为反应，这样，才能把传播企业的工作做得更好，让消费者/市场知晓。所以，有时企业能够提供的物流服务可能只适合于某一客户群，但可以借助市场细分，让另一些潜在的客户群接受并传播企业的理念和行为。

5. 营销效力

为物流公司的营销效力打分，主要取决于以下5种活动的结合。

(1)客户哲学：管理层在制订公司计划、确立公司业务时，是否将市场和客户的需求、愿望放在首位？

(2)整合营销组织：该组织所聘用的人员是否能胜任营销分析、规划、执行和控制？

(3)充分的营销信息：管理层能否收到有效开展营销活动所需要的正确的、高质量的信息？

(4)战略导向：营销管理层是否能为长期的增长和盈利制订具有创新性的战略和计划？

(5)运营效率：营销计划是否能以具有成本效益的模式执行？是否监控成果并及时采取纠正措施？

当然，仅仅作出诊断还是不够的，接下来可以同那些得分较低的事业部管理者开展建设性的合作，帮助它们最终提高综合的营销效力。

6. 地理覆盖

客户地点涉及当地资源条件、地理位置、生产力布局等因素。这些因素决定地区工业的发展水平、规模和生产布局，形成不同的工业区域，产生不同的生产资料需求特点。物流企业选择客户较为集中的地区作为目标市场，可以有效地规划运输路线，降低成本。如果管理能力不强，过快地发展覆盖网络，可能会造成管理失控和客户服务质量降低。

7. 利润率

利润率反映企业一定时期利润水平的相对指标。利润率指标既可考核企业利润计划的完成情况，又可比较各企业之间和不同时期的经营管理水平，提高经济效益。企业利润率的主要形式有：

(1)销售利润率。一定时期的销售利润总额与销售收入总额的比率。它表明单位销售收入获得的利润,反映销售收入和利润的关系。

(2)成本利润率。一定时期的销售利润总额与销售成本总额之比。它表明单位销售成本获得的利润,反映成本与利润的关系。

(3)产值利润率。一定时期的销售利润总额与总产值之比,它表明单位产值获得的利润,反映产值与利润的关系。

(4)资金利润率。一定时期的销售利润总额与资金平均占用额的比率。它表明单位资金获得的销售利润,反映企业资金的利用效果。

三、选择物流服务目标市场策略

企业通过对不同的细分市场进行评估,会发现一个或几个细分市场可以作为目标市场。企业应进入哪几个细分市场? 通常有 5 种策略可供选择。

1. 产品—市场集中化

这是一种最简单的目标市场模式,即企业只选取一个细分市场,只提供一种形式的物流服务,供应某一单一的顾客群,进行集中营销。

选择产品市场集中化模式一般应基于以下考虑:企业具备在该细节市场从事专业化物流经营或取胜的优势条件;限于资金能力,只能经营一个细分市场;该细分市场中没有竞争对手;准备以此为出发点,取得成功后向更多细分市场扩展。

这种模式的优点是,企业能更好地了解客户目标市场的要求,服务目标市场,在市场上建立良好荣誉;一旦公司在细分市场上处于领导地位,将获得很高的投资收益。但由于投资过于集中,这种策略的风险较大。该模式一般适用于小的物流企业或初次进入市场的物流企业。

2. 产品专业化

物流企业针对各类客户的需要只提供一种形式的物流服务。

产品专业化模式的优点是,企业专注提供某一物流服务,有利于发展物流作业和物流技术上的优势,在该领域树立形象,企业可以通过这种策略,摆脱对个别市场的依赖,降低经营风险,在某种服务方面树立良好的声誉。

3. 市场专业化

这是指物流企业向同一客户群提供不同种类的物流服务。

市场专业化的物流服务种类众多,能有效地分散经营风险。但由于集中于某一类顾客,当这类顾客需求下降时,企业也会遇到下降的风险。这一规模的优点是有助于发展和利用与顾客之间的关系,降低交易成本,树立良好形象。

4. 选择性专业化

选择性专业化是指物流企业选取若干个具有良好的盈利潜力和结构吸引力,且符合企业的目标和资源的细分市场作为目标市场,针对各个不同的客户群提供不同的物流服务。选择性专业化的每个细分市场与其他细分市场之间联系较少。

这种模式的优点是指通过多元化经营有效的风险，即使某个细分市场盈利不佳，仍可在其他细分市场取得盈利。采取选择性专业化模式的企业应具有较强的资源和营销实力。

5. 全方位进入

全方位进入策略是指企业利用各种服务产品满足不同客户群体的需要，即物流企业选择全面进入所有细分市场，为所有客户群提供他们需要的各种物流服务，实力雄厚的大型物流企业采用这种模式，才能收到良好的效果，见表 5-1。

物流服务目标市场选择模式的比较 表 5-1

市场定位策略	目标市场	服务功能	所需资源	竞争力
产品—市场集中化策略	以一个行业为目标市场	仅提供某项单一服务	所需资源及技能较少，专业化强，进入壁垒低	如同一市场竞争者较多，无优势；相反，则有较强竞争力，过于依赖目标市场，风险较大
产品专业化策略	以几个行业为目标市场	仅提供某项单一服务	所需资源较少，专业化强，进入壁垒低	竞争力较弱，目标市场状况带来的风险较小
市场专业化策略	以一个行业为目标市场	为该市场提供多项或投入较多综合物流服务	需要较多技能和资源，进入壁垒较高	竞争力较强，但受行业影响较大
选择性专业化策略	有多个行业的目标市场	对不同的目标市场提供不同的物流服务	需要较多技能和资源，进入壁垒较高	竞争较强，目标市场带来的风险较小，但自身的大量投入带来风险较大
全方位进入策略	只要有需要，各种行业均可作为目标市场	为不同行业提供综合物流服务	需要大量资源的投入，各项专业化技能要求高，进入壁垒高	竞争力强，自身大量投入的风险大

例如国内石化第三方物流市场的领跑者——中远物流。2005 年是中远物流正式进入石化市场的第一年，而其目标是能够成为国内石化第三方物流市场的领跑者。目前，我国的石化产业正处于高速发展期，大型跨国公司在华投资踊跃，国内石化企业也表现积极，中远认为我国的石化物流市场潜力巨大，大到足以吸引全球知名的物流企业和国内的大型物流公司来共同分享。而中远物流在人才、装备、品牌方面的雄厚基础将使其在进入石化市场之时就具备了一定的先发优势。

首先，中远将石化物流业务划分为两大板块：第一，是工程物流即石化企业在基本建设中的物流服务。在新厂建设和老厂扩建的过程中，大量设备、材料需要从国外进口，而中远物流在经营管理、车船装备方面的优势可以为客户提供完备的服务。第二，是石化制成品的物流。中远物流在该环节可以借助业已建立起来的遍布全国的运输、仓储、分销、配送网络，顺利完成客户的每一次委托。目前，中远物流正在积极介入国内大型石化项目的建设，通过提供出色的工程物流服务，为其进入后端的产品物流市场提供一个自然延伸的机会。

其次，中远物流通过多年的积累和系统培训已经建立起一支由众多专业人员组成的适应现代物流业务发展的优秀人才队伍，特别是在国际化人才培养方面，中远具有丰富的经验，可以胜任全球化物流业务的开展。

借助上述优势在未来 2～3 年内，中远物流可以成为国内大型石化物流公司中的佼佼者。

第三节　物流服务市场定位

所谓物流服务市场定位，是指物流企业根据目标市场上同类产品竞争状况，针对客户对该类产品某些特征或属性的重视程度，为企业产品塑造强有力的、与众不同的鲜明个性，并将其形象生动地传递给客户，求得客户认同。

一、物流服务市场定位的确定

物流服务市场定位的确定是指物流企业根据市场竞争状况和自身资源条件，建立和发展差异化优势，以使自己的服务在客户心目中形成区别并优于竞争者服务的独特形象。当企业选择了目标市场后，就要作定位分析。例如，物流企业需要了解在某一细分市场上，客户心目中所期望的最好的物流服务是什么？竞争对手能够提供服务的程度如何？物流企业的服务理念是否与客户需求相一致？如果客户的期望尚未或很少被满足，那么企业应该采取哪些措施使自己的服务产品能够达到客户期望的水平等。

物流服务市场定位的最终目的是提供差异化的产品或服务，使之区别和优于竞争对手的产品或服务，而不论这种差异化是实质性的、感觉上的还是二者兼有。虽然服务产品的差异化不如有形产品那样明显，但是，每一种服务都能让消费者感受到互不相同的特征。既然如此，物流企业进行定位时必须尽可能地使自己的产品和企业具有十分显著的特征，以最大限度地满足顾客的要求。

二、定位创造物流服务竞争的差异化优势

定位为物流服务差异化提供了机会，任何一家物流企业及其服务产品在客户心目中都会占据一定的位置，形成特定的形象从而影响其购买决定。定位可以是不经计划而自发地随时间推移而形成，也可以经规划纳入营销战略体系，针对目标市场而进行。后者的目的在于在客户心目中创造有别于竞争者的差异化优势。

通常，在评价差异化优势特征时有以下几种标准可以选择：

重要性——该差异所体现出来的需求对顾客来说是非常重要的；

显著性——物流企业及其服务同竞争对手及其服务之间具有明显的差异；

沟通性——这种差异能够很容易地为顾客所认识和理解；

独占性——这种差异很难被竞争对手模仿；

可支付性——目标顾客认为因服务差异而付出额外花费是值得的，从而愿意并有能力购买这种差异化服务；

盈利性——企业能够通过实行差异化而获得更多利润。

市场上存在许多不同的差异化途径能够使企业成为领先者，企业应根据自身和竞争者的实际情况加以选择。企业在考虑定位选择哪一个最合理时，应当回答以下问题：

哪一种定位最能体现企业的差异化优势？

我们的主要竞争对手采用的是哪种定位？

哪些定位对每个目标分市场最有价值？

哪些定位聚集着众多竞争者？

哪些定位目前竞争尚不激烈？

哪些定位最适合于企业的产品和产品组合定位？

物流服务定位选择及含义见表 5-2。

物流服务定位的选择 表 5-2

定位选择	含　义	定位选择	含　义
市场份额领先者	最大的规模	关系领先者	在致力于顾客服务方面最成功
质量领先者	最好的或最可信的产品和服务	声誉领先者	最具排斥力、独一无二
服务领先者	最迅速地为顾客解难	知识领先者	具备最好的功能和技术
技术领先者	最早发明新技术	全球领先者	在国际市场上占据最佳位置
创新领先者	在技术运用上最具创造性	折扣领先者	最低的价格
灵活领先者	最具适应性	价值领先者	最好的价格/性能比

例如美国戴凡士物流公司对建筑材料市场物流服务的差异化决策。美国戴凡士物流公司对建筑材料市场和电子产品市场进行了研究。研究发现，在建筑材料市场中，企业提供信息的质量完全不受重视(如货品信息清单)，原因可能是建筑材料产品技术含量较低，可能涉及的质量问题较少。人员沟通质量对满意度影响不大，而订购过程对满意度有较大影响，原因也是由于产品特性，人们更注重订购过程操作的简易性和效率。另一方面，在收货过程的末期，时效性和误差处理不受重视，且货品完好程度对误差处理没有影响。这样，对满意度有影响的只有订购过程一环。因此，对于建筑材料这类标准化(不存在太多质量问题)程度较高，技术含量不高，需求的时效性不强的商品，只有订购过程对满意度有重要影响。

根据这一模型，戴凡士物流公司在物流差异化决策中特别强调订购方便快捷，它们建立了自动订货信息系统供专门的订购服务，并注意简化订货的手续。同时，戴凡士物流公司减少了人员沟通费用，由此实现了针对建筑材料市场的物流服务。

三、物流服务市场定位的层次与原则

1. 物流服务市场定位的层次性

物流服务市场定位是个系统而不是孤立的问题。人们习惯上提到的定位大多指的是服务产品的定位。事实上，市场定位作为一个有机系统，有多个层次。一般情况下，我们常常从以下层次考虑定位：

(1)行业定位即把整个服务行业作为一个整体进行定位。

(2)组织(企业)定位即把企业、机构或者组织作为一个整体进行定位。

(3)产品组合定位即组织提供的一系列产品和服务进行定位。

(4)个别产品和服务定位即定位于为某种特定的产品或企业服务。

在考虑企业位置和产品位置之前，服务企业必须首先考虑自己所在的行业在整个服务行业中的位置。

对于服务企业而言，在实际工作中并不需要在上述所有的层次进行定位。对于那些规模大，开展多种业务的服务企业，分别进行上述的四个定位都是有必要的。这时，我们需要注意两个方面的问题：第一，组织(企业)定位和个别定位必须有清晰的相关性和内在的逻辑关联；第二，品牌的定位既可以产生于产品组合层次，也可产生于个别产品层次。

2. 服务市场定位的原则

在企业确立了其市场位置之后，应当努力维持和提升相对于竞争者的地位。一个成功的定位应具备如下特征：首先，定位应当是有意义的，华而不实的定位可能导致企业的市场表现平平；其次，定位应当是可信的，实际生活中声称自己无所不能的企业往往不是行业的领先者，而集中于某一专业区域的企业却能取得消费者的信任；同时，定位还必须是独一无二的，企业应当在既定的目标市场上发掘能持续地使自己保持领袖地位的市场定位。

物流企业在进行市场定位时，会面临多种选择。一般情况下，定位应遵循以下原则。

(1)以消费者为中心的原则

物流服务市场定位的关键在于对消费者心理的把握，对消费者心理越了解，定位就越准确。成功的定位取决于两个方面的因素：一是定位水平是否与消费者的需求和吻合；二是如何使消费者准确地了解企业的定位信息。

(2)差异化原则

追求差异化及追求与众不同，其目的是便于消费者将你的产品与其他企业的产品区别开来。企业可以通过各种媒体和渠道向消费者传达特定的品牌信息，使差异性清晰地呈现在消费者面前，从而引起消费者关注企业的品牌、产品，并产生联想。在定位时，应当注意竞争对手的定位和消费者的特征，只要你的定位差异性与消费者的需求相吻合，你的产品和品牌就能留驻消费者心中。

如下面各物流公司的市场定位差异化。USP 和 Fedex 是小型包裹的限时速递专家，Exel 和 USCOS 是从仓储管理开始发展起来的，Menlo、Yellow 和 Roadway 起源于零担运输企业，Ryder 是货运物流专家，Fritz 是货代专家，Conway 是为企业提供供应链管理咨询服务专家。很多国际著名的第三方物流企业都是从某一物领领域发展起来的，并且保持着这些领域的核心竞争力。

(3)个性化原则

在市场竞争中，产品的差异化容易丧失，而一个产品的个性却是其他产品无法效仿的。市场定位的个性化原则指赋予产品或品牌独特的个性，使之与目标顾客的个性相吻合。这个个性可能与产品无关，但只要有创意并能得到消费者的认同，就能作为战胜竞争对手的武器。

(4)动态性原则

市场是不断变化的，技术在变，消费者的偏好在变，产品在变，竞争也在变，企业必须根据营销环境的变化，及时调整其定位策略，以适应市场的发展，确保自己的竞争地位。

四、物流服务市场定位的步骤

1. 决定定位层次

这是物流服务市场定位的第一步。一般情况下，企业采取哪一层次的定位是很明确的，但在企业的不同发展时期，定位可能各有侧重，有时企业会强调企业定位，有时候则强调个别产品定位。

如中国邮政物流服务市场定位。中国邮政进军物流市场的总体市场定位是：作为一体化物流解决方案（第三方物流提供商）和功能（环节）性物流服务的提供商，运用先进的物流理念和技术手段，为客户提供定制的物流服务；逐步向企业供应链推进，最终成为企业供应链的参与、组织和整合者。

邮政市场定位是：市场层次方面，以高层次物流市场为主，为社会提供精益化的物流服务；市场对象方面，以高附加值、小体积、小重量、多批次、高时效的物品为主；涉足行业方面，以电子、医药、出版、汽车配件、高档消费品、烟草、电子商务等高附加值行业为主；客户群体方面，以国内外大中型制造企业、具有良好品牌的流通企业及电子商务企业为主。

2. 确定定位特性

定位层次确定以后，就需要针对选定的物流服务细分市场确定一些专门的特性，尤其应当考虑那些影响购买决策的影响因素。其中重要的是明确这些特性能给顾客带来的利益,并且顾客能感受到这些利益。

3. 绘制定位图

通过定位图可以反映企业在市场的位置,同时也可以看到潜在的市场机会。如果企业有多个细分市场,可以根据顾客在不同市场上对服务和利益的不同评价作多个定位图。

定位图的绘制可以基于客观性,也可以基于主观性。其坐标选择的因素主要决定于消费者的需求偏好和竞争者的营销策略。从定位图我们不仅可以确定竞争者的位置,还可以发现消费者未被满足的潜在需求,也可以对自己进行重新定位。

4. 选择定位

物流服务市场定位作为一种竞争战略显示了一种产品或企业同类似的产品与企业之间的竞争关系。定位的选择不同,竞争的势态则不同。一般主要有 3 种定位方式。

(1)避强定位。即避开强有力的竞争对手的市场定位,选择空缺的市场位置,打击竞争者的弱点。此种定位方式能迅速占领市场,并在消费者心中确立一种形象。由于这种定位的市场风险较小,常常被多数物流企业采用。

(2)迎头定位。这是一种与市场上最强的竞争对手"对着干"的定位方式。这种定位的风险较大,然而一旦成功,则会取得较大的市场优势。实行对抗性定位时,应知己知彼,特别是对自己的势力要有充分的估计,不一定试图压垮对手,能够平分秋色也是极大的成功。

(3)重新定位。这是对市场反映不好的产品进行二次定位,旨在摆脱困境,重新获得增长活力。

5. 执行定位战略

企业和服务定位需要通过各种媒介、途径来传递给目标市场,它包括企业所有的与顾客隐性和显性的接触。这意味着公司的职员、政策和形象都应该反映类似的形象,传递期望中的市场定位。服务营销组合是执行定位战略的关键所在。执行定位的营销组合必须是基于与目标市场的关键而突出的特性。

第四节　物流服务营销组合

一、传统的营销组合

1. 产品策略

服务产品必须考虑提供服务的范围、服务质量和服务水准,以及品牌、项目、保证以及售后服务等事项。在服务产品中,这些要素的组合变化相当大,这种变化很容易从一家提供数种菜色的小餐馆和一家供应各色大餐的五星级大饭店相比较中看出来。也就是说，同一种菜在不同的时间、不同的场合、不同的厨师做出来的结果一定会有差异。事实上，就是同一厨师在不同时间与地点做同一样菜，其色、香、味或多或少都会有一定的区别。

2. 价格策略

由于服务的无形性，决定了人们在享受服务之前无法准确地评估它的质量，人们通常是通过价格来认定物流服务质量的高低。因此，价格与质量之间的相互关系，是我们确定服务价格必须考虑的基本因素。区别服务质量时，价格作为一种识别方式，帮助顾客认识一项服务给他带来的价值的大小。价格方面要考虑的因素主要包括：价格水平、折扣、折让和佣金、付款方式和信用。

3. 促销策略

服务的基本特点要求企业必须加强与顾客之间的有效沟通，促销的作用是举足轻重的。服务促销与普通产品一样，也包括广告、人员推销、销售促进和公共关系4种基本形式。

4. 渠道策略

服务产品与有形产品一个明显的区别在于它的渠道只能是最短的零层渠道，即生产者与消费者面对面地完成生产与消费的同步过程。因此，提供服务的所在地以及其地缘的可达性在服务营销上都是重要因素，地缘的可达性不仅是指实物上的，还包括传导和接触的其他方式。所以服务产品的销售渠道形式以及其涵盖的地区范围都与服务可达性的问题密切相关。

二、物流服务营销与传统营销的区别

(1)传统营销侧重于销售产品，服务营销注重保留与维持现有的顾客；

(2)传统营销注重于短期利益，服务营销重视长远利益；

(3)传统营销不注重服务的作用，服务营销时时将服务的作用突现出来；

(4)传统营销只向顾客提供有限的承诺，服务营销向顾客提供足够的承诺；

(5)传统营销不强调与顾客的接触，服务营销则强调与顾客的沟通与交流，甚至形成伙伴关系；

(6)传统营销认为质量是生产部门的事情，服务营销认为质量与产品和服务都有关联；

(7)传统营销是产品功能导向，服务营销则是产品所提供的利益导向。

三、物流服务营销组合

所谓物流服务营销组合，是指物流服务企业对可控制的各种市场营销手段的综合运用。具体地说，就是物流服务企业运用系统的方法，根据企业外部环境的基本特点，使物流服务市场营销的各种因素进行最佳的组合，使它们互相协调配合，综合地发挥作用，实现物流企业的战略目标。物流服务企业开展营销活动，要运用企业的营销因素，制订相应的营销战略和策略。传统的以生产性企业为中心的市场营销组合包括产品、价格、分销渠道、促销 4 个因素，以后人们又加上了公共关系的政治权力。这种以生产性企业有形产品销售建立起来的营销组合，对物流服务营销有一定的借鉴意义，但以无形产品营销为主的服务业有特殊性，必须重新调整市场营销组合以适应物流服务营销。物流服务营销包括 7 个基本要素：产品、价格、地点或渠道、促销、人、有形展示、过程（见表 5-3）。

物流服务营销组合　　表 5-3

要素	内容
产品	领域、质量、水准、品牌名称、服务项目、保证、售后服务
价格	水准、折扣折让及佣金、付款条件、顾客认知价、质量/定价、差异化
地点或渠道	所在地、可及性、分销渠道、分销领域
促销	广告、人员推广、销售促进、宣传、公关
人	人员配置：培训、选用、投人、激励、外观、人际行为、态度；其他顾客：行为、参与程度、顾客/顾客的接触度
有形展示	环境：装潢、色彩、陈列、噪声水平；硬件设备；实体性线索
过程	政策、手续、机械化、员工辨别力、顾客参与度、顾客取向、活动流程

物流企业是一种服务企业，它向客户提供的主要是服务。下面主要介绍 4P's 营销组合理论的内容。

1. 服务产品

服务产品策略是指与物流企业提供的服务（或产品）有关的决策。它包括了若干子因素，包括产品（服务）的设计、包装、品牌、组合等。而物流企业应该站在客户的角度去考虑提供什么样的服务，物流服务主要是借助运输工具和信息技术帮助客户实现货物在空间的位移。不同种类、品性、包装的产品以及产品生命周期的不同阶段，都需要给予不同的物流服务。如珠宝属于贵重物品，附加值高，在运输方式上选择余地大。而沙子这类普通用料，价值很低，在运输上花费大不划算。即使同类产品，如粮食，包装的差别也会造成在运输工具、装卸设备、仓型、装具等方面的选择利用上的不尽相同。

2. 价格

价格策略是指企业如何根据客户的需求与成本提供一种合适的价格来吸引客户。它包括了基本价格、价格的折扣与折让、付款方式等。价格优势对企业分享市场和增加利润至关重要。为此，降低生产成本是一方面，还需合理控制物流费用支出，因为物流费用在成本中占有较大比重。物流企业应该根据客户的要求，合理地对运输工具、路线、运距、费率等进行系统优化，并根据企业针对的目标市场和客户群体，结合客户期望值和竞争者提供的服务水平，制订适当的标准和价格水平。

如中国著名的TPL——宅急送❶。与一些快递巨头相比，宅急送没有人才、资金和技术的优势，其发展壮大的取胜之道就是价格和速度——快速抢占网点，给客户更低价优质的服务。该公司推出“次日达”服务。据宅急送的调查数据，在经济活跃的长三角地区，60%的货物不会流通到全国各地，它们从昆山到苏州、从苏州到无锡或者从无锡到南京。不需要全国的流动网络，货物在区域内流动，培养了宅急送区域内限时快运业务的早熟。2004年，宅急送一举推出“2D10”和“2D17”，这两项区域内“次日达”新服务，主要针对长三角等区域内单件重量在10kg以下的小件货物，分别于次日早上10点和次日下午5点之前送达客户手中。至此，宅急送的服务精品由原来的“全国24小时门到门”转变为区域间“2D10”和“2D17”。

而另一方面，早在2004年1月起，中国邮政快递率先在长三角地区的22个城市实行EMS限时专递——“次晨达”快递服务。该举措被认为是邮政缓解竞争压力的一种积极尝试。

不过，“次日达”与“次晨达”在价格上有明显优势。“次晨达”的新平台虽然将成本大幅降低，一件1kg的货物，“次晨达”仍需要80元，而宅急送根据货物装箱后的长、宽、高三边之和来计算价格：70cm、80cm、90cm、100cm分别对应10元、15元、20元、30元不等。而“次日达”的小件服务500～5000g快件仅收取20元费用。

3. 促销

促销策略是指物流企业利用各种媒体向客户传递对自己有利的信息，以引起客户的兴趣，提高物流企业知名度的各种措施。它包括了广告、人员推销、营业推广、公关等各种营销沟通方式。

4. 渠道

渠道策略是指物流企业如何选择服务（产品）从供应商顺利转移到客户的最佳途径。物流服务一般采用直销的方式最多，许多时候也会采用中介机构，常见的有代理、代销、经纪等形式。

如海尔物流网络优势。海尔集团的7大生产基地，42个物流区域配送中心全部联网在海尔物流的网络流通平台上运作，300多万平方米仓储资源，300多家运输公司，整个网络通过世界最先进的SAP R/3 ERP系统和SAP LES物流执行系统进行联网，全过程透明的、系统化的追踪，网络每天覆盖区域网点为备件服务网点1 500家，产品销售网点1 000家，可调配16 000多辆车辆，对于服务的承诺是：全国主干线分拨配送平均在2d，物流中心城市8h配送到位，区域配送24h到位。以上强大的网络

❶案例摘选自中国物流与采购网首页/企业案例/企业物流/文章内容，www，cflp. org. cn。

优势构成了海尔物流公司的核心能力，以客户为中心的全方位物流服务能力：快速、准时、高效。

以上4项是传统“组合”要素，但服务产品作为一种特殊产品，其营销过程还应当考虑以下3要素：人、有形展示和过程。

5.人员

这里的“人”包括生产者和消费者。在物流服务企业担任前台操作性角色的人，在顾客眼中其实就是服务产品的一部分，其贡献也和其他销售人员相同。在大多数物流服务公司中，操作人员肩负着服务表现和服务销售的双重任务，因而，他们也是物流服务营销者。

消费者以被服务者的身份参与具体的服务过程。他们对一项物流服务产品质量的认知，不仅影响到对物流服务营销结果的认可，还影响到其他顾客对物流服务产品的态度。因此，在物流服务营销中，应特别重视与顾客间的关系。

6.有形展示

有形展示的部分会帮助消费者和客户对于物流企业服务营销的正确认识与评价。有形展示包括的要素有：实体环境（装潢、颜色、陈设、图片）以及物流服务提供时所需用的设备与器材，还有一些其他的有形的线索，如物流公司所使用的标志、包装等。

7.过程

物流服务是一个特殊的过程，既包括服务的生产过程，也包括了服务的消费过程。在物流服务传递过程中，服务质量与服务消费期望之间的差距，对物流服务营销有着直接而明显的影响。表情愉悦、专注和关切的工作人员，可以减轻顾客必须等待时的不耐烦的感觉，或者平息技术上出问题时的怨言和不满。当然工作人员的良好态度，对某些问题是不可能全部补救的。整个体系的运作政策和程序方法的采用、物流服务中器械化程度、雇用人员裁量权用在什么情况、顾客参与服务操作过程的程度、咨询与服务的流动、订约与待候制度等都是经营管理者在服务过程管理中应特别关注的事情。

在许多物流服务上人和过程是密不可分的。物流服务营销管理者必须重视服务表现和传递的顺序，在物流服务营销组合中从事物流服务营销活动的公司机构，这方面的事情是相当重要的。从事物流服务的管理者们，通常都扮演综合性的经营角色，即人事、营销和财务等功能可以说是无所不包。

我们看一下海尔物流管理的优势。海尔物流秉承海尔集团的独特企业文化和管理机制以及管理创新能力，本着“真诚到永远”的服务宗旨，以客户为中心来发展其物流战略；迅速反应、马上行动的企业管理风格，使海尔物流能够对客户的任何需要做出迅速的反应，帮助客户赢得基于时间的竞争优势；速度、创新、SBU的企业文化，使海尔不仅能够面对缤纷复杂的物流世界为客户寻求创新的物流解决方案，而且还能够透过海尔独特的市场链机制，以量化的 KPI 指标管理和控制整个庞大的物流体系；海尔日事日毕、日清日高的 OEC 管理办法，更使得其整个物流队伍可以每天根据客户的需求，持续改进其物流服务。海尔有着实施物流业务再造的经验；知道什么是企业物流管理的真谛和关键成功因素。海尔拥有目前全国最大的企业物流网络；耗资巨大，在亚洲地区实施的第一套 SAP LES 系统，使客户能够与海尔一起享受世界一流的物流管理执行系统的先进性，使客户的供应链管理更上一层楼。与国内外著名咨询公司的合作，海尔将提供给客户先进的行业物流解决方案，从而降低客户的物流成本，提高客户服务水平。海尔着眼于为客户创造价值。

S 本章小结

本章介绍了物流服务细分、目标市场选择、物流服务市场定位及物流服务营销组合等相关内容。

在物流服务市场细分中，对物流服务市场进行细分的依据，包括可测量性、易接近性、实质性、差别反应力、稳定性等。消费者市场可根据这 4 类进行细分，其包括：地理细分，人口统计细分，心理细分，行为细分。物流服务市场细分：物流企业根据物流市场的特点，可以用地理区域、客户行业、客户业务规模、客户所有制性质、物品属性、服务方式、外包动因等几类标准进行细分。物流服务市场细分的步骤：选定产品市场范围；分析潜在顾客的基本需要；分析潜在顾客中的不同需要；去掉潜在顾客的共同需要；暂为不同的细分市场取名；确认细分市场的特点；测量各子市场的潜力。

在物流服务目标市场选择中，首先要了解评估物流服务细分市场的指标，其中有市场规模、市场增长率、支付能力、竞争程度、可变性、规模经济。考察物流公司在该细分市场的实力，包括相关市场份额、价格竞争力、服务质量、市场知晓、营销效力、地理覆盖、利润率等。选择物流服务目标市场策略为：产品—市场集中化、产品专业化、市场专业化、选择性专业化、全方位进入。

在物流服务市场定位中，我们要清楚：定位创造物流服务竞争的差异化优势；物流服务市场定位的层次性。物流服务市场定位应遵循以下原则：以消费者为中心的原则、差异化原则、个性化原则、动态性原则。物流服务市场定位的步骤为：决定定位层次、确定定位特性、绘制定位图、选择定位、执行定位战略。

在物流服务营销组合中，传统的营销组合为：产品策略、价格策略、促销策略、渠道策略。理解并讨论物流服务营销与传统营销的区别。物流服务营销组合包括：服务产品、价格、促销、渠道、人员、有形展示、过程。

C 案例分析

香港邮政“特快专递”的市场细分、选择目标市场和市场定位[1]

(一)背景

1973年香港邮政署率先推出了“特快专递”业务。但是,由于邮政署是行政拨款的政府部门,一直未对该项业务进行商业化的市场推广,结果速递业务的发展反而赶不上后起的民营公司。

(二)具体

1977年,香港邮政署决定对速递业务进行市场推广,提高市场占有率,增加营业额。

首先它们对顾客进行了调查。了解到顾客选择快递服务时,首先考虑的是速度和可靠性,其次才是价格;同时顾客希望追踪邮件,随时了解邮件运送的情况,得出的结论如下。

邮政署的优势:

(1)特快专递服务推出较早,技术支持较强(如电子追踪服务)。

(2)以邮局为服务点,服务网络覆盖面广,竞争对手无法相比。

(3)邮政署寻求改变的决心大,员工士气高昂,急欲参加。

邮政署的劣势:

香港邮政署“特快专递”过去的形象不太好,认知度不高,人们认为其可靠性与速度不及私营快递公司。

市场机会:

私营快递公司多以大公司为主要客户,绝大多数的中、小机构享受不到价格优惠,个人客户更被作为最后处理的对象,它们的需求得不到满足,是个被忽视的市场。

通过细分市场,香港邮递署选择了中小商业机构和个人客户作为自己的目标市场,以“补缺者”的身份填补市场空隙,避免和竞争对手作正面冲突。

它们把自己的服务定位为“分秒显优势”的“超值服务”。为了塑造这一市场形象,吸引目标消费者,采取了以下措施:

(1)对“特快专递”服务采取低价策略;

(2)提供电子追踪服务,让顾客随时掌握邮件运送的情况;

(3)提供大小不同的特快专递箱,满足顾客的需要;

[1]案例摘选自杨惠萍主编《物流营销实务》第四章物流市场细分与目标市场,中国物资出版社。

(4)消除一切可能延误的因素,保证邮件准时发送;

(5)特设专门的小组,应对顾客的业务查询,替顾客开立账户,并兼作宣传;

(6)整顿工作作风,一线人员礼貌热情,服务耐心细致,富有效率;

(7)提供高质量、高效率的"超值服务",让顾客有更多时间处理邮件,甚至在"最后一分钟"将邮件寄出,令顾客的分分秒秒尽显优势。

1997年10月,香港邮递署推出了主题为"分秒显优势"的市场推广活动。

在视觉形象上,设计了全新的公司标志和"特快专递"服务标志,选择以速度见长的"蜂鸟"代表公司形象,选择以速度和耐力著称的"雨燕"作为"特快专递"服务的形象。

电视广告也极富感染力,突出了"分秒显优势"的承诺:一个勤勉、质朴的年轻邮递员,充满自信地走在人群中,他不断前行的身影、真诚的笑容,与身后喧闹的都市形成了强烈的对比,给人以踏实、可信赖的感觉,反映了香港"特快专递"业务崭新的形象。

此外,这一活动还采用了多种传播手段,如报纸广告、直邮广告、广告传单、海报等。

邮政署还特别成立了"特快专递"倡导委员会,并设立了许多工作促进小组,对邮政署所有员工介绍有关知识和加强服务的重要性。领导的重视和亲临现场指导给员工以极大鼓舞,每个员工都愿为推广活动效力。

这一推广活动取得了显著成绩。

业务量:尽管1997～1998年香港经济不景气,"特快专递"处理的邮件总量仍有所上升。

客户数:实施推广活动的头5个月,新开立账户的客户人数上升了60%。

认知率:在未开立账户的客户中,认知率从11%上升到30%;在已开立账户的顾客中,认知率从36%上升到50%,"特快专递"在香港已经成功地建立起自己的品牌形象。

满意度:对顾客满意度程度的独立研究显示,客户对特快专递服务各个程序的满意度均有明显上升。

由于速递业务服务水平提高,1997年第4季度,香港邮政署获得了全球邮政联盟的嘉奖。这一市场推广活动成功地入围1998年度香港杰出营销奖,其电视广告也被评为该年度的杰出广告作品。

(三)案例思考

1. 香港邮政署对邮政市场进行细分的标准是什么?

2. 它们选择了哪些市场作为自己的目标市场?进行了怎样的市场定位?

(四)点评

香港邮政署对顾客进行了调查。了解到顾客选择快递服务时,首先考虑的是速度和可靠性,其次才是价格;同时顾客希望追踪邮件,随时了解邮件运送的情况。根据市场调查,它们把自己的服务定位为"分秒显优势"的"超值服务"。通过细分市场,香港邮递署选择了中小商业机构和个人客户作为自己的目标市场,以"补缺者"的身份填补市场空隙,避免和竞争对手作正面冲突。

E 练习与思考

一、选择题

1.按服务方式将物流市场分为(　　)。

A.综合方式服务　　B.单一方式服务

C.小客户服务　　D.大客户服务

2.按客户选择第三方物流企业的动因进行细分,可将市场细分为(　　)。

A.关注成本型　　B.关注能力型

C.关注资金型　　D.复合关注型

3.企业进入细分市场通常有(　　)策略可供选择。

A.产品—市场集中化　　B.产品专业化

C.市场专业化　　D.选择性专业化

E.全方位进入

4.服务市场定位的原则有(　　)。

A.以消费者为中心的原则　　B.差异化原则

C.个性化原则　　D.动态性原则

5.物流服务市场定位的步骤为(　　)。

A.决定定位层次　　B.确定定位特性

C.绘制定位图　　D.选择定位

E.执行定位战略

6.物流服务市场一般主要有3种定位方式包括:(　　)。

A.避强定位　　B.迎头定位

C.重新定位　　D.执行定位

7.传统的营销组合为(　　)。

A.产品策略　　B.价格策略

C.促销策略　　D.渠道策略

8. 物流服务市场常常从以下哪些层次考虑定位(　　)。

A. 行业定位即把整个服务行业作为一个整体进行定位

B. 组织(企业)定位即把企业、机构或者组织作为一个整体进行定位

C. 产品组合定位即组织提供的一系列产品和服务进行定位

D. 个别产品和服务定位即定位于为某种特定的产品或企业服务

9. 对不同的目标市场提供不同的物流服务,此目标市场策略是(　　)。

A. 产品—市场集中化　　B. 产品专业化

C. 市场专业化　　D. 选择性专业化

10. 最迅速地为顾客解难是(　　)。

A. 质量领先者　　B. 服务领先者

C. 技术领先者　　D. 创新领先者

二、思考题

1. 简述对物流服务市场进行细分的依据。

2. 简述物流服务市场细分的步骤。

3. 如何选择物流服务目标市场的策略?

4. 简述物流服务市场定位的步骤。

5. 怎样理解物流服务营销组合?

三、实训项目

进行物流市场定位——假设你是物流服务营销经理

【实训目标】

培养学生对物流市场进行细分、选择目标市场并进行定位的能力。

【实训内容与形式】

1. 以自愿为原则进行分组,以 6～8 人为一组。

2. 每组推选临时负责人,初步组建"××公司或××(大学生模拟物流)分公司"。

3. 对本公司的组建提出各种设想,并进行充分交流。

4. 进行物流市场定位演练,在市场调研与分析的基础上,确定并描绘你的客户。

(1)他们来自何处?是本地、国内、国外或其他地方?

(2)他们购买哪些物流服务?

(3)他们每隔多长时间购买一次?每天、每周、每月、随时或其他?

(4)他们买多少?(按数量、按金额)

(5)他们怎样购买?(赊购、现金、签合同)

(6)他们怎样了解你的企业?网络、广告、报纸、广播、电视、口头或其他?(要注明)

(7)他们对企业及所提供的物流服务怎么看?(客户的感受)

(8)他们想要企业提供什么?(他们期待企业能够或应该提供的利益是什么?)

(9)企业的市场有多大?(按地区、潜在客户)

(10)在各个市场上,企业的市场份额是多少?

(11)你想让客户对你的企业产生怎样的感受?

根据以上资料,确定物流服务产品的市场定位,并拟出市场定位建议书。

要求:针对你公司所经营的物流服务产品,分析研究“谁是你的客户”,找准目标市场,实施市场定位策略。

【实训要领】

1. 每个小组分别写出市场定位建议书交给教师审阅评估,此环节非常重要,学生所作市场定位建议书“毫无新意”或“可行性极差”,教师应要求学生重新制定。

2. 此次实训的主要目标是不论个人还是小组,同学们都应迅速地完成市场细分、选择目标市场并进行定位,对完成效果好的小组和个人进行表扬。

3. 小组中有适当争论(当需要时,能够提出并坚持自己的观点,不随波逐流),又迅速达成一致(而非不负责任的苟同)。

4. 培养较强的说服他人接受自己观点的能力。

【成果与检测】

1. 教师与模拟公司负责人负责对学生的市场定位建议书及其表现进行考核;

2. 评估各公司组织状况的好坏;

3. 教师根据各公司完成的文字材料和实际效果及讨论中的表现评估打分。

第六章 物流服务产品策略

学习目标

- ◆ 理解物流服务产品的含义；
- ◆ 掌握物流服务产品的生命周期；
- ◆ 理解物流新服务开发应具备的特性；
- ◆ 掌握物流新服务开发步骤；
- ◆ 熟悉物流服务蓝图；
- ◆ 理解新服务开发步骤；
- ◆ 熟悉影响物流服务传递系统设计的因素；
- ◆ 掌握物流服务传递系统设计方法；
- ◆ 掌握服务品牌；
- ◆ 熟悉建立顾客对物流服务品牌的忠诚；
- ◆ 掌握物流服务包装组合的设计。

宝供物流企业集团的服务产品策略[1]

引入案例

宝供物流企业集团，是国内第一家注册成立的物流企业集团，以其超前的物流服务理念、遍布全国的运作网络、一流的质量保证体系、全程的信息服务优势、先进的物流管理模式、丰富的物流实践经验以及强大的学习型、知识型物流人才队伍，为40多家跨国公司和十几家国内大型企业提供优质、高效的专业化物流服务。宝供物流企业集团作为最早在中国提供一体化增值服务的第三方物流供应商，严格遵循“控制运作成本、降低客户风险、全面提升物流服务质量，使客户集中精力发展主业，增强核心竞争和可持续发展能力，成为客户最佳的战略联盟伙伴”的超前物流服务理念，向客户提供具有个性化优势的特色物流服务。

首先，大力推行“量身定做、一体化运作服务”的模式。宝供物流企业集团打破传统业务分块经营模式，在大中心城市建立分公司或办事处，建立强大的、遍布全国的

[1] 案例摘选自袁炎清、范爱理编写的《物流市场营销》，机械工业出版社。

物流运作网络，将仓储、运输、包装、配送等物流服务广泛集成，为客户“量身定做”，提供“门到门”的一体化综合服务以及其他增值性服务。

其次，广泛采用具有国际水准的SOP（Standard Operation Procedure，标准操作流程）运作管理系统和质量保证GMP（Good Manufacturing Practice，良好生产操作规范）体系。为了规划业务部门的运作标准，宝供物流建立了系统化、规范化、标准化的各类标准操作程度，即SOP。任何岗位上的任何事，SOP都有详细的规定。通过SOP的正确执行，确保业务运作不会因个人的因素造成服务品质的不同，确保GMP质量体系的实施和实现。几年来，公司的铁路运输货物缺损率控制在1%左右，公路运输和仓储缺损率为零，铁路运输时间达标率在95%以上，获得了客户的一致赞许。

此外，重点提供国内领先的基于VPN（Virtual Private Network，虚拟专用网络）系统的物流信息服务。早在1997年，宝供物流就在国内率先建成基于互联网的全国联网的物流信息管理系统，使宝供物流企业总部、6大分公司、40多个运作点实现内部办公网络化、外部业务运作信息化，并实现仓储、运输等关键物流信息的实施网络跟踪。1998年，完成关键客户与宝供物流企业信息系统的对接工作，客户可通过宝供物流的信息系统实施管理和控制不同区域、不同仓库、不同类型、不同产品的库存，制订最佳的营销策略。同时，实现了“客户电子订单、一体化运作”的电子商务初步目标，极大地简化了商务流程，提高了业务运作效率。1999年，宝供物流建立业务成本核算系统和基于VPN电子数据交换平台，采用XML（The Extensible Markup Language，可扩展标识语言）技术进一步提升与客户的电子数据交换水平，实现数据无缝交换与连接，为客户“量身定做”个性化的物流信息服务。

总体来说。宝供物流企业集团通过为客户提供各类物流服务，在市场竞争激烈的今天，仍然在市场上占据着重要的地位。

请分析：宝供物流企业集团的服务产品策略给你带来什么启示？

第一节　物流服务产品的生命周期

一、物流服务产品的含义

1. 物流服务产品的含义

物流服务产品，通常被理解为是物流企业提供的一种服务。对于物流企业者来说，物流服务是物流产品的表现形式。因此，物流服务产品可以定义为：物流企业为了满足需求者对物流服务产品提出的各种需求而投入的人力、物力、财力的产出表现，物流服务产品的最终目的是满足需求者的需求和预期。

（1）核心产品

它是物流服务产品整体概念的基础层次，也是物流服务产品整体概念中最主要的部分；既是向客户提供的基本效用和利益，也是客户真正要购买的利益和服务。由于物流服务产品大都是无形的、不可感觉到的，因此，客户真正购买某种物流服务产品是为了获得能满足自身的效用和利益。例如，物流企业对货物进行仓储管理时尽可能地保证货物的随时补给、保证货物的增值；又如，物流企业对货物搬运装卸时要保证货物能够水平移位和垂直移位。因此，物流企业在设计技术方案时应注意：让物流服务产品的核心利益体现在它能够让客户方便、及时、省力地对产品实体完成空间的移动和时间的延续等。

(2)基础产品

它是核心产品借以实现的形式，是在物流服务产品组成中，客户可以直接观察和感受到的那一部分。即向物流市场提供服务的过程和效益的总和表述，是物流核心产品依附的实体。客户在购买物流服务产品时，除了要求物流企业提供的物流服务产品具备某些能够提供核心利益的基本功能外，还要考虑物流企业在提供物流服务产品时使用的其他基础产品，这样才能使物流服务产品的基本效用通过某些具体的形式得以实现。如物流方案的目标、内容、过程、技术保障、价格标准等物流实施手段。营销人员应首先着眼于客户购买物流服务产品时所追求的利益，满足和保障客户对物流服务产品的不同需求。从这一点出发，寻求保障客户最根本利益得以实现的形式，设计物流服务产品。

(3)期望产品

它是客户在购买基础产品(物流服务产品方案)时所获得的全部心理或生理服务的满足或满意的反应。期望产品来源于对物流客户需求的多层次性和综合性的深入研究，要求物流营销人员必须正视客户的整体物流消费体系，考虑客户在购买该服务产品时期望得到的与服务产品密切相关的一整套属性和条件。

(4)增值产品

它是指在满足物流客户对基础产品需求的基础上，根据客户的需求提供各种延伸服务产品。表现为希望能够通过接受物流服务产品提高物流需求的满意程度。它包括增加便利性的服务产品、加快反应速度的服务产品、降低成本的服务产品等。因为客户购买物流服务产品的目的是满足某种需求，因而他们希望得到与满足该项需要的一切。例如，一个物流企业的品牌知名度可以带来本企业物流需求满足的同时，也带来形象提升，构成了接受该物流企业提供的物流服务产品的一部分。

(5)潜在产品

它是指物流客户在接受物流服务过程中对物流服务产品产生的新需求，从而对物流企业提出新的服务要求，物流企业可以根据客户提出的要求开发出新的服务产品，持续性地满足物流市场不断涌现出的新需求，使物流企业的服务市场在这两方面都得以扩展。

2.物流服务产品与有形产品的区别

在有形产品的市场营销过程中，产品的概念比较容易了解，因为产品是实实在在的、有形的实体，其大小、样式、颜色及功能等都是由企业事先设计好了的，客户所购买的产品正是企业所提供的。而物流服务产品的情形则有着很大的不同。总的来说，物流服务产品有以下几个特征。

(1)从属性

在整个物流运作过程中，可以说物流服务产品是从属于有形产品流通时其所有权转移而产生的。而要想真正实现有形产品流通时其所有权转移，利用物流服务产品是必需的，可以说有形产品的流通是发生物流服务产品的基础前提。物流服务产品的客户所提出的服务需求是无形的、不可感觉到的，是通过有形产品的流通而实现的。

(2)即时性

物流服务产品不同于有形产品的最大一个特征是物流服务产品属于非物质形态。物流运行过程中生产出来的服务产品不是有形产品，而是一种伴随在产生、销售、消费三个环节中的即时服务。一般来说，有形的产品要经过生产、储存、销售才能完整地实现服务的提供，而物流业务本身就决定其产品就是物流服务。

(3)移动性和分散性

物流服务产品所面对的客户不是固定的，而且地域分布较广；同时，也是因为物流服务产品具有从属性的特征，使得提供物流服务产品的物流企业在运行过程中往往会处于一种被动的地位。比如提供服务的时间、地点、方式等，都要根据客户的需求进行安排、调整，这就给物流企业提出了更高的要求，同时也要求物流企业不能总是提供同一种物流模式，而是应该根据客户的需求进行一定的调整，以满足不同客户的需求。

(4)可替代性

在中国，受到过去经济体制的影响，大而全、小而全的生产企业很普遍，这些生产型企业都具备自己进行运输、储存等能力，因此自营物流很常见。从供给的角度来看，物流企业所提供的物流服务产品在某种程度上具有被自营物流所取代的可替代性，这就给第三方物流企业提供的服务产品提出了更高的要求，同时这种可替代性也是物流企业在经营过程中的难题之一。

(5)需求的波动性

由于物流服务产品是以数量多而又不固定的客户为对象，他们的需求在方式上和数量上是多变的，具有较强的波动性，为此容易造成供需失衡，也是物流服务产品在经营上劳动效率低、费用高的重要原因。

二、物流服务产品的生命周期

1.物流服务产品生命周期的含义

物流服务产品生命周期是指一项新物流服务产品研制成功后，从投入市场销售开始，到销售成长阶段，直到被市场淘汰为止所经历的全过程。从定义我们可以了解到：物流服务产品生命周期指的是物流服务产品的市场生命而不是物流服务产品的使用生命。任何一项完整的物流服务产品市场生命周期都会经历投入期、成长期、成熟期和衰退期4个阶段的发展变化过程。物流服务产品作为一种特殊的产品，其市场生命周期中的成熟期能够延续的时间往往很长。如运输这一有着悠久发展历史的物流服务，从大航海时代长盛不衰，并且还将持续发展下去。物流服务产品的模式和项目已经是多种多样的，由于不同的物流服务产品的形式和项目的不同，以及其他因素的影响，其生命周期是不同的。如有的物流服务产品投入市场后，发展很快，销售量迅速增长，一开始就跳过投入期直接进入成长期，或是投入期很短，迅速进入成长期等。了解物流企业的服务产品处于市场生命周期的哪个阶段，能够使现代物流企业面对纷繁复杂的市场环境和日益激烈的竞争作出快速反应，制订更为恰当的营销策略，从而延长物流服务产品的市场生命周期。

2. 物流服务产品生命周期的4个阶段

(1)投入期

投入期也叫导入期，是物流服务产品投放到市场之后的起始时期。

由于中国目前的自主经营的物流企业非常普遍，所以当物流企业提供的服务产品投放到市场的时候，即在物流服务产品的投入期一定会遇到很多障碍，主要的特点有：

①物流服务产品水平低，恶性竞争严重。在投入期，由于物流行业低度集中，物流企业规模小、实力差，缺乏必要的产业分工与合作，导致物流服务产品发展处于较低水平，同行之间只打价格战，没有一个可以获得长期竞争优势的竞争策略。

②物流行业内模仿行为相当频繁，增值服务薄弱。如我国处于物流服务产品投入期的大部分物流企业只能承担运输、装卸或仓储等基础性服务，而报关、分拨、存货管理、包装、分销、流通加工等增值服务则力所不及。

③物流服务产品的技术含量不高。物流企业在执行物流服务产品的活动过程中，虽然也为物流客户提供物流服务产品的技术方案，但由于物流客户对物流服务产品的技术方案不是很熟悉，并且对于物流服务产品的价格较为敏感。因此，大多数物流企业将物流服务产品的技术方案只停留在技术含量不高、利润相对低的物流服务产品上。

④物流服务产品的信息化程度不高。现代物流服务产品是需要依靠信息技术来保证物流服务产品体系正常运作的。由于物流服务产品的信息化程度不高，并且缺乏有效快捷的沟通联络手段，致使各个环节严重脱节，制约了这个供应链的时效性。

物流企业可以采用以下营销策略：

①产品策略。提高物流服务产品水平，建立完善的物流服务体系，树立良好企业信誉。即物流企业通过建立完善网络服务体系，扩展老的服务产品。如向物流客户

提供定时服务、门到门服务等优质的服务，从而赢得新老客户的长期信任，尽量争取更多、比较稳定的服务客户群，以确保企业的长期业务。

②价格策略。尽量符合客户要求制订满意价格策略，也可根据市场需求和企业的目标采取高价策略或低价策略。

③渠道策略。完善各种信息技术，保证物流服务正常运行。即利用物流信息化平台，实现从传统物流向现代物流的转变，以保证物流服务正常运行，进一步提高物流企业的竞争实力。

④促销策略。加大宣传力度，向公众介绍产品特色。即加大企业服务产品的宣传力度，让潜在客户了解服务产品技术方案的各种属性，说服他们作出最初的购买。如物流企业可以采用低价位，高促销费用的策略在投入期迅速打入市场，以取得尽可能高的市场占有率。

(2)成长期

成长期是物流服务产品迅速为市场所接受并产生越来越多的利润的时期。即物流服务产品经过投入市场成功销售以后，大多数顾客对物流服务产品已经非常熟悉，物流需求量急剧上升，物流服务逐步向规模化、专业化和多样化转变的时期，其特点主要有：

①物流服务规模化。主要体现在经过投入期的运作，服务产品的产出已经具备大批量输出的条件，此时物流企业通过延长内部供应链，开始不断地增加物流服务产品的内涵，加大物流的增值服务产品，创新物流服务产品项目。一般来说，物流企业的规模越大，其在各个环节的成本越会降低，企业的销售额上升的也就越快，物流企业得到的利润也就越多。

②物流服务专业化。由于中小型物流企业本身的资源缺乏优势，很难做到物流服务规模化，并且这时大量的竞争者看到这个市场有利可图，纷纷进入市场参与竞争，从而使同类服务产品供给量增加，价格随之下降，企业利润增长速度逐步减慢。有的物流企业选择走物流专业化的道路。

③物流服务多样化。客户的物流需求是多种多样的，在进行市场开发时，应根据客户的具体需求，提供不同的物流服务。如为广大客户提供诸如托运、租箱、装箱、拼箱、仓储、包装、运输、货源分配等一条龙服务，或以第三方物流提供商和物流咨询专家相结合的身份，通过一对一的方式，关注客户的特别物流需求，开发和改善客户的物流系统。

在成长期，如果物流产品得到市场上大多数客户信任的话，客户对物流的需求量就会迅速增长。此时，物流企业考虑更多的是怎样适应快速增长的市场需要，设法使服务产品的利润提升上来，收回成本。因此，物流服务产品在成长期主要的策略是：

①产品策略。改善物流服务产品的质量，如增加新的服务产品特色和式样，改进现有服务产品的质量，以提高服务的竞争力，满足客户更广泛的需求，从而吸引更多

的客户。

②价格策略。分析物流市场价格趋势和竞争者的价格策略，在适当的时候降低价格以吸引客户。物流企业可以通过此种策略来激发那些对价格比较敏感的客户产生购买动机和采取购买行为。

③渠道策略。加强与物流服务商之间的合作，进一步扩大货物集散网络，实现合作双方的利益共赢。物流项目合作是物流企业发展壮大的必然选择。如通过对低档次的运输和仓储企业的重组、兼并，渗透市场和开拓新的市场空间，适应广大客户的需要，培养成熟市场，避免恶性竞争。

④促销策略。物流企业可以通过广告的诉求目的，把客户对服务产品的认知从简单的接受转向对产品的深度信任上，并推动客户的购买行为。

(3)成熟期

成熟期是指物流服务产品的需求将会趋于饱和，因为这时物流服务产品已经被大多数潜在客户所接受。物流企业为了在竞争中保护本企业的服务产品，营销费用增加，因此利润增长缓慢直至转而下降。物流产品在成熟期的特点主要是：

①协同化。物流服务产品的协同化是指在物流供应链中，各企业以及企业内部围绕核心企业的物流提供协调、同步的物流服务产品。在协同化的物流运营过程中，物流服务的双方有更多的合作内容，甚至双方转化成为战略合作关系，在协作各方的同时均有自己企业的利益。协同化物流是打破单一物流企业的绩效界限，通过相互的协作，创造出最适宜的物流运行结构，从而达到资源的优化组合，以便提高整个社会的经济效益。

②集约化。物流服务产品的集约化是对企业内部和外部资源进行整合，建立新的物流服务项目，实现企业的物流集约，而不是互相分离的粗放的仓储、货代、报关、运输服务。物流企业通过提供高度集约化的物流服务产品来进一步降低运营成本，建立自己企业核心能力的经济增长点。物流企业可通过加快相关物流服务产品的开发，形成集约化经营。

③全球化。物流服务的全球化是指物流企业跨国经营，开拓国际物流服务业务，跨国物流企业可以利用公司的全球网络独立完成国内和国际物流服务业务，实现全球化物流服务业务。

④多元化。进入成熟期之后，物流企业对目标市场份额的控制壁垒不断加强，控制行业的能力也很强，在保留部分市场份额的基础上又形成稳定的业务渠道，新加入的物流企业则必须开辟新的市场空间，这在一定程度上加速物流服务从原有的单一服务产品向多元化服务产品发展。

⑤信息化。伴随着全球信息化时代的到来，快递服务应运而生，而且服务项目层出不穷。由于这类客户对快递服务有着特殊的需求，在时限、可靠、安全、便利、跟踪查询方面比其他运输服务有着更高的要求，因此快递服务离不开信息技术的支撑。

随着快递信息化的快速发展,快递客户需要通过最便捷的手段了解最准确的货件递送情况以便提高自身业务运作效率。当前的发展趋势是物流企业利用信息化设备进行快件操作及跟踪。

⑥绿色化。指的是绿色物流,主要包括两个方面,一方面对物流系统污染进行控制,即在物流系统和物流运行的规划与决策中尽量采用对环境污染小的方案;另一方面是建立生活和工业废料处理的物流系统。

随着经济和科学技术的不断发展,物流客户的消费需求呈现个性化、多样化的特征。物流企业面临着缩短交货期、提高产品质量和降低成本的压力。物流服务产品在进入成熟期以后,物流客户对于物流服务产品的比较不仅仅放在质量方面,而更侧重于伴随产品购买所得到的独特的增值服务,增值服务成为企业竞争力的重要表现。因此,物流产品在成熟期主要的策略是:

①产品策略。产品管理人员也可以改变产品的特征、产品的质量、产品的特色或产品的风格,以便吸引新的客户和刺激客户购买更多的服务产品,质量改进主要是为了提高服务产品的耐用性、可靠性、及时性、经济性、标准性、完整性。当物流服务产品质量得以改进时,当客户信任改善的物流服务产品质量能提供独特的增值服务时,当有更多的客户要求有更好的质量时,这一策略就会出现良好效果。

②价格策略。由于成本大幅度降低,可以通过适当调低价格来吸引新的客户,拉拢竞争对手的客户。

③渠道策略。物流企业在整个市场范围内,有选择地扩大销售渠道,增加货物集散网络,促进销售。

④促销策略。宣传产品的新用途,介绍变型产品的性能和特色,以开拓新市场。

(4)衰退期

衰退期是指物流服务产品销售迅速减少,物流企业的利润跌落并且随时面临被淘汰的时期。物流服务产品在衰退期的特点主要是:

①物流服务产品的成交量急剧下降,物流服务产品的价格下跌,物流企业从某种物流服务产品上获得的利润急剧减少。

②物流服务产品的弱点和不足已经显露,客户的消费习惯已发生改变,转向更有利于其生产运作的、性能更好的物流服务产品。

③企业过大的经营投入能力与萎缩的市场之间的矛盾日益突出,大量的竞争者相继退出市场。

衰退期阶段,由于技术不断更新,客户兴趣逐渐减退,大多数物流服务产品的需求量都会相应下降。在这一时期,物流企业生存和发展的重要基础就是提升客户服务水平、降低运营成本,因此物流企业可以采用以下策略:

①产品策略。通过把本企业的能力和资源集中使用在最有利的细分市场和最有效的分销渠道上,即缩短战线,调整运输路线结构和密度,从中赢得尽可能多的利润;

依据客户需求迅速设计新的物流服务产品，占领新目标市场。

②价格策略。适当降低售价，力争将物流需求量维持在一定水平上；原有的物流服务产品进入新目标市场和物流服务产品投入市场时，可依据具体的情况制订价格。

③渠道策略。大幅度降低服务的供给规模，尽可能降低一切费用，以增加目前的利润；加强与新目标市场的客户联系，以开拓新市场。

④促销策略。在即将要撤出市场的过程中，不宜大做广告宣传，通过大幅度降低物流费用，降低价格，节省开支；同时，积极推出新的物流服务产品，设法开拓目标市场，占领新目标市场。

第二节　物流服务开发设计

一、新服务的种类

从物流服务营销的观点而言，所谓新服务，是物流企业根据客户需求的变化或是根据自己对未来客户需求的预测推出来的在服务模式、服务内容上不同于原有物流服务，大体上包括以下几类。

1. 全新服务产品

这同科学技术开发意义上的新产品完全一致，是指全部采用新原理和新技术制成的具有全新功能的服务产品，与现有的服务产品基本上无雷同之处。全新服务产品往往表现了科学技术发展史上的一个新突破。这些新产品的诞生都是某种科学技术的新创造和新发明，因而具有很强的市场竞争力。

2. 换代服务产品

这是指对产品的性能有重大突破性改进的产品。由于各个时期的换代产品在原理、技术和材料上有一定的连续性，所以物流企业开发换代新产品比开发完全新产品要容易得多，开发成本也比较低。

3. 改进服务产品

在分析本企业原有服务产品优势和劣势的基础上，对原有服务产品进行改进的服务产品，或是从基本模式派生出来的服务产品，或是只对原有服务产品作很小改进突出了服务产品的某一特点，使用同一种新牌子、新包装的产品。

4. 模仿新产品

又称之为企业新产品或地域新产品，是指市场上已经存在而企业没有生产过的产品，或者是其他地域已经存在而本地域是第一次生产的产品。由于这种产品的开发与生产都是对已有产品的一种模仿，所以叫做模仿新产品。它能在一定的范围内满足消费者尚未满足的消费需求。

二、新服务开发应具备的特性

1. 有市场

物流企业与其服务产品相同，也有生命周期。如果物流企业不及时开发出新的服务产品，则当物流服务产品走向衰退期时，物流企业也同样会失去市场。相反，如果物流企业不断开发出新的服务产品，则可以在原有服务产品退出市场舞台时利用新的服务产品抢占市场。一般而言，当一种服务产品投入市场时，物流企业就应开始着手新服务产品的设计，使企业在任何时期都有不同的服务产品处在周期的各个阶段，从而保证本企业有市场，利润也会稳定增长。

2. 有特色

随着社会经济的不断发展和人们生活水平的不断提高，客户对物流服务产品提出的要求也不断提高。一些具有特色的服务产品越来越受到客户的欢迎。随着客户结构的不断变化，物流企业开发的新产品也更加多样化，服务产品生命周期缩短，不断威胁着物流企业，使之不得不淘汰难以适应客户需求的原有服务产品。与此同时，也促使企业不断开发有特色的服务产品从而适应客户的需求。

3. 有能力

对于物流企业来说，当行业竞争日趋激烈或其提供的产品在市场上大量过剩时，物流企业的发展目标就应是保障本企业在激烈的竞争中不至于被淘汰，维持企业的生存发展。因此，物流企业的新服务开发应具有能力应付市场的波动，使该企业开发的新服务在市场上有较好的市场适应能力和较强的竞争力。

4. 有效益

在今天，物流市场竞争日益激烈，物流企业要想在市场上保持竞争优势，除了必须不断开发新服务产品、定期推出新服务产品之外，还要提高企业自身效益以确保企业有足够的实力开发新服务产品、宣传新服务产品。企业有了效益才会有企业在市场上的地位和信誉，企业在市场上有地位和信誉可以促进新服务产品的市场销售，生命周期才可以延长。因此，对企业来说，在科技日新月异、市场瞬息万变、竞争日益激烈的今天，效益对企业而言，是应付各种挑战与变局、维护企业生存与可持续发展的重要保证。

三、新服务开发步骤

1. 企业战略开发

任何组织都需要战略，现代企业面临的外部环境与内部条件均处于动态变化中。物流企业通过充分分析企业外部环境、内部条件进行整体构思、筹划和组织实施的工作。当资源限定时；当竞争优势和行为出现不确定时；当资源投入不可能收回时；当决策必须依靠在势不两立的双方之间取得协调并随时间顺延时；当出现主动权失控和不稳定时,企业面临着战略选择。

2.新服务战略开发

如果没有明确的服务战略,没有详细的服务包计划,就无法作出服务开发战略决策。服务战略尽可能用市场、服务类型、发展时间跨度、利润标准等因素来表示。通过制订战略计划,组合资产更容易产生具体的新服务的思路。

(1)优质策略,即开发起点高、质量高的优质服务产品。采用这种策略,物流企业不仅要追求技术先进、质量好,还要客户需要,适合国情,同时企业还要注意市场潜力,这样才能有助于新服务产品迅速占领市场,增强物流企业的竞争实力。

(2)低成本策略,在开发新的服务产品过程中大力降低成本。主要从研制的原理、产品结构、使用材料、工艺或流程改革等方面挖掘潜力,以低廉成本作为企业竞争优势,扩大市场份额,提高利润。

(3)配套策略。根据物流企业自身的情况,主动为支柱产业和大型企业开发生产所需的配套物流服务产品,为其配套服务。一般来说,为主导企业提供配套的服务产品若能达到其要求时,新服务产品的销路随之畅通。

(4)拾遗补缺策略,即积极开发国家经济建设急需的或短缺的物流新服务产品。这种策略有利于物流企业填补市场空白,在市场上抢占优势地位,提高市场份额,增强物流企业竞争实力。

3.创意产生

任何一种新服务产品开发过程都是由创意产生而形成的。这里的创意是指拟开发的新服务产品的构思与设想。在一个物流企业中,虽然并不是所有的构思与设想都能成为最终的服务产品,但好的创意往往是在很多构思与设想中发掘出来的。因此企业应寻求更多的创意为开发新服务产品提供更多的市场机会。

为了得到源源不断的新产品创意,企业必须选择几个好的创意来源。下面讨论几个主要的新产品创意来源。

(1)内部来源

大部分的新服务产品创意来自公司内部。企业可以通过科学的研究与开发过程来发现新的创意。企业的营销人员也是一个非常好的创意提供者,因为他们每天都与客户直接接触,从客户的反馈信息中可以轻松得到产品创意来源。

(2)客户

客户是新服务产品开发的源泉和动力,企业可以从对客户的细心观察和仔细询问中得来。企业通过对客户调查,可以了解到客户对服务产品现在的需求和欲望。企业通过对客户的投诉进行分析,从中更好地了解客户的需求,进而开发出解决客户投诉的新服务产品。企业的管理者和营销人员可以通过与客户会面来听取他们的意见和建议。客户自己经常会有一些新创意。找出这些创意,企业就可以将这些创意成为最终的服务产品推向市场,并从中得到相应的效益。

(3)竞争者

企业在开发新的服务产品时应密切注意竞争对手的动向。许多企业都购买竞争对手的服务产品,借以了解其制造过程、销售状况,决定自己是否要开发新服务产品。企业也可以通过观察竞争对手的广告和其他传播出来的信息来获知有关新服务产品的线索。当采用竞争对手的创意时,企业应该能保证自身的新服务产品至少做得与竞争对手一样好。客户会将你的仿制品与人家的正品相比较,如果比较的结果对你的企业不利的话,你企业的服务产品就可能会处于劣势。将其他市场上的创意移植过来,也能使人显得比较有创造性。

(4)分销商

分销商也是新服务产品的创意来源。分销商与市场联系十分紧密,能接触有关客户的问题和开发新产品的可能性诸方面的最新信息。

(5)其他来源

其他创意来源包括行业杂志、展览和研讨会、政府机构、新服务产品咨询机构、广告代理机构、营销调研机构、大学和商业性实验室,以及发明人等。

4.服务概念的开发与评价

现在要把留下来的创意发展成为具体的服务概念。区分服务产品创意、服务产品概念和服务产品形象三个概念非常重要。服务产品创意是有关那些可以被企业管理人员提供给市场的服务产品的构思与设想。服务产品概念是把构思与设想具体化,并用客户所能理解的术语加以表述。服务产品形象是指客户对某个现实或潜在的服务产品所形成的特定形象。

(1)概念成型过程

客户购买的是服务产品而非服务产品创意。营销人员的任务就是将这种创意发展成为各种服务产品概念,判断每一种概念的吸引力,并从中选择最佳的一个。

(2)概念测试

概念测试用于对若干个目标客户组群进行测试。通常,新服务产品概念可以通过文字、口头、图形及模型等描述的形式加以体现。例如,可以把不同的服务配置呈现给目标客户,并让他们对这些配置加以排列,从最喜欢到最不喜欢。然后,对排列结果进行统计分析,从而决定物流服务的最佳配置方案。不过,在通常情况下,人们往往采用更为简单的顾客态度调查的办法。假如10%的顾客说他们“肯定”买,另外5%的顾客说“可能”买,那么,企业会按照这些数据结合目标客户群体的总体规模来估计出营业总量。但由于人们并非总是履行其所表达的意图,这项估计就有一定的不确定性。

5.业务分析

业务分析是新服务产品开发中的一个更加详细和重要的评价阶段,它的基本任务是营销管理者要合理地预计出新服务产品的收益情况。具体内容包括:细分市场的研究、市场潜力的估计、销售预测、产品开发费用预算、价格水平的估计、整个产品生命周期内的盈利和投资报酬估计等。业务分析可以从未来销售额、首次购买销售额、重复购买、未来成本与利润的预计,权衡他们是否符合企业的目标,如果符合,就可以进行新服务产品的开发。

6.服务的开发与检验

服务概念经过了业务分析,研究与开发部门、工程技术部门及生产部门就可以将抽象的服务概念转化为实际的服务产品,进入试制阶段。只有这一阶段,以文字、口头、图形及模型等描述的服务设计才能变为实际服务产品。在这一阶段要搞清楚的问题是,确定产品构思和设想能否转化为技术上和商业上可行的产品。如果不能,就意味着服务产品开发所耗费的资金将全部白费。

7.市场测试

如果某种新物流服务产品通过了性能和客户的测试,并且物流企业的高层管理者对这种新服务产品开发试验结果感到满意,就应着手用品牌名称、包装和初步市场营销方案把这种新服务装扮起来,把服务推向真正的市场舞台进行实验。这是新服务开发的市场测试阶段,其目的在于使营销人员在进行大笔投资全面推广之前,了解客户和经销商经营、使用和再购买这种新服务的实际情况以及市场规模,然后再酌情采取适当营销方案。

市场测试的规模取决于两个方面:一是项目投资费用和风险;二是市场测试费用和时间。新服务项目投资费用和风险越高,耗费时间越长,或者管理人员对产品或营销计划心里没底,这时测试的规模应大一些;反之,投资费用和风险较低的新服务,或者如果管理层对新阶段的成功已经胸有成竹,测试规模就可以小一些。如果是对现有产品做一点小的变动,或者是仿制成功的竞争产品,这时就不需要测试。从市场测试费用和时间看,所需市场测试费用越多、时间越长的新服务,如有些服务和营销计划,在最终引入服务之前,要在几年时间当中经历测试、收回、变更和再测试,这时市场测试规模应小一些;反之,则可以大一些。不过,总的来说,市场测试费用不宜在新服务开发投资总额中占有太大的比例。

8.商业化阶段

这一阶段意味着物流企业正式开始向市场推广新产品,新产品进入市场生命周期的引入阶段。企业必须在新产品上市之前作出以下决策,即在适当的时间和适当的地点,采用适当的推广战略,向适当的顾客推销其新型服务产品。显然,企业市场营销组合战略正确与否将直接影响到新产品正式上市后的销售效果,因此,该阶段也是比较重要的阶段。

科特勒认为新产品在正式上市时,应作出4项基本决策:

(1)何时推出。首先一个问题是把新服务推出市场的时机是否合适。

(2)在何地推出。企业必须决定新产品的引入是局限在单一的地点,还是在一个地区、几个地区、全国市场。一般情况下，企业往往会逐渐地、有计划地扩展市场。特别是小企业，通常会选择一个有吸引力的城市，并采用闪击战术，迅速进入市场。而一些大企业却可能决定将产品先引入某个地区在自然后再扩展到另一个地区。

(3)向谁推出。在逐渐扩展的市场当中，企业必须将其分销和促销活动对准最有发展前景的群体。在此前的市场测试当中，管理人员应该已经对基本的前景有所把握。现在，他们必须重新识别市场，寻找早期使用者、经常使用者和观念领袖。

(4)何种方式推出。以何种方式推出，企业必须制订一个把新服务产品引入所选定的市场的行动计划，并将营销预算投入到营销组合中。

9.引进后的评价

物流企业主要通过两种途径引入新产品：一是通过购买或特许经营的方式从外部获得；二是企业自主进行新型服务产品的开发。无论哪种开发策略都有风险，并且，新产品开发的失败率都相当高。有研究报告指出：新产品的失败率中消费品为40%，工业品为20%，服务业为18%。导致新产品开发失败的因素主要有产品创意上的错误、实际产品没有达到要求、市场定位错误、营销策略失误或产品设计达不到客户要求等，因此同有形产品的开发一样，开发新产品也要进行引进后的评价。

第三节　物流服务传递系统设计

一、物流服务蓝图

物流服务蓝图是详细描绘服务传递系统的地图。物流服务过程中涉及不同的人员，无论他们的角色和个人观点如何，都可以理解并客观地使用它。物流服务蓝图直观上从几个方面展示服务：描绘物流服务实施过程，接触顾客的地点，顾客角色与员工角色，服务传递过程中的可见要素。它提供了一种把服务合理分块的方法，再逐一描述过程的步骤和任务，执行任务的方法和顾客能够感受到的有形展示。

1.物流服务蓝图的构成

物流服务蓝图作为服务传递系统的一种可视技术，它由感知和满足顾客需求的一组有序活动组成，包括顾客行为、前台员工行为、后台员工行为、支持过程以及可视分界线与互动分界线。前台员工行为与顾客行为由一条互动分界线隔开，而可视行为将前台员工与后台员工隔开，有时在后台员工与支持过程之间由一条内部互动线分开，以中国邮政业务为例，其蓝图的构成见图6-1。

(1)顾客行为

包括：顾客在购买、消费、评价服务过程中的步骤、选择、行动和互动。

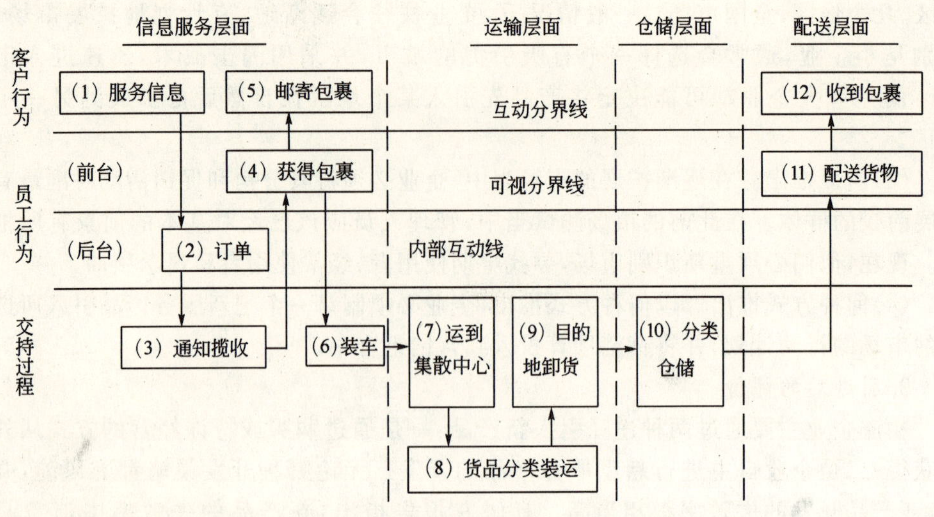

图 6-1 邮政服务蓝图的构成(示意图)❶

(2)前台员工行为

顾客能观察到的员工的行为和步骤。

(3)后台员工行为

发生在幕后的员工的行为,这些行为对前台的服务活动由支持作用。

(4)支持过程

包括内部的服务及员工的服务步骤和互动行为。有时,支持性活动可被包含在后台员工行为之中,不加分离。

在设计有效的服务蓝图时,特别要注意应从顾客对服务过程的理解的观点出发,逆向导入实施系统。顾客行为、前台员工行为、后台员工行为、支持过程 4 部分,分别由互动分界线、可视分界线及内部互动分界线三条线分开。互动分界线表示顾客与组织间直接的互动,一旦有一条垂直线穿过互动分界线,即表明顾客与组织发生接触。内部互动线用以区别接触顾客人员的工作和其他支持性服务人员的工作,垂直线穿过该线,表明发生了内部接触。可视线把顾客能看到的服务行为和看不到的行为分开,即把员工在前台与后台的工作分开,该线在服务传递系统的设计中具有重要的意义。

图 6-1 的邮政服务蓝图主要由信息服务、运输、仓储、配送四个服务层面组成,并由互动分界线、可视分界线、内部互动线划分了客户行为、员工行为和支持过程等三个区域。

客户行为区是客户用邮过程中的每一个步骤、行动以及与员工的互动行为,如邮寄物品、收到物品等;员工行为是收寄或递送物品等工作的行动和步骤,客户能够看

❶http://www.chinapost.gov.cn/c-post/magazine/0409/zz040926.htm,《中国邮政》周军。

到的是前台员工行为，看不见的是后台员工行为；支持过程是企业内部人员开展支持性的服务步骤和互动行为，如物品分发、运输等工作。

2. 制订物流服务蓝图的好处

制订物流服务蓝图，一般可以做到以下几点：

(1)提供一个服务的全局观念，让员工把服务视为不可分割的整体，并与"我做什么"关联起来，从而在员工中加强以顾客为导向的重点。

(2)识别出失误点，即服务行动链上薄弱环节，确定质量改善目标。

(3)互动线阐明了顾客的作用，并表示出顾客在何处感受服务质量的好坏，由此促成被感知的服务设计。

(4)可视线促使有意识地确定出顾客该看到什么以及谁与顾客接触，从而促进合理的服务设计。

(5)内部互动线显示出具有互动依赖关系的部门之间的界面，它可以加强持续不断的质量改进。

3. 物流服务蓝图的建立步骤

物流服务蓝图的建立分 6 步，见图 6-2。

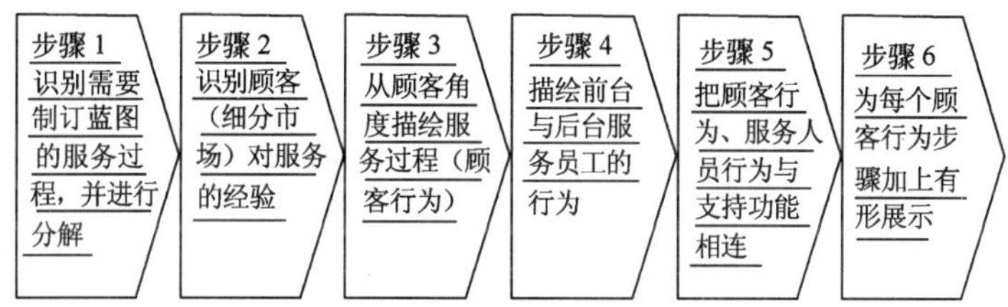

图 6-2 建立服务蓝图的过程

(1)识别需要制订蓝图的服务过程，并对整个过程进行分解。

(2)识别目标顾客对服务的经验。针对细分市场中顾客的具体要求，制订具体的服务，使服务过程更加清楚明白。

(3)从顾客的角度描绘服务过程，或称描绘顾客的行为。即描绘顾客在购买、消费和评价服务中的行为。对于内部服务，应描绘员工的行为。

(4)描绘前台与后台员工的行为。主要区分哪些是顾客能看到的行为(前台)，哪些是顾客看不到的行为(后台)。

(5)把顾客行为、服务人员行为与支持功能按步骤相连。

(6)为每个顾客行为步骤加上有形展示。

如前所述的邮政服务蓝图，分为 12 个步骤，开发信息服务、运输、仓储、配送四个功能性环节的利益点，可通过服务营销活动，加深目标服务群体对邮政产品的认知，树立邮政物流的品牌，提高知名度和信誉度，扩大市场占有率。

①开发信息服务层面利益点：

步骤 1. 为客户提供 185、183、电话物流服务信息。

整合邮政资源，对单位用户重点开放网络信息系统端口，提供信息咨询和业务受理等服务，减少交易成本；对个人用户提供通信方式查询、电话秘书、留言信箱等服务，进一步拓展增值服务。

步骤 2. 客户服务订单。

根据 80%的利润来自于 20%大客户的"二八理论"，建立三级大客户管理机制：第一级是由局大客户服务中心对全局性大客户实行派驻制等；第二级是由专业公司服务专业内的重点客户；第三级是由邮政支局所负责对辖区内的大客户收集并上传信息。

步骤 3. 通知揽收人员。

揽收工作根据客户对物流的需求，一方面为客户设计物品通过海、陆、空等的流向与路径，实行个性化服务，提高运行效率；另一方面，在企业内对物流的仓储、包装、运输等环节进行设计，实行成本核算，实现利益最大化。

步骤 4. 揽收人员获得包裹。

与客户打交道的过程就是了解客户的过程，在客户填写详情单时有自己和对方的名址，这些名址都是宝贵的客户资源，通过建立客户的名址库，实行动态管理，在市场开发和营销工作中不断地挖掘客户资源，并与速递、集邮等业务共享资源，减少交际成本。

步骤 5、6. 客户给包裹分类、装车。

通过物流业务的流向和流量，可以获取大量的有价值的信息，包括市场走向、社会时尚、热销产品等，能够把握经济发展的走势，合理安排作业组织，提高运行效益。

②开发运输层面的利益点：

步骤 7. 运到集散中心。

为了降低物品承运风险，应加强验视，防止禁限寄物品流入运输渠道，并通过向保险公司投保来转移赔偿责任，协助托运人改善保护性包装，以减少物品损坏。

步骤 8. 物品分类装运。

为了最大限度地减少分摊到每单位重量的固定运输成本，将物品的重量与空间方面的因素结合起来进行考虑，设法增加货品的密度；增加货物的包装密度，使更多单位的物品装载进有固定体积的邮运车辆中去；装运有标准形状、易于相互嵌套的物品，提高积载能力。

步骤 9. 运到目的地卸货。

提高物流返程车辆的利用率，完善配载业务的激励机制，根据市场需求的方向性和季节性变化，动态性地调整结算费率，促进企业经济效益的提高。

③开发仓储层面的利益点：

步骤 10. 分类仓储。

集散中心按照物品的流向进行分类，整合成单一方向的一票装运，实现最低的成本费用;同时,通过承担加工或参加少量的制造活动,如接到客户的具体订单,再对物品进行包装或加贴标签,完成最后一道加工,从而使风险最小化;还可通过对基本产品使用各种标签和外包装,降低存货水平。

④开发配送层面的利益点:

步骤 11. 配送物品。

配送与运输、仓储等环节联系起来运作,应用条形码等高新技术,将物流邮件信息及时输入物流信息网,跟踪查询,将运输的物品组合及时按照客户的要求进行配送,压缩在集散中心的存放时限,提高工作效率。

步骤 12. 客户收到包裹。

根据客户的产品,拟定物流配送方案,物品按有效的频次在第一时间内投递给客户,保持配送与揽收一样的时效性,使客户直接感受到邮政物流的快捷与方便,网络末端配送的时效性进一步引发客户的物流业务的需求,并选择适当的时机宣传邮政配送的礼仪、月饼等业务,使客户进一步认知邮政,提高经济效益。

二、影响物流服务传递系统设计的因素

设计服务传递系统时,应重点考虑下列因素:服务的差异化程度、服务作用的客体以及顾客参与的类型。

1. 差异化程度

对低差异(标准化)的服务,要减少授权,即减少员工的判断,以实现稳定的服务质量;对高差异性(专业化)服务,需要较多的灵活性和判断力,较多的沟通,员工应被给予较多的授权。

2. 服务作用的客体

服务作用的客体包括人、物和信息。

3. 顾客参与的类型

顾客有三种基本方式参与到服务传递系统中。第一,在服务提供过程中,顾客直接参与。在这种情况下,顾客会对服务环境有彻底的了解。第二,顾客通过电子媒介,间接参与。第三,有的服务,可以在完全没有顾客参与的条件下完成。

三、物流服务传递系统设计方法

服务传递系统设计可以通过多种方式实现。

1. 工业化方法

20 世纪 70 年代初,哈佛商学院教授西奥多·莱维特总结了当时一些优秀服务组织的经验后提出,将制造业的管理方法应用于服务组织,是服务业的运营工业化。在这一思路上建立起来的服务系统设计方法,即工业化方法。工业化方法着眼于通过总体设计和设施规划来提高生产率,从系统化、标准化的观点出发,使用标准化的

设备、物料和服务流程，实现精确的控制，使服务过程具有一致性，并提高服务质量的稳定性和服务效率。

(1)工业化方法的理论基础

工业化方法的理论基础主要来自西奥多·莱维特的“服务工业化”观点，其中心思想是应用制造业的经验来管理服务业的运营。

(2)工业化方法的主要内容

工业化服务设计方法，主要着眼于从系统化、标准化的观点出发，将小规模、个人化、无定性的服务系统改造为大规模、标准化、较稳定的服务系统，以提高服务效率和服务质量。

(3)工业化方法的特性

①建立明确的劳动分工。工业化方法的基本思想是把工作划分为各类较为具体的任务，使每个人的工作变得简化，并且只需要员工具备相应的一类或几类技能。这样，不仅可以通过加强员工的专项技能而使其具有更高的工作效率并减少差错，还可以减少其对具有高水平综合技能人员的依赖，从而降低运营成本。

②应用各种技术代替个人劳动。运用设备代替人力已成为制造业发展的源泉，这个方法也可应用于服务业。

③服务的标准化。对提供的服务产品进行标准化，是一个重要环节。只有这样，相应的服务传递系统才能进行标准化，也才能明确地定义各类分工，从而制订相应的流程和规范，最后达到提高运营效率的目的。

④服务人员的行为规范化。工业化设计思想，要求减少人为因素的影响。因此，必须在服务标准化和建立劳动分工的前提下，为服务人员制订明确的服务流程和操作规范。

(4)工业化方法的利弊分析

工业化方法能使效率提高、管理水平提高、服务规模扩大、顾客服务水平得到改进、劳动力就业结构和知识结构发生变化。

工业化设计方法使制造业丰富的管理和设计经验在服务业中得到应用，为当时的服务业带来了许多利益，大大促进了服务业经济的发展。

2. 顾客化方法

随着服务业的发展和服务新特点的不断出现，服务组织在实践中体会到，工业化设计思想往往只适用于技术密集型、标准化、较大规模的服务类型；而许多服务类型要求较多非标准化与个性化的服务，顾客也越来越重视个性化、差异化、符合个人喜好的服务。因此，服务组织开始更加重视顾客化的设计，把顾客作为一种生产资源来对待，尽量满足顾客的偏好，并提高服务系统的运营效率。

(1)顾客化方法的理论基础

顾客服务化设计方法基于对顾客行为的以下理解：

①顾客对了解服务运营流程具有一定兴趣，不希望仅仅被动地接受服务；

②顾客希望能参与到服务的具体运营中去，使自己能主动影响服务过程，并使服务更符合自己的偏好；

③顾客愿意自己承担一部分工作，以节省时间、减少费用，并获得更大的自由；

④顾客希望并主动避开服务的高峰期和拥挤的服务设施，这有助于服务能力的动态平衡。

(2)顾客化方法的主要内容

顾客化方法主要是从顾客的个性化需求出发，给予员工更多的授权，突出服务传递系统的灵活性。

①充分理解和把握顾客的个性化需求。根据所提供的服务类型，研究目标顾客的需求和心理特点，分析其偏好，分析顾客在服务提供过程中的可能行为，考虑各种可能出现的情况，并对服务提供的整个流程进行分析，确定哪些工作可由顾客承担，或者可以让顾客拥有更大的控制权，确定顾客在不同的服务提供环节所能达到的参与程度。

②在设计中突出服务传递系统的灵活性。重新设计或改进服务传递系统，使其为顾客的参与和控制留下更大的空间，并能够使顾客化的服务保质、高效地进行。还需要考虑服务传递系统对顾客学习的支持作用。

③在服务提供过程中给予员工更大的自主权。为服务人员制订相应的服务措施和授权方式，使其在顾客化的服务中发挥更积极、更有效的作用。

④动态监控和评价服务绩效。由于不同顾客的要求有很大不同，只有随时关注服务的提供过程和结果，并及时进行评价，才能够不断地改进服务系统和提高服务水平。

(3)顾客化服务设计方法需考虑的问题

①顾客的学习问题。由于顾客在顾客化服务系统中的主动参与，以及所拥有的自主权和控制权，因此顾客的表现对于服务的最终水平和服务效率有着至关重要的影响。因此，一个好的服务传递系统除了要为顾客的学习创造良好条件外，还应该采取一定措施吸引和激励顾客进行学习。其中最重要的是，要能够鼓励顾客尝试加入到服务中，尝试主动参与，在参与实践中进行的学习往往是最有效的。

②员工的重要作用。在顾客化服务系统中，了解顾客的特点和需要，并提供相应的服务等一系列重要活动，都必须由员工完成，而且由于员工与顾客的高度接触，员工的服务技能与工作表现直接决定了顾客所能得到的服务水平，这对服务系统的运营效率也有重要影响。

(4)顾客化方法的利弊分析

顾客服务化是把顾客作为一种生产资源纳入到服务设计中，引导顾客在服务传递过程中的积极参与，让顾客拥有更大的自主权，并注重顾客的个性化需求，以尽量满足顾客的偏好。与此同时，顾客化设计方法将如何提高员工的满意度和忠诚度也作为研究的重要问题。

但这种方法同样存在缺点。一是服务系统的运营效率较低。与标准化的工业化服务系统相比，顾客化服务系统与顾客的接触增加，产出与提供过程的不确定性增加，必然会损失一部分效率。二是服务系统的管理难度加大。

3. *顾客接触方法*

按照与顾客接触程度不同，可以把服务系统分为三类：一是接触程度较高的纯服务类型，如咨询、个人服务等，这些服务类型一般只有单纯的前台服务；二是接触程度较低的制造型服务类型，如仓储、批发等，这些服务类型以后台运营为主；三是二者兼而有之的混合服务类型，如银行、零售、快递等，这些服务类型中，前台与后台运营都占据较大的比重。

(1)顾客接触方法的理论基础

顾客接触法的基本思想就是将服务系统分为与顾客的高接触部分和低接触部分，即前台与后台。在后台应用工业化的设计方法，充分利用现代技术的优势；而在前台，则采用以顾客为中心的设计方法，以实现服务水平和服务效率的综合提高。

(2)顾客接触设计方法的主要内容

①服务传递系统分离。将服务传递系统的各项活动按与顾客的接触程度进行划分。首先对服务系统进行全面的考察和分析，划分高接触部分和低接触部分，将其分为两个子系统，在两个子系统内部，分别找出最关键的运营系统，并据此明确各子系统，以及下属各单元的工作任务。还要明确并建立两个子系统之间的衔接，使他们能够良好地协同工作。

②设计高接触部分。在这部分设计中，仔细评价与顾客接触的各个环节的重要程度以及不同环节顾客的真正需求，充分利用上述的顾客化设计方法，并尽量减少影响服务效率的不必要接触。

③设计低接触部分。这一部分主要遵循工业化设计的思想，对系统的资源、流程和产出进行精确的控制。

④评价。对分别设计形成的各个部分以集成的观点进行全面考察和评价，全面优化整个服务系统。

(3)顾客接触设计方法的特点

在顾客接触设计方法中，主体部分是对高接触部分和低接触部分的分别设计。

①工作设计与人力资源特点。首先，二者的任务类型不同。在高接触部分，是顾客、员工与技术三个因素之间的相互作用；而低接触部分主要是员工与技术的相互作用。其次，高接触部分的员工直接代表服务组织的形象，要求具备较高的人际交流能力、服务技巧以及良好的服务态度；而低接触部分则主要是要求生产技能。

②决策过程。低接触部分受预订策略的影响较大,高接触部分需要根据现场的具体情况有较大的灵活性。

③管理与控制。高接触部分的能力规划应能满足峰值需求,而低接触部分则可以把目标定在稍高于平均值的水平;高接触部分要有相当的灵活性,低接触部分则相对稳定;高接触部分的服务设施应分散,低接触部分则应集中。

④组织的目标与结构。高接触部分的目标是最佳服务效果;低接触部分是最高运营效率。

(4)顾客接触设计方法需注意的问题

在顾客接触设计方法的具体应用中,有两个主要问题需要注意。

①与顾客接触程度的确定。确定服务系统各部分与顾客接触的程度,是划分高接触和低接触部分的主要依据。如果在划分上出现较大失误,有可能使顾客接触设计完全失去作用。

②前台与后台的衔接。由于顾客接触设计方法把服务系统分为前台和后台,并分别应用了不同的设计思想,因此,这两部分的衔接便成为影响服务系统整体运行效率的关键问题。

(5)顾客接触设计方法的利弊分析

顾客接触方法的应用体现了服务组织为了实现个性化服务和提高运营效率的双重目标做的努力。但这种方法不可避免地带来复杂性的增强,从而降低了实际效果。主要存在以下问题:由于致力于个性化服务和运营效率的两者兼顾,其结果往往是导致两者都大打折扣;前台部分和后台部分不易达到良好的划分和衔接;这种方法的设计和管理难度加大。

4.信息授权方法

现在是信息时代,对于服务传递来说,信息技术的重要作用是对于员工的授权和对顾客的授权。

(1)员工授权

一个服务组织通过利用信息技术建立起顾客的数据库,包括顾客的姓名、地址、爱好等内容,同样也可以建立起供应商的数据库。有了数据库,服务传递系统中的各个方面的人员,不再仅限于原来的相对独立于相互隔绝的工作,而可以将这些工作连接起来,使之成为一个整体。服务传递系统中的每一个人都可以使用系统中的方方面面的信息。员工可以打破原来的工作的界限,可根据工作的需要完成服务传递系统中的任何一项工作。信息技术的发展,给予了员工最大可能的授权,达到了信息共享、统一调动资源与相互操作。

(2)顾客授权

顾客也可以通过信息技术获得授权。信息技术的发展特别是因特网的普及,服务提供者可以进行远程服务,顾客可以通过网络等在世界范围内获得所需的服务。

第四节　物流服务的品牌和包装

一、物流服务品牌

物流企业的经营活动都是围绕着产品、服务方案进行的，即通过及时、有效地提供物流需求者所需要的产品、服务而实现企业的发展目标。企业如何开发满足物流需求者的"产品"，并将该"产品"迅速、有效地传送到物流需求者手中，构成了物流企业营销活动的主体。

1.物流服务品牌的属性

在提供物流服务方案时，企业必然会碰到服务品牌决策。品牌是产品战略中的一个主要课题。因为开发服务品牌产品是一个长期积累的过程，需要大量的投资，特别是在广告、促销和包装上；而品牌利益的回报，则表现为使客户保持忠诚。

品牌是一种名称、术语、标记、符号或设计，或是它们的组合运用，其目的是借以辨认某个销售者的产品或服务，并使之同竞争对手的产品和服务区别开来。品牌的要点是销售者向购买者长期提供的一组既定的特点、利益和服务，传达服务品质保证。美国营销学家菲利普·特勒将品牌所表达的意义分为6层，即属性、利益、价值、文化、个性、使用者。

(1)属性

品牌能够给人带来特定的属性。公司可以利用这些属性的一个或几个做广告宣传。例如，汽车品牌梅塞德斯就表现了其昂贵、耐用、工艺精良、高声誉等属性；咨询品牌兰德公司以前瞻性、准确性等属性著称。

(2)利益

不论是什么样的产品，客户购买的主要是利益，属性需要转换为功能和(或)情感利益。例如，耐用的属性转换为功能利益就是"可以用很多年"；优良服务方案的属性转换为功能利益就是"信任"。

(3)价值

品牌还体现了服务提供者的某种价值感。例如，梅塞德斯体现了高性能、安全等；兰德公司体现了政治预期的高准确率。品牌营销者必须根据品牌价值推测出在寻找这些价值的特定的购买群体。

(4)文化

品牌可能附有和象征了一定的文化。文化传统有时会成为品牌的强大力量源泉，品牌因此而更有持久的生命力和市场优势。

(5)个性

品牌还代表了一定的个性，反映企业的风格或企业领导者的风格。因此，企业对品牌的宣传不仅要说出其独特之处，树立品牌形象，还要赋予品牌鲜明的个性。这在品牌云集、信息过剩的市场中将有助于消费者认同品牌，并能提高对品牌的忠诚度。个性构成了企业文化的一部分，个性更强调品牌与其他品牌的区分，无论消费者是否看到该品牌的标志和字体，都能意识到该品牌所代表的利益和形象。品牌的个性越突出，消费者对品牌的认知越深，该品牌在市场上将占较大优势；否则，消费者对品牌的认知就肤浅，就无法引起购买者的足够注意力。

(6)使用者

品牌还区分了购买或使用这种服务产品的是哪一类物流需求者。

事实上，一个品牌最持久的含义应该在其价值、文化和个性之上，他们确定了品牌的基础，这些基础属性都反映到物流服务方案需求者或购买、使用者的身上。

2. 物流服务品牌的内涵

物流作为一种服务品牌，其内涵在于：

物流服务是一种通过提供创意性过程提升客户满意度的劳务行为标记，它的品牌特征明显区别于其他品牌，它提供质量、价格或提供服务范围整体形象等硬软件需求的满足，可以认作一种特殊的品牌形式，是一种需要有创意式的服务过程才可以满足不同购买者需求的行为过程。

服务品牌产生的基础条件是服务内容的无限性和服务水平的有限性，其产生的根本原因在于市场信息制造、传递、接受过程中不完全和不对称的事实。

服务内容源于购买者的物流需求，对需求的不断认知，可以导致服务内容的不断发掘。新的物流需求产生，可提供的服务内容也要随之变化。而服务的水平却受到内外环境一系列条件的抑制，不可能完全随着可服务内容扩展和提升，两者的矛盾产生的渊源，就在于制造、传递、接受市场信息的不完全和不对称性。

当以客观事物的“溢散性”效应去考察界定服务品牌时，可以发现服务品牌一方面符合溢散的基本条件，同时也是具有局限性的，这种局限主要表现为服务的即时效应。它不能够像一般品牌可以多次享用，只有在参与购买的过程中，才能一次享用这种“品牌”，一旦脱离，“享用”也就结束了。

服务品牌的关联度很强，它是个人、企业、市场以及商品四项系统组合而成的网络化的经济事物。从价值一般去认识，服务品牌的交换价值首先是一种无形投入所带来的直接收益，使之具有转化为可衡量价值的可能性。其次，这又是一种专项投入所带来的转化效益，它的最终效果依赖于销售成功的其他要素和有形的投入。再次，它的交换价值体现在行为过程的产生之中，没有了这个行为过程，交换价值也就消失了，从而构成了服务品牌的交换总量。

二、物流服务品牌的意义

1. 对物流企业的意义

作为符号系统，不论品牌以什么形式出现，它都是物流企业的一种无形资产，有着重要意义。

(1)有助于企业将自己的服务产品与竞争者的服务产品区分开来,规定品牌名称让物流购买者易于辨认、购买,有助于实现物流服务方案的销售和扩展市场。

(2)将品牌注册为商标,可使企业能够提供的服务特色得到法律保护,防止别人模仿、借用,便于物流企业稳定服务品质。

(3)品牌化使企业有了一个创造客户忠诚的载体,可能吸引到更多的品牌忠诚者,培养物流购买者对品牌的忠诚,也可在相互信任的前提下节约市场的“交易成本”。

(4)良好的品牌有助于树立良好的企业形象。

2.对物流购买者的意义

物流购买者也可从物流服务的品牌化中得到好处。

(1)购买者通过品牌从一开始就可以了解到不同物流供给者可能提供的各种物流服务方案的质量好坏,减少信息不对称性。

(2)品牌化有助于购买者充分比较选择不同物流服务方案,节约购买服务产品的综合成本,提高“购买”效率。

三、建立顾客对物流服务品牌的忠诚

1.品牌的知名度

知名的品牌不仅可以获得较高的经济效益,而且可以使物流企业不断发展壮大。企业实力增强后,一方面可以将许多提供相关业务的供应商牢牢吸引在本企业周围,建立稳固的合作关系;另一方面企业可以通过入股、兼并、收购等方式控制其他企业;同时,在行业竞争中失败的中小企业也会逐步依附于名牌企业,企业就会成长为企业集团。

2.品牌的美誉度

物流企业或产品所创造的优势品牌具有很高的知名度、美誉度,必然会在现有顾客的心目中建立起较高的品牌忠诚度,使他们对服务产品反复购买并形成习惯,不容易再转向竞争对手的产品,如同被磁石吸住一般而成为企业的忠实顾客。此外,使用同类服务产品的其他顾客也会被其品牌的名声、信誉所吸引,转而购买该品牌,并逐步变为其忠实顾客。这样,品牌对消费者强大的吸引力会不断使产品的销量增加,市场覆盖面扩大,市场占有率提高,最终使品牌的地位更稳固,即品牌的磁场效应。

3.品牌的忠诚度

物流企业的一种产品如果具有品牌优势而成为名牌产品,则会赢得顾客及社会范围内对该服务产品及企业的信任和好感。如果企业通过巧妙的宣传,将这种信任和好感由针对某种具体的服务转为针对品牌或企业整体,那么企业就可以充分利用这种宝贵资源推出同一品牌的其他产品或进入其他领域从事经营。如果策略得当,人们对该品牌原有的信任和好感会逐步扩展到新的服务和产品上,即品牌的扩散效应或放大效应。

因此，服务营销人员要充分利用服务品牌效应，特别是服务品牌的市场效应，对不断提高产品的市场占有率和顾客的满意度及忠诚度，不断开拓新的市场领域，增强企业实力，提高经济效益，增强和巩固品牌的市场地位具有重要的意义。

4.物流服务品牌忠诚营销的实施

一般来讲、现代企业都建立有自己的品牌和商标。虽然这会使企业增加成本和费用，但也可以使企业得到好处，如方便管理订货；有助于企业细分市场和树立良好的企业形象；有利于吸引更多品牌忠诚者；注册商标可使企业的产品特色得到法律保护，防止别人模仿、抄袭。但也有企业为了节约成本，扩大销售，在法律允许的范围内生产和销售无牌产品，如散装水泥等。

企业有三种可选择的策略，即：企业可以决定使用自己的品牌，这种品牌叫做制造商品牌；企业也可以决定将其产品大批量地卖给中间商，中间商再用自己的品牌将物品转卖出去，这种品牌叫做中间商品牌。

如果企业决定其产品使用自己的品牌，那么还要进一步决定其产品分别使用不同的品牌，还是统一使用一个或几个品牌。在这个问题上有四种可供选择的策略。

(1)个别品牌

个别品牌是指企业各种不同产品分别使用不同的品牌。其好处主要是：第一，企业的整个声誉不致受其中某种商品声誉的影响；第二，某企业原来一向生产某种高档产品，后来推出较低档次的产品，如果这种新产品使用自己的品牌，也不会影响这家企业的名牌产品的声誉。

(2)统一品牌

统一品牌是指企业所有的产品都统一使用一个品牌名称。例如，美国通用电器公司的所有产品都统一使用"GE"这个品牌名称，日本东芝家用电器公司，其全部产品均采用"TOSHIBA"这个品牌，我国海尔集团的系列产品空调、彩电、冰箱等也全部采用"海尔"这个品牌。企业采取统一品牌策略的好处主要是：企业宣传介绍新产品的费用开支较低；如果企业的名声好，其产品必然畅销。但使用这种策略要冒较大风险，企业市场上的某一产品一旦出了问题，就会波及到其他产品，影响销售。

(3)分类品牌

分类品牌是指企业的各类产品分别命名，一类产品使用一个牌子。西尔斯—罗巴克公司就曾经采取这种策略，它所经营的电器类产品、妇女服装类产品、主要家庭设备类产品分别使用不同的名牌名称。

(4)企业名称加个别品牌

这种策略是指企业对其不同的产品分别使用不同的品牌，而且各种产品的品牌前面还冠以企业名称。企业采取这种策略的好处主要是：在各种不同新产品的名称前冠以企业名称，可以使新产品合法化，能够享受企业的信誉，而各种不同的新产品分别使用不同的品牌名称，又可以使各种不同的新产品各有不同的特色。

四、物流服务包装组合的设计

1.物流服务包装的含义

包装是在商品运送或库存过程中，为保存商品的价值和形态而从事的物流活动的组成部分。具体是指对某种产品的容器或包装物的设计和制造活动。由于包装有着识别、便利、美化、增值和促销等功能，也就成为物流服务方案中的重要内容。

包装是生产的终点，但怎样根据物流过程的需要进行合理包装，成为生产和物流部门必须考虑的问题。例如，运输方式的选择将影响包装要求，包括产品的运输与原材料的运输。一般来说，铁路与水运因其货损的可能性大，而需支出额外的包装费用。在权衡选择运输方式时，物流管理人员要考虑运输方式的改变而引起的包装费用的变化。用材料在货物外表加以包装，以便运送、储存和保护货品。根据产品的特征，例如液体、固体、包装材料成本、外观等因素，决定包装容器是玻璃容器、金融容器、塑料容器、纸和纸箱等。

一个国家包装工业的发展水平及包装设计研发理念，是该国经济生活文明程度的重要标志。包装产业不仅涵盖了包装产品的设计、生产，包装印刷，包装原辅材料供应，包装机械及包装设备制造等多个生产领域，其包装产品进行处置、回收和再利用是包装工业永久性的社会责任。因此，包装产业的发展与全球经济一体化和人类社会可持续发展息息相关。包装产业作为“朝阳产业”，必将对全球制造业发展及其产品的国际间流通产生不可低估的作用。

在现代物流观念形成以前，包装被天经地义地看成过程的终点，因而一直是生产领域的活动，包装的设计往往要从生产终结的要求出发，常常不能满足流通的要求。现代物流观念形成之后，人们认识到，包装是物流系统中的重要组织部分，需要和运输、仓储、配送等环节一起综合考虑、全面协调。例如，是否包装，是简易包装还是精细包装，是大包装还是小包装，包装到何种程度，这些应该结合商品的运输、保管、装卸搬运及销售等相关因素综合考虑。只有多种相关因素协调一致，才能发挥物流的整体效果。包装时要考虑物流系统的其他因素，同时物流系统又受包装的制约。

(1)就包装与运输的关系而言，为降低成本，充分发挥包装的功能，包装要考虑运输的方式。例如，杂货载运时过去用货船混载，必须严格地用木箱包装，而改用集装箱后，货物包装用纸箱就可以了。不同类型的包装，也决定了运输方式的选择。

(2)就包装与搬运的关系而言，如果用手工搬运，应按人工可以胜任的重量单位进行包装；如果运输过程中全部使用叉车，就无需包装成小单位，只要在交易上允许，可尽量包装成大的单位，例如柔性集装箱容器。

(3)就包装与储存保管的关系而言,货物在仓库保管时,如果需要码高,那么最下面货物的包装,应能承受压在上面货物的总重量。以重量为 20kg 的货箱为例,如果货物码放 8 层,最下边的箱子最低承重应为 140kg。

(4)物流系统也受到包装的制约。例如,如果用纸箱包装运输,则必须采用集装箱运输;如果设计只能承受码放 8 层的包装,就是仓库再高也只能码放 8 层货物,这样就不能有效地利用仓库空间。所以包装在现代物流中的地位是显而易见的。

2. 物流服务包装组合

包装是产品不可分割的一部分,产品只有包装好后,生产环节才算结束。产品包装是一项技术性和艺术性很强的工作,对产品的包装要达到以下效果:显示产品的特色和风格,与产品价值和质量水平相配合,包装形状、结构、大小应为运输、携带、保管和使用提供方便。因此物流服务的包装组合设计应吻合物流需求者的心理,尊重他们的信仰和风俗习惯,符合法律规定等。

(1)包装的技术组合方案

包装的技术组合方案一般包括以下 3 个部分。

①首要包装:即产品的直接包装。

②次要包装:即保护首要包装的包装物。

③装运包装:即为了便于储运、识别某些产品的外包装。

(2)包装技术组合原则

物流企业在提供包装设计时,应考虑以下几点要求。

①包装应与商品的价值或质量相适应。

②包装应能显示商品的特点或独特风格。

③包装要便于途中搬运、装运、运输、配送。

④包装应满足物流购买者的最终消费群购买、携带和使用,增加产品的附加值。

⑤包装装潢上的文字、图案、色彩等不能和目标市场的风俗习惯、信仰发生抵触。

产品包装可以美化、保护产品,使产品在营销过程和消费者保存产品期间,保护产品的使用价值;它可以促进销售,增加盈利。它还可以提升商品价值。

(3)物品包装策略

从市场营销角度考虑物品包装,企业通常采用以下几种策略。

①类比包装策略。企业将需要提供服务的各类物品在包装上采用相近颜色、相同图案,体现出共同的特征。

②等级包装策略。企业对不同档次或不同质量的物品分别使用不同的包装,并在包装材料、装潢风格上力求与产品档次相适宜。

③聚集包装策略。企业针对顾客的购买特点和进货数量、品种等，把几种相关服务的物品配套包装在同一包装物中，使得物流服务需求者能成组得到所需的物品。

④容量差别包装策略。企业根据顾客的使用习惯，按照物品的重量或数量，分别设计大小不同的包装。这一包装策略体现了企业以顾客为中心的现代营销观念，促进销售的作用十分显著。

(4)物流企业产品包装策略

对物流企业而言，提供物流服务时可以考虑以下几种包装策略。

①统一包装。物流企业对自己经营的产品(包括运载工具、基础设施和一线营运人员的着装等)采用统一的包装模式，即在颜色、图案、造型等方面具有类似特征，使人一看就明白是某个物流公司的产品。这种策略既可节省包装设计的费用，也可壮大物流企业的声誉，增强企业形象。

②分档包装。为了满足顾客不同的购买能力或不同的购买目的，物流企业对同一种产品采用不同档次的包装。

③附赠品包装。物流企业通过向顾客赠送些小礼品，以联络顾客感情，扩大产品的营销。

④改变包装。根据市场的变化，物流企业重新改变包装设计以适应新市场的需要，用来吸引顾客。

S 本章小结

本章主要介绍了物流服务产品的含义及其组合。

在物流服务产品的生命周期中，掌握物流服务产品的含义，即对于物流企业者来说，物流服务是物流产品的表现形式。物流服务产品包括核心产品、基础产品、期望产品、增值产品、潜在产品 5 要素。掌握物流服务产品的生命周期的含义和物流服务产品生命周期的 4 个阶段：投入期、成长期、成熟期、衰退期。

在物流服务开发设计中，理解新服务的种类，包括全新服务产品、换代服务产品、改进服务产品、模仿新产品。了解新服务开发应具备的特性。熟悉新服务开发步骤。

在物流服务传递系统设计中，了解物流服务蓝图的含义，物流服务蓝图是详细描绘服务传递系统的地图。掌握物流服务蓝图的构成，包括制订物流服务蓝图的好处和影响物流服务传递系统设计的因素，应重点考虑下列因素：服务的差异化程度、服务作用的客体以及顾客参与的类型。区分物流服务传递系统设计方法。

在物流服务的品牌和包装中，掌握物流服务品牌所表达的意义，分为 6 层，即属性、利益、价值、文化、个性、使用者。明确物流服务品牌的意义，建立顾客对物流服务品牌的忠诚，了解物流服务包装组合的设计。

C 案例分析

成长中的宝供物流[1]

(一)背景

宝供物流集团的总经理和创始人是刘武,他在1992年承包了广州的一个铁路货物转运站。在那个时候,这个小小的转运站在铁路货运方面已经开始小有名气,这主要就是因为货运站承担下来的货运任务大多都能及时完成,运输的质量比较好,仓库也比较干净。另外,货运站也是当时唯一一家能够提供24小时货运仓储服务的企业。也正是因为这些原因,1994年刘武终于迎来了一个对自己和自己未来事业都将产生巨大影响的客户——宝洁公司(P&G)。

(二)具体

1994年,美国宝洁公司进入中国市场,并在广东地区建立了大型生产基地。对于刚刚进入中国市场的宝洁公司来讲,产品能否及时、快速地运送到全国各地,是其能否快速抢占中国市场的一个重要环节。宝洁把目光投向了民营储运企业——宝供。

被宝洁这样的一个大客户看上,使当时还处在个体户形态的刘武颇感紧张。他说:“最开始的第一单生意,我记得是发了4个集装箱,通过铁路从广州发到上海。那时我做得非常仔细。宝洁一再明确重申自己的标准和要求,这使得许多我们实际上已经很娴熟的具体操作程序都被重新讨论了一遍。在整个发运过程中,我们就好像是在照料小孩一样,对宝洁的货物真是呵护备至。”为了保证这次运输的质量,刘武将集装箱送上火车以后,竟然马上乘飞机去了上海。当时他想,一方面去上海可以现场“督战”,另一方面还可以考察各个环节,拿到第一手资料,这样才能够保证以后的发运可以避免一些存在的问题,满足客户的要求。刘氏在宝洁这次“考试”中得了高分。不过这单生意的成本也确实很高,刘武自己说那次根本没有赚到什么钱。但是这次没赚钱的生意,却为刘武承包的转运站带来了越来越多让同行“眼红”的单子。宝洁从此开始陆陆续续地给刘武加大业务量,甚至一度把自己所有的铁路货运业务全部交给了刘氏的宝供储运。

“那时候我在头脑中就有了这样一个想法,”刘武说,“传统的运作方法必须改变,我必须要知道客户需要一些什么,然后想办法去满足他;否则,人家又何必来找你一个小公司呢?这个想法后来也促使我下决心创办了宝供储运这个企业。”宝供储运刚刚成立的时候规模很小,仓库和车队都是租的,而且只有宝洁这

[1] 案例摘选自华蕊、马常红编写的《物流服务学》,中国物资出版社。

么一家客户。有人曾经开玩笑说，一听“宝供储运”这个名字，就像是专门给宝洁做物流的下属企业。不过，当时宝供储运也确实是围绕着宝洁来设计自己的业务流程和发展方向的。为了更好地满足宝洁的要求，刘武曾经仔细思考过自己该怎么去做：铁路运输为宝洁节省了成本，但是铁路运输的特点就是环节多，时间不可靠，再加上一些装卸、运输过程中的野蛮作业，所以残损率也比较高。另外宝洁还曾经一再表示：传统的储运公司让客户觉得很麻烦，货到了以后，还要委托另外一个供应商来提货，或者派自己的人去提货，而一旦出现短少、破损，或者提货不及时等问题时，往往就会造成互相扯皮的现象。在宝洁的启发下，刘武决定要在全国建立一个运作的网络，以保证货物都是按照同样的操作方法、同样的模式和标准来运作，而且这样在公司内部信息沟通、协调起来也会比较方便。于是宝供储运成立后的两个月里，刘武很快就在成都、北京、上海、广州设立了4个分公司。分公司的设立，比较好地解决了以上的大部分问题。由宝供承运的货物到达目的地后，将仍然是由受过专门统一培训的宝供储运的人来接货、卸货、运货，为宝洁公司提供门到门的“一条龙”服务。对宝供储运的整个发展来说，宝洁是一个非常关键的大客户。刘武一直强调，通过跟宝洁合作，他们学到了很多东西，因为在合作过程中宝洁会不断地提出更高的目标、新的要求，更重要的是它也会很愿意帮助你提高。

(三)思考

宝供物流的成长历程带给我们什么启示？

(四)点评

宝供从一家储运公司成为国内知名的物流集团，成功的秘诀是：抓住与宝洁合作的机会，根据顾客的需求来设计自己的业务流程和发展方向，不断开发新服务，不断完善自己，改变传统的运作方式，适应现代物流的发展。

E 练习与思考

一、选择题

1. 物流服务的差别化较低，物流服务功能单一，增值服务薄弱是(　　)生命周期的特点。

A. 物流服务产品的投入期　　B. 物流服务产品的成长期

C. 物流服务产品的成熟期　　D. 物流产品服务的衰退期

2. 物流服务产品整体概念的基础层次的是(　　)层。

A. 物流服务产品的核心　　B. 物流服务产品的期望

C. 物流服务产品的增值　　D. 物流服务产品的潜在

3. 对物流企业而言，提供物流服务时可以考虑(　　)包装策略。

A. 统一包装　　B. 分档包装

C. 附赠品包装　　D. 改变包装

E. 不包装

4. 物流服务产品相对于有形产品的特征(　　)。

A. 即时性　　B. 从属性

C. 移动性和分散性　　D. 可替代性

E. 需求的波动性

5. 新服务大体上分为(　　)类。

A. 全新服务产品　　B. 换代服务产品

C. 改进服务产品　　D. 模仿新产品

E. 复古服务产品

6. 新服务开发应具备的特性，包括(　　)和有效益。

A. 有市场　　B. 有特色　　C. 有能力

7. 新服务战略开发包括优质策略和(　　)。

A. 拾遗补缺策略　　B. 低成本策略　　C. 配套策略

8. (　　)是把构思与设想具体化，并用客户所能理解的术语加以表述。

A. 服务产品创意　　B. 服务产品概念　　C. 服务产品形象

9. 顾客能观察到的员工的行为和步骤是(　　)。

A. 支持过程　　B. 后台员工行为

C. 前台员工行为　　D. 顾客行为

10. 顾客行为、前台员工行为、后台员工行为、支持过程等 4 部分，分别(　　)、(　　)及(　　)三条线分开。

A. 内部互动分界线　　B. 互动分界线　　C. 可视分界线

二、思考题

1. 解释物流产品的概念。

2. 阐述物流产品的特性。

3. 简述物流服务产品的生命周期。

4. 包装的功能有哪些？物流企业如何进行其产品包装？

5. 什么是产品生命周期？各阶段的特点是什么？不同的阶段应采取什么营销战略？

6. 作为一个物流企业的经理，你将如何获得新产品的创意？

7. 解释为什么有很多人对品牌产品愿意付较高的价钱？从这个事实你可以看出产品品牌化的价值何在？

第七章 物流服务定价策略

学习目标

- ◆ 理解物流服务定价的依据和影响因素；
- ◆ 掌握物流服务价格的基本特征；
- ◆ 熟悉物流服务定价的程序；
- ◆ 了解物流服务定价的目标；
- ◆ 熟悉物流服务定价的各种方法；
- ◆ 掌握物流服务的各种定价技巧。

中远集装箱运输公司的价格策略[1]

引入案例

集装箱运输服务的需求是一种派生的需求，而且是有弹性的。由于目前市场竞争激烈，加上运输成本构成项目多，难以准确计算，并且整个行业由工会组织、以战略联盟的合作形式为基础，所以中远集装箱运输公司实行了温和定价和差别定价的方法。对于不同的市场，实行不同的运价定位，采取不同的价格策略。一般而言，客户不同则运价不同，对已签约的大客户实行优惠运价；季节不同运价也不同，对于未签约的客户，实行淡季低运价，旺季高运价。

请分析：

中远集装箱运输公司采取了怎样的价格策略？

第一节 影响物流服务定价的因素

价格是市场营销组合因素中十分敏感而又难以控制的因素，它直接关系着消费者对产品的接受程度，影响着市场需求和企业利润的多少，涉及生产者、经营者、消费者等各个方面的利益。为了作出有效的价格决策，决策者必须综合考虑各种影响定

[1] 案例摘选自董千里、陈树公编写《物流市场营销学》，电子工业出版社。

价的因素。按照价格理论，影响企业定价的因素主要有3个方面：成本、需求和竞争。我们可以形象地将之描述为一个三角形，三个角分别代表成本、竞争和需求，如图7-1所示。产品价格的底限是由成本决定的，上限则是由顾客认同的产品价值水平来决定，也就是顾客需求状况，而竞争的要素则是最终确定实际价格在此区间哪个位置时必须考虑的重要因素。

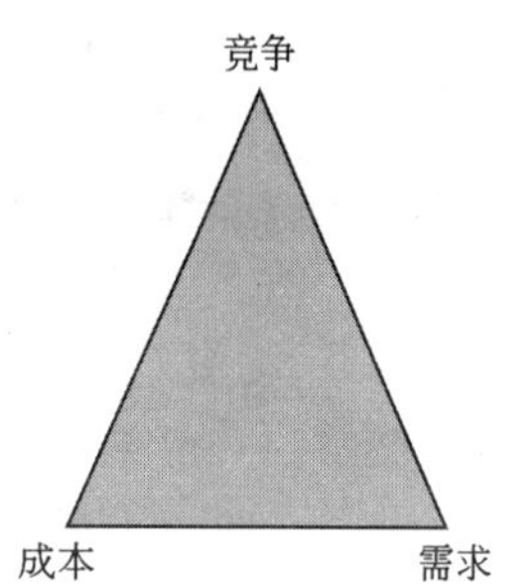

图7-1 影响企业定价的因素

一、物流服务定价的基本依据

1. 成本因素

成本是物流服务产品价值的基本组成部分，它决定着产品价格的最低界限，如果价格低于成本，企业便无利可图。对于物流服务产品来说，其成本可以分为3种，即固定成本、变动成本和准变动成本。

固定成本是指不随产出变化的成本，如配送中心的厂房、服务设施、设备、固定员工的工资等。变动成本则随着服务产出的变化而变化，如物流运输过程中的运输费用、电费、水费等，尤其在物流行业中变动成本所占比重较大。比如在航空和铁路运输服务中，其固定成本的比重高达60%，因为它们需要昂贵的设备和大量的人力资源；而变动成本在总成本中所占的比重往往比较低，甚至接近于零。准变动成本是指介于固定成本和变动成本中之间的那部分成本，它们既同顾客的数量有关，也同服务产品的数量有关，如员工加班费、汽油费等。这种成本取决于服务的类型、顾客的数量和对额外设施的需求程度，因此，对于不同的产品类型其差异性较大。

在产出水平一定的情况下，服务产品的总成本等于固定成本、变动成本和准变动成本之和，物流企业在制订价格策略时必须考虑不同成本的变动趋势。

此外，对于物流企业而言，物流成本还有广义和狭义之分。狭义的物流成本仅指由于物品移动而产生的运输、包装、装卸等费用。广义的物流成本是指生产、流通、消费全过程中因物品实体与价值变化而发生的全部费用。具体对于流通企业而言，其物流成本更侧重于狭义的物流成本。

2. 需求因素

市场需求影响顾客对产品价值的认识，进而也决定着物流服务产品价格的上限。因此，物流企业在制订价格策略时，应考虑需求弹性的影响。需求的价格弹性是指因价格变动而引起的需求变动比率，反映了需求变动对价格变动的敏感程度。它通常用弹性系数来表示，该系数是服务需求量变化的百分比同其价格变化的百分比的比值，用公式表示为：

$$需求价格弹性系数=\frac{需求量变动的百分比}{价格变动的百分比}$$

如果价格上升而需求量下降，则价格弹性为负值；如果价格上升的同时需求量也上升，则价格弹性为正值。在某些市场上，需求受价格变动的影响很大（如市区公共交通服务），而有些市场则影响较小（如我国的铁路客运，与世界各国不同的是，我国铁路客运的需求价格弹性小）。

所以，物流企业应首先充分了解其服务产品的需求弹性情况，然后制订出合理的价格策略。一般来说，如果需求弹性大，调高价格会引起营业总收入下降，降低价格会使营业总收入上升；如果需求弹性小，调高价格会增加营业总收入，降低价格会使营业总收入下降。当然，企业还应考虑到不同销售量时的成本和利润，不能单纯根据需求弹性制订价格。

3. 竞争因素

市场竞争状况直接影响着企业定价策略的制订。在产品差异性较小、市场竞争激烈的情况下，企业制订价格的能力也相应缩小。市场竞争包含的内容很广，比如，在交通运输行业，企业之间的竞争不仅有不同品种之间的竞争，而且在不同运输工具之间、对顾客时间和金钱的利用方式之间都存在着竞争。总而言之，凡是服务产品之间区别很小而竞争较强的市场，都可以制订相当一致的价格。

对于物流服务企业来说，在市场上除了从竞争对手那里获得价格信息外，还要了解它们的成本状况，这将有助于企业分析评价竞争对手在价格方面的竞争能力。无疑，向竞争对手全面学习，对于任何企业都十分重要。物流服务企业要借鉴其竞争者如何确定其成本、价格和利润率，这将非常有助于企业自己制订适宜的价格策略。

4. 企业市场营销战略

物流企业在制订服务产品的价格策略时还要考虑其市场营销战略。整体性的市场营销战略意味着企业在市场营销组合中，任何策略的制订和贯彻都要同企业的市场营销战略目标保持一致。价格决策也不例外。企业在确定物流服务产品价格目标时，必须考虑以下 3 个重要要素。

（1）产品的市场定位

物流服务产品的市场定位是指物流企业通过自身的物流服务创立鲜明个性，塑造与众不同的市场形象，使之在客户心目中占据一定的位置，从而更好地抓住客户，赢得客户。它实际是对消费者心理的占领，将影响着消费者的购买决定。比如，中海（海南）海盛船务股份有限公司主要从事以海南省港口为主的近洋国际航线运输。

（2）物流服务产品的生命周期阶段

物流服务产品也与其生命周期有关。比如，在推出一项新的物流服务时，企业可以采用高价格策略，在短期内快速掠取较大利润，以尽快收回投资；此外，企业也可以采用低价格策略，以最快的速度打入市场，迅速赢取较高的市场占有率。当前，在我国的物流行业发展中，传统的物流服务——仓储和运输服务已处于成熟期，其定价适宜采取中等的大众化价格；而新兴的增值性、延伸性的物流服务，如物流咨询与教育培训、物流系统诊断与优化、物流系统规划与设计等还处于导入期，其定价可采取较高的价格。

(3)价格的战略角色

物流服务产品的定价策略在实现物流企业整体目标过程中具有战略性地位，所以企业任何一项物流服务产品的定价策略都要同企业的战略目标保持一致。比如，一家实力雄厚、资历较老的物流企业，为了保持其高质量的品牌形象，会采取较高的产品价格。

二、物流服务价格的主要特征

1.物流服务价格成本中变动成本大于固定成本

由于物流服务行业劳动者平均占用的生产资料一般要少于其他产品生产部门，物流服务大部分主要依靠人来完成，所以在其价格构成中，固定资产折旧和原材料消耗所占比重较小，而劳务成本或工资开支比重比较大。这主要是由服务产品的特性所决定的。

2.物流服务价格变动的因素是由多元变量构成的

由于服务性劳动受到各种社会的、心理的、技术的和自然的因素影响，物流服务价格具有相当不确定性。在物流服务价格变动中存在着内生的和外生的多元变量。内生变量包括固定成本、变动成本、利润率、税率、工资率、资源利用率等，它一般是事先可以预测的，从而对价格变动的影响相对较可靠。外生变量包括消费者对服务效用的评价、市场服务供应和需求弹性系数、消费心理倾向和服务质量的社会声望等，它是随着不同时间、地点和不同消费对象变化发生的。因此，在内生变量一定的条件下，物流服务价格的变动很大程度上要受外生变量波动的影响。

3.物流服务价格具有相对垄断性

物流服务同其他产品一样也具有一定的竞争性。在物流市场上，不同的物流企业会根据自身的服务质量、信誉、服务条件、设备优劣等情况，制订不同的价格以展开吸引顾客的竞争。但是这种竞争是不完全的，主要是由于价格差异的悬殊性以及不确定性，某些专利性服务的价格带有垄断性。比如，我国的铁路货运价格一直由政府主导定价，基本保持不变；而我国的国际运输定价则被外国公司垄断。

4.物流服务价格形式的多样性

社会生产和生活消费的多样性、服务形式的多样性以及服务需求的多样性，最终决定了物流服务价格形式也是多种多样的。从所有制关系的价格体系来看，有高度集中的统一价格、适当集中的浮动价格和完全开放的自由成交价格。我国铁路的货物运输价格主要采取高度集中的统一价格；而航空运输价格主要采取国家指导的浮动价格；公路运输现在则是完全放开的自由成交价格。

三、物流服务的定价程序

企业的价格决策需要遵循着一定的程序来进行，也就是企业的定价要有一定的步骤。定价程序可分为以下几个步骤：

1.市场对产品的需求量

估计产品的总需求量，对于老产品困难较少，对于新产品颇为不易，物流服务的提供者不知道市场对该新产品有无需求。估计产品的需求量有两项实际步骤：

(1)决定是否已有一项市场预期价格，即该产品在顾客心目中值多少钱。确定预期价格，应该特别重视经验丰富的中间商的反应。预期价格可以用以下方法加以改变：增加产品的特色，选择高级产品的营销渠道线，加强广告活动等。产品的定价若低于预期价格过多，实际是一种损失，甚至影响销路或损害企业声誉。

(2)估计不同价格水平下的销售量，计算各个售价的均衡点，以及何种价格最为有利。

2.进行成本估计

需求在很大程度上决定了企业为其产品制订价格的上限，而成本则规定了价格的下限。分析判断企业成本的目的，在于通过对企业产品的成本分析，与同行业竞争者成本进行比较，确定企业在成本上的竞争地位。

企业制订的价格能够补偿生产、分配、销售该产品的所有成本，并且要满足经营和承担投资风险，在该产品上获取合理的利润。

企业进行成本分析一般侧重以下两点：

(1)收集整理企业历史成本和本期成本资料，估算出最小成本、平均成本、边际成本、固定成本和变动成本等项目。

(2)判断企业成本状况的现状及发展趋势，即短期成本和长期成本。

3.预测竞争者的反应

现有的或潜在的竞争形式对定价有很大的影响，特别是有些易于经营，并且利润大的行业，潜在竞争的威胁更大。

虽然市场需求可以成为市场定价的上限，而成本是定价的下限，但竞争者的价格及其对价格的反应却是公司定价的参考。只要公司了解到竞争者的价格和产品情况，就可以将它们作为自己定价的出发点。如果该公司提供的产品与主要竞争者相似，可以使本公司的定价接近竞争者产品价格。但应该注意的是竞争者可能会调整他们的价格，为企业的定价作出反应。从某种意义上讲，定价是一种挑战行为，每一次价格制订与调整，都会引起竞争者的关注，并可能导致竞争者采取相应的对策，如果忽略竞争者的反应，势必会惹祸上身，导致两败俱伤的价格战。

来自竞争的几个方面：

(1)同类的产品；

(2)各种替代品；

(3)虽不同类，但顾客对象相同的产品。

4.确定企业的定价目标

所谓定价目标，就是产品的价格在实现以后企业应达到的目的。企业定价作为经营活动的一项主要内容，其一般目标是在符合社会总体利益的原则下，取得尽可能多的利润。但由于定价应考虑的因素很多，从而企业定价的具体目标也多种多样。不同企业可能有不同的定价目标，同一企业在不同时期也可能有不同的定价目标，企业应权衡各个目标的依据和利弊加以选择。

5.选择企业的定价方法

企业的定价方法，是企业在特定的定价目标指导下，运用定价策略，对产品价格进行具体计算的方法。

6.运用定价技巧

企业在定价策略制订中往往会有多种多样和灵活善变的手段和技巧。企业的定价技巧，是企业进行价格竞争的方式，它直接为实现企业的定价目标服务。由于企业所处的市场状况和产品销售渠道等条件的不同，应采取不同的定价技巧。

7.制订具体价格

定价目标、定价策略与定价方法是一个有机整体。一般来说，企业在具体定价时，首先要在企业的定价目标的指导下，依据一定的定价方法确定具体的初始价格。初始价格形成后，再根据定价策略对初始价格进行修订，形成最终价格。

第二节　物流服务定价方法

任何企业都不能孤立地制订价格，而必须按照企业的日标市场战略及市场定位战略的要求来进行。假如企业管理人员经过慎重考虑，决定为收入水平高的消费者设计、生产一种高质量的豪华家具，这样选择目标市场和定位就决定了该产品的价格要高。此外，企业管理人员还要制订一些具体的经营目标，如利润额、销售额、市场占有率等，这些都对企业定价具有重要影响。企业的每一可能价格对其利润、收入、市场占用率也均有不同的含义。

一、物流服务企业定价目标

要使物流企业价格战略卓有成效，企业必须首先建立正确的、切实可行的定价目标，以明确价格决策的方向。在企业的定价决策中，选择正确的、切合企业实际的价格目标十分重要。它既是定价决策的首要内容，又在某种程度上决定了价格决策其他内容的考虑和选择。实践证明，物流服务价格目标正确与否，关系企业整个定价决策的成败。

一般来说，物流企业价格决策目标是指企业为实现其增值获利经营目标而对产品或服务价格制订所提出的总要求。由于各个企业所处的各种内部条件和外部经营环境不同，不同企业在不同的时期，不同的目标市场，其价格决策的具体目标是多种多样的。在经营活动中，常见的定价决策目标主要有以下几类。

1. 以投资收益率最大化为目标

投资收益目标是指在一定时期内企业产品或服务价格能保证投资额的收回。它是根据企业投资额期望得到的一定比例（毛利或税后利润额）计算的，因而在实际工作中常常被称为资本利润率。

任何一个企业进行商品生产和经营，都希望取得一定的预期收益。许多企业在制订产品价格时，都是以企业投资额为出发点，以获得一定的投资收益率为定价目标。投资收益率一般应不低于银行存款利率。

投资收益目标是一种企业注重长期利润的定价决策目标，它所追求的是长期而稳定的企业收益。这种定价目标常被同行业中较大的或为首的企业所采用。因为规模大的企业投资大，如何尽快收回投资是企业经营决策者优先考虑的问题。如果按投资额的一定比例计算利润，既能保证投资如期收回，又能使其价格得到同业和消费者的认可，那么这种定价目标对企业来说是非常适宜的。因为这种定价目标不仅能保证企业的预期效益得到实现，而且还有助于树立企业和产品的良好声誉和形象。

2. 以获得最大利润为目标

利润最大化指企业在一定时期内可能获得的利润总额达到最大。但是利润最大化并不等于制订最高销售价格。利润最大化以良好的市场环境为前提，当企业及其产品在市场上享有较高声誉、企业具有相对竞争优势时，可以通过定价获得最大利润。最大利润目标会导致高价策略，但价格高到什么程度，才能保证企业利润最大化，又能使顾客承受得了，是需要周密思考的焦点。追求最大利润并不等于追求最高价格，当一个企业的产品在市场上处于某种绝对优势地位时，如有专利权或垄断等，尽管可以实行高价，但价格过高，会抑制需求，加剧竞争，产生更多的替代品，甚至会导致政府干预。

3. 以市场份额最大化目标

市场占有率反映着企业的经营状况和企业产品或服务在市场上的竞争能力，关系到企业的生存和发展。作为定价目标，市场占有率与利润有很强的相关性，从长期来看，较高的市场占有率必然带来较高的利润。所以，有时企业把保持或扩大市场占有率看得非常重要。再者，市场占有率一般比最大利润容易确定，也更能体现企业努力的方向。一个企业在一定时期的盈利水平高，可能是由于过去拥有较高的市场占有率的结果，如果市场占有率下降，盈利水平也会下降。因此，许多资金雄厚的大企业，喜欢以低价渗透的方式进入目标市场，力争较大的市场占有率。一些中小企业为了在某一细分市场获得绝对优势，也十分注重扩大市场占有率。但是值得注意的是，市场份额的扩大并不总会导致利润的增加。某些着眼于未来的企业为了保持和扩大市场占有率，可以不惜降低价格，牺牲眼前利润，但随着市场份额的扩大，企业的资金利润率有可能提高。

4. 以稳定价格适应和避免竞争为目标

价格竞争是市场竞争的主要手段之一。有的企业为了在市场上站住脚，总是努力以价格作为竞争武器，利用价格竞争排挤竞争者。在低价格的冲击下，有些企业由于承受不了因低价格带来的亏损而被迫退出竞争，或者开拓新的市场，或者破产。这种办法多用于产品差异比较小的行业，如质量大致相同的煤炭，规格大致相同的彩电、冰箱、洗衣机等。

因此，企业为了保持现有的经营地位、市场占有率及企业形象，保持现有的盈利水平，一般以稳定价格为定价的目标。这种定价目标一般适合于在同行业中举足轻重的大企业。大企业有相当大的市场占有率和利润，希望通过价格的稳定保持住现有的状态，而且它也有足够的实力来稳定价格。

5. 以提高企业及产品品牌形象为目标

现在企业的竞争更多地表现为品牌之间的竞争，为了体现企业竞争的实力，企业需要制订相应的产品或服务价格与之相适应。对于某些品牌产品，由于品质、工艺或服务优质，为某一层次的特定消费群体所接受，可以不拘泥于实际成本而制订较高的价格，以维持和扩大产品或服务声誉。高价是认知价值的体现，能为某些顾客所接受。如顺丰快递公司以其良好和快捷的服务，使其快递的价格高于同类快递公司。另外也可以制订平价或大众化的价格来树立企业品牌形象，从而达到"名牌＝民牌"，这种方法主要是通过扩大销售量来获得比同行更多的额外利润。

二、物流服务定价的方法

1. 成本导向定价法

成本导向定价法即物流企业依据所提供的物流服务的成本来确定其价格。成本导向定价法的主要优点：一是简单明了；二是在考虑生产者获得合理利润的前提下，当顾客需求量大时，价格显得更公道些——物流企业会维持一个适当的盈利水平，需求旺盛则顾客购买费用可以合理地降低。成本导向定价法主要包括成本加成定价法、目标利润定价法、投资报酬率定价法等。

(1)成本加成定价法

成本加成定价法是在单位产品成本的基础上，加上一定比例的预期利润作为产品的销售价格。销售价格与成本之间的差额即为利润，也称为加成数，通常用百分数表示。加成数取多少，必须依据服务产品的性质、营销费用、竞争程度以及生产需求等情况，认真考虑权衡后确定。这种定价方法在物流企业的产品生产成本低于或等于相同产品的社会必要生产成本时是合理的、有效的，但当企业的产品生产成本高于相同产品的社会必要生产成本时采用此方法就有可能导致产品滞销。

成本加成定价法的计算公式为：

$$P = C(1 + R)$$

式中：P——单位产品价格；

C——单位变动成本；

R——成本加成率或预期利润率。

例：某企业单位产品总成本(由单位劳动力成本、原材料成本、电力消耗、工具成本、日常开支成本汇总)为12.32元，企业的预期利润率为20%，求该产品的销售价格是多少？

$$\begin{aligned}\text{单位产品的售价} &= C(1+R)\\ &= 12.32(1+20\%)\\ &= 14.78\text{ 元}\end{aligned}$$

这种定价方法的特点是：

①成本的不确定性一般比需求少，将价格盯住单位成本，可以大大简化企业定价程序，而不必根据需求情况的瞬息万变而作调整；

②如果同行业的企业采用这种定价方法，各家的成本和加成比例接近，定出的价格相差不多，可能会缓和同行业间的价格竞争；

③根据成本加成进行定价，对买卖双方更加公平合理，卖方只是“将本求利”，不会在消费者需求强烈时利用此有利条件谋取额外利润。

(2)目标利润定价法

目标利润定价法是一种根据企业所要实现的目标利润来定价的方法。与成本加成定价法相比，这种定价方法主要是从企业想达到的利润目标出发，制订服务产品的价格；而成本加成定价法则是从产品成本出发，来制订服务产品的价格。这种方法有利于加强企业管理的计划性，可以较好地实现投资回收计划。

目标利润法的基本公式为：

$$\text{单位产品价格} = \frac{\text{固定成本} + \text{变动成本} + \text{目标利润}}{\text{预计销量}}$$

例：某公司9月份计划周转量为5 000kt·km，单位变动成本为150元/kt·km，固定成本为20万元，目标利润为30万元，则单位运价是多少？

$$\text{单位运价} = \frac{200\ 000 + 150 \times 5\ 000 + 300\ 000}{5\ 000} = 250\text{ 元}$$

这种方法的特点是有利于加强企业管理的计划性，可较好实现投资回收计划。但要注意估算好产品售价与期望销量之间的关系，尽量避免由于价格而使销量达不到预期目标的情况出现。

(3)投资报酬率定价法

投资报酬率定价法又称目标报酬率定价法，是一种以投资额为基础计算加成利润(投资报酬)再得出产品价格的方法。投资报酬是投资额与投资报酬率的乘积。这种投资报酬率的多少，由企业管理者或投资者裁定，具有一定的技巧，但一般不低于银行的存款利率，其定价的具体公式为：

$$单位产品价格=\frac{固定成本+投资报酬}{产品销量}+单位变动成本$$

2. 竞争导向定价法

竞争导向定价法即根据同一市场或类似市场上竞争对手的物流服务价格来制订本企业物流服务的价格。这种方法只需要了解竞争对手的物流服务项目及其相应的价格即可，因此简便易行。其不足之处是当特殊市场没有参考价格时，很难对这种市场上的专门物流或特殊物流的服务项目制订价格。竞争导向定价法主要包括随行就市定价法、投标定价法、垄断定价法、变动成本定价法等。

(1)随行就市定价法

随行就市定价法是以同行业的平均价格水平或“市场主导者”(指在相关产品市场上占用率最高的企业)的价格为标准来确定本企业的服务价格的定价方法。这种定价方法以竞争对手的价格为依据。一般在以下情况时可考虑采用这种定价方法：服务产品的成本难以估算；本企业打算与同行和平共处；如果另行定价会很难了解消费者和竞争者对本企业的价格的反应。

(2)投标定价法

投标定价法是企业事先不对服务产品规定价格，而是运用各种方式大力宣传服务产品的价值和特点，然后规定时间、采取公开招标的方式，由顾客投标出价竞购，以顾客愿意支付的最高价格拍板成交的定价方法。投标定价不是以木企业的成木和主观愿望为依据，而是根据买者竞争出价情况来决定。

3. 需求导向定价法

需求导向定价法即根据市场需求强度和顾客的价值观，同时考虑目标市场顾客的接受程度来确定物流产品的价格，而不是仅仅考虑物流成本来定价。也就是在市场需求强度大时，可以适当提高价格；而在市场需求强度小时，则适当降价。这种定价综合考虑了成本、服务的市场寿命周期、市场购买能力、顾客心理、销售区域等因素。需求导向定价法主要包括理解价值定价法、需求差异定价法、比较定价法、反向定价法等。

(1)理解价值定价法

理解价值定价法是根据顾客对服务价值的理解，即服务在顾客心目中的价值观念所决定的定价法。这种定价方法不是以卖方的成本为基础，而是以买方对服务的需求和价值的认识为出发点。物流企业可以运用销售推广策略，特别是其中的非价格因素，来影响客户，使客户在头脑里形成一种价值观念，然后根据这种价值观念制订价格。

理解价值定价法的关键之一，是企业对顾客理解的相对价值要有正确的估计和决断。如果企业对顾客理解的价值估计过高，定价必然过高，就会影响销售量；反之，如果定价太低，则会使企业收入减少。因此，物流企业必须通过广泛的市场调研，了解顾客的需求偏好，根据所提供的物流服务的内容、特色、质量、品牌等因素，判定顾客对该服务的理解价值，从而制订产品的初始价格。

(2)需求差异定价法

需求差异定价法是某种服务不按边际成本的差异制订不同的价格，而是根据不同的顾客、服务的形式、不同的时间、地点制订不同的价格。比如：物流企业按照从事业务运作的区域及主要物流业务的市场成交价，分线路、分车型、分业务量进行公路运输定价。这种定价方法强调适应顾客需求的不同特性，而将差别补偿放在次要的地位。但采用这种定价方法需注意一些问题，如市场要能够细分并能掌握其需求的不同；要确实了解高价细分市场的竞争者不可能以较低价格竞销；差别价格不致引起顾客反感等。

(3)比较定价法

比较定价法是根据对服务产品需求弹性的研究与市场调查来决定价格的方法。一般认为，价格高，获利则多；反之，获利则少。另外，根据市场需求情况，实行薄利多销的策略，定价虽低，销量却能增加，反而可以获得较高的利润。

究竟是采取高价高利少销还是低价薄利多销的策略，物流企业可以通过对价格需求弹性的研究与市场的调查来决定。对于富有弹性的物流服务，可以采取较低价格的办法；对于缺乏需求弹性的物流服务，则应采取提高价格的办法。

(4)反向定价法

反向定价法是依据市场调研资料和顾客能够接受的最终销售价格，来确定服务产品的零售价，以逆向推算出中间商的批发价和生产企业的出厂价。这种定价方法能够反映生产需求情况，有利于加强与中间商的友好关系，保证中间商的正常利润，使服务产品迅速向市场渗透，并可根据市场供求情况及时调整，定价比较灵活。

三、选择定价方法应考虑的因素

1. 企业的性质与规模

企业的性质与规模对企业选择定价方法有着决定意义。一般来说，垄断企业或大型企业较多地采用成本导向定价法。因为这些企业的产品生产占用率较高，以它们的生产经营成本为定价依据，所定的价格能够反映社会必要成本的高低和变化；同时，这类企业所定的价格一般不会受到中小企业的挑战。相反，大多数生产经营同类产品的中小企业经常以大企业的产品价格为基准，根据自身产品的性能和质量，制订略低（高）于大企业产品价格的价格，即采用需求导向定价法。

2. 产品的性质与特点

产品的性质与特点对企业选择定价方法也有影响。比如：创新型产品较多采用成本导向定价法，改进型产品多采用需求导向定价法，生产资料产品适合采用成本导向定价法，生活消费品适合采用需求导向定价法，工程项目产品多采用竞争导向定价法。但是，具有季节性、鲜活性特点的产品，成本导向定价法切忌多用。

3. 企业的经营能力利用情况

企业的经营能力利用程度会影响产品的市场占用率和营业收入。采用需求导向定价法或更多考虑竞争导向定价法，而把本企业的产品价格定在低于或略低于其他企业同类产品价格的水平上，就有助于扩大产品销量，充分利用经营潜力。如果企业在市场经营能力未充分发挥时仍坚持成本导向定价，就可能因价格过高而使销量减少。

4. 市场竞争状况

在市场上，同类产品的竞争是多方面的，有产品质量的竞争，有服务的竞争，有产品品牌的竞争，还有价格的竞争。一般而言，规模较大的垄断企业可以经常地采用成本导向定价法，而规模较小的企业则较适宜采用需求导向定价法。在某种情况下，即便企业的产品与竞争者的产品在质量方面没有明显的差异，但只要定价主体的社会形象较好，企业的声誉也较高，它的产品价格就可以撇开考虑同类产品的价格、质量，而以成本加厚利的方法实现利润的增长目标；反之，如果社会形象较好的企业把本企业的产品价格定得较低，按一般的需求导向定价法定价，对其他企业而言这往往是一种压力很大的竞争导向，将会迫使其他企业产品降价，不然，其产品的销路将会锐减。可见，同样的定价方法对不同定价主体的影响是不一样的，所以企业在选用时必须全面考虑。

第三节　物流服务定价技巧

通常，企业制订价格是一项很复杂的工作，必须综合考虑多方面的因素，如产品的市场供给、需求、成本费用、消费者预期和竞争情况等因素的影响和制约。

对于物流企业来讲，因其产品是向用户提供的劳务服务，产品是无形的，因此影响产品价格的因素相对于有形的产品如汽车等来讲，就会显得更复杂、更难以把握。为了制订好产品价格，从市场营销管理的价格策略上提高物流企业的竞争力，首先应从总体上熟悉物流企业的产品情况，并在此基础上全面分析产品的影响因素，灵活运用各种定价方法和技巧，才能更好地制订物流企业产品的价格。下面主要介绍几种定价技巧。

一、温和定价技巧

温和定价技巧是一种以行业平均定价水平为本企业定价标准的定价技巧。它适用于企业难以对顾客和竞争者的反应作出准确的估计，且自己又难于另行定价的情况。温和定价技巧是依据现有本行业的平均价格水平来定价，这样容易与同行业和平共处，并且易于集中本行业的智慧，获得合理的收益，减少担当的风险。比如，中远集团远洋集装箱运输采用的就是温和定价，这种定价使得该企业在激烈的航运市场竞争中能有效配合营销组合策略。

二、差别定价技巧

差别定价技巧是一种根据顾客的支付意愿来制订不同价格的定价技巧。这种定价技巧与物流服务的不可储存性和需求弹性有很大关系。一般来说，差别定价的形式有时间的差异、顾客支付能力的差异、服务产品的品种差异、地理位置的差异。比如，物流企业可依据货主、货物、运输路线等方面的差异，修改货物运输的基本价格，以实行差别定价。

三、折扣定价技巧

折扣定价技巧是一种以减少一部分价格来争取顾客的定价技巧。这种定价技巧可以使物流企业达到两个目的：一是促进物流服务的生产和消费；二是鼓励提早付款、大量购买或高峰期以外的消费。折扣定价的形式包括数量折扣、现金折扣、季节折扣、代理折扣等。比如，当前许多快递公司会对与其签订了长期合作合同的客户给予一定的折扣优惠。

四、偏向定价技巧

当一项物流服务原本就有偏低的基本价，或其局部形成低价格的结构形象时，就会产生偏向价格现象。比如，现代仓储企业对一般性的货物储存保管服务收费偏低，借以招徕更多的延伸性服务(如质检、库存控制等)。

五、保证定价技巧

保证必有某种结果产生后再付款就是典型的保证定价法。如现在我国大部分物流公司针对企业客户都采用此种方法。对一项服务进行直接保证对于顾客来说可能是一个非常有力的保险。然而，任何一家企业都不应该轻率地采用这个方式。通常来说，保证定价技巧适合在以下 3 种情况下运用：一是保证中的各种特定允诺可以肯定和确保；二是当高质量服务无法在削价的竞争环境中获取应有的竞争力时；三是顾客所寻求的是明确的保证结果，如防锈服务、保鲜服务。

六、高价位维持定价技巧

当消费者把价格视为质量的体现时，物流企业就可以采取高价位维持定价技巧。凡是已经培养出特殊的细分市场，或已建立起特殊专属高知名度的物流企业，不妨使用此定价技巧。如我国邮政的 EMS(Express Mail Service，邮政特快专递服务)特快业务就一直保持着高价。

七、阶段定价技巧

这种定价技巧的特点是基本报价很低，但各种额外事项则要价较高。如某物流管理咨询公司针对某货代公司的策略咨询报价很低，而到跟踪服务时报价就会变高。

八、系列价格定价技巧

价格本身维持不变，但服务质量、服务数量和服务水平则充分反映成本的变动。这种定价技巧通常被视为一种并不适于用来处理成本变动的定价技巧，只有在固定一套收费方式的一系列的标准服务的情况下才适于使用。针对消费比较价格的心理，将同类物流服务的价格有意识地分档拉开，形成价格系列。使消费者在比较价格中能迅速找到各自习惯的档次，得到"选购"的满足。这种定价技巧在运用时的主要问题是，服务产品的质量、数量和水平差异必须能很容易被顾客了解(如航空长途飞行的旅行)。

S 本章小结

本章介绍了物流服务定价的理论及物流服务定价的方法、技巧等相关内容。

在物流服务定价的理论中，要理解物流服务定价的基本依据和影响因素。物流服务定价的基本依据包括成本因素、需求因素、竞争因素以及企业市场营销战略因素。掌握物流服务定价的基本依据，包括：成本因素、需求因素、竞争因素以及企业市场营销战略因素。熟悉物流服务定价的目标，包括：以投资收益率最大化为目标、以获得最大利润为目标、以市场份额最大化为目标、以稳定价格适应和避免竞争为目标、以提高企业及产品品牌形象为目标。

在物流服务定价的方法技巧中，我们要清楚物流企业定价的各种方法——成本导向定价法、竞争导向定价法和需求导向定价法。在物流服务定价实践中，我们要灵活地运用适当的定价技巧——温和定价技巧、差别定价技巧、折扣定价技巧、偏向定价技巧、保证定价技巧、高价位维持定价技巧、阶段定价技巧、系列价格定价技巧。

C 案例分析

某食品公司应如何制订运输价格[1]

(一)背景

某外商独资食品制造企业在中国投资有6个工厂(不包括在建和OEM的工厂),旗下主要有4大品牌,年销售额达到近10亿。

(二)具体

公司目前主要的销售区域仍集中于南方,南北大致销售比例为7∶3(以长江划分南北)。由于生产的是属于低附加值的玻璃罐装食品(暂时只有小部分使用PET瓶),所以公司对物流成本一直比较注重。目前整体物流费用占公司销售成本的4%左右。

A厂每天运输数量为300～500t。省内配送主要使用汽运,而省外港口城市多使用海运集装箱再短驳至客户。省内配送也使用过一段时间的自有车辆,但考虑到成本较高最终也改用第三方物流车辆。

运输管理主要工作:监控运作质量;管理合同价格(价格谈判);日常回顾;提供发货的信息给其他相关部门。

运费结算:汽车运输价格设定,按不同吨位不同标准收取(例如,同一目的地1～3t,3～8t,8～10t,10t以上,计价单位元/t)每天客服将订单通知车队(运输供应商),由供应商根据订单情况派出车辆到工厂装货,具体车辆调度由供应商完成(比如某车装哪几票货物,或者每票货装多少)。供应商根据每月发货情况跟客服部门对账确认运费。

(三)案例思考

公司如果想降低运输费用可以从哪些方面考虑?或者关注点是什么?(目前主要通过每年跟供应商的价格谈判降低价格)

(四)点评

在这个案例中,作为物流部门管理者只是关注到了价格表面化的问题。作为运输价格如果只是通过单一的谈判方式来降低效果是很差的。原因主要是企业很难清楚运输企业物流费用构成具体情况是怎样的,物流企业一旦咬定价格已经是最低,谈起来就会有一定困难。当然企业可以找其他物流供应商价格作参照,但由于其他企业并没有操作过企业具体业务,对企业实际物流运作情况并不了解,报价也可能有偏差(比如:业务量、业务特点、线路分布、频率都可能影响

[1] 案例摘选自董千里、陈树公编写《物流市场营销学》,电子工业出版社。

到价格)；另外报价还要考虑物流供应商的规模、运作能力及信用等能力。所以对外部价格的收集，对后备供应商的考察都是物流部门日常很重要的工作。在这里我们要谈的主要不是以上那些。在案例中，我们留意到该企业的物流调度管理职能很弱，派单实际是由供应商协助完成的，这样无疑丢失了价格管理的重要管理工具——订单管理和线路规划。订单由供应商分配，那其结算方式无疑是按票结算，无法实现线路规划，更无法实现规模管理，订单被迫都按最小基数结算，这样企业就可能会吃亏(比如1个10t车，装了3票货，其中1车2.5t到中山、2.5t到韶关、5t到江门，这样的话就是用2.5t到中山＋2.5t到韶关＋5t到江门，有的都是价格表中相对较高的价格。而实际运作中，更多企业是用的整车到最远一个点的单价加多点的计价方式，当然这些点之间距离不会太远，而且都是一条线路上。以上方式不一定最佳，部分企业通过实践和与供应商沟通还会有所调整)。放弃调度主动权的同时，其实还有两个坏处，对于订单管理而言，控制订单大小、客户下单时间的目的没有完全达到；而对于运输时间控制难度加大。作为物流供应商考虑的最多的还是如何使成本最低，所以有时线路安排合理性考虑就少了。线路不合理，运输时间就可能因此而拉长。如果因物流企业线路规划不合理增加了运作成本却要企业承担这样的价格无疑更不合理。

E 练习与思考

一、选择题

1. 物流服务定价的基本依据有(　　)。

A. 成本因素　　B. 需求因素

C. 竞争因素　　D. 企业市场营销战略因素

2. (　　)决定着物流服务价格的最低界限。

A. 成本因素　　B. 需求因素

C. 竞争因素　　D. 企业市场营销战略因素

3. 物流运输过程中的运输费用属于(　　)。

A. 固定成本　　B. 变动成本　　C. 准变动成本

4. 物流企业的服务设施设备属于(　　)。

A. 固定成本　　B. 变动成本　　C. 准变动成本

5. (　　)决定着物流服务产品价格的上限。

A. 成本因素　　B. 需求因素

C. 竞争因素　　D. 企业市场营销战略因素

6. 物流服务价格成本中变动成本(　　)固定成本。

A. 小于　　B. 等于　　C. 大于　　D. 无法确定

7. 物流服务产品具有(　　)特征。

A. 非实物性　　B. 不可储存性

C. 非同质性　　D. 不可分割性

8. 要在一定时期内使企业收回投资额的物流服务定价目标是(　　)。

A. 以投资收益率最大化为目标　　B. 以获得最大利润为目标

C. 以市场份额最大化为目标　　D. 以稳定价格适应和避免竞争为目标

E. 以提高企业及产品品牌形象为目标

9. 物流企业为了保持现有的经营地位、市场占有率及企业形象,保持现有的盈利水平,一般制订价格(　　)。

A. 以投资收益率最大化为目标　　B. 以获得最大利润为目标

C. 以市场份额最大化为目标　　D. 以稳定价格适应和避免竞争为目标

E. 以提高企业及产品品牌形象为目标

10. 对于某些品牌产品由于品质、工艺或服务优质,为某一层次的特定消费群体所接受,可以不拘泥于实际成本而制订较高的价格,以维持和扩大产品或服务声誉。这时企业相应采取(　　)的定价目标。

A. 以投资收益率最大化为目标　　B. 以获得最大利润为目标

C. 以市场份额最大化为目标　　D. 以稳定价格适应和避免竞争为目标

E. 以提高企业及产品品牌形象为目标

二、思考题

1. 物流服务定价的基本依据有哪些?

2. 物流企业如何选择合适的定价目标?

3. 物流企业一般可采取的定价方法有哪些?

4. 物流企业常用的定价技巧有哪些?

三、实训性练习题

K 物流公司在某大城市对超市进行市内配送时,由于受到车辆进城作业的限制,转而寻求当地的搬家公司(M 公司)提供配送车辆支持。但是 M 公司开出的配送价格是半天(6h)200km 以内为 200 元/车,大大超过了 K 物流公司可接受的 120 元/车的底线。

K 物流公司经过仔细调查分析后发现,M 搬家公司 90%的搬家作业均在上午进行并在中午左右结束,这就意味着 M 搬家公司大部分的车辆和人员在下午基本上处于空闲状态,其上午搬家作业的收益已经足够支持其成本的支出和期望得到的利润。而 K 公司的市内配送业务却基本上在下午 2:00 以后进行,K 公司支付给 M 搬家公司的费用除去少量的燃油费作为额外成本外，其余的都应该是 M 搬家公司得到的额外利润。如果按每天下午一辆车行驶 200km 计算，燃油费不应高于 50 元。从这个角度上看，K 物流公司的市内配送业务带给 M 搬家公司的不仅是新增加的业务和实在的收益，而且对其资源的合理利用也是非常有利的。

最后的结果是，经过 K 物流公司与 M 搬家公司在价格和服务方面的仔细测算，双方就 80～90 元/车的价格达成了共识。

试分析 K 物流公司与 M 搬家公司形成价格共识的理论依据是什么？

第八章　物流服务促销策略

学习目标

◆ 理解物流服务促销与产品促销的异同；
◆ 掌握物流服务促销组合的构成要素；
◆ 理解促销组合的含义；
◆ 能根据实际制订物流服务营业推广、公共关系方案并实施；
◆ 熟悉物流服务广告决策的流程。

基于 3PL 的港口营销策略[1]

引入案例

我国港口基础设施已初具规模，但从适应客户对现代物流的服务需求看，仍缺少能提供物流一体化、全方位的服务。港口企业应趁我国第三方物流的快速发展，主动地有意识地去参与、培育市场，并根据港口的区位、交通、区域经济发展的优势，制订适合自身的营销策略。

一、港口物流营销的定位策略

根据港口所处地区商品种类的市场分析来明确港口物流发展的市场定位，一般以提供港口优势商品的综合物流服务为主，利用港口优势，为客户提供进口分拨、货物仓储、一级配送、物流增值服务和物流管理等综合物流服务。

港口物流服务必须致力于与重点服务行业的大中型制造企业、品牌流通企业及电子商务企业，建立密切的第三方物流合作伙伴关系，形成自己的客户群。

二、港口物流营销的品牌策略

由于港口第三方物流提供的产品只是一种服务，是无形的，客户只有接受服务后才能评定服务质量，这样，客户就承担了一定的服务质量风险。因此，在开展港口物流营销过程中，港口企业必须明确自己的核心竞争力，突显自己的服务品牌。

三、以建设物流中心带动港口营销策略

在国外，港口还积极参与和组织各个物流环节的业务活动及其相互之间的衔接

[1] 案例摘选自陈宁、胡良德，《中国水运》2005 年 07 期。

与协调，设法为客户提供一揽子物流服务，使港口真正起到货运中心的作用。

港口企业建设物流中心是指以港口为据点，以港口业务为基础，进一步加强并整合运输、装卸、存储等基本功能，并引进检验、报关、结算等延伸功能，全方位、全过程地完成物流服务。港口物流中心提供的一系列物流服务，能够保证将货物以最经济、快捷、准确、安全的方式送达下一级配送中心或直接送抵用户，发挥物流运输节点的作用。

四、港口物流营销的信息化策略

信息是港口第三方物流的效益源泉。无论是物流的整合还是供应链管理都必须借助于现代信息技术的支撑，为客户提供增值、有效的服务。高度集中的港口信息是港口开展第三方物流的基础，也是港口开展第三方物流服务竞争优势的关键因素之一。

五、港口物流营销的联合策略

在现代物流时代，港口之间的竞争实际上已转化为供应链与供应链之间的竞争。一个港口要在竞争中取胜，必须认真构筑自己的供应链系统。港口仅仅是供应链上的一个环节，如果港口所依托的供应链被切断，港口的生存和发展将会受到影响。因此，为了维护供应链的完整性和牢固性，港口应该通过延伸物流服务和联合其他物流组织，以修补供应链上可能出现的缺环。

港口在发展物流过程中，重点应对以下对象采取联合策略：

(1)联合航运企业。

(2)联合大型货主企业。大型货主是港口赖以生存的基础，通过向货主提供更为有效的物流延伸服务，使顾客的价值和满意度得以提高。

(3)联合有实力的与港口的供应链相关的陆路运输企业。加强同陆路运输企业合作，将港口功能向内陆延伸，方便货主托运货物，增加对腹地货源的吸收强度。

请分析：

1. 基于3PL的港口是如何进行营业推广的？
2. 基于3PL的港口是如何开展公共关系策略的？

第一节　物流服务促销与促销组合

一、物流服务促销的含义

促销“Promotion”一词来源于拉丁语，意思是“向前运动”。物流服务促销是指物流服务企业通过人员或非人员推销的方式，向目标顾客传递服务的存在及其性能、特征等信息，帮助消费者认识物流服务带给他们的利益，从而引起消费者的兴趣，激发消费者的购买欲望及购买行为的活动。促销本质上是一种通知、说服和沟通活动。物流服务促销不只限于对顾客，也可以被用来激励雇员和刺激中间商。

沟通在营销中发挥着3种基本功能:告知、劝说和提醒。潜在的顾客不仅需要知道某项服务存在,在许多情况下,他们还需要知道有关在哪里和什么时候能得到该项服务,该项服务能为他们做些什么以及如何使用服务的信息。"劝说"则涉及列举出一名顾客应该购买和使用某项特定的服务,而不是使用此类型的服务或购买竞争者的品牌。"提醒"对于使顾客按提醒人的意愿购买某项特定的服务是必需的,尤其是当此项服务只在特定的时间内提供,例如供应商提醒继续购买他们企业的产品。

二、物流服务促销目标

任何促销的目标都在于通过沟通、说服和提醒等方式,最大限度地增加服务产品的销售。服务营销的促销目标与产品营销大致相同(见表8-1),其主要的促销目标有以下几项。

(1)建立对该服务产品及服务企业的认知和兴趣;

(2)使服务内容和服务企业本身与竞争者产生差异;

(3)沟通并描述所提供服务的种种利益;

(4)建立并维持服务企业的整体形象和信誉;

(5)说服顾客购买或使用该项服务。

物流服务促销的目标 表8-1

1.客户目标	增进对新服务和现有服务的认知
	鼓励试用服务
	鼓励非用户(参加服务展示、试用现有服务)
	说服现有顾客(继续购买服务而不中止使用或转向竞争者、增加购买服务的频率)
	改变顾客需求服务的时间
	沟通服务的区别利益
	加强服务广告的效果、吸引消费者的注意
	获得关于服务如何、何时及在何处被购买和使用的市场研究信息
	鼓励顾客改变与服务递送系统的互动方式
2.中间商目标	说服中间商递送新服务
	说服现有中间商努力销售更多服务
	防止中间商在销售场所与顾客谈判价格
3.竞争目标	对一个或多个竞争者发起短期攻势或进行防御

总之,任何促销努力的目的都在于通过传达、说服和提醒等方法,来促进服务产品的销售。显而易见,这些一般性目标会根据每一种服务业及服务产品的性质不同而有所不同。对于物流业,其促销目标可以包括以下各项。

(1)在所有潜在使用者之中创造企业的知名度;

(2)对于企业的产品和服务提出详尽的解说,包括成本与利益之间的关系、价格及其他有关的咨询;

(3)改善企业在现有和潜在使用者中的形象以改善客户对企业的态度,最主要的目标是:在企业将来开发新服务产品时,能让新的目标客户群更容易接受;

(4)消除已存在的对企业或企业推出的服务认识上的错误观念;

(5)告知现有及潜在的客户,有关本企业服务的特殊项目或附加服务及调整;

(6)告知市场有关各种新的服务渠道。

三、物流服务促销的工具

选择促销工具,必须充分考虑市场类型、促销目标、竞争情况以及每一种促销工具的成本效益等各种因素。

1.使用组合物流方案的促销工具

如果促销目标是抵制竞争者的促销,则可设计一组组合的物流方案,以取得快速的防御性反应。如果企业产品有明显的竞争优势,目标在于吸引物流消费者率先采用,则组合多样的物流服务方案(产品多样化)可作为有效的促销工具。

2.利用中间商的促销工具

物流中间商关心的是客户光顾、购买服务带来的中介费用,促销工具的选择便可以以此目标为中心,通过特价包装、赠品、购售点陈列和企业形象展示、业内竞赛等方式激发中间商对物流方案销售的积极性。

3.使用人员推销、广告、公共关系等促销工具

物流企业可运用销售竞赛、销售红利、奖品等促销工具直接刺激推销人员;也可以运用各类广告媒体进行企业业务的“广而告之”,吸引物流需求者;通过新闻的设计、制造和发布,与物流需求者进行有效沟通,达到促销的目的,同样是有效的促销工具。

四、物流服务促销组合

促销组合的构成要素可从广义和狭义两个角度来考察。就广义而言,市场营销组合中的各个因素都可以归入促销组合,诸如产品的式样、包装的颜色与外观、价格等都传播了某些信息。就狭义而言,促销组合只包括具有沟通性质的促销工具。一般来说,促销组合的主要因素包括广告促销、人员促销、营业推广以及公共关系,并称为促销四大工具。物流作为一种特殊的服务,由于受其本身特征的影响,在选择促销工具时具有许多不同特点,见图 8-1。

消费态度是影响购买决策的关键。由于物流服务具有非实体性特征,物流需求者在购买时,往往是凭着对服务与服务表现者或出售者的主观印象。因此,在促销组合的选择上,也往往是从对物流需求者态度的影响上着手的。

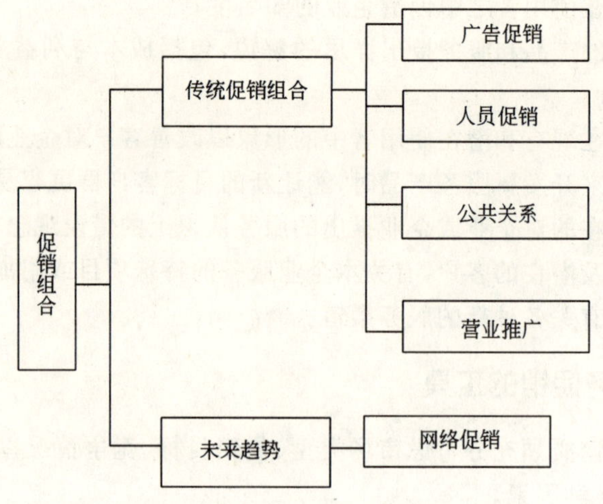

图 8-1 促销组合示意图

广告是影响态度的一种重要手段，由于服务产品的无形性，决定了物流企业的广告更主要的是对物流企业形象的宣传。

人员促销是物流促销组合的重要要素。首先，物流服务是由人来提供的，这就决定了人在物流服务中的重要作用。另外，物流服务主要是针对企业客户提供的，相对于大部分消费品客户来说，企业客户数量有限，人员推销是一种有效、可行的方式。

随着网络的普及，网络营销以其低成本、高效果也开始成为一种常用的促销方式。

第二节 物流服务促销与产品促销的差异

一、物流服务促销与产品促销的相似点

有形产品和服务产品在促销上有许多相似点，主要表现在以下几个方面。

(1)促销在整体营销中的角色；

(2)建立各种有效促销方式的问题；

(3)促销执行管理的问题；

(4)为了达到促销目的而使用的媒体和方法；

(5)可利用的协助促销的组织。

二、物流服务行业特征造成的差异

服务行业因类型不同而各具特点。就物流行业来说，一般而言，以下列举出的一些因素会造成产品促销和物流服务促销之间的区别。

1. 营销导向不足

有些物流企业认为自己是产品导向的，因而不十分清楚营销措施对业务有多大程度的帮助，只把自己当作服务的生产者，而不是提供顾客需要的企业。这类物流服务业的经理人未受过训练，也欠缺技术，当然更不懂促销在整体营销中应扮演的角色。

2. 专业和道德限制

有些物流服务企业在采取某些营销和促销方法时，可能会遇到专业上和道德上的限制。传统和习俗也可能会阻碍某些类型促销的运用，以致被认为是“不适当”的或者“品位太差”的。

3. 业务规模限制

许多物流服务企业规模很小，认为自己没有足够的实力在营销或在特别的促销方面进行投入。

4. 促销知识限制

有些物流服务企业对于可利用的、广泛多样的促销方式所知有限，可能只会想到广告和人员推销方式，而根本想不到其他各种各样适当、有效而且可能花费较少的促销方式。

5. 服务性质限制

物流服务本身的性质（如物流服务的种类、物流服务业的传统、在某些物流服务种类中对某些促销方法的限制等）可能会限制大规模使用某些促销工具，使得许多促销方法不能自由使用。

6. 竞争的性质和市场条件限制

有些物流服务企业并不需要扩展其服务范围，因为现有范围内的业务已用尽了其生产能力。这些企业普遍缺乏远见，看不到促销努力可以帮助企业维持稳固的市场地位，而且具有长期的市场营销意义。

三、物流服务本身特征造成的差异

与产品营销相比，物流服务的若干特征具有不同的营销含义。从顾客的观点来看，产品营销和物流服务营销是否不同的研究调查报告显示：买主对于两种营销的反应行为有许多类似之处，但还是有很大的差异，主要表现如下。

1. 消费者的态度

消费者的态度是影响购买决策的关键。物流服务的非实体性是营销中一项最重要的要素。消费者在购买物流服务时，往往是凭着对物流服务与服务表现者或出售者的主观印象，而这种对主观印象的依赖性在购买实体性产品时则没有这么重要。对于物流服务销售者和服务业来说，有两方面与制造业不同：服务产品被视为比实体性产品更为人性化；消费者往往对于服务的购买较少满意。

2. 采购的需要和动机

在采购的需要和动机上，制造业和物流服务业大致相同。不论是通过购买实体性产品还是非实体性产品，同类型的需要都可以得到满足。不过，有一种需求对产品或服务都是很重要的，那就是“个人关注的欲求”。凡能满足这种“个人关注的欲求”的服务销售者，必能使其服务产品与竞争者的服务产品产生差异。

3. 购买过程

在购买过程上，制造业和物流服务业的差异较为显著。有些物流服务的采购被视为有较大的风险，部分原因是买主不易评估物流服务的质量和价值。另外，消费者也往往容易受到其他人（如对采购和使用有经验的邻居或朋友）的影响。而这种现象，对于物流服务营销而言有比较大的意义，即在物流服务的供应者和其顾客之间，有必要发展形成一种专业关系，以及在促销努力方面建立一种“口碑相传”方式。这两种做法势必可以促使各种服务促销努力更有效率。

四、产品促销与物流服务促销差异的表现

1. 促销的对象不同

产品的促销是立足于物质实体对人的促销；服务的促销则是立足于人对物质实体的促销。

2. 促销的载体不同

产品的促销是销售物质实体；服务的促销是销售理念。

3. 促销的目的不同

产品的促销是取得剩余价值；服务的促销是取得企业的形象价值，达到与目标客户一定程度的沟通。

第三节　物流服务的人员促销

一、物流服务人员推销的指导原则

物流服务营销中人的接触的重要性和人的影响力已被普遍认同。因此，物流人员促销与人的接触已成为物流服务营销中最受重视的因素。据调查，服务采购所获得的满足往往低于对产品采购的满足；此外，购买某些服务往往有较大的风险性。因而服务业比制造业更应采取一些减少风险的策略。在物流服务营销的背景下，物流人员促销有着许多指导原则，主要内容如下。

1. 发展与顾客的个人关系

物流企业员工和顾客之间良好的个人接触可以使双方相互满足。物流公司以广告方式表达对个人利益的重视，必须靠市场上真实的人性化关心协助实现。但要注

意下列问题：

(1)实现的费用很高。

(2)雇用员工增多,增加了服务表现不稳定的风险。

(3)引发企业组织管理上的问题。若要提供高水平的个人化服务,则物流企业必须要有对应的组织和资源（如支持设施),对顾客所需的服务水准有充分的了解。

(4)人性化关注通常必须付出标准化的代价,这就意味着物流业在改进生产力方面可能遇到阻碍和问题。

2.采取专业化导向

大多数的服务交易中,顾客总相信卖主有提供预期服务结果的能力,其过程若能以专业方法来处理则会更有效。销售服务时,卖方应表现出对于其服务工作能完全胜任(如对该服务的了解很充分),他们在顾客眼中必须是一个地道的专家。因此,服务提供者的外表、动作、举止、行为和态度都必须符合顾客心目中一名专业人员应有的标准。

3.利用间接销售

可以采用的3种间接销售形式包括：

(1)推广和销售相关产品和服务

推广和销售相关产品和服务,并协助顾客更有效率地利用各项现有服务,以创造引申需求。例如,航空公司可以销售“假日旅游”服务,旅馆业销售“当地名胜游览”,电力公司销售“家电产品”以提高用电量。将相关的服务业和其他服务或产品互相联系起来,可以给保险、银行、干洗和旅游等服务业提供更多的销售机会。

(2)利用公断人与意见领袖,以影响顾客的选择过程

在许多服务业中,顾客必须依靠他人给予协助和建议（如保险代理业、旅行社、投资顾问、管理顾问咨询、观光导游业等)。因此,服务业的销售者应该多利用这类有关的参考群体、舆论意见主导者与其他有影响力的人,以增进间接销售。

(3)自我推销

这种方式在某些专业服务领域使用的相当普遍,包括非正式的展示方式,如对公众演讲、参与社区事务、加入专业组织以及参加各种会议讨论和课程等。

4.建立并维持良好的形象

有效的营销依赖于良好形象的创造与维持。营销活动（如广告、公共关系等)所试图达到的是要展示出一种被人看得到的个人或企业形象,而且要与顾客心目中所具有的形象一致。现有顾客和潜在顾客对某个企业及其员工的印象,在很大程度上影响着他们作出是否惠顾的决策。

形象建立和形象维持在服务营销中是一个重要的因素,因为服务的高度非实体性意味着服务的名声和主观印象是营销所依赖的重点。其次,非营销者影响力来源

(如口传)在服务业营销中也不能忽略。其他使用者或非使用者对于服务推销和形象形成都有一定的贡献和影响。因此,人员销售对服务业公司的整体形象很有影响,顾客往往从公司推销员的素质判断这个服务业公司的优劣。推销人员的礼仪、效率、关心度和销售技巧,都会影响或提高既有的公司形象;而形象建立的其他方式,包括广告和公关,也都同样具有推波助澜的作用。

5. 销售多种服务而不是单项服务

在推销核心服务时,服务公司可从包围着核心服务的一系列辅助性服务中获得利益;同时,这也使顾客采购时较为简易、便利,并省去许多麻烦。假期承包旅游服务就是一个明显的例子,即一系列的多种服务可以从顾客的立场出发,合并成为只需要一次购买的服务。事实上,目前保险公司、航空公司、银行和零售业公司都已经扩充了其所提供的服务项目范围(如财务处理),所有这些补充性服务都具有强化核心服务(如旅行、风险分散、信用等)购买驱动力的作用。

6. 使采购简单化

顾客对服务产品的概念可能不易了解,其原因可能是顾客不经常购买(如房子),也可能是因为顾客利用服务是在某种重大情感压力之下(如使用殡仪馆服务时)。在这类情形下,专业服务销售人员应使顾客的采购简易化。也就是说,以专业方式照顾并做好一切,告诉顾客服务进行的过程,对顾客尽量少提要求。

二、推销产品与推销服务的差异

人员推销是一种历史悠久的传统推销方式,它是指企业派出推销人员直接向用户推销某种产品或者提供某种服务。由于它能使销售人员与顾客面对面地交谈与沟通,因而受到许多企业的重视。国外许多企业在人员推销方面支出的费用要远远大于其他促销方式的费用。

在服务业和制造业中,人员推销的原则、程序和方法,具有许多相似的地方。如销售工作必须予以界定;应该招募合格的推销员并加以训练;应该设计并执行有效的奖酬制度;销售人员必须予以监督和管理等。

但是,在服务业市场上,这些工作和活动的执行手段与制造业市场上的有一定的差异。其中,在某些服务业市场,服务业者可能必须雇用专门技术人员而不是专业推销人员来推销其服务。另外一项差异则与服务业的特征(如非实体性)所造成广告上的问题一样,这些特征也使得对推销员的资格有不同的要求。推销服务比推销产品更困难。

服务业市场的销售人员比产业市场的销售人员重要,而所谓的推销员的定义则是较为广义的,其任务也较为重大。

三、物流服务人员促销的主要形式

物流人员推销的设计可以采取3种形式。

1.建立自己的销售队伍

这种推销人员又可分为两类,一类是内部推销人员,他们一般在办公室内用电话、传真等来联系、洽谈业务,并接待可能成为购买者的人来访;另一类是外勤推销人员,他们外出进行推销,上门调查客户。

2.使用中间商

例如,销售代理商、经纪人等,按照其代销额付给佣金,西方国家的大企业甚至雇佣国内外退休的高级官员当推销员。

3.雇佣兼职销售人员

在既定划分的各种场合,用各种方式促销,按销售额比例提取佣金,方式如演示演讲、咨询介绍、实例讲解等。

四、物流服务人员促销的任务及工作步骤

1.物流促销人员的工作任务

(1)积极寻找和发现更多的可能的客户或潜在客户;

(2)把企业服务方面的信息传递给现有的及潜在的客户;

(3)运用推销技术,让客户接受本企业的服务和向企业反馈客户的需求,帮助企业开发新的服务内容;

(4)向客户提供各种增值服务;

(5)收集市场信息,向企业报告市场调查情况。

2.物流服务促销人员的工作步骤

一般来说,物流服务促销包括这样几个步骤:寻找客户,客户资格审查,约见,接近准备,面谈,成交。

(1)寻找客户

寻找客户的目标是找到潜在客户。潜在客户是指一个既可以获益于某种物流方案,又有能力消费这种物流方案的个人或组织。有很多种办法,如地毯式调查法、连锁介绍法、个人观察法、广告开拓法、市场咨询法、资料查阅法等。

(2)发现目标客户

西方推销人员中流传这样一个故事:两大企业各派一名推销员,到地中海某岛国去推销鞋子,开拓新市场,到达目的地之后,两个推销员各自给企业拍了一封电报,其中之一是:“此地无市场,因为所有的人不穿鞋子”;另一个是:“此地市场潜力很大,因为所有的人都没有鞋子可穿”。发现目标客户时,着眼点不一样,结果就不一样,影响到企业的营销策略不一样。客户资格审查要掌握“MAN”法则。即“货币(Money)”、

“权力(Authority)”和“需求(Need)”法则。

(3)接近

接近的方法包括：

①身份接近法。推销员利用本企业特征接近客户，它适用于本身有吸引力的物流企业。

②利益接近法。利用物流方案的适应性引起客户注意和兴趣。

(4)面谈

即与客户直接交流、介绍产品和服务，它是整个促销过程的关键性环节，既能及时回复客户的问题，也能迅速地传递企业的信息。

五、物流促销人员的管理

1.物流促销人员的选择

销售队伍工作要获得成功，中心问题就是选择高效率的促销人员。普通促销人员与高效率销售人员之间的业务水平有很大差异。另外，促销人员的流动也会给企业带来经济损失。因此，首先要对促销人员进行选择。一般来说，促销人员应具备的条件包括：知识面广，有一定的业务知识，富于进取，反应灵敏，吃苦耐劳。古人云：“将者，智、信、仁、勇、严”，这可以作为选择促销人员的标准之一。

2.物流促销人员的培训

人员推销的效果如何，关键在于促销人员的素质。精良的推销队伍来自于教育培训。企业不仅要对遴选确定后的推销人员进行认真的培训，而且对原有的推销人员也要定期组织集训，以适应市场形势发展的需要。

培训推销员，首先要制订良好的培训计划。为此，应考虑下列问题：培训的目标、培训的内容、由谁来主持培训、培训的时间、培训的地点、培训的方法、培训的效果评价。培训计划的制订要具有针对性，即根据继续培训、主管人员培训、薪金人员培训等不同类型的培训，确定不同的培训内容和培训方法。

促销人员培训的主要内容：

(1)要求销售人员了解物流的基础知识；

(2)熟悉企业的服务能力情况；

(3)能够表述企业目标市场各类顾客和竞争对手的特点；

(4)演示有效推销方法的能力；

(5)明确销售人员实际工作的程序和责任。

推销人员的培训方法有集体培训和个别培训两种。集体培训的方法有：专题讲座、模拟分组讨论、岗位练兵等；个别培训的方法有：在职函授、业务进修，请有经验的推销人员“传、帮、带”，采用工作手册或其他书面资料教育等。

第四节　物流服务的广告促销

一、物流服务广告的含义

物流服务广告指为推销商品、服务或观念，以付费的方式，通过各种非人格化的大众媒介和形式（如报纸和杂志、广播电台和电视台、邮寄广告、广告牌、招贴、商品目录）单向传播有关产品或服务信息的促销方式。

对无形的服务产品做广告与对有形物品做广告具有很大的不同。在物流服务广告方面我们首先要认识到物流服务是行为而不是物体。因此，广告就不只是鼓励消费者购买服务，而应把雇员当作第二受众，激励他们提供高质量的服务。因此，为了达到这个目的，物流服务企业在做广告时要使用自己公司的雇员，而不是使用模特。同时还应该提供一些有形的线索来冲销服务的无形性——不只是展示员工，还包括物质设施，如提供服务的场所。

二、物流服务广告的原则

基于物流服务的一些特征，物流广告有几项原则。

1. 使用明确的信息

以简洁的文字、图形或声像，传达所提供服务的领域、位置、质量、特色等。

2. 强调服务的利益

应该强调服务的利益而不是技术性细节，以引起注意。强调购买选择的合理性，解除顾客的后顾之忧。

3. 只能允诺能提供和顾客能得到的

不要过度承诺，以免顾客产生过度期望而企业又无力兑现，避免给员工造成不当压力。最好的做法是，承诺“最起码的服务标准”，如果能做得超出标准，顾客通常会更加高兴。

4. 对员工做广告

服务员工很重要，他们也是服务广告的潜在对象，促进员工与顾客相互配合。

5. 在物流服务过程中争取并维持客户的合作

在物流服务广告中，营销者面临两项挑战：如何争取并维持客户对该服务的购买；如何在服务提供过程中获取并保持客户的配合与合作。因此，构思周到的广告总能针对物流服务过程的目标受众，争取和维持客户的配合与合作。

6. 建立口传沟通

口传沟通是一项营销者所不能支配的资源，对于服务企业及服务产品的购买选择有较大影响。物流服务广告必须努力进行这一沟通，可使用的具体方法有：说服满意的客户们让客户的关系网中其他的人也都知道他们的满意；制作一些资料供客户们转送给非客户群，扩大影响；针对客户意见领袖进行直接广告宣传活动；激励潜在客户去找现有的客户交流。

7. 提供有形线索

物流服务广告者应该尽可能使用有形线索作为提示，以增强促销努力的效果。这种较为具体的沟通展示或呈现可以变成为非实体性的化身或隐喻。知名的人物和物体，经常可用来为服务提供其本身无法提供的“有形的展示”。

8. 发展广告的连续性

物流企业可以通过在广告中持续连贯地使用象征、造型、形象等主题，以克服物流业的两大不利之处，即非实体性和服务方案（产品）的差异化。一项对于服务企业使用的各种广告主题的研究调查发现，服务业中有些主题最为突出，即效率、进步、身份、威望、重要性和友谊。所以，根据对象的不同，有效地实施“主题差异化”下的连贯性广告，可以提高广告促销的效益。

9. 提供完善的售后服务

物流服务中，必须在对买主保证其购买选择的合理性方面下更多的功夫，并且应该鼓励物流客户向他人宣传服务购买和使用后的利益，广告也是达到此目的的一种手段。

三、物流服务广告的主要任务

1. 在客户心目中树立企业形象

这包括说明公司的经营状况和各种活动，服务的特殊之处，公司的价值等。

2. 建立重视客户的个性

这是指塑造顾客对公司及其服务的了解和期望，并促使顾客对公司产生良好的印象。

3. 建立客户对公司的认同

公司的形象和所提供的服务应和顾客的需求、价值观和态度息息相关。

4. 指导公司员工如何对待客户

服务业所做的广告有两种诉求对象，即顾客和公司员工。因此，服务广告也必须能表达和反映公司员工的观点，并让他们了解。唯有如此，才能让员工支持、配合公司的营销努力。

5. 协助业务代表顺利工作

服务业广告能为服务业公司业务代表的更佳表现提供有利的背景。顾客若能事先就对公司和其服务有良好的倾向，则对销售人员争取业务有很大的帮助。

四、物流服务广告媒体的选择

1.广告媒体的基本类型

针对物流既定流向的特点，广告区域的不同以及广告受众的不同，物流企业可选择不同的广告覆盖方法，如全面覆盖、渐进覆盖或轮番覆盖；确定广告概念，即广告所强调的服务特点，信息传递方法、技巧和具体步骤等。

(1)印刷品广告

印刷品广告包括报纸广告、杂志广告、画册广告、火车时刻表广告等。

①报纸广告。报纸是传递信息的最重要的工具，是广告运用最多的媒体形式之一。其优点是：读者面广、稳定、宣传覆盖面大；传递灵活迅速，时效性强；空间余地大，信息量丰富，便于查找；收费较低。其局限是：以新闻为主，广告版面不可能居突出地位；广告有效时间短；广告的设计、制作较为简单粗糙；广告照片、图画运用极少，大多只用不同的字体编排，四周加上花线就算完事，千人一面，呆板单调；广告用语也较模式化。

②杂志广告。杂志广告是指利用杂志的封面、封底、内页、插页刊登的广告。比如在《口岸物流》、《环球供应链》、《中国物流与采购》等杂志做广告。杂志广告的优势是：阅读有效时间长，便于长期保存；内容专业性较强，有独特的、固定的读者群，有利于有的放矢地刊登相对应的广告。其局限性是：周期较长，不利于快速传播；由于截稿日期比报纸早，杂志广告的时间性、季节性不够鲜明。

(2)电子媒体广告

电子媒体广告又称电波广告，包括电视广告、电影广告、电台广播广告、电子显示屏广告以及幻灯机广告、扩音机广告、网络广告等。

①电视广告。电视广告是指以电视为媒体传播、放映的广告。电视是最重要的电视媒体。它起源较晚，但发展迅速。它通过视觉形象和听觉的结合，综合运用各种艺术手法，融声音、图像、色彩、运动于一体，直观形象地传递商品信息。电视广告的优势很明显：收视率高，插于精彩节目的中间，观众为了收看电视节目愿意接受广告。虽然带有强制性，但观众一般可以接受。它的局限性也很明显：电视广告制作成本高，电视播放收费高而且瞬间消失，使企业通过电视做广告的费用很高，小型企业无力问津。

②广播广告。广播广告是指以无线电或有线广播为媒体播送、传导的广告。广播在我国现阶段也是一种广为利用的主要媒体。由于广播广告传收同步，听众容易收听到最快、最新的信息，而且它每天重播频率高，收播对象层次广泛，速度快，空间大，广告制作费也低。广播广告的局限性是只有信息的听觉刺激，而没有视觉刺激。据估计，人的信息60%以上来自于视觉，而且广播广告的频段频道相对不太固定，需要经常调寻，也妨碍了信息的传播。

③网络广告。互联网在世界的普及率非常高，受众群体广泛，各行各业目前都十分重视网络广告。物流企业可以在百度、Google、Yahoo 等处做广告，最好是排在搜索位置的前几名，效果会更好。

(3)户外广告

户外广告主要包括：路牌广告（或称广告牌，它是户外广告的主要形式，除在铁皮、木板、铁板等耐用材料上绘制、张贴外，还包括广告柱、广告商亭、公路上的拱形广告牌等)，霓虹灯广告和灯箱广告，交通车厢广告，招贴广告（或称海报)，旗帜广告，气球广告等。

(4)邮寄广告

邮寄广告的广告主通过邮政网传递各类广告印刷品，直接送入顾客手中。它是广告媒体中最灵活的一种，也是最不稳定的一种。

(5)POP 广告

POP 是英文"Point of Purchasing Advertising"的大写字母缩写，译为售点广告。世界各国广告业都把 POP 视为一切购物场所(如商场、百货公司、超级市场、零售店、专卖店、专业商店等)场内场外所做广告的总和。包括：①壁面广告，以海报、装饰旗、垂幕吊旗等为主的 POP 广告。②货架广告。③地面广告，如陈列架、展示台等。④悬吊式广告，如彩条、吊牌等。⑤标志牌广告，分为指示性标志和销售区域标志两种。⑥柜台式广告。⑦附在商品上的广告，包括价目卡和展示卡两种。⑧动态广告，主要是利用马达和热力上升原理制造的广告形式。⑨光源广告。⑩包装广告。

(6)其他广告

其他广告指除以上 5 种广告以外的媒体广告，如馈赠广告、赞助广告、体育广告以及包装纸广告、购物袋广告、火柴盒广告、手提包广告等。

2.物流服务广告媒体的选择

物流服务企业选择什么样的广告媒体，对其与顾客沟通的效果影响很大，主要应考虑以下因素。

(1)服务特性

不同的服务应选择不同的媒体。专业性强的服务不适宜在电视、广播中做广告，而应在专业杂志上做广告，这样更为有效。而大众性服务则在电视、广播、报纸上做广告效果更好。

(2)顾客习惯

不同的顾客有不同的生活习惯与接触不同媒体的机会和条件，服务企业应选择其目标顾客接触最多的媒体，这样才能增加消费者接触广告的机会与次数。

(3)媒体的传播范围

不同媒体的传播范围不同。广告宣传的范围要与企业的服务范围一致。

(4)广告媒体的知名度和影响力

它包括发行量、信誉、频率和覆盖地区等。

(5)媒体的成本

不同的媒体广告费用不同,如中央电视台黄金时段的广告费是以亿元来计算的。企业选择时要考虑到支付能力与广告效果。企业必须定期检查不同的媒体,并决定如何对各类主要媒体分配广告费用预算。

五、物流服务广告效果的测定

物流企业在实施广告促销决策之后,会产生一定的广告效果。这种广告效果主要表现在两个方面:一是广告的销售效果;二是广告的诉求认知效果。

1.广告销售效果的测定

(1)销售额衡量法。这种方法就是实际调查广告活动前后的销售情况,以事前与事后的销售额之差作为衡量广告效果的指数。这种方法比较简便易行,但是如何除去广告效果以外其他因素致使销售额增加的部分,却相当困难。为了弥补此法的缺陷,在实际销售效果测定中往往参照广告费比率和广告效率比率进行综合测定。

(2)小组比较法。小组比较法是将相同性质的被检测者分为三组,其中两组各看两种不同的广告,一组未看过广告,然后比较看过广告的两组效果之差,并和未看过广告的一组加以比较。通常将检测的数字结果用频数分配技术来计算广告效果指数。

2.广告诉求认知效果测定

广告诉求认知效果测定的目的在于分析广告活动是否达到预期的信息效果。测定广告诉求认知效果,主要有如下指标。

(1)接触率。这是指在看过广告媒体的受众中,有多大比例的人已接触到该广告。假设某杂志共有读者 50 万人,其中 30 万人看到了封三、封底的产品广告,则其接触率为 60%。

(2)注目率。这是指在看过该广告的人当中,有多大比例的人能够辨认出先前已看过这一广告。

(3)阅读率。这是指通过报纸、杂志来阅读广告的人数和报刊发行量的比率。阅读率越高,对广告的认知率就越高,广告的效果就越好。

(4)好感率。这是指在看过广告的人当中,有多大比例的人对企业及其商品产生了好感。

(5)知名率。这是指在被调查的对象中,有多大比例的人了解企业及其产品。知名率的考察往往是通过广告前后的对比来进行的。若发布广告后企业的知名度大为提高,说明企业的广告效果十分理想。

(6)综合评分。这是指由目标消费者的一组固定样本或广告专家来评价广告,并填写评分卷。评分卷中依广告的注意强度、阅读强度、认知强度、情绪强度等内容分别给出一定分数,所有分数汇总便得到综合评分。通常综合评分以百分制记,分数越高，则表明广告的诉求认知效果越好。

六、其他营销工具

(1)口碑——来自于顾客口中的免费广告。企业应该注意顾客的口碑宣传的1∶8的关系，就是说你的产品或服务好，他们就可以将好的信息直接传播给身边的8个人或企业组织，反之也成立。口碑营销是一把双刃剑，运用的好，就会使企业及产品声名远扬，而运用的不好，或者企业产品或服务不到位，也会使企业臭名远扬，给企业带来巨大的损失。

(2)新闻——企业软广告。

(3)事件——营销造势的有效工具。事件是营销借力造势的有效途径。事件营销是营销者在真实和不损害公众利益的前提下，有计划地策划、组织、举行和利用具有新闻价值的活动，通过制造有“热点新闻效应”的事件吸引媒体和社会公众的兴趣和注意，以达到提高社会知名度、塑造企业良好形象和最终促进产品和服务销售的目的。从这个定义可以看出，事件营销的着眼点在于制造或者放大某一具有新闻效应的事件以期让传媒竞相报道进而吸引公众的注意。所谓花小钱办大事。

在北京申奥活动中，农夫山泉打出“卖一瓶矿泉水就捐献一分钱来支持北京申奥”。这也极大地抓住了大众希望为中国能成功地举办一次奥运会尽一份绵薄之力的心理。

第五节　物流服务的营业推广

使用营业推广来激发消费者对服务组织的兴趣并诱导其成为服务组织的顾客，并不是什么新鲜事物。早在很久以前，商人和零售商们就发现了这些简单手段的巨大影响，如价格折扣、样品赠送和竞赛等。尽管营业推广呈现出多种形态，但都以产品本身之外的某些特殊吸引力来进行设计和吸引顾客。组织使用营业推广的幕后动因，可能是出于赢得新顾客或保持现有顾客兴趣的需要。

一、物流服务营业推广的内涵

营业推广销售也称促进，是指物流企业在特定的目标市场中，在短时期内采用强烈刺激的促销措施，刺激需求和鼓励消费者购买产品或服务的活动。

有些服务营销学者对营业推广不太重视。他们认为，营业推广在传统观念中的样品、展示、购买点陈列都受到严格限制，同时，营业推广通常不被视为一种重要的工具。然而，在过去的10～15年间，许多服务市场的营业推广活动都在不断增加。从整体而言，营业推广在营销上仍有进一步详加考察的必要。

营业推广虽然不是制造业的特权，但由于服务业的特殊因素的影响，往往使营业推广变得更复杂，原因如下：

(1)由服务业特征造成的问题。例如，服务产品不能储存，因此，在营业推广措施的使用上必须要有所顾忌，如使用高峰折扣定价技巧，以平衡服务产品的需求数量。

(2)某些服务业者本身专有的特殊问题。例如，某些营业推广手段的使用可能涉及道德的限制，或者某一专业团体会认为某些方式太过躁进。因此，营业推广往往经过“伪装”或在其他名义下行使。

二、物流服务业使用营业推广的原因

服务业使用营业推广的原因如下。

1. 需求问题

该问题是指需求被动且存在废置的生产能力。许多物流组织运用营业推广的目的是为了应对服务企业经常要面对的需求周期。如为保证物流运输企业——航空公司和其他旅馆都具有稳定的顾客流，二者共同推出一颇具吸引力的假期业务捆绑。许多航空公司和旅馆都以类似的方式来捆绑他们的服务，并以低价格和优质服务来填充那些可能出现空闲的座位和房间。有时，营业推广也可用作防御手段，例如，参与竞争的组织常常同时采取相似的促销手段。当一个航空公司降低票价来争取顾客时，其他竞争者也会在时隔不久后予以跟随。

2. 顾客问题

使用该项服务的人不够多；购买服务的量不够大；购买、使用之前的选择需要协助；在付款方面有问题等。

3. 服务产品问题

新服务产品正在推出；没有人知道或谈起该服务产品；没有人在使用该服务产品。

4. 中间商问题

经销商对公司销售的服务未给予足够的重视；经销商对公司销售的服务未给予足够的支持。

5. 竞争问题

竞争激烈而密集；竞争的趋势激烈；新产品开发相互竞争。

三、物流服务营业推广方案的制订

制订营业推广的方案要做好以下几项工作。

1. 确定营业推广活动规模的大小

企业准备投入营业推广费用金额的多少也意味着营业推广活动规模的大小。企业要考虑成本与效益的关系，投入的费用必须能有超额的回报。因此在确定规模、费用时，要考虑实施后的实际效果。

2. 明确营业推广的对象

即明确企业开展的营业推广活动主要针对的对象是哪一类消费者。

3. 营业推广的媒体选择

即向消费者传递营业推广活动的信息通过什么媒体来实现，如报纸、广播、电视等媒体中哪种媒体最合适、最有效。

4. 营业推广时间的确定

即计划在什么时间、地点开展销售促进活动，持续时间多长。这些因素选择得当，则效果显著。例如持续时间既不能太长，也不能太短；太长则无吸引力，太短又会使某些工作繁忙的消费者丧失机会。

5. 营业推广预算的确定

营业推广的费用支出与活动的规模有关系。预先确定费用时可采用以下几种方法。

(1)比较法。按上一次开展同类活动的费用，经比较规模后估算这次活动的费用。这种方法简单易行，条件是情况基本不变。

(2)比例法。从销售总费用中按一定的百分数提取营业推广费用，再将其按不同比例或者同一比例分摊到不同服务中去。

(3)总和法。先确定每一个销售促进项目的费用，再进行汇总，得出总费用预算。

四、物流服务营业推广方案的实施与评价

营业推广的方案确定以后，如果有条件，可预先测试所定方案是否合适，效果是否理想。测试可以在小范围内实施，以观察其效果如何。测试时可邀请消费者进行评分。

经过测试的可行性方案即可按预定计划予以实施。一个良好的方案最终能否取得预期的效果，很大程度上取决于实施时期有关各方面的努力程度。在实施过程中，要控制好两个关键的时间因素。

准备阶段要做的销售时间。准备阶段要做的工作有：推广方式策划；营业推广信息的传播；促销人员的招募与营业推广活动的培训等。销售时间是指营业推广活动从某日开始至某日结束的时间段。在这期间，由于顾客接受刺激，往往会形成一个消费狂潮。这时企业营销人员应努力做好各项工作，兑现对消费者的各种承诺，满足消费者的有关愿望和要求，促使销售促进活动收到显著的效果。

每次营业推广活动结束以后，应对该次活动进行必要的评估。评估的目的是明确成果、总结经验、发现不足，以便更好地开展下一轮的销售促进活动。评估的方法有如下两种。

1. 分析营业推广实施对销售量的影响

即分析营业推广实施前、实施中、实施后服务销售量的变化情况。在其他条件不变时，把营业推广增加的销售额所带来的贡献毛利与营业推广活动的费用相比较，即

可计算出营业推广活动的净效益。

2. 进行顾客调查

对顾客进行调查，了解他们的购买量、重复购买率、对本次营业推广活动的看法、意见等，以此分析此次活动的成果与缺陷。

第六节　物流服务的公共关系

一、物流服务公共关系的含义

物流服务公共关系活动是指某一物流组织为改善与社会公众的关系，促进公众对组织的认识、理解和支持，达到树立良好组织形象、促进产品或服务销售目的的一系列促销活动。

1. 物流服务公共关系活动的目的

公共关系活动的目的不仅在于促销产品或服务，而且在于树立企业的良好整体形象，增进社会公众对企业的了解。

2. 物流服务公共关系活动的作用

公共关系活动有助于妥善处理各种关系。企业必须面对各类公众，既有内部公众，也有外部公众，他们对企业的生存与发展都有重要的影响。处理好与他们的关系，就能为企业的发展壮大提供良好的内外基础。

3. 物流服务公共关系活动的传播渠道

公共关系活动的传播渠道很多，既可以利用媒体传播信息，也可以采用直接传播的方式。许多服务业都很重视公关工作，尤其是营销预算较少的小型服务公司。公关的功能在于它花费较少即可获得展露的机会，同时更是建立市场知名度的有力工具。

二、物流服务公共关系的对象

1. 内部公众

内部公众指企业内部的股东、员工等人员。

2. 外部公众

(1)顾客

顾客是企业面临的最主要的公众，满足他们的需求是企业坚定不移的宗旨与生存的基础。企业必须与顾客建立良好的关系，与顾客进行有效的沟通，赢得顾客的称赞，妥善处理与顾客发生的矛盾，使顾客满意与愉悦。

(2)供应商

供应商的工作对保证服务企业的正常生产与服务质量有重要的作用。企业也必须与信誉好、负责任的供应商建立良好的关系。

(3)经销商

信誉好、实力强的经销商是服务企业促销的有效途径与助手,企业必须与经销商建立良好的协作关系。

(4)媒体

各类传播媒体是企业重要的、特殊的合作伙伴,企业可以通过它们将有关信息传递给社会各方;各类传播媒体同样能对企业的行为起到一定的监督作用,因而企业必须与它们保持良好的关系。

(5)政府

政府机关也是企业必须面对的一个重要公众。政府的有关政策、条例及其行使管理的行政职能,对企业有重要的影响。企业必须与政府机关建立起良好的关系,以便及时了解与有效贯彻政府的政策与法令,为企业各项工作的开展赢得政府的支持。

(6)社区公众

如居民、单位(机关、学校、医院、商店等)、企业所在地区的左邻右舍,他们在企业周围生活、活动,企业的行为对他们构成较为直接的影响。他们也对企业有一定的了解。因此,与社区公众的关系对企业正常活动及形象的树立有着重要的影响。

(7)一般公众

即社会大众,它们是企业要施加影响并争取成为企业顾客的对象,因此,企业也必须与社会一般公众建立起良好的关系。

三、物流服务公共关系的活动内容

服务公共关系活动包括以下内容。

1.收集企业环境变化的信息

企业可以通过各种手段来收集企业环境变化的信息。如了解公众对企业服务过程、质量、价格等方面的意见与建议,并将企业改进各项工作的信息及时传递给公众。

2.与新闻媒体建立良好的关系

企业应该主动与新闻界建立起良好的关系,促使它们对企业的重要活动给予关注并及时进行报道,以引起公众的兴趣与注意。

3.举办或参加专题活动

企业应在有利时机举办各类公关活动,如举办新闻发布会、节日庆祝会等专题活动来扩大影响,提升企业的知名度,树立企业良好的形象。如有其他方面举办的活动,企业也可以适当参加,如体育竞赛、旅游节等,以借这些机会扩大影响。

4.对外联络协调工作

企业应利用各种机会与政府、银行、协会、媒体等各方面建立稳定的沟通关系,征求它们对企业工作改进的建议或意见,争取它们对企业的理解、支持与帮助。

5. 赞助与支持公益事业

企业是重要的社会成员之一，社会各方面所遇到的重大问题，企业多少应承担一定的义务与责任。企业应在力所能及的条件下，赞助社会福利事业、希望工程、抗洪救灾、环境保护等各种公益活动。既尽到企业的社会责任与义务，又能在社会公众心目中树立起良好的企业形象，赢得公众对企业的好感。

6. 咨询活动

企业应能接受社会公众对企业服务等各方面的咨询，耐心细致地解答公众提出的有关问题，给消费者做好参谋和向导。

7. 其他日常活动

公关活动还包括礼宾接待、参观安排、宣传材料的编撰与制作等与社会公众接触的各类活动。这些活动均应作妥善、细致的安排，力求使各方面满意，树立起良好的企业形象。

四、物流服务公共关系方案的制订与实施

制订公共关系的方案是一项十分重要而细致的工作，事前必须进行周密的考虑，不能疏忽，有时某一小环节出现失误，会引起较大的社会反响，因此必须给予高度重视。

1. 方案制订

第一，必须明确活动目标。活动目标应与企业总体目标与促销目标保持协调一致。第二，要规划好活动的主要内容，明确活动对象。第三，要准备好必要的经费及有关设施，并且要与活动涉及的各方事先做好协调工作，以便能取得有关各方的配合、支持与帮助。第四，要安排好活动的时间、次序以及企业领导参与的具体时间。第五，准备好必要的应急措施，以防某些意外事件发生。

2. 按预定计划实施

在实施过程中，应注意公众的反应，必要时也可以临时穿插一些内容来扩大影响或增强气氛（当然临时穿插的内容事先应策划好）。实施结束后，应对实施情况进行总结，肯定经验与成果，发现问题与不足，在今后活动中加以注意和改进。

如联邦快递的一个公共关系方案的实施。全球最具规模的快递公司联邦快递(FedEx)公司于 2005 年 12 月 20 日成为中国羽毛球队 2006～2008 年的主赞助商，这已是中国羽毛球队有史以来获得的最大赞助商。

本着共同打造强势品牌，达到双赢目标，双方即在合作之初提出了“振羽高飞、使命必达”的互动理念。作为双方活动里程碑性质的起点，2006“中国大师赛”成了这样一个有纪念意义的赛事。从这个比赛起，中国羽毛球队的选手们将全部穿着胸前印有“联邦快递”字样的比赛服参加各类世界大赛。“中国大师赛”是世界羽坛第一个六星级大赛，也是世界羽坛唯一以“大师赛”冠名的比赛。2006 年的赛事于 3 月 8～12 日在成都市举行，中国队将派出队中的全部精英，包括林丹、张宁等赶往成都，参加这

次"中国大师赛"。

为配合本届"中国大师赛"上助中国羽毛球队再创佳绩，联邦快递公司在赛事期间隆重推出一系列品牌推广活动，例如将有联邦快递优秀员工、中国区高层领导和部分贵宾现场参与到决赛中，与羽毛球有关的相关礼品在联邦快递奖赏中心闪亮登场等，与大家再次见证中国羽毛球队的辉煌战果。相信本次大师赛将吸引国内外各界的广泛关注，让我们共同预祝中国羽毛球队卫冕"中国大师赛"，于 2008 年北京奥运会上再攀历史高峰。

五、物流服务公共关系的主要工具

1. 事件

社会上发生的一些重要的事件、活动、特殊的时间、节日、人物等一般均可以成为物流企业公共关系营销的工具。

2. 公开出版物

物流企业的年度报告、小册子、文章、视听材料和商业信件、杂志等，企业可以利用这些媒介去接触消费者，影响自己的目标市场。

3. 新闻

在物流企业缺乏有报道价值的新闻时，公共关系专业人员的任务就是发展或创造对企业有利的新闻。

4. 公益服务活动

物流企业通过某些公益捐赠以达到提高其公众信誉的目的。

5. 形象识别媒体

物流企业应该很好地设计适合自己企业形象的识别系统，利用一切媒介加以有效地传播，扩大企业及产品和服务的影响力。

S 本章小结

本章介绍了物流服务促销组合的理论及相关内容。

在物流服务促销与促销组合中，要理解物流服务促销的含义。掌握物流服务促销的实质，物流服务促销不只限于对顾客，也可以被用来激励雇员和刺激中间商。掌握物流服务促销的内容，包括：广告促销、人员促销、公共关系和营业推广。

在物流服务促销与产品促销的差异中，首先要了解物流服务促销和产品促销的相似点和差异。这种差异性主要是由物流服务本身和行业特性导致的。

在物流服务人员促销中，掌握物流服务人员促销的任务及工作步骤、物流服务人员促销的主要形式，理解推销产品与推销服务的差异、物流促销人员的管理，学会选择物流促销人员并对其进行培训。

在物流服务的广告促销中，首先要掌握物流服务广告的含义，掌握物流服务广告媒体的选择、物流服务广告效果的测定以及其他营销工具。

在物流服务的营业推广中，理解物流服务营业推广的内涵，了解物流服务业使用营业推广的原因，掌握营业推广方案的制订，确定营业推广活动规模的大小、明确营业推广的对象等，了解营业推广的实施与评价。

在物流服务公共关系中，理解物流服务公共关系的含义，掌握物流服务公共关系的对象，包括内部公众、外部公众。了解物流服务公共关系的主要工具、物流服务公共关系的活动内容，掌握物流服务公共关系方案的制订与实施。

C 案例分析

破解北京青年报发行的物流与营销运作❶

(一)背景

《北京青年报》是北京地区最早告别邮局发行的报社，从1996开始组建自办发行网络，不到两年时间，就建立了完整、高效、独立的小红帽发行网。到2003年，小红帽从业人员2 800多人，下设2个子公司、13个分公司、100余个服务网点，服务半径辐射京城18个区县，在北京形成了四通八达的发行配送网络，并在全国30多个省、市、自治区设有85个代理发行点。

(二)具体

如此庞大的发行网络，要保障其顺利运转，花费是可想而知的。那么，如何在强化和巩固发行网络的同时，不断开发网络的价值，实现发行网络的保值和增值呢？

小红帽在国内较早导入了物流配送的理念。不仅以物流理念统帅报刊发行，而且用物流理念开发发行网络的价值。目前，小红帽发行网络的物流主要有以下4种。

其一，报刊发行物流。小红帽始终把报刊发行服务放在各项经营业务的首位，报刊发行始终是小红帽最重要的核心业务。它不仅全面负责《北京青年报》的发行工作，同时还代理着全国百余家报刊社在北京地区的发行业务。此外，小红帽正在实施“社区开发工程”，进入社区创建“小红帽社区文化服务驿站”，开展社区服务，以不断满足城市发展和居民文化生活的需求。相继推出了“上门收投、送报上楼、日报早送、订报赠报、免费安箱”等一系列服务承诺，以及电话订报、银行订报、网上订报等新型服务方式，极大地方便了订户。

❶案例摘选自中华传媒网/传媒社区/传媒人论坛，http://bbs.mediachina.net/index-bbs-show，2005-01-01。

其二，日常用品物流。除发行报纸外，小红帽还充分利用发行网络和客户资源优势，拓展服务范围，开发了代购图书及票卡、订送牛奶、订送桶装水、商品速递、回收旧报刊等多项业务，使客户感受到了方便、快捷和实惠的服务。不仅送报，还送书、送水、送奶、送票。小红帽除发行《北京青年报》这项最大的业务外，还承担北京三元食品股份有限公司、光明乳业、北京可口可乐饮料有限公司、北京领先饮食品工业公司、北京延中碧纯公司等知名企业的配送业务。这就极大地拓宽了网络的服务面，充分利用了网络优势，达到了网络增值的目的。据介绍，2003 年小红帽这方面的营业额已达到 5 000 多万元。

其三，文化服务物流。为进一步开掘发行渠道优势，充分发挥小红帽在广大受众中有良好的文化品牌优势，公司设立了小红帽读书俱乐部，它采取会员制，为广大读者提供多种多样的文化产品和文化服务。依托《北京青年报》强大的媒体资源，以及各界名人专家、学者精英的大力支持，小红帽读书俱乐部与各知名出版社及文化机构建立了良好的合作关系，可以为广大读者提供全面快捷的图书文化资讯，并建立亲情导读系统，从万卷书中精挑细选，通过会刊《万卷》向会员推荐文化精品，以丰富多彩的文化活动加强读者之间以及读者与出版社之间的交流，定期开展各种读者联谊会，推崇时尚文化生活。这样，俱乐部既可以为会员提供一流的精神粮食，又能使小红帽的品牌价值不断提高，赚取更多的利润。

其四，信息物流。小红帽报刊发行网络是一个庞大的信息网，这本身就是一个可以无限开发的信息资源。小红帽跟 IBM 合作建立了信息服务平台，将几十万读者的信息存入计算机，还与 IBM(中国有限公司)共同合作，开发了一套先进高效的业内最大的呼叫中心(CALLCENTER)——“小红帽配送体系综合信息管理系统”，该系统集语音交互应答、专业呼叫处理、计算机网络支持和先进数据管理等多种信息技术于一体，不仅可提供大量电话订购、服务咨询及投诉业务的呼叫处理及技术支持，还可以对上百万消费者进行数据分析，针对特定目标群体开展数据挖掘工作，提供有价值的信息服务。

在 20 世纪 90 年代末期，《北京青年报》在北京地区较早导入“营销”理念，并把这种理念贯穿到报纸发行的每一个环节。它们按照营销的“4PS 营销”理念，重视报纸产品、价格、渠道和促销四要素，并将其有机结合，报纸销售取得了非同寻常的效果。

《北京青年报》的一个重要特点是重视征订发行，但如果没有完善而又多样化的渠道，征订就难以有所突破。为此，小红帽跟多方合作，经过努力，开辟了上门订报(小红帽投递员直接上门办理订阅手续)、电话订报(拨打小红帽客户服务热线或当地发行站电话)、银行订报(到就近工商银行就可办理，持发票与当地发行站办理优惠手续)和网上订报(在网站上直接点击就可以办理订阅手续)四种途径,极大地方便了读者订阅,保障了发行营销渠道的畅通无阻。

此外,小红帽的促销措施在国内报界也是非常有名的。他们的"订报送礼"措施在国内被多家报社仿效。小红帽的送礼很有特色,他们送礼非常细致地考虑到了不同读者的个性化需求,并注意采用多种礼品的优化组合来巧妙地吸引各种读者。如2004年3月该报在一个征订宣传广告中承诺,凡北京市内全年订户,除可享受报款九折优惠(实付260元)外,同时可在牛奶、家庭卫生保健箱、全年电视报、纯净水、图书音像制品等赠品中任选其一,足见该报为吸引订户所用礼品之丰富。

(三)案例思考

小红帽的物流服务促销组合策略是怎样实施的?

(四)点评

小红帽的发行模式可以概括为:导入市场营销理念,以品牌为先导,以组合营销为策略,以报纸营销为主业,建立了一个专业而又畅通、密集而又完善的发行网络;导入现代物流理念,利用完善的发行渠道优势,借助现代化、信息化、网络化的经营管理,开展多元化经营,把小红帽建成了一个社会化、产业化的现代信息流和物流服务企业。

E 练习与思考

一、选择题

1. 物流服务促销本质上是一种(　　)活动。

A. 通知　　B. 说服　　C. 沟通　　D. 宣传

2. 物流服务促销组合的主要因素包括(　　)、(　　)、(　　)以及公共关系,并称为促销4大工具。

A. 广告促销　　B. 人员促销

C. 有形展示　　D. 营业推广

3. 产品的促销是立足于(　　)的促销;服务的促销则是立足于(　　)的促销。

A. 人对物质实体　　B. 物质实体对人

4. (　　)是传递信息的最重要工具,是广告运用最多的媒体形式之一。其优点是:读者面广、稳定、宣传覆盖面大;传递灵活迅速,时效性强;空间余地大,信息量丰富,便于查找;收费较低。

A. 杂志广告　　B. 报纸广告　　C. 户外广告　　D. 邮寄广告

5. 外部公众包括以下( )几类。

A. 顾客 B. 供应商 C. 媒体 D. 政府

6. 广告诉求认知效果测定的目的在于分析广告活动是否达到预期的信息效果。测定广告诉求认知效果,主要有如下指标( )。

A. 接触率 B. 好感率 C. 注目率 D. 综合评分

7. ( )营销是一把双刃剑,运用的好,就会使企业及产品声名远扬,而运用得不好,或者企业产品或服务不到位,也会使企业臭名远扬,给企业带来巨大的损失。

A. 新闻 B. 口碑 C. 事件

8. ( )则涉及列举出一名顾客应该购买和使用某项特定的服务,而不是使用此类型的服务或购买竞争者的品牌。

A. 告知 B. 提醒 C. 劝说

9. 物流服务促销的目标包括( )。

A. 供应商目标 B. 中间商目标

C. 客户目标 D. 竞争目标

10. 营业推广是指物流企业在特定的目标市场中,在( )内采用强烈刺激的促销措施,刺激需求和鼓励消费者购买产品或服务的活动。

A. 短期 B. 中期 C. 长期

二、思考题

1. 简述物流服务促销的含义。

2. 举例说明如何选择物流服务的广告媒体。

3. 举例说明物流服务促销与产品促销的异同。

三、实训项目

【实训目标】

熟悉物流服务促销人员的工作步骤,将市场调查、目标市场选择、人员促销等知识点加以整合,使知识由点到面全面贯通。

【实训内容与形式】

1. 以自愿为原则进行分组,以 5~6 人为一组。

2. 每组通过竞选产生负责人。

3. 在一个特定区域内进行物流服务目标市场调查。

4. 根据调查数据,确定物流服务目标客户。

5. 与目标客户接触。

6. 与目标客户面谈。

7. 将信息反馈,便于企业改进物流服务或增加新服务及增值服务。

【实训要领】

1.每个小组分别写出实训总结交给教师审阅评估，此环节非常重要，学生所作总结若“毫无新意”或“可行性极差”，教师应要求学生重新制订。

2.此次实训强调团队合作精神，要求每一位同学积极参与。

3.小组中有适当争论（当需要时，能够提出并坚持自己的观点，不随波逐流），又迅速达成一致（而非不负责任的苟同）。

4.培养较强的说服他人接受自己观点的能力。

【成果与检测】

1.教师对每组提交的实训总结及其表现进行考核；

2.教师根据各组完成的文字材料和实际效果及讨论中的表现评估打分。

第九章 物流服务分销渠道策略

学习目标

◆ 掌握物流服务分销渠道的概念及特点，理解物流服务分销渠道的功能；
◆ 掌握物流服务分销渠道的类型，掌握直接渠道的优缺点及应注意的问题；
◆ 理解中介在物流服务分销渠道中的职能；
◆ 掌握特许经营的特点，理解特许经营渠道的优缺点；
◆ 理解共同生产的概念，了解网络营销渠道；
◆ 掌握3种物流服务分销渠道系统的结构；
◆ 了解物流服务分销渠道的设计与管理。

通用汽车零部件物流配送[1]

引入案例

通用汽车服务零部件运作公司(General Motor's Service Parts Operation-SPO)是通用汽车下属的一家子公司，专门负责为通用汽车的经销商或维修站提供售后零部件的配送服务。每天SPO将负责运作435 000条配送路线，将零部件送至几千家经销商手中。将近有超过400家运输商为其提供运输服务，运输方式涵盖水、陆、空3种方式。

SPO起先针对入厂物流、售后物流进行分开招标，但Schneider Logistics称其可以提供所有的物流服务，同时Schneider又是一家盛名卓著的直达运输物流服务商。有鉴于此，SPO将入厂、售后2份合同一同总包给了Schneider。

一、实施方案

Schneider的实施步骤是分阶段进行的，首先是运输的实际操作，其次是货运管理，再接着是支付系统管理以及客户应诉。

单就美国本土的SPO业务而言，Schneider首先需要将零部件从3 000多个零部件供应商处运送至4个全国性零部件处理中心，3个在密歇根，另外1个在西福吉尼

[1]案例摘选自上网第一站/管理务实/ 管理谋略/务实正文，http://www.35d1.com/economy2/gl/economy2_8039.html。

亚。经过简单的拆装、处理、包装后，再将零部件从这 4 个处理中心配送至全国的 18 个地区配送中心，最终再从这 18 个配送中心配送至全国各地的近 8 000 家最终经销商和维修网点。

绝大多数的零部件都得先运送至 8 个地区配送中心。在地区中心的零部件发送出去后，马上会在处理中心产生相应的补货信息，同时这些信息也会在零部件供应商处产生。

二、效果评析

Schneider 物流的服务使 SPO 获得不菲的益处。

(1)在业务运作的头 2 年中，每年 SPO 支出的运输费用减少了 10%。配送频率也从 2 次/周提高到 1 次/d。配送频率的增加直接导致配送里程数每年净增加了 1 400万英里，但是由于 Schneider 先进的管理技术应用，对 SPO 而言并没有产生额外的运费支出。

(2)使得为 SPO 服务的运输商数目从以前的 1 200 家减少到目前的 600 家。其中约 1/3 的运输商运送了 85%的配送业务。Schneider 的最终计划是将 85%的配送业务集中在 50 家核心运输高手中。

Schneider Logistics 1994 年获得通用汽车服务零部件运作公司的入厂、售后物流合同，1997 年 Schneider 又将其业务在加拿大进行推广。两企业已经持续合作了 6 年，促使两者走到一起的原因归结为两点：全球化贸易发展、Internet 技术的应用发展。

请分析：

通用汽车服务零部件运作公司是怎样确定自己的分销渠道的？效果怎样？

第一节　物流服务分销渠道概述

分销渠道是产品从生产向消费转移的整个过程，涉及参与这个过程起点到终点的个人和机构。分销渠道可以作为信息传递的途径，对企业广泛、及时、准确地搜集市场情报和有关销售、消费的反馈信息起着重要作用。企业如果能正确选择销售渠道，采用适合的分销渠道策略，使销售畅通无阻，不仅能保证市场占有率，而且能加速企业资金周转，降低销售费用，提高企业的经济效益。在现实生活中，服务企业需要找到散布在各地的机构和居民便于接近的地点，使其服务接近目标消费者并为其所购买。

一、物流服务分销渠道的概念

物流服务分销渠道是指物流服务通过交换从生产者手中转移到消费者手中所经过的路线。物流分销渠道涉及的是物流服务从生产向消费转移的整个过程。在这个过程中，起点为生产者出售物流服务，终点为消费者或用户购买、使用物流服务，位于起点和终点之间的为中间环节。中间环节包括参与从起点到终点之间物流服务流通活动的个人和机构，主要包括车站、码头和机场等站场组织，航运代理、货运代理、航空代理、船务代理以及受物流公司委托建立的售票点、揽货点等代理商，铁路、公路、水路和航空运输公司等联运公司。

物流服务分销渠道策略是指物流服务企业选择采用何种营销渠道去销售现代物流服务的策略。这包括选用自行建立直销服务网络的策略，借用他人服务营销网络的策略和建立营销战略联盟的策略等几种。其中，自行建立直销服务网络的策略是服务公司通过自己的电子商务网络或人员推销网络将现代物流服务直接销售给客户的营销策略。借用他人服务营销网络的策略是通过他人的代理去销售自己的物流服务的策略；而建立营销战略联盟的策略是通过与同行业或其他行业的企业建立战略伙伴关系，共同推销双方的商品或服务的策略。

二、物流服务分销渠道的特点

1. 层次少

物流服务作为物流业的产品，由于其与其他产业的产品不同的特点，即产品的生产与消费同时发生，所以在分销渠道层次上，物流服务的分销渠道大多数为零渠道，即直接分销渠道（产品从生产者流向最终消费者的过程中不经过任何中间商转手的分销渠道）。同时，即使存在中间商，其作用也是非常有限的。

2. 可控性强

由于物流服务分销渠道有层次少的特点，所以在日常的运作过程中，物流企业可对自身产品的营销进行直接的控制，不像其他产品的营销活动受外界因素影响过大，致使销售行为不能达到初始的营销期望。

三、物流服务分销渠道的功能

1. 提供方便的销售网络

物流服务企业设计、生产服务产品、制订价格，并辅之以广告、宣传等促销手段。当消费者对物流服务产品产生购买欲望时，他们需要在某个特定的地点方便地购买到这些产品。物流服务分销渠道正是发挥了这样的作用，让顾客能及时购买产品。

2. 发布有关物流服务产品的信息

顾客对于服务产品的认识和了解需要部分地借助于服务分销渠道来实现，如服务分销渠道发放一些完全服务产品的印刷材料；同时，渠道也可将顾客对产品的反映和感受反馈回来，供企业参考，作出适当的策略调整。从这个角度来说，分销渠道充当了生产者与消费者之间的桥梁。

3. 进行咨询和协助购买

当顾客不太清楚有关物流服务的某些事宜，或在作出购买决策时仍然心存疑虑，销售渠道可以为其提供关于产品的知识，促进其购买行为的发生。

4. 其他辅助活动

除上述功能外，物流服务分销渠道还能帮助企业进行一些促销活动，如受理并协助解决顾客投诉等。

第二节 物流服务分销渠道的类型

一般而言，分销渠道是指服务从生产者移向消费者转移所涉及到的一系列公司和中间商。分销渠道的类型即分销渠道的基本类别和形态，可以从不同的角度按不同的标准进行分析和区分，一般按企业在其分销活动中是否通过中间商来划分，可分为直接渠道、间接渠道和其他渠道。

图 9-1 列出了服务的多种渠道选择。

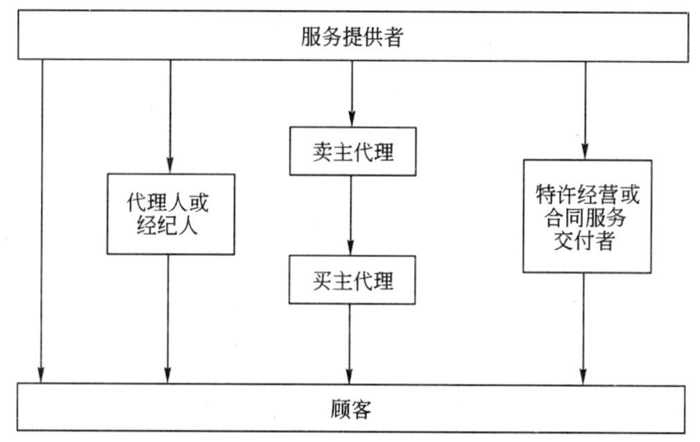

图 9-1 服务的多种渠道选择示意图

一、直接渠道

直接渠道就是服务从生产领域转移到消费领域不经过任何中间商转手的分销渠道。这是一种最简单、最直接、也最能反映服务的基本特点的一种渠道。

1. 直接渠道的有利因素

(1)企业较好地控制对物流服务的供应和质量

企业在服务供给时能保持较好的一致性，可以建立标准，并且根据计划实施标准。公司自己能够对提供服务的合适行为进行监督并奖励。对于员工的雇佣、解雇和激励也可以进行控制。

在服务行业，熟练员工或专业员工与顾客有个人关系，一个主要的问题是，涉及到顾客的忠诚度是针对公司还是针对服务员工个人。利用公司的自有渠道，公司就拥有了“商店”和“员工”，因而就完全控制了顾客关系。

(2)实行个性化物流服务方式,提供差异化的特色服务

以真正个人化服务方式,全面周到地为顾客提供服务,产生有特色服务产品的差异化,并能防止假冒伪劣产品对企业的影响。

(3)可以减少佣金折扣,便于企业控制服务价格。

(4)便于与顾客的双向沟通

通过直接接触,能快速具体地了解消费者的需要,及时作出反应,改善服务,对市场保持较好的控制。同时从顾客接触中可直接反馈顾客需求变化及关于竞争对手产品内容的意见等信息。

2. 直接渠道的不利因素

(1)对于大多数物流服务企业来说,公司必须承担全部财务风险。当公司扩张时,必须筹集全部资金,有时,公司把资金用于商店数量的增加而不是其他利益更大的用途(如广告、服务质量或服务项目的开发)。

(2)公司很少是当地市场的专家,它们知道其业务,但是不知道其全部顾客市场。当公司扩张进入另一种文化或另一个国家时,尤其如此。在这些条件下,自有渠道公司几乎总是更愿意合伙或风险共担。

3. 直接渠道应注意的问题

如果采取直接销售方式,那么服务的接触就非常重要,必须让每一个员工知道服务的特点,强调围绕顾客的语言、动作、环境和心理设计的重要性。

(1)员工的培训

服务机构与公众的接触首先是依靠机构最基层的工作人员,而恰恰是这些收入相对较低的人员的责任最重。要提高服务的质量,唯一的方法就是从适当培训每一位一线人员开始。

(2)内部营销

人员的培训从营销开始。机构要让全体员工和中介人员干得有动力,目的是使他们的目标与动力和机构自身的目标相一致。内部营销计划很重要,当人员作为服务的生产主角时,服务的质量问题尤为突出。如果服务是靠人员与顾客的接触,这些人员就是服务的组成部分。他们不仅要在职业水平上,而且要在动机和目的上都达到应有的层次。

(3)动作设计

顾客对服务人员的感受通常是很重要的。因此有必要对服务人员的动作进行设计并将它写入工作手册,以提高工作效率,提高顾客满意度。

西南航空公司就把功夫下在招聘过程中[1]。美国西南航空公司人力资源部总监利比·萨廷说,公司招聘雇员一般采取谈话式的面试,平等面对求职者,公司认为如

[1]案例摘选自阿里巴巴网,http://info.china.alibaba.com/news/detail/v5003013-d5559882.html。

果求职者感到他们好像在同朋友闲话家常，便会放松心情讲出一些难以置信的事，从而使招聘人员从面试中看出求职者是否能成功地适应“以客户为核心”的公司文化。公司人力资源部对公司雇员的行为进行了长达十年的分析，不仅把测试常识、判断和决定能力这类共同属性的问题标准化，而且把根据各工种的具体需要和要求进行测试的问题标准化。去年5 000名新员工是从16万名申请者中挑选出来的，其中7万人进行了面试。招聘过程所花的时间和金钱使公司的人力流失率总体只有9%，而上层管理人员仅为6%，大大低于航空业界其他公司。西南航空公司在发展过程中强调保持统一的企业文化，注重在公司内部培养管理人才，高级管理人员中外来者不到5人，绝大多数管理人员都是从基层工作开始的。通过这种招聘形式，西南航空公司的员工能够保证较高的服务质量。

二、间接渠道

物流服务产品从企业传递到最终的消费者手中有不同的途径可以选择。企业可以凭借自己的设施和资源直接向消费者出售产品而不与中介合作；也可以借助于中介向消费者间接销售服务产品。直接渠道的替代方式就是通过中介销售服务的间接渠道。中介是独立于服务的生产者，可以是代理，也可以是零售，也有较少的批发商。中介的责任是间接的负责销售，生产者负责生产。销售者可以为生产作贡献，但是责任要分清，并一定要告诉消费者。

1. 中介在物流服务分销渠道中的职能

(1)中介在物流服务分销中的有限作用

和产品的分销渠道相比，服务分销渠道几乎总是直接的，物流服务分销渠道也一样。如果不是直接将服务提供给顾客，就是提供给向顾客出售服务的中间商。服务不能被占有，所以大多数服务的归属权利无法在分销渠道之间转移。因为服务是无形的，而且不易持久，因此不存在库存，使得仓储不再是一个必需的功能。总之，因为服务不能像产品那样生产、存储，然后销售，许多适合产品生产的渠道，对服务公司来说是不行的。分销渠道提供的许多主要功能——存储、保管以及取得商品所有权，在服务分销中没有意义。服务分销的重点是识别把顾客、委托人或其代理人联系在一起的方法。这样做，选择范围就被限定在被特许人、代理人、经纪人和网络营销。因此，中介在物流服务分销中的作用是有限的。

(2)中介在物流服务营销中的职能

①进入服务的时间和地点。有些物流服务是中介利用主供商所开发的流程来完成的。物流服务中介能使服务地方化，为顾客提供时间和地点的便利，帮助物流服务的生产者向潜在顾客销售服务。如本章开头案例中的为Schneider公司进行运输的运输商就是中介。

②信息的传递。一方面，潜在购买者往往不了解意欲购买服务的特点，通过电

视、广播、报刊等了解还是不够，因此需要与服务的生产者对话。中介此时可帮助生产者向购买者提供信息，中介变成了共同生产者。另一方面，中介在市场上长期与消费者频繁接触，消费者的真正需求及其对于服务产品的意见、竞争对手的动态都是他们所了解的。这些有价值的市场信息会通过中介反馈给企业，使企业能及时调整营销组合，完善产品，改进服务，实施有效的价格策略和促销手段，提高自身竞争力。

③产品品种。潜在顾客受到销售点提供的自己感兴趣的主要服务及其配套附加服务的选择面的吸引，包括彼此竞争的各种互补服务，乐于进入一个能选择或购买多种服务的销售点。而中介恰好能提供这种功能。

④信任。由于物流服务至少一部分是不可触知的，很难标准化，消费者不可能完全了解服务的特点，主要按信任来购买将要得到的服务。在物流服务中中介常常能够与物流生产服务合作，实现服务主供商对顾客的承诺。通过建立一种在复杂而且专业化的销售中所需要的信任关系，起到顾客与公司品牌或公司名称之间黏合剂的作用。

⑤风险和投资。如果中介者承担销售不成功的部分风险，承担销售服务所需要的部分投资，生产者当然是受益的。这种好处不仅具有金融性质，而且还有更好的管理能力和人力资源。

⑥后勤管理。潜在购买者所在地与服务的进入地点距离如果较远，就有一些问题需要解决，如停车、交通等，中介要负责提供这类服务。由于服务的不可触知性，多数服务中几乎没有库存可言，但是有一些服务仍然是需要一些材料消耗的，中介要负责材料的库存管理等后期管理。

⑦售后服务。售后服务有很重要的作用。中介的介入能帮助顾客办理有关手续，解决服务过程中出现的问题，既便于公司任务的完成，也有利于保持顾客的忠诚。

2. 中介机构的基本形态

物流服务市场的中介机构形态很多，常见的有代理人和经纪人。代理人和经纪人不取得服务的所有权，它们有合法的权利代表生产者出售服务，完成其他一些营销功能。这两种形式的中间商有许多相同的功能，但又在一些方面相互区别。

(1)代理人

指代表服务主供商的利益，有权签订顾客和委托人之间协议的中间商。代理人依据代理合同的规定，由服务提供者授权委托从事所有的或某些方面的物流业务服务。这些服务包括一切物流活动，以及发货人可以从专业物流代理商处得到的其他一些价值增值。提供这一服务，是以发货人和物流代理商之间的正式合同为条件的，这类合同明确规定了服务费用、期限及相互责任等事项；狭义的物流代理专指本身没有固定资产但仍承接物流业务，借助外界力量，负责代替发货人完成整个物流过程的一种物流管理方式。

代理人通常为委托人连续工作，而不是只完成一次交易。通常因为委托人没有兴趣，感觉不能胜任，或者缺乏做这些事情的资源才需要代理人。

购买代理人和买者之间也有长期关系，它们为买者估价，实施购买。他们有知识，可为客户提供有益的市场信息，使其获得最好的服务和合适的价格。

推广代理人通过增加专业知识或者诸如风险和运输方面的支持，对营销过程产生帮助。

(2)经纪人

经纪人在市场上为服务提供者和顾客双方提供信息，并帮助谈判。他们向雇佣其的一方收取佣金，很少卷入财务和担保风险，不作为买方或卖方的长期代表。

三、其他渠道

1.特许经营

对于许多物流企业来说，资金上的限制使其无法建立起广泛的分销系统。为了尽快实现其规模的扩张，其往往采取特许经营的方式。有人把特许经营称为人类有史以来最为成功的营销理念。

特许经营是指特许者将自己所拥有的服务商标、商号、专利和专有技术、经营模式等以特许经营合同的形式授予被特许者使用，被特许者按合同的规定，在特许者统一的业务模式下从事经营活动，并向特许者支付相应的费用。

特许经营是以特许经营权的转让为核心的一种经营方式。特许经营代理是独立的物流企业，它在接受特许的时候需要承担下述义务：向特许人缴纳特许经营费用，作为取得经营权的代价；经营所需要的某些设施必须从授权公司取得；保证经营活动符合协议要求；遵守授权企业规定的经营销售办法；把销售总收入中一定百分比的费用传给授权企业。同时，授权公司也必须承担相应的义务：让特许代理使用企业的名称和标记，以招徕客户；对代理方的职员进行专门培训；提供资金援助，使代理方能有效地经营；在合同期内不断地向代理方提供其他帮助。

(1)特许经营的特征

特许人对一个名称、一项创意、一种秘密工艺或一种特殊设备及其相关联的商誉拥有所有权。

特许人将一种许可权授予受许人，允许其使用该名称、创意、秘密工艺及其关联的商誉。

包括在特许合同中的种种规定，可对受许人的经营进行监督和控制。

受许人应支付权利或者为已获得的权利而付出某种补偿。

(2)特许经营必备条件

必须订立包括所有双方条款的合同。

特许人在企业开张之前，必须给予受许人各方面的指导与训练，协助其业务开展。

业务开张之后，特许人必须在经营上持续提供有关事业营运的各方面支持。

在特许人的控制下，允许受许人使用特许人所拥有的经营资源，包括商业名称、定型化业务或程序以及特许人所拥有的商誉及其相关利益。

受许人必须进行实质的资本性投资。

受许人必须拥有自有的企业。

(3)特许经营的好处

①对特许方来说

能够使企业实现低成本的扩张，摆脱资金及人才资源缺乏对规模的制约。

特许人可利用自身的无形资产，使企业尽快在空间上多方布局，实现连锁规模经营，减少特许企业投资的风险。被特许人必须用其自己的资金购买设备、雇佣员工，因此承担经营企业的部分风险。此外，特许人可以获得当地市场知识。全国性的连锁企业未必能了解地方市场以及生活在该市场中的从事工商企业的人。通过特许经营，公司得以和当地市场联系起来。

保持服务的一致性。当特许人有强有力的合同和独特的经营方式时，他们可以要求按照其规定提供服务。

②对受许人来说

可以利用特许人无形资产的优势及其良好的社会影响，成功地进入某一物流服务市场，避免投资失败。

受许人可以得到系统的管理培训和指导。

受许人可获得质量稳定、可靠的品牌和产品服务。

享有知名品牌、商标带来的利润。

由于统一的技术和经营运作模式，受许人可极大地降低成本、保证顺利运营。

可根据特许人已成功的经验来降低经营风险。

附属于特许人品牌的大旗下，特许人进行整体广告宣传，受许人可节省广告宣传费用。

获得现成的市场营销方案，可使企业快速发展。

可得到持续不断的技术支持和售后服务。

对客户来说，特许经营使其能够获得高质量的物流服务。

(4)特许经营所面临的挑战

特许经营也不是没有挑战，大多数特许人面临如下的挑战：

①保留和激励被特许人困难。激励独立的经营者根据委托人建立的标准定价、送货、促销和雇佣员工是一项困难的工作，特别是业务状况不好时。

②不一致的服务会损坏公司声誉。

一些被特许人的绩效比另一些更差，这将侵蚀公司的名称和商誉。

③中间商而不是服务主供商控制了顾客关系。

一家服务公司越接近顾客，就越能了解顾客的需要和想法。当被特许人介入时，在顾客和被特许人之间就形成了一种关系，而不是在顾客和服务主供商之间。所有的顾客信息，包括人口统计因素的确定、购买历史和偏好都掌握在中间商而不是服务主供商手中。

对被特许人也存在挑战。最重要的问题之一是被蚕食，即没有对现存被特许人进行补偿就在其附近新开商店。其他的挑战包括对运营和高特许费用感知控制的缺乏。许多问题是由于特许人的过分承诺，但其他一些问题是由于被特许人对从特许协议中的所得不合实际的期望。

例如在美国，许多特许公司都是把特许权以多种形式转让给地区总特许商，基本形式有以下几种[1]。

第一种：委托特许。即特许权所有者把自己的产品、商标、经营模式等出售给一个地区总特许商。这个总特许商可向该地区内的特许申请者再次出售特许权，但他自己不运用特许权来建店进行特许经营，这个地区总的特许商类似特许批发商，他购买了较大地区的特许权，但他并不自己营运，而转卖给单个申请者。这种方法与面向众多的单个特许申请者出售特许权相比，在手续、资金、人力、广告和管理上都大大地节省了资源。

第二种：特许权接受者购买在一个区域内的全部特许权。它将在该区域内再建若干个分店，实施特许经营，而不把特许权转卖给其他申请者。

第三种：流动展示特许。由特许权购买者利用"特许加盟推广会"及"家庭特许加盟说明会"的方式向潜在加盟者讲解项目。面对面地沟通后，售出加盟权，这也是出售加盟权最有效的方法之一。

第四种：配送特许。由特许权所有者将它们的配送特许权出售给地区总特许商，由地区总特许商再次授予该特许权接受者设立批发仓库，向其他特许经营者供应相配货物。

第五种：是特许权使用者将合作特许权或管理合作特许权给地区总特许商。这种形式使得地区总特许商不但在出售特许权中获利，还能够从每新开一家连锁店的综合管理费中得到一个管理股份，相当于特许权所有者与地区特许商合营。

第六种：服务特许。特许权所有者允许地区总特许商在一个商标或品牌的名义下提供服务。

2. 协作物流

若干企业将自己的物流业务拿出来建立基于互联网技术的协作物流联盟体系。一方面实现物流业务运作和服务能力资源的共享，在节约自身物流成本的同时获取规模经济效益；另一方面又掌握着对物流运作的实际控制权。这就是所谓的协作物

---

[1] 案例摘选自成功学课堂网站，http://www.gy16.com/cg/info/15046-1.htm。

流(Collaborative-Logistics)。协作物流(Collaborative Logistics)反映了通过改变物流方式、物流途径,挖掘物流新利润新源泉的趋势,它通过综合供应者到消费者的供应链运作,使物流、信息流和资金流的流动达到最优化,并追求全面的、系统的综合效果。

2000 年 3 月第一个协作物流网 Nestevo 网络正式成立[1],当时 General Misss、Pillsbury、Land 0'Lakes Graplic Packaging International 和 Fort James 公司结盟成立 Nestevo,为制造商减少运输费,提高运输公司的盈利能力。在这里,制造商联盟利用协作物流网络制订优化运输路线,可以帮助运输车辆优化配载并可找到返程的货源;提高车辆的积载能力,降低车辆空载率;可以减少驾驶员的流动,他们不必再去仓促地找回程货;同时,服务质量也提高了,因为驾驶员越来越熟悉路线,并与发货商及顾客建立起商业关系。当企业和运输商加入 Nestevo,它们的合同条款就进入了电脑系统,这样各方都可以上网看合同和议价。Nestevo 网络成立 18 个月以后,另 19 家公司,包括雀巢美国公司、纳比斯科、Hormel 食品公司等都加入了这个网络,每家公司加入网络的年平均入会费为 30 万美元,同时还有 100 家运输公司加入。这个网络可以通过比较会员需要的物流起始地点、时间来制订总体运输策略。各家公司通过比较最佳路线,同意合作后建立社区,并制订基本规则,例如一段行程中不同的路段改由谁付款以及使用哪家运输公司。有些公司只隶属于一个社区,有些则属于多个社区。各家公司发现,越多公司加入自己的社区,好处越大,因为它有更多的匹配路线。

3. 网络营销

(1)利用网络营销分销服务的利益

网络营销是唯一的不需要直接人际互动的服务分销渠道。利用网络营销,顾客能够在其需要的时间和地点接近公司的服务。网络营销允许服务供应商能够与大量的最终用户进行交互,正如戴尔计算机,一种物质产品,允许顾客根据其特殊需要和各种欲望装配一台整机一样,互联网允许许多公司从一开始就对服务进行设计。通过网络营销还能够得到快速的顾客反馈。公司可以发现顾客对其服务和交易的认识,并且从顾客的调查中获得更高的顾客参与。利用顾客的快速反馈,可以及时改变服务品种组合,立刻解决问题,并使公司的学习周期显著提高。

不仅如此,网络营销还允许服务供应商与大量中间商进行交互。用于信息收集、挑选和激励非网络营销的费用和努力要高于利用网络营销完成同样活动需要的费用。许多特许人发现,与通过主流广告和贸易展览的传统方法相比,通过互联网能够寻找到质量更高的特许人。

---

[1] 案例摘选自中国物资储运总公司网站,http://www.cmst.com.cn/magazine/CSTArticleDetail.asp? Id=376&magazineName=2002%E9%AA%9E? 3%E9%8F%88? magazinePutDate=2002-12-3%2013:19:48&magazinePutDate=。

网络营销的成本更低。电子提供了比人员分销更有效的传递方法。利用直接的销售人员和买者接触所支持的费用要比利用电子中介高得多。

(2)利用网络营销分销服务所面临的挑战

①顾客是主动的而非被动的,并且必须被诱导。服务提供者希望把发布的广告信息展现给网络用户。但在线消费者可以从网络空间吸收所有使其感兴趣的东西,而把所有不感兴趣的留下。这就要求广告要具有教育性、娱乐性才能引起顾客的注意,必须要给顾客提供利益,所以要以公司设计游戏、提供奖励、举办竞赛以及其他方式把顾客吸引到网站,帮助广告主和顾客建立关系。

②价格竞争。产品和服务之间传统的差异之一就是很难直接比较服务之间的价格和特征。互联网改变了这一切,顾客很容易对范围广泛的各种服务的价格进行比较,顾客从来没有具备过这样的对服务价格进行讨价还价的能力。

③网络营销本身的限制。如许多顾客不习惯上网,希望消费者改变其长期行为模式的营销者将面临挑战;许多顾客对信息的安全性不放心等。

四、物流服务分销渠道系统

不管采用何种分销渠道,企业要想在不同区域和目标市场完成营销任务,都需要独立拥有或合作形成具有管理控制能力的分销渠道系统,直销企业也不例外。企业的分销渠道系统主要分为3类:一是垂直分销渠道系统;二是水平分销渠道系统;三是网络化分销渠道系统。3种系统的划分以营销组织和合作的纵横关系为主要依据,而不同系统的实质区别在于营销主体对系统投资与控制力的不同。

1.垂直分销渠道系统

是指由物流企业及其代理商所组成的一种统一的联合体。这一联合体由有实力的物流企业统一支配、集中管理,有利于控制渠道各方的行动,消除渠道成员为追求各自利益而造成的冲突,进而提高成员各方的效益。垂直分销渠道系统因为能对渠道实现高水平的控制,所以,很多物流企业使用这一系统。

垂直分销渠道系统主要有公司式、管理式和合同式3种。

(1)公司式垂直分销渠道系统

公司式垂直分销渠道系统是同一家物流公司拥有和统一管理若干个分公司和中间商来控制整个分销渠道。在这个系统中,通过正规的组织进行渠道成员间的合作与冲突控制。中国储运总公司在推选现代企业制度过程中,建立了以资产为纽带的母子公司体制,理顺了产权关系,其所属64个仓库在全国各大经济圈中心和港口,形成了覆盖全国、紧密相连的庞大网络,成为其跻身物流服务市场的强大基础。由于同属一个资本系统,公司式垂直分销渠道系统中渠道各成员的结合最为紧密,物流至分的控制程度也最高。

(2)合同式垂直分销渠道系统

它是由不同层次的独立的物流企业和中间商在物流过程中组成的，以合同、契约等形式为基础建立的联合经营形式，目的在于获得比其独立行动时能得到的更大的经济和销售效果。例如，一个物流企业可以同时给予多家代理企业代理权，这种联合体的紧密程度逊于公司式。

(3)管理式垂直分销渠道系统

管理式垂直分销渠道系统是指不通过共同所有权或契约而是以渠道中规模大、实力强的物流企业来统一物流销售过程中渠道成员各方利益的营销系统。

2. 水平分销渠道系统

水平分销渠道系统是由两个或两个以上的物流企业联合，利用各自的资金、技术、运力、线路等优势共同开发和利用物流市场机会。这些公司或缺乏资本、或缺乏技能、或缺乏运力、或缺乏营运线路，无力独自进行市场开发和承担商业风险；或者发现与其他公司联合可以产生巨大的协同作用。公司间的联合可以是暂时性的，也可以是永久性的，也可以创立一个专门公司。

例如汽车运输公司与铁路运输部门、航空运输部门联合形成的渠道系统；全球20家最大的集装箱航运公司中的6家组成的五大全球性班轮联盟。上海集装船务有限公司是由中远集团和长航集团共同组成的，它的成立使长江中下游干线与上海始发的国际干线相连，为中远集团加强其在国际航运市场上的竞争力发挥了较大的作用。

3. 网络化分销渠道系统

网络化分销渠道系统是垂直分销渠道系统和水平分销渠道系统的综合体。当某一企业物流系统的某个环节同时又是其他物流系统的组成部分时，以物流为联系的企业关系就会形成一个网络关系，即为物流网络。这是一个开放的系统，企业可以自由加入或退出，尤其在业务最忙的季节最有可能利用到这个系统。物流网络能发挥规模经济作用的条件就是物流运作的标准化、模块化。

第三节　物流服务分销渠道的设计与管理

一、物流服务的性质决定分销渠道的设计

1. 物流服务的生产过程与消费过程具有不可分离性

有形的实物产品在从生产、流通到最终消费的过程中，往往要经过一系列的中间环节。生产与消费的过程具有一定的时间间隔，即生产与消费是可分离的，生产在先，消费在后。然而服务则与之不同，它具有不可分离的特征，即服务的生产过程与消费过程同时进行，也就是说，服务人员在向顾客提供服务之时，也正是顾客消费服务之时，二者在时间上不可分离。物流服务也是这样的，即物流服务的生产过程与消

费过程同时进行，也就是说企业员工提供物流服务于顾客时，也正是顾客消费服务的时刻，二者在时间上不可分离，由于物流服务本身不是一个具体的物品，而是一系列的活动或者说是过程，所以物流服务的过程，也就是顾客对服务的消费过程。正因为物流服务的不可分离性，不需像产品一样要经过分销渠道才能送到顾客手中，物流企业往往将生产、消费场所融为一体，顾客必须到服务场所，才能接受服务，或物流企业必须将服务送到顾客手中，因此，大部分物流服务是在生产地点被消费的，因此各个物流服务网点只能为某一个地区的消费者服务。

2. 物流服务具有不可储存性

物流服务容易消失，不可储存。物流企业在为顾客服务之后，服务就立即消失。因此，购买劣质服务的顾客通常无货可退，无法要求企业退款，而且企业也不可能像产品生产者那样，将淡季生产的产品储存起来在旺季时出售，而必须保持足够的生产能力，以便随时为顾客服务。如果某个时期市场需求量低，物流企业的生产能力就无法得到充分利用，而在市场需求量超过生产能力时，物流企业就无法接待一部分顾客，从而丧失一部分营业收入。当然，尽管物流服务容易消失，但物流企业可反复利用其服务设施，因此，要保持持久的销售量，物流企业最好的方法是保持现有的老顾客。

3. 物流服务具有差异性

差异性是指物流服务的构成成分及其质量水平经常变化，很难统一界定。物流企业提供的服务不可能完全相同，由于人类个性的存在，同一位第一线的员工提供的服务也不可能始终如一，与产品生产相比较，物流企业往往不易制订和执行服务质量标准，不易保证服务质量，物流企业可以在工作手册中明确规定员工在某种服务场合的行为标准。但管理人员却很难预料有各种不同经历、性格特点、工作态度的员工在这一服务场合的实际行为方式，而且服务质量不仅与员工的服务态度和服务能力有关，也和顾客有关，同样的服务对一部分顾客是优质服务，对另一部分顾客却可能是劣质服务。

4. 消费者参与物流服务生产过程的程度

物流服务中的许多过程需要一定程度的顾客参与。为提供这些或其他需要顾客参与的服务所设计的渠道，应当力图促进顾客的参与。物流服务被广泛接受的事实确实表明，消费者能够并且愿意参与到被提供的服务中去。为传递某一特定的服务设计的渠道，管理者不应当忽视这种参与的意愿。

二、影响物流服务分销渠道的因素

影响物流服务分销渠道最主要的因素是服务产品自身的特点。它从根本上决定了服务分销的基本方式——是否需要中介和选择谁做中介，这对于服务是非常重要的，它意味着要决定消费者进入服务的方式：在何地、何时、以何种方式接触服务。

物流服务企业所采用的分销渠道往往随着企业类型和规模的不同而多有差异，并且经营规模较大的企业往往同时采用多种不同模式的分销渠道。物流服务企业在选择销售渠道时还需考虑很多具体因素的影响。影响物流服务企业选择分销渠道模式的因素很多，其中既有企业内部的因素，也有外部经营环境的因素。具有普遍意义的主要影响因素如下。

1.产品因素

影响分销渠道选拔的产品因素主要有两个：

产品的性质和种类，即所要销售的是什么产品。

产品的档次或等级。

实践表明，铁路公司、汽车客运公司、出租汽车公司和汽车租赁行等服务企业几乎无一例外地都以直接销售作为其产品销售的主渠道。海上游船旅游公司和经营国际业务的航空公司则大都以间接销售作为其产品销售的主渠道。这些情况都表明产品的性质或种类对分销渠道的适用程度有一定的影响。产品档次受分销渠道的影响主要表现在高档次产品因其价格昂贵致使其市场相对较小，并且其消费者多为回头客。因此，经营这类高档产品的服务企业除了使用直销模式外，在采用间接分销时往往选择尽可能短的分销渠道。

2.市场因素

影响分销渠道适用程度的市场因素是多方面的。其中主要的因素包括消费者市场的规模、消费者市场与服务产品生产者之间的空间距离以及消费者市场的集中程度。

(1)消费者市场的规模

市场规模越大，所需要的销售网点也就越多，服务产品生产者自身就越难以满足其方便购买的需要。因此，服务产品生产者就有必要开辟间接销售渠道，借助中间商的力量去组织客源和扩大销售。只要不违背经济资料的原则，即使分销渠道再长也是可取的。反之，如果目标市场规模较小，如高档市场，则比较适合采用直销，即使有必要采用间接销售时，亦应选择短渠道。

(2)客源市场的远近

如果客源市场所在地距服务产品生产者较远，例如国际客源市场，则有必要采用间接销售渠道。这不仅仅是因为采用预订系统和前往市场所在地自设销售网点的消费很大，一般企业不堪重负，而且还因为中间商对该市场的了解更为清楚，推销工作中的障碍比较小。如果客源市场区域距离服务产品生产者比较近，则意味着不仅服务产品生产者比较容易向潜在顾客施加影响，而且潜在顾客往往能够比较方便地直接向服务生产者购买其产品，因此，采用直接销售渠道比较适宜。

(3)消费者市场的集中程度

客源市场的集中程度虽然涉及客源市场区域的数量及其分布状况，但在这里更重要的是指某一市场区域中潜在顾客的集中程度。在潜在顾客比较密的市场区域，一般适合于借助当地服务零售商的力量建立一层次销售渠道，不必增加服务批发商的参与。如果某一地理区域内的客源市场比较分散，则应同该地区的服务批发商建立业务联系，由服务批发商去物色和组织服务零售商或利用自己的零售网，面向潜在顾客进行销售。在某一地理区域内客源市场比较分散的情况下，零售网点相应较多，直接借助服务零售商的力量，势必需要同很多家服务零售商打交道，不仅成本费用高，而且技术上的难度也比较大。如果同该地区的某一服务批发商建立业务联系，则不但费用有可能节约，而且由于只同这一服务批发商打交道，技术上的难度相应会减少很多。

(4)竞争状况

物流企业在物流服务竞争激烈的情况下，应采取与竞争对手不同的渠道模式，或即使采用相同的渠道模式也要创造服务的差异化，以便留住老客户的同时吸引新客户。

3. 企业因素

物流服务企业对分销渠道的选择也会受到很多自身因素的影响。这些因素主要包括如下几点。

(1)本企业的经营实力

经营实力包括企业的规模和财力状况。如果企业的规模较大并且财力雄厚，其选择分销渠道的余地很大，可依据具体情况决定；相反，实力较弱的企业则适合选择间接渠道，依靠代理商的力量开拓市场。

物流服务企业自身的营销实力主要涉及其预算以及营销人员的水平和管理经验。如果一个物流服务企业营销工作的资金实力雄厚，并且在营销队伍和管理经验方面的条件也比较好，则能够依靠自己的力量自行设立销售网点，或者可以根据自己的意愿自由选择自己认为理想的销售模式和销售渠道；反之，如果一个物流服务企业的营销预算有限，或者经营队伍实力不足，仅靠自己的力量不足以揽到足够的客源，因而便不得不开辟间接销售渠道，利用中间商的销售网点去实现自己的销售目标，即便如此，由于自身条件，在开辟间接渠道时，也可能寻找不到自己所认为最理想的中间商。

(2)物流企业品牌知名度

品牌知名度高的物流企业分销渠道可有多种选择，既可以利用品牌直接吸引客户，也可以品牌优势发展与中间商的合作；而不具备较高品牌知名度的企业则可与经验丰富的代理商合作来打开其市场，采用间接渠道。

(3)物流企业的营销能力

物流企业的营销机构拥有经验丰富的销售人员，销售能力较强，就可以依靠自己的销售能力，采用直接渠道；而如果情况相反则物流企业适宜选择间接渠道进行销售活动。

(4)物流企业控制渠道的愿望

如果物流企业希望有效地控制分渠道就应该选择自己直接的销售渠道,但是,这样会使企业付出大量的人力、物力和财。而控制渠道的愿望和能力不强的物流企业就应该选择间接渠道。

4.政策因素

物流服务企业分销渠道的选择有时也会受到国家有关政策的影响。例如物流服务企业在选择分销渠道时,必须考虑国家的有关政策。物流服务企业在选择和组织自己的分销渠道时甚至需要考虑客源市场所在国的有关政策。如客源市场所在国是否允许外国服务在该国设立和经营自己的销售网点,或者在何种条件下允许外国服务企业这样做等。

以上所述只是影响分销渠道的主要因素。若就选择具体的分销渠道而言,应考虑的影响因素还有很多。如在已决定采用间接分销渠道的情况下,面对众多可供选择的中间商,应如何选择自己的合作者等。

三、物流服务营销渠道设计的基本原则

1.畅通高效的原则

合理的销售渠道首先要符合畅通高效的原则,做到“物”畅其流,经济高效。尽管服务产品是无形的,但销售渠道要保证信息、资金、使用权等流通顺畅,并以流通时间、流通速度和费用来衡量销售效率。畅通高效的渠道应以消费者需求为导向,将服务尽快、尽好地通过最合理的销售渠道,以最优惠的价格送达消费者方便购买的地点。不仅要让消费者在适当的地点以适当的价格购买到适当的产品,还要努力保证销售渠道的经济效率,降低销售费用,节省销售成本,提高经济效益。

2.适度覆盖的原则

企业在设计销售渠道时不能只考虑渠道成本、费用及产品流程,还要考虑销售渠道能否将产品销售出去,并保证一定的市场占有率。因此,单纯追求销售渠道成本的降低可能导致销售量下降,市场覆盖率不足,只有在规模效应的基础上追求成本的节约才是可取的做法。当然,如果企业过度扩展分销网络,造成沟通和服务障碍,也会使得销售渠道难以控制和管理。

3.稳定可控的原则

设计和建立企业的销售渠道需要花费大量的人才、物力和财力。在销售渠道基本确定之后,企业一般不希望轻易地对它作出更改,如更改渠道成员、转化渠道模式。所以,必须保持销售渠道的相对稳定,这样才能进一步提高销售的经济效益。但是在销售渠道动作的过程中受到环境变化及各种因素的影响,销售渠道难免会出现一些问题,这就需要对销售渠道进行一定的调整,保持渠道的生命力和适应力,以适应市场的变化。

4. 协调平衡的原则

企业在设计销售渠道时考虑自身经济利益是理所应当的，但是如果为追求自身利益最大化而忽视渠道成员的利益，可能会适得其反。因此，在渠道设计时应注意协调、平衡各成员之间的利益。企业对于渠道成员之间的合作、冲突和竞争要具备相应的控制和管理能力，有效地引导渠道成员之间进行良好的合作，鼓励成员之间进行良性竞争，减少渠道摩擦和冲突，确保企业目标的实现。

5. 综合权衡的原则

销售渠道策略只是企业市场营销策略的一个方面。企业要在竞争中取胜，有时单一地依靠渠道策略难以奏效，而是应将渠道的设计与企业的其他策略，如产品策略、价格策略、促销策略结合起来，综合权衡，全面考虑，以发挥营销组合的作用。

四、物流服务分销渠道的设计

物流企业在进行分销渠道的设计时，必须全面考虑产品、客户、厂商控制渠道的愿望与能力以及竞争等影响因素，在此基础上进行分销渠道的设计。

1. 分销渠道模式的确定

指确定分销渠道的长度。物流企业对分销渠道进行选择时，不仅要求保证货物及时送到目的地，同时也要求选择的分销渠道必须顺畅、效率高且成本低，才能取得最好的经济效益。企业在对分销渠道进行选择时，必须先决定采用哪种类型的分销渠道，其中主要考虑是否需要通过中间商，如果需要的话，要通过的中间商属于什么类型和其规模等。

2. 中间商数目的确定

即决定渠道的宽度。物流企业在决定采用中间商时，应考虑每一个分销环节应选择多少个中间商，这就要求物流企业根据所提供的物流产品、市场容量和需求面的宽窄来决定，可考虑采用以下几种策略。

(1)广泛分销渠道

广泛分销的目的在于，通过尽可能多的中间商向客户提供物流服务，获得最大的销售量。采用该策略常常是由于竞争激烈，物流服务产品供过于求，或者在物流服务产品的需求面广、量大的情况下使用，其缺点是不便对中间商进行控制。

(2)专有分销渠道

指在每个区域只选择一家或少数几家中间商进行分销，并要求中间商只经销本物流企业的物流产品。采用专有分销渠道的目的是提高物流服务产品的市场形象，提高售价，并促使中间商积极销售，加强对中间商定价、促销等的控制。采用这种分销策略的物流企业虽然得不到广泛分销的那些好处，但却可以通过对物流服务质量的严格控制获得客户的信任，从而增加物流服务的销量。

(3)选择性分销渠道

这是处于广泛分销与专有分销之间的一种分销渠道。它既兼顾了广泛分销渠道与专有分销渠道的长处，又避免了两者的短处。其目的在于加强与中间商的联系，提高渠道成员的销售量，使本物流企业的物流服务产品有足够的销售面。这种方式与广泛分销渠道相比，能够降低成本，并能够加强对渠道的控制。

3. 明确渠道成员的权利和义务

物流企业确定了渠道的长度与宽度后，还必须进一步明确规定渠道成员之间彼此的权利与义务，涉及的内容包括：地区权利、价格政策、销售条件、每一方应提供的服务及应负的责任和义务，以及渠道成员奖励措施等。

4. 对渠道设计方案进行评估

物流企业要确定最优的分销渠道，必须对可供选择的渠道方案进行评估，根据评估结果选择对企业长远目标有利的渠道方案。可用以下 3 个标准来对分销渠道方案进行评估。

(1)经济性

每种渠道都将产生不同水平的销售量和成本。物流企业要考虑各渠道的销量与成本之间的关系。首先要考虑是使用直接分销渠道可获得较高的销量，还是使用中间商能获得较高的销量；其次要考虑不同的分销渠道，销量不同时所支付的成本是多少。通过不断地分析、比较，选择能带来最高效益的渠道。

(2)可控性

可控性指物流企业与中间商之间的配合度。一般来说，直接渠道比间接渠道更有利于企业对渠道的控制。由于中间商一般是独立的企业，它们所关心的是自己如何取得最大利润，而且中间商不能完全有效地掌握物流企业服务产品的全部细节，给物流企业控制渠道带来难度。因此，应根据物流企业对中间商可控制程度对分销渠道进行选择。

(3)适应性

适应性指在每种渠道承担义务与经营灵活性之间的关系，包括承担义务的程度和期限。物流企业对渠道的选择必须兼顾短期和长期的阶段性策略，不但要考虑近期的最佳分销渠道的选择，也要考虑长期分销渠道的适应性和灵活性。物流企业在与中间商签订长期合约时要慎重，因为在签约期间，企业不能根据需要调整渠道成员，这会使企业的渠道失去灵活性和适应性。因此，涉及长期承诺的渠道方案，只有在经济性和控制性方面十分优越的条件下，企业才可考虑。一般来说，对于实力雄厚、销售能力强、企业同其业务关系历史较长，双方已经建立起信任的中间商，宜与之签订较长期的合约。如果中间商并非如此，而且销售业绩较差，企业不仅不可与之签订长期合约，而且应保留在某些情况下撤销该中间商的权利。

五、物流服务分销渠道的管理

物流企业对各影响因素进行分析选择了渠道模式后，就要对渠道实施管理。渠道工作包括对中间商的选择、激励与评价以及对分销渠道的调整。

1.中间商的选择

中间商选择得是否得当会直接影响物流企业的营销效果，因此物流企业应根据自身的情况，慎重决定对中间商的选择。物流企业考察中间商可以从以下几个方面进行：

中间商的销售能力。该中间商是否有一支训练有素的销售队伍？其市场渗透能力有多强？销售地区多广？还有哪些其他经营项目？能为顾客提供哪些服务？

中间商的财务能力。中间商的财务能力包括其财力大小、资金融通情况、付款信誉如何等。

中间商的经营管理能力。中间商的经营管理能力体现在其行政管理和业务管理水平上。

中间商的信誉。该中间商在社会上是否得到信任和尊敬。

此外，还应该考虑中间商的地理位置、服务水平、运输和储存条件。

要了解中间商的上述情况，企业必须搜集大量有关信息。如果必要的话，企业还可以派人对所选的中间商进行实地调查。

2.激励分销渠道成员

中间商选定之后，还需要进行日常的监督和激励，使之不断提高业务经营水平。必须指出，由于中间商与生产商所处的地位不同，考虑问题的不同，因而必然会产生矛盾。如何处理好产销矛盾，是一个经常存在的问题。物流企业要善于从对方的角度考虑问题，要知道中间商不是受雇于自己，而是个独立的经营者，有它自己的目标、利益和策略，物流企业必须尽量避免激励过分和激励不足两种情况发生。一般来讲，对中间商的基本激励水平，以交易关系组合为基础。如果对中间商激励不足，则生产商可采取两条措施：一是提高中间商的毛利率、放宽信用条件或改变交易关系组合，使之利于中间商；二是采取人为的方法来刺激中间商，使之付出更大的努力。

处理好生产商和中间商的关系非常重要。通常根据不同情况可采取3种方案。

(1)与中间商建立合作关系。物流企业一方面对中间商采用高利润、特殊优惠待遇、合作推销折让、销售竞赛等方式，以激励他们的热情和工作；另一方面，对表现不佳或工作消极的中间商则降低利润率，推迟装运或终止合作关系。但这些方法的缺点在于，物流企业在不了解中间商的需要、他们的长处和短处以及存在问题的情况下，试图以各种手段去激励他们的工作，自然难以收到预期的效果。

(2)与中间商建立一种合伙关系，达成一种协议。物流企业明确自己应该为中间商做些什么，也让中间商明确自己的责任，如市场覆盖面和市场潜量，以及应提供的咨询服务和市场信息。企业根据协议的执行情况对中间商支付报酬。

(3)经销规划。这是一种最先进的办法，它是一种把物流企业和中间商的需要融为一体的、有计划的、专门管理的纵向营销系统。物流企业在其市场营销部门中设立一个分部，专门负责同中间商关系的规划，其任务主要是了解中间商的需要和问题，并作出经营水平、陈列计划、培训计划以及广告和营业推广的方案等。

总之，企业对中间商应当贯彻“利益均沾、风险分担”的原则，尽力使中间商与自己站在同一立场，作为分销渠道的一员来考虑问题，而不要使他们站在买方市场。这样，就可以并且缓和产销之间的矛盾，双方密切合作，共同搞好营销工作。

3. 评价渠道成员

物流企业必须遵循一定的标准，定期检查和评价中间商的销售业绩，对渠道的经济效益进行评估。评价的内容通常有销售额完成情况、平均库存及交货时间、今后服务以及与本企业的合作状况等。对于达不到标准的，则应寻找原因及补救的方法。物流企业有时需要作出让步，因为若断绝与某中间商的关系或用其他中间商取代，可能造成更严重的后果。但若存在着比使用该中间商更为有利的方案时，物流企业就应要求中间商在所规定的时间内达到所要求的标准；否则，就要将其从分销渠道中剔除。

4. 分销渠道的调整

物流企业对分销渠道进行设计后，随着营销环境的变化，还须对整个渠道系统或部分渠道成员加以调整。

(1)增减部分分销渠道成员

物流企业在对分销渠道进行调整时，常涉及增减某些中间商的问题，应分析增减某些渠道成员以后，对企业利润将产生哪些影响。

(2)增减部分分销渠道

营销环境的变化使企业认识到，仅仅对分销渠道成员进行调整是不够的，有时还需对分销网络进行一定的调整。物流企业可根据市场的变化，对分销渠道进行增减。

(3)调整整个渠道

随着物流市场的变化，原分销渠道系统制约了企业的发展，有必要对其进行实质性的调整。这种调整不仅会改变渠道系统，并且还将使企业改变其市场营销组合及营销策略。

S 本章小结

本章主要介绍了物流分销渠道的概念、类型以及设计和控制物流服务分销渠道的方法。在物流服务分销渠道概述中，介绍了物流服务分销渠道是指物流服务通过交换从生产者手中转移到消费者手中所经过的路线。物流分销渠道涉及的是物流服务从生产向消费转移的整个过程。物流服务分销渠道策略是指物流服务企业选择采用何种营销渠道去销售现代物流服务的策略。包括选用自行建立直销服务网络的策略,借用他人服务营销网络的策略和建立营销战略联盟的策略等几种。物流服务分销渠道具有层次少、可控性强的特点。

在物流服务分销渠道的类型中,需要掌握物流服务分销渠道一般可以分为直接渠道、间接渠道和其他渠道。直接渠道就是服务从生产领域转移到消费领域不经过任何中间商转手的分销渠道。物流服务分销的间接渠道包括:特许经营、共同生产以及网络营销。企业的分销渠道系统主要分为3类:一是垂直分销渠道系统;二是水平分销渠道系统;三是网络化分销渠道系统。3种系统的划分以营销组织和合作的纵横关系为主要依据,而不同系统的实质区别在于营销主体对系统投资与控制力的不同。

在物流服务分销渠道的设计与管理中,设计物流服务分销系统时要考虑服务本身性质的影响,此外还要考虑到产品因素、市场因素、企业自身的因素以及政策因素等因素。同时要遵循五个基本原则。

物流企业对各影响因素进行分析选择了渠道模式后,就要对渠道实施管理。渠道工作包括对中间商的选择、激励与评价以及对分销渠道的调整。

C 案例分析

中国外轮代理公司:经营最早、规模最大的国际运输代理企业[1]

(一)背景

中国外轮代理公司(以下简称“外代”)成立于1953年1月,是中国经营最早、规模最大的国际运输代理企业,总部设在北京。中国外轮代理公司主要经营国际经济贸易运输代理业务,包括船舶代理、货运代理、客运代理、船舶经纪及其他相关业务。

(二)具体

1.半个世纪的发展,形成一个覆盖全国、连接世界主要贸易区的服务网络

中国外轮代理公司及其属下的货运公司,向顾客提供国际货物运输代理、综合物流、仓储、代理报关、多式联运和拼箱等相关服务,包括承办进出口货物的申报手续,联系安排装卸、理货、公估、衡量、熏蒸、监装及货物与货舱检验,组织货载,洽订舱位;办理货物报关、接运、仓储、装箱、拆箱、中转及投保;承接散货灌包和其他运输包括业务;全世界货物查询、理赔等。

[1] 案例摘选自牛鱼龙主编《世界物流经典案例》,海天出版社。

物流的功能中，最重要的一点就是整个物流过程对产品的增值作用，物流中的运输服务和其他功能的综合程度，决定着产品的增值幅度。

作为物流发展核心的物流提供者，要实现优质高效的系统化物流服务，必须具备以下条件：①要有现代化的信息管理网络，这是物流业的中心环节。②必须取得一个可靠的运输网络的支持。③要有高度系统化、集约化的管理体制作保证。

经营近半个世纪的发展和积累，外代在全国设立了81个口岸公司和近200个货运网点，在境外，除了日本、中国香港和韩国三个办事处外，外代总公司还与日本、英国、德国、美国、新加坡、埃及等国的40余家货运公司签订了互为代理协议，形成了海外货运网络。目前，外代总公司正计划在中西部交通枢纽城市设立网点，加强与海外物流公司的合作，逐步形成一个覆盖全国、连接世界主要贸易区的服务网络。

2.“全天候、全过程、全方位”的服务目标

外代系统自有堆场和仓库近100万m^2、几百辆各种运输车辆，在硬件上为发展物流创造了良好的条件。外代总公司与海关总署签订的《关于共同加强报关运输管理的合作备忘录》，是促进外代的业务发展、加快货物通关速度、提高外代物流服务效率的具体手段和措施。把提供“全天候、全过程、全方位”服务作为自己的目标，外代充分利用发达的海陆空运输条件，为国内外客商提供运输、仓储、集拼、分拨和配送、库存管理、信息管理等物流服务和增值服务。为满足小批量货物运输需要而开辟的“高速集运班车”，作为一项特色服务，以大连、青岛、宁波等枢纽港口为中心辐射到东北、华北和华东地区。

外代通过多年的努力，建立了一套比较完善的管理制度，尤其是推行ISO 9002质量体系以后，管理水平明显提高，形成了以质量手册、质量程序和工作指导书为依据的三个管理层次，为建立符合调度集约化、系统化的物流管理体系，创造了有利条件。以物流总部为主体的三级管理体制，使管理扁平化、反应快速化，服务更贴近客户，为提高物流的效率和效益打下了坚实的基础。

外代的物流业务虽然尚在起步阶段，但本着“成熟一个、发展一个、巩固一个”的原则，使全系统的“物流工程”取得了实质性进展，外代系统操作的厦华三宝配送项目、厦华手机配送项目、PAYLESS物流项目、东丽化纤项目和珠江三角洲家电产品物流等已经取得一定成效，积累了一定的管理和操作经验。外代一流的物流服务，获得了中外客户的一致认可和好评。外代系统，致力于与顾客建立一种相互依赖、相互储存的新型战略伙伴关系，在业务交往中双方互惠互利、共同发展。

3.“外代物流信息系统”全面提升企业价值

外代在加强互联网应用的同时，十分注重电子商务的开发和利用。电子商务不是企业传统业务简单的电子化和网络化，它涉及企业流程的再造和资源的重新配置。在开展物流服务之初，外代就体会到，现代化的信息管理网络是物流业的中心环节，用于计划的信息及通信系统，在各系统内的企业间必须统一，才能实现功能合并以及操作的同时进行，才能够在做到使客户更为满意的同时，进而节省时间和降低成本开支。因此，在进行物流信息系统需求分析时，外代不是孤立地看待应用系统，而是综合考虑了合同、保险、单证、语言等诸多因素。在进行系统设计时，外代一面从技术上实现需求分析，同时还结合管理的要求，开发了集中统一的 ASP 方式。2000 年 7 月，自行开发的“外代物流信息系统”通过专家验收并正式投入使用，实现了全部信息交换均在互联网上进行的目标。

外代物流信息系统采用互联网技术，运用客户浏览器方式开发，在客户端只需安装一个互联网浏览器软件；所有数据库和应用程序都在服务器一端，因此安装和使用都相对简单，用户无需考虑系统维护和升级工作，只要具备上网能力就可使用。该系统在互联网上实现顾客指令发布、运输计划拟订和审批、货物在途信息发布、货物库存信息发布、配送指令下达和货物交接记录发布等功能，能够基本满足当前业务发展需要。

外代总公司正致力于“外代物流信息系统”的升级工作，升级后的综合物流信息系统将完全采用国际通用标准，并覆盖操作和管理的全过程。

(三)案列思考

(1)试分析中国外轮代理公司的分销渠道是怎样的？

(2)中国外轮代理公司运用了电子商务来分销其服务，试分析其优缺点。

(四)点评

中国外轮代理公司主要经营国际经济贸易运输代理业务，包括船舶代理、货运代理、客运代理、船舶经纪及其他相关业务。半个世纪的发展，在全国和境外设立多个货运网点，还与日本、英国、德国、美国、新加坡、埃及等国的 40 余家货运公司签订了互为代理协议，形成了海外货运网络。外代在加强互联网应用的同时，十分注重电子商务的开发和利用。

E 练习与思考

一、选择题

1.(　　)是指物流企业直接为物流服务的需求者提供物流服务。

A. 间接渠道　　B. 垂直分销渠道

C. 直接渠道　　D. 水平分销渠道

2.(　　)系统是通过本行业中各物流企业间物流运作管理的合作，开拓新的营销机会，提高物流效率，获得整体上的规模效益。

A.间接渠道　　B.垂直分销渠道

C.直接渠道　　D.水平分销渠道

3.由中远集团与长航集团共同组建的上海集装箱航务有限公司，使长江中下游干线与上海发的国际干线相连，加强了中远集团在国际航运市场上的竞争力。这属于(　　)。

A.垂直分销渠道系统　　B.水平分销渠道系统

C.网络化分销系统　　D.渠道系统竞争

4.(　　)的目的在于，通过尽可能多的中间商向客户提供物流服务，获得最大的销售量。

A.专有分销　　B.选择性分销

C.广泛分销　　D.调整整个渠道

5.对物流中间商数目的确定可考虑采用以下哪些策略(　　)。

A.广泛分销策略　　B.专有分销渠道

C.选择性分销渠道　　D.垂直分销渠道系统

6.在考虑特许经营这种销售模式时，授权公司必须承担以下哪些义务？(　　)

A. 让特许代理使用企业的名称和标记，以招徕客户

B. 经营所需要的某些设施必须从授权公司取得

C. 向特许人缴纳特许经营费用，作为取得经营权的代价

D. 对代理方的职员进行专门培训

7.特许经营作为一种商业经营模式，是连锁经营发展的高级形式，其中特许方可获得哪些好处？(　　)

A.能够使企业实现低成本扩张，摆脱资金及人力资源缺乏对规模的制约

B.特许人可利用自身的无形资产，使企业尽快在空间上多方布局，实现连锁规模经营，减少特许企业投资的风险

C.有助于特许企业的多元化经营，并可带来一定的经济效益

D.可以利用特许人无形资产的优势及其好的社会影响，成功地进入某一物流服务市场，避免投资失败

8.影响物流服务企业选择分销渠道模式的因素主要有(　　)。

A.市场因素　　B.技术因素

C.政策因素　　D产品因素

9.直接渠道的有利因素包括(　　)。

A.企业较好地控制对物流服务的供应和质量

B.便于与顾客的双向沟通

C. 实行个性化物流服务方式，提供同质化服务

D. 可以减少佣金折扣，便于企业控制服务价格

10. 代理人和经纪人不取得服务的（　　），它们有合法的权利代表生产者出售服务，完成其他一些营销功能。

A. 所有权　　　　B. 经营权

第十章　物流服务的有形展示

学习目标

◆掌握物流服务展示的概念；
◆了解物流服务展示的效应；
◆理解物流服务展示的类型；
◆熟悉物流服务展示的关键因素。

首都机场的物流服务展示[1]

引入案例

首都机场现在已经非常拥挤了，我第一次到首都机场的感觉和到火车站差不多，人特别多，我很担心，这样的机场能否迎接奥运。机场到市区的交通运输与机场客运形成一个简单的服务行业供应链。解决机场人多的问题，可以在机场市区的交通中寻找到一些改进空间。

高德拉特在《目标》书中说，企业运作有两种基本的现象，一是依赖关系，也就是我们通常说的流程，必须先做A，再做B；另外一个是统计波动，就是不确定性。对于搭乘飞机来说，必须先到机场，再检票登机离开，这就是依赖关系；由于交通经常出现拥堵，你从市区到机场的用时一般需要40min，但是运气很好的话，你可能30min到，也可能2h到，这就是统计波动，这些都是基本常识。

依赖关系和统计波动合在一起会对企业运作或者供应链运作产生重要影响。对于乘飞机来说，因为到机场时间存在统计波动，那么乘客总是会按照波动最大值而不是平均值来确定出行时间，也就是乘客一般会提前2h出发赶往机场，而不是提前40min离开家里；否则，就有可能误机。

显然，由于到机场交通具有不确定性，会导致大部分乘客提前出发，增加在机场滞留时间，机场的拥挤程度就会显著增加，我们可以估算一下会增加多少客流，简单假设20%的乘客会用30min从市区到机场，20%的乘客经过2h才从市区到机场，

[1] 案例摘选自物流采购网/案例研究/供应链/正文，http://www.5679w.cn/dede/html/anliyanjiu/gongyinglian/20070405/7042.html，2007-04-05。

60%的乘客40min到达机场。机场每5min起飞一班，一天按运作14h计算，一天168个班机，每班机平均150人，则一共25 200人，80%会多滞留90min，60%会多滞留60min，假设不考虑波动，平均每人在机场要待40min，通过计算，可以为机场增加差不多50%的客流量，是一个很惊人的数字。当然，如果交通不拥挤，很稳定，可以每天为乘客节约总共1 360 800(25 200×20×90+25 200×60%×60)min时间，这也是一笔很大的财富啊。

所以，尽量缩小到机场交通的不确定性对于缓解机场拥挤程度非常重要。北京的机场高速路已经修到二环了；但是还是有不确定性，毕竟上高速路之前，还要在市区走很远，尤其是北京城市西边的乘客。所以北京开始修建到机场的地铁，地铁的一个好处就是准时，如果有地铁，各位大可不必提前2h去，按照登机检票时间，以及地铁运行时间(从西直门到机场只要16min)，再保持10～20min冗余就可以了，这对于减少机场的客流会有很大帮助。

上海便是用磁悬浮和地铁把市区和机场联系起来，非常方便快捷，各个运输系统像精密的齿轮一样协调配合，整体非常高效；成都的双流机场高速路直接连接到城市主干道，可以快速达到市中心，所以客流流动很快，感觉很方便；西安咸阳国际机场修了机场高速路，但是只连接到三环，大巴下了高速路，还得在乡间小路一样的街道中穿行，从机场到城市时间比飞机飞行时间还要长，要乘飞机至少得提前2h出发，所以我总是感觉这个城市很低效率，客户满意度以及城市形象都被破坏了。

请分析：首都机场等物流服务的提供者应该如何完善其物流服务环境展示？

物流服务有形展示是物流服务营销组合策略的要素之一。产品营销首先强调创造抽象的联系，而服务营销则将注意力集中于通过多种有形的线索来强调和区分事实。而对于物流服务营销商来说，服务展示的管理是第一位的。物流服务营销商通过对服务工具、设备、员工、信息资料、其他顾客、价目表等所有这些为顾客提供服务的有形物的服务线索的管理，增强顾客对服务的理解和认识，为顾客作出购买决定传递有关服务线索的信息。因此，了解物流服务有形展示的类型和作用，加强物流服务有形展示的管理，创造良好的服务环境具有重要战略意义。

第一节　服务有形展示管理概述

一、物流服务有形展示的概念

所谓“物流服务有形展示”是指在物流服务市场营销管理的范畴内，一切可传达服务特色及优点的有形组成部分。在产品营销中，服务有形展示基本上就是产品本身，而在物流服务营销中，物流服务有形展示的范围就比较广泛。事实上，物流服务营销学学者不仅将环境视为支持及反映服务产品质量的有力实证，而且将物流服务有形展示的内容由环境扩展至包含所有用以帮助生产服务和包装服务的一切实体产品和设施。这些物流服务有形展示，若善于管理和利用，则可帮助顾客感觉服务产品的特点以及提高享用服务时所获得的利益，有助于建立服务产品和服务企业的形象，支持有关营销策略的推行；反之，若不善于管理和运用，则它们可能会传达错误的信息给顾客，影响顾客对产品的期望和判断，进而破坏物流服务产品及企业的形象。

根据环境心理学理论，顾客利用感官对有形物体的感知及由此所获得的印象，将直接影响到顾客对服务产品质量及服务企业形象的认识和评价。消费者在购买和享用服务之前，会根据那些可以感知到的有形物体所提供的信息而对服务产品作出判断。比如，一位物流公司的新用户，在走进物流公司之前，公司的外观、门口的招牌等已经使他有了一个初步的印象。而进入之后，工作人员的着装、态度、公司内部的装修、仓库卫生的干净程度等都将影响他对物流公司能力、信誉的判断，直接决定他是否会和该物流公司进行进一步的洽谈。对于物流服务企业来说，借助服务过程的各种有形要素必定有助于其有效地推销服务产品的目的的实现。因此，学者们提出了采用“服务有形展示”策略，以帮助物流服务企业开展营销活动。

二、物流服务有形展示的类型

对物流服务有形展示可以从不同的角度作不同的分类。不同类型的服务有形展示对顾客的心理及其判断服务产品质量的过程有不同程度的影响。根据服务有形展示能否被顾客拥有，可将之分成边缘展示和核心展示两类。

边缘展示是指顾客在购买过程中能够实际拥有的展示。这类展示很少或根本没有什么价值，比如电影院的入场券，它只是一种使观众接受服务的凭证；在宾馆的客房里通常有很多包括旅游指南、住宿须知、服务指南以及笔、纸之类的边缘展示以及物流公司的工作流程，这些代表服务的物的设计，都是以顾客心中的需要为出发点，它们无疑是企业核心服务强有力的补充。

核心展示与边缘展示不同，在购买和享用服务的过程中不能为顾客所拥有。但核心展示却比边缘展示更重要，因为在大多数情况下，只有这些核心展示符合顾客需求时，顾客才会作出购买决定。例如，宾馆的级别、银行的形象、出租汽车的牌子、物流公司的信用等级等，都是顾客在购买这些服务时首先要考虑的核心展示。因此，我们可以说，边缘展示与核心展示加上其他现成服务形象的要素(如提供服务的人)，都会影响顾客对服务的看法与观点。当一位顾客判断某种服务的优劣时，尤其在使用或购买它之前，其主要的依据就是从围绕着服务的一些实际性线索、实际性的呈现所表达出的东西。

从服务有形展示的构成要素进行划分，主要表现为 3 种类型：环境展示、信息沟通展示和价格展示，见图 10-1。这几种类型不是完全排他的。例如，价格是一种不同于物质设备和说服性信息交流的展示方式，然而，必须通过多种媒介将价格信息从服务环境传进、传出。

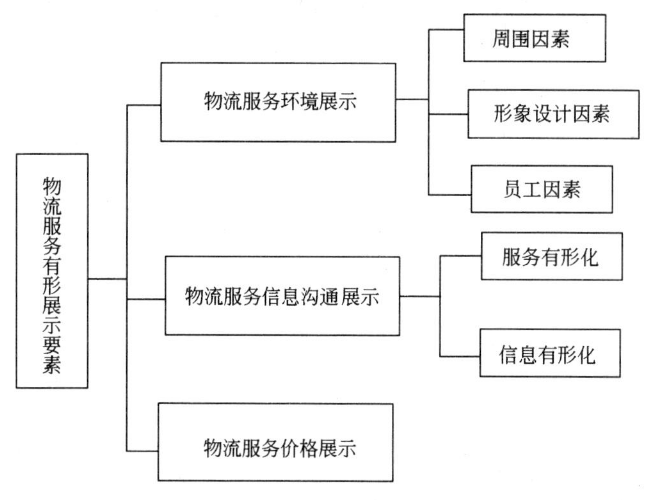

图 10-1 物流服务有形展示构成要素

三、物流服务的环境展示

物流服务的环境展示有三大类型：周围因素、形象设计因素、服务员工因素。

1. 周围因素

这类要素通常被顾客认为是构成服务产品内涵的必要组成部分，是指消费者可能不会立即意识到的环境因素，如气温、湿度、气味、声音等。它们的存在并不会使顾客感到格外兴奋和惊喜。但是，如果失去这些要素或者这些要素达不到顾客的期望，就会削弱顾客对服务的信心。周围因素是不易引起人们重视的背景条件。但是，一旦这些因素不具备或令人不快，就会马上引起人们的注意，比如气温和噪声。因为周围因素通常被人们认为是理所当然的，所以它们的影响只能是中性的或消极的。换句话说，顾客注意到了周围因素便可能引发躲避行为，而不是导致接近行为。例如，仓库一般应具备卫生清洁、通风状况良好的环境，使在仓库存放货物的货主感到极为满意。然而，污浊、潮湿、地上布满灰尘的环境显然会令用户大为反感，转而寻找另外的仓库。

2. 形象设计因素

设计因素是刺激消费者视觉的环境因素，这类要素被用于改善服务产品的包装，使产品的功能更为明显和突出，以建立有形的、赏心悦目的产品形象。比如，服务场所的设计、企业形象标识等便属于此类因素。设计性因素是主动刺激，它比周围因素更易引起顾客的注意。因此，设计性因素有助于培养顾客的积极的感觉，且鼓励其采取接近行为，有较大的竞争潜力。设计性因素又可分为两类：美学因素（如建筑风格，色彩）和功能因素（如陈设、舒适），设计性因素既包括应用于外向服务的设备，又包括应用于内向服务的设备。对于物流公司来说，它的仓库、场站等的设计要体现出仓储、运输等物流的功能要素，而它的外观、牌匾要体现出物流公司自身的特性。

3. 员工因素

这类要素是指在服务场所内一切参与及影响服务产品生产的人，包括服务员工和其他在服务场所同时出现的各类人士。他们的言行举止皆可影响顾客对服务质量的期望与判断。

服务员的外貌在服务展示管理中也特别重要，因为顾客一般情况下并不对服务和服务提供者进行区分。产品的展示是至关重要的。服务产品展示与有形产品展示唯一的不同是，既然服务产品很大程度上取决于人，人就必须被适当地包装。所以物流公司的员工要身着统一的工作服，并且服装整洁、严谨，特别是装卸人员要避免在夏季把工作服解开，给顾客粗俗的感觉，也使顾客质疑物流公司的管理能力，影响物流服务水平。

四、物流服务的信息沟通展示

信息沟通是另一种服务展示形式，这些来自公司和有关方面的引人注意的信息通过多种媒体传播，展示服务。从赞扬性的评论到广告，从顾客口头传播到公司标记，这些不同形式的信息沟通都传达了有关服务的线索，影响着公司的营销策略。

服务性公司总是通过强调现有的服务展示并创造新的展示，来有效地进行信息沟通管理，从而使服务和信息更具有形性。

1. 服务有形化

让服务更加实实在在而不那么抽象的办法之一，就是在信息交流过程中强调与服务相联系的有形物，从而把与服务相联系的有形物推至信息沟通策略的前沿。

麦当劳公司针对儿童的“快乐餐”计划的成功，正是运用了创造有形物这一技巧。麦当劳把汉堡包和炸制品放进一种被特别设计的盒子里，盒面有游戏、迷宫等图案，也有罗纳德·麦克唐纳德自己的画像。这样，麦当劳把目标顾客的娱乐和饮食联系起来，令这些目标顾客高兴。

物流公司可以利用自己的运输车辆做车体广告，既实现了货物运送服务，满足了货主的需求，同时也在向广大的货主包括现在的顾客传递了信息。

2. 信息有形化

信息有形化的一种方法是鼓励对公司有利的口头传播。如果顾客经常选错服务提供者，那么他特别容易接受其他顾客提供的可靠的口头信息，并据此作出购买决定。因此，顾客在选择保健医生、律师、汽车机械师或者大学教授的选修课之前，总要先询问他人的看法。

物流公司每一次物流服务项目如运输、仓储及其他增值服务、每一个服务环节的服务水平往往影响了下一位客户，因为客户之间也会口碑相传，有句古话：好事不出门，坏事传千里。因此要认真对待每一位客户，力争使客户对物流服务的性价比感到满意，甚至超出其预期。

如著名物流集团捷格勒就是依靠物流服务信息的有形化占领了葡萄酒的运输市场。捷格勒公司所提供的服务中的最强项是给法国的酒类生产厂商提供交通运输服务和物流服务，捷格勒物流集团仅仅在布鲁塞尔就拥有仓储设施 9 000m^2，一次可以储存 700 万瓶酒。所有的酒类仓库的货物项目清单，进出口库货物手续，重新包装，登记核算，粘贴条码标记直至配送装运，全部用电子数据信息系统进行自动化管理。此外，在法国的酒类生产基地，如生产波尔多葡萄酒，香槟酒等世界名酒的波尔、欧赛尔、博讷、迪戎、阿尔萨斯等几十个城镇都有捷格勒物流集团公司的分公司、派出机构和办事处。多少年来，这些公司机构一直充分享有经营权和管理权，同时又和法国酒类生产厂家朝夕相处，对物流服务对象了如指掌，从而在门到门服务的提供上，把一箱一箱法国名酒从法国原产地运送到比利时和欧洲乃至世界各地的酒类批发商，超级市场经营人的手中，从来没有出过责任性事故，而且还提供 24h 内从法国酒类原产地到比利时、荷兰、卢森堡等国家销售商的直达送货服务，因而捷格勒集团物流集团公司在世界酒类销售客户中，特别是在欧洲地区国家，享有越来越光辉的崇高信誉，欧洲国家的酒类消费者已经开始把法国名酒和捷格勒物流集团公司的名字相联系起来，他们中的不少消费者最喜欢喝由捷格勒物流集团公司承运的法国名酒。作为法国名酒物流服务供应方的捷格勒物流集团公司以其高超的技术和经营管理水平获得了巨大的成功以后，一时名扬海内外，其他国家的酒类生产厂商纷纷主动要求捷格勒物流集团公司作为他们酒类物流供应方。到目前为止，总部设立在比利时布鲁塞尔的捷格勒物流集团公司通过设立在安特卫普港和鹿特丹的分公司和办事处，已经开始专门经营来自其他国家生产的酒类进口业务，如葡萄牙、美国加利福尼亚、智利、澳大利亚、南非和苏格兰等地。

五、物流服务的价格展示

价格是市场营销组合中唯一能产生收入的因素，而其他的因素都会引起成本增加。此外，价格之所以重要还有另一个原因：顾客把价格看作有关产品的一个线索。价格能培养顾客对产品的信任，同样也能降低这种信任。价格可以提高人们的期望（它这样昂贵，一定是好货），也能降低这些期望（我付出这么多钱，得到了什么）。

在服务行业，正确的定价特别重要，因为服务是无形的，服务的不可见性使可见性因素对于顾客作出购买决定起重要作用。价格是对服务水平和质量的可见性展示。价格成为消费者判断服务水平和质量的一个依据。

（1）价格过低

营销人员把服务价格定得过低就暗中贬低了他们提供给顾客的价值。顾客会怀疑,这样低廉的服务意味着什么样的专长和技术?

市场营销中一个有趣的现象是:质量声誉一般或很差的公司,往往把低价作为补偿这些缺陷的“拐杖”。这一策略通常不会成功,因为“价格”和“价值”不是一回事。价值是为顾客的全部付出所对应的全部利益。价格仅仅是全部付出的一部分。例如,一家零售店价格低廉,但是服务职员漫不经心,不熟悉业务,店内凌乱,不干净,对许多顾客(也包括老顾客)来说,这可能意味着付出更多。

比如在货物运输中,客户一般都要先向货代公司询价,往往会选择报价低的货代公司为其做代理,但是当顾客一旦选择之后,可能会出现由于价格比较低,承运人或装卸人员获取不了利润,往往就不能保证运输质量;或者货代公司减少应有的服务项目,导致货物不能按时送达,出现很多纠纷。

(2)价格过高

犹如过低的价格会产生误导一样,过高的价格同样会导致这一结果。过高的价格给顾客以价值高估,不关心顾客,或者“宰客”的形象。

与物质环境、信息沟通一样,价格也传递有关服务的线索。价格能展示空洞的服务,也能展示“饱满”的服务;它能表达对顾客利益的关心,也能让人觉得漠不关心;制订正确的价格不仅能获得稳定的收益,而且也能传送适当的信息。价格的高低直接影响着企业在消费者心目中的形象。

六、物流服务有形展示的效应

服务有形展示的首要作用是支持公司的市场营销战略。在建立市场营销战略时,应特别考虑对有形因素的操作,以及希望顾客和员工产生什么样的感觉,作出什么样的反应。服务有形展示作为服务企业实现其产品有形化、具体化的一种手段,在服务营销过程中占有重要地位。但是,服务有形展示能被升华为服务市场营销组合的要素之一,它所起到的作用及其战略功能当然不局限于评估品质,具体来说主要包括以下几个方面。

1.通过感官刺激,让顾客感受到服务给自己带来的利益

消费者购买行为理论强调,产品的外观是否能满足顾客的感官需要将直接影响到顾客是否真正采取购买行为。同样,顾客在购买无形的服务时,也希望能从感官刺激中寻求到某种东西。服务展示的一个潜在作用是给市场营销策略带来乐趣优势,努力在顾客的消费经历中注入新颖的、令人激动的、娱乐性的因素,从而改善顾客的厌倦情绪,例如,顾客期望五星级酒店的外形设计能独具特色,期望高格调的餐厅能真正提供祥和愉悦的气氛。因此,企业采用服务有形展示的实质是通过有形物体对顾客感官方面的刺激,让顾客感受到无形的服务所能给自己带来的利益,进而影响其对无形产品的需求。

对于以感觉为基础的服务营销战略来说,建筑物可以有力地支持它,这是一个值

得挖掘的资源。但是,建筑物只是“包装”的最外一圈,是最初的线索。“内层包装”——环境、顾客系统、员工的仪表和工作态度是首要的,它们要么与最初信息(即建筑物所传达的)相吻合,要么让人觉得最初的信息仅是假象。

2. 引导顾客对服务产品产生合理的期望

顾客对服务是否满意,取决于服务产品所带来的利益是否符合顾客对之的期望。但是,服务的不可感知性使顾客在使用有关服务之前,很难对该服务作出正确的理解或描述,他们对该服务的功能及利益的期望也是很模糊的,甚至是过高的。不合乎实际的期望又往往使他们错误地评价服务,及作出不利的评语,而运用服务有形展示则可让顾客在使用服务前能够具体地把握服务的特征和功能,较容易地对服务产品产生合理的期望,以避免因顾客期望过高而难以满足所造成的负面影响。

3. 影响顾客对服务产品的第一印象

对于新顾客而言,在购买和享用某项服务之前,他们往往会据第一印象对服务产品作出判断。既然服务是抽象的、不可感知的,服务有形展示作为部分服务内涵的载体无疑是顾客获得第一印象的基础,服务有形展示的好坏直接影响到顾客对企业服务的第一印象。例如,参加被宣传为豪华旅行团出去旅游的旅客,当抵达他国时,若接旅客去酒店的专车竟是陈年旧物,便马上产生“货不对路”的感觉,甚至有一种可能受骗、忐忑不安的感觉。反之,若接送的专车及导游的服务能让人喜出望外,则顾客会觉得在未来随团的日子里将过得舒适愉快,进而也增强了对旅游公司服务质量的信心。

例如有些物流公司,把物流交易和他们能向顾客展示的各种有形因素联系在一起,形成公司的“最佳销售者系统”资料提供给顾客,以便他们据此作出判断。这些资料包括内容如下:

最佳销售者展示指导法则——它回答了顾客选择物流公司时,经常会提出的问题。

最佳销售者行动计划——针对特定物流项目制订的市场营销计划。

最佳营销服务保证——对已经作出的服务保证、所许诺的行动方案。

最佳物流增值服务指导——提供物流增值服务的建议和方法。

选择性地利用这些材料有助于物流服务销售人员培养顾客对公司的先入为主的第一印象,诸如能力、承诺及个人服务等,通过有形因素强化语言承诺。

4. 促使顾客对服务质量产生“优质”的感觉

服务质量的高低并非由单一因素所决定。根据对多重服务的研究,大部分顾客根据十种服务特质判断服务质量的高低,“可感知”是其中的一个重要特质,而服务有形展示则正是可感知的服务组成部分。与服务过程有关的每一个服务有形展示,例如服务设施、服务设备、服务人员的仪态仪表,都会影响顾客感觉中的服务质量。服务有形展示及对有形因素的管理也会影响顾客对服务质量的感觉。优良的服务有形展示及管理就能使顾客对服务质量产生“优质”的感觉。因此,服务企业应强调使用适用于目标市场和整体营销策略的服务展示。通过有形因素提高质量意味着对微小的细节加以注意,可见性细节能向顾客传递公司的服务能力以及对顾客的关心,为顾客创造良好的环境,提高顾客感觉中的服务质量。

5. 帮助顾客识别和改变对服务企业及其产品的形象

服务有形展示是服务产品的组成部分,也是最能有形地、具体地传达企业形象的手段。企业形象或服务产品形象的优劣直接影响着消费者对服务产品及公司的选择,影响着企业的市场形象。形象的改变不仅是在原来形象的基础上加入一些新东西,而要打破现有的观念,所以它具有挑战性。要让顾客识别和改变服务企业的市场形象,更需提供各种服务有形展示,使消费者相信本企业的各种变化。

6. 协助培训员工

从内部营销的理论来分析,员工也是企业的顾客。由于服务产品是“无形无质”的,从而顾客难以了解服务产品的特征与优点,那么,员工作为企业的内部顾客也会遇到同样的难题。如果员工不能完全了解企业所提供的服务,企业的营销管理人员就不能保证他们所提供的服务符合企业所规定的标准。所以,营销管理人员利用服务有形展示突出服务产品的特征及优点时,也可利用相同的方法作为培训员工的手段,使员工掌握服务知识和技能,指导员工的服务行为,为顾客提供优质的服务。

第二节　物流服务有形展示的管理

一、物流服务有形展示的管理

成功的市场营销活动的关键是管理与无形服务相关的有形因素,通过物流服务展示管理向顾客传送适当的线索,这样能帮助顾客更好地理解“我们买什么产品”,“我们为什么要买它?”因为顾客总要在服务环境、信息沟通和价格中寻找服务的代理展示物,根据有形线索推断服务的质量价值和特点,用来指导其购买选择。

鉴于物流服务有形展示在服务营销中的重要地位,物流服务企业应善于利用组成服务的有形元素,突出服务的特色,使无形无质的服务变为相对有形和具体化,让顾客在购买服务前,能有把握判断服务的特征及享受服务后所获得的利益。因此,加强对服务有形展示的管理,努力借助这些有形的元素来改善服务质量,树立独特的物流服务企业形象,无疑对物流服务企业开展市场营销活动具有重要意义。

物流服务企业之所以要采用服务有形展示策略,是因为服务产品具有不可感知的特性,而对“不可感知性”则可以从两个方面理解:一是指服务产品不可触及,即看不见摸不着;二是指服务产品无法界定,难以从心理上进行把握。因此,物流服务企业要想克服营销方面的难题,采用物流服务有形展示策略,也就应以这两个方面为出发点,一方面使服务有形化,另一方面使服务易于从心理上进行把握。

1. 物流服务的有形化

服务有形化就是使服务的内涵尽可能地附着在某些实物上。正如“康师傅”的一句广告词所描写的那样：“好吃看得见”。服务有形化的典型例子是银行信用卡。虽然信用卡本身没有什么价值，但它显然代表着银行为顾客所提供的各种服务，以至于只要“一卡在手，便可世界通行”。

日本的宅急便在这一点值得借鉴。宅急便——大和运输的象征商标，是一个黑猫叼着小猫的图案。1957 年大和运输受理美国军人、军队的杂物运送，开始与美国的亚莱德·莱斯运输公司一起合作输送。这家美国公司以“Careful handling”为宣传口号，象征这个标语意义的，是以母猫叼着小猫小心运送的图案作为标志。大和运输认为，图案中那种小心翼翼，不伤及小猫，轻衔住脖子运送的态度，仿佛是谨慎搬运顾客托运的货物，这种印象正和公司的宗旨相符合。于是经过亚莱德公司的同意，并对图案作了进一步的造型设计，改成为现在的黑猫标志，使这个图案给人更具象征的印象。大和运输又将 Careful handling 意译为“我做事，你放心”，并以此作为宣传标语。因此，人们又把大和运输称为“黑猫大队”。

2. 使物流服务在心理上较容易把握

除了使物流服务有形化之外，物流服务企业还应考虑如何使服务更容易地为顾客所把握，通常有两个原则需要遵循。

(1)把服务同易于让顾客接受的有形物体联系起来。由于服务产品的本质是通过服务有形展示表现出来的，所以，服务有形展示越容易理解，则服务就越容易为顾客所接受。运用此种方式时要注意：使用的有形物体必须是顾客认为很重要的，并且也是他们在此服务中所寻求的一部分。如果所用的各种实物都是顾客不重视的，则往往产生适得其反的效果；必须确保这些有形实物所暗示的承诺，在服务被使用的时候一定要兑现，也就是说各种产品的质量，必须与承诺中所载明的名实相符。如果以上的条件不能做到，那么所创造出来的有形物体与服务之间的联结，必然是不正确的、无意义的和具有损害性的联结。

物流公司的服务往往要借助相关的物流设备如各种运输工具、装卸设备、仓储设备、条形码等来实现，这些有形物体是顾客认为很重要的也是他们所寻求服务的一部分，通过这些有形的物流设备的展示，使顾客在心理上易于接受。

(2)把重点放在发展和维护企业同顾客的关系上。使用服务有形展示的最终目的是建立企业同顾客之间的长久关系。服务业的顾客，通常都被鼓励去寻找和认同服务企业中的某一个人或某一群人，而不只是认同于服务本身，如在物流公司的客户经理，管理研究顾问咨询公司组成客户工作小组等。所有这些都是强调关注于以人表现服务。因此，服务提供者的作用很重要，他们直接与顾客打交道，不仅其衣着打扮、言谈举止影响着顾客对服务质量的认知和评价，他们之间的关系将直接决定顾客同整个企业关系的融洽程度。

另外,其他一些服务有形展示亦能有助于发展同顾客的关系。比如,当客户厂庆或店庆时,物流公司向客户派发与客户有关的具有纪念意义的礼物就是出于此种目的。

二、物流服务有形展示效果的形式

物流服务有形展示的效果一般有 3 种形式:

(1)该服务的一种实物表征,即能唤起顾客想到该服务的利益;

(2)可以强调服务提供者和消费者之间的相互关系;

(3)可以联结非实物性服务和有形物体,从而让顾客易于辨认的一种展示。

例如,运输车队车的数量、车况、车的类型、车上的 GPS 定位系统等展示效果的测量,是“利用这些展示的广告所能产生说服消费者相信运输服务”的能力来衡量。每一种服务都有其特定的利益,服务有形展示的效果往往因所考虑的利益不同而不同。至于服务提供者与客户相互之间的展示效果,根据提供者和客户之间对于服务利益的个人信任程度而定。这也就是强调:服务有形展示的类型必须与顾客寻求的利益相关,如果没有考虑这些利益,就不应该使用该类型的服务有形展示。服务业营销人员面临的最大挑战是,找出这些利益,然后用适当的服务有形展示去表现。物流服务所能利用的展示方式有很多,从环境到装潢、设备、文具、颜色和照明等,都是物流服务企业形成与塑造环境气氛的一部分。

三、物流服务有形展示管理的执行

服务展示管理不仅仅是营销部门的工作(虽然营销部门应该唱主角),而每个人都有责任传送有关服务的适当线索。下面列出的是一份行动问题清单,所有的管理人员都应定期考虑这些问题。

(1)我们有一种高效的方法来进行物流服务展示管理吗?我们对顾客可能感觉到的有关服务的每一件事都给予了充分的重视吗?

(2)我们是否积极地进行物流服务展示管理了?我们积极地分析了如何使用有形因素来强化我们的服务概念和服务信息吗?

(3)我们对细节进行了很好的管理吗?我们是否关注“小事情”?举例来说,我们保持了物流服务环境的一尘不染吗?如果我们的霓虹灯忽然坏了,我们是立即换还是过后再换?我们作为管理人员,有没有举例向员工说明没有任何细节小到不值得管理?

(4)我们将物流服务展示管理和市场营销计划结合起来了吗?例如,当我们作出环境设计的决定时,是否考虑到这一设计能否支持高层营销策略?我们作为管理人员,是否熟知展示在市场营销计划中的作用,进而对计划做了有益的补充?作为管理人员我们知道在营销计划中什么是首要的吗?

(5)我们通过调查来指导我们的物流服务展示管理了吗?我们是否有能力寻找来自员工和顾客的由价格传递的线索?我们预先是否能测定我们的广告向顾客传递

了什么样的信息？在服务设备设计过程中，我们征求过顾客和员工的意见吗？我们有没有雇佣“职业顾客”按照清洁度、整齐度、营销工具的适用性等标准对我们的服务环境作出评价？我们作为管理人员，在提高公司整体形象的过程中，是如何运用环境设备和其他展示形式的呢？

(6)我们将物流服务展示管理的主人翁姿态扩展到整个组织范围了吗？在服务营销中，我们向员工讲授了服务展示管理的特点和重要性吗？我们是否向组织内的每个人提问，让他们回答个人在展示管理中的责任？

(7)我们在物流服务展示管理过程中富有创新精神吗？我们所做的每件事都有别于竞争者和其他服务提供者吗？我们所做的事有独创性吗？我们是不断地提高展示水平使之合乎时尚呢，还是跌入沾沾自喜、自鸣得意之中？

(8)我们对第一印象的管理怎么样？和顾客接触的早期经历是否给我们留下了深刻印象？我们的广告、内部和外部的环境设备、标志物，以及我们员工的服务态度对新顾客或目标顾客是颇具吸引力呢，还是使他们反感？

(9)我们对员工的仪表进行投资了吗？我们有没有向员工分发服装并制订符合其工作角色的装扮标准？对于负责联系顾客的员工，我们考虑到为其提供服装津贴了吗？我们考虑过提供个人装扮等级津贴吗？

(10)我们对员工进行物流服务展示管理了吗？我们有没有使用有形因素使服务对员工来说不再神秘？我们是否使用有形因素来指导员工完成其服务角色？我们工作环境中的有形因素是表达了管理层对员工的关心呢？还是缺乏关心呢？

第三节　物流服务环境的设计

所谓物流服务环境是指企业向顾客提供服务的场所，它不仅包括影响服务过程的各种设施，而且还包括许多无形的要素。因此，凡是会影响服务表现水准和沟通的任何设施都包括在内。例如，就物流业而言，环境意味着：建筑物、土地和装备，包括所有内部装潢、办公用品和供应品。因此，像一些较不起眼的东西如茶盘、一张记事纸等，在传统的设计观念中，或许会被忽略掉，但对于服务营销人员来说，也必须与其他明显物品一样都包括在内。

一、物流服务环境的特点

对大多数服务业公司而言，环境的设计和创造并不是件容易的工作。应该注意到器械装备、制服、车辆、文具以及可能会在顾客心目中形成对服务公司印象的类似事项。

从物流服务环境设计的角度看，环境具有如下特点：

(1)环境是环绕(Surrounds)、包括(Enfolds)与容纳(Engulfs)，一个人不能成为环境的主体，只可以是环境的一个参与者。

(2)环境往往是多重模式(Multi-model)的,也就是说,环境对于各种感觉形成的影响并不是只有一种方式。

(3)边缘信息和核心信息总是同时展现,都同样是环境的一部分,即使没有被集中注意的部分,人们还是能够感觉出来。

(4)环境的延伸所透露出来的信息总是比实际过程的更多。其中若干信息可能相互冲突。

(5)各种环境均隐含有目的和行动以及种种不同角色。

(6)各种环境包含许多含义和许多动机性信息。

(7)各种环境均隐含有种种美学的、社会性的和系统性的特征。

因此,服务业环境设计的任务,关系着各个局部和整体所表现出的整体印象,影响着顾客对服务的满意度。

二、理想物流服务环境的创造

设计理想的物流服务环境并非一件容易的事情,除了需要大量的资金花费外,一些不可控制的因素也会影响环境设计。一方面,我们现有的关于环境因素及其影响的知识及理解程度还很不够。究竟空间的大小、各种设施和用品的颜色与形状等因素的重要性如何?窗帘、灯光、温度等因素之间存在怎样的相互关系?诸如此类的问题具有较强的主观性,很难找到一个正确的答案。

另一方面,每个顾客都有不同的爱好和需求,他们对同一环境条件的认识和反应也各不相同。因此,设计满足各种各样类型顾客的服务环境等存在一定的难度。

以日本东京物流基地为例,其环境的设计应该考虑如下几个方面。

1. 适当的地点

东京的道路以市中心为圆心,呈同心圆的环状公路,一环、一环地向外拓展,并与市区的高速公路交织成发达的交通网络。城市从里到外散布着各种产业的大量批发、经销商,商流与物流混成一体,成为造成交通混杂,车辆空驶率高、城市功能低下的最大原因。为了改变这种状况,日本政府从1965年起,便着手将流通机能从市中心分离出去的艰巨工程。由政府统一规划、集资,在东京近郊的东南西北部分别建设了葛西、和平岛、阪桥和足立四个现代化的流通基地。流通基地内除了商务交易大楼之外,还建有大型仓库团地和公路货物集散中心等设施。

和平岛流通基地位于东京南部,建在填海造地的基地上。西靠东京湾港区码头,南邻羽田机场,附近有高速公路和城市环状公路,是东京的水、陆、空交通枢纽。整个流通中心占地50万 m^2(740亩),耗资572亿日元,建造了13.4万 m^2 的流通性综合仓库、14.8万t冷库、能停靠433辆送货卡车同时装卸作业的22万 m^2 公路货物集散中心和由7万 m^2 商务交易馆及35万 m^2 物流大楼组成的商业流通中心,商品年处理量达700万t,对整个东京地区以及全日本的商品流通,起着举足轻重的作用。

2. 团地内部服务设施

商业流通中心占地面积 15 万 m^2(合 226 亩),总建筑面积 41.2 万 m^2。建筑物的容积率为 270%、覆盖率为 60%。流通中心的展示厅建筑面积 1 万 m^2,各种国际研讨会、新产品发布会经常在此举办。两幢物流大楼各 17.4 万 m^2,大楼之间为宽 24m 的中央干道。物流大楼是六层钢筋混凝土结构的建筑物,长 312m、宽 90m、高 33m,每层建筑面积达 2.9 万 m^2。底层层高均 4.6m,设计荷载为 1.8t/m^2。大楼的平面设计呈双向对称型。南北两端各布置卡车上下楼坡道,坡道平面呈“回”字型,出入分道、单向行驶,车道宽 7.5m,坡度为 1∶10,可上 5t 以下卡车;5t 以上大型卡车在底层装卸货物,用货梯上下运输。

大楼两侧,设有 8m 的外廊式车道,由于采用卡车上楼的方案,使大量车流得以分散在各层楼面,且方便楼层用户,大大减少了装卸环节、提高了经济效益。整个大楼共有客梯 4 台、1.5t 客货两用梯 8 台、3t 货梯 8 台(叉车可直接驶入货梯轿厢内装卸托盘)。物流大楼的每个楼面划分成 8 个单元,每个单元使用面积为 2 000m^2,各有 1.5t 和 3t 货梯 1 台,供租用单位使用。流通中心商品年处理量 200 万 t,每年出入车辆数为送货卡车 6 000 辆、客车 2 000 辆。

3. 团地仓库设施

团地拥有许多现代化的大型仓库,这种仓库与普通仓库不同,它们不是储存型仓库,而是流通型仓库。工厂生产的产品和批发商、商社的货物,在仓库里进行储存和保管,然后根据客户的要求,配货出仓,再送到零售商店。它具有处理量大,商品周转率高、机械化程度高等特点。商品在仓库里的年周转率超过 12 次。现代化的仓库团地,给日本的仓储业带来新的飞跃。目前,日本各地纷纷建起仓库团地,使日本仓库业的经营方向已从单纯的储存型仓库发展成为综合性的流通仓库、配送中心,拥有信息处理系统、兼营流通加工、包装、配送等配套服务。这是一个非常值得注意的动向。日本称仓库业为“仓库工业”(Warehousing Industry)。

4. 团地的公路货物集散中心

和平岛公路货物集散中心是连接东京和全日本的中转基地。它为 49 家运输企业所租用,有 1 516 个中转点,遍及整个日本的中小城镇,形成一个全国性的运输网络。他们利用长途运输卡车来回双程运输,与市内的短途运输、铁路、港口和空运相衔接,形成一个高效率的全国运输体系,成为日本国民经济的大动脉。

5. 团地的服务氛围

和平岛公路货物集散中心基地面积 22.3 万 m^2,货运站台和配送中心建筑面积达 8.665 万 m^2,拥有 433 个供卡车停靠装卸货物的车位,商品年处理量 200 万吨。为了满足南来北往长途运输驾驶员的休息,该中心还建造了一幢 15 000m^2 的管理楼,设施齐全,为驾驶员提供全方位服务。公路货运集散中心的建设,保证了“限制大型卡车进入市区”措施的落实,大大缓解了东京交通的混乱、道路的拥挤,改善了城市的功能。

环境设计如此重要，但不能错误地认为，只有环境设计，尤其是室内设计才是可供利用的、配合全套营销组合的服务有形展示策略。很多中小企业虽然认识到服务有形展示的战略性作用，却碍于缺乏资金改善环境设计，而视服务有形展示为一种奢侈的投资。事实上，正如前面所指出的，服务有形展示除了环境与气氛因素以及设计因素之外，还有社交因素。社交因素代表服务员工的外观、行为、态度、谈吐及处理顾客要求的反应等，它们对企业服务质量乃至整个营销过程的影响不容忽视。社交因素对顾客评估服务质量的影响，远较其他两类因素显著。因为根据对社交因素的观察，顾客可以直接判断服务员工的反应性、能否诚心诚意地处理顾客的特殊要求、能否给顾客一种对企业服务质量颇具信心的感觉以及服务员工是否值得信赖等。

三、影响物流服务形象形成的关键因素

一家物流服务业公司所要塑造的形象，受很多因素的影响。营销组合的所有构成要素，如价格、服务本身、广告、促销活动和公开活动，既影响顾客与当事人的观感，也成为服务的实物要素。

影响物流服务环境形象的关键因素主要有两点，如图 10-2 所示。

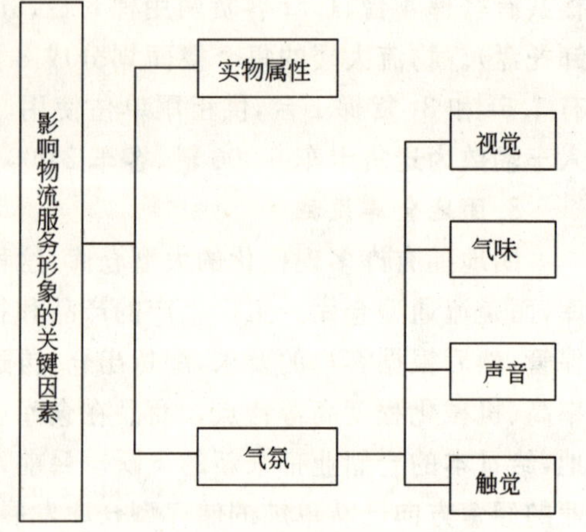

图 10-2　影响物流服务形象的关键因素

1. 实物属性

物流服务企业的建筑构造设计，有若干层面对其形象塑造产生影响。如场所的外形、颜色、商品陈列、灯光等因素都是影响形象的因素，其中任何一项的有无，都会影响到其他各项的个别属性的表现。换言之，这些属性可能对形象的创造与维持有帮助。

物流服务企业的外在有形表现会影响其服务形象。一栋建筑物的具体特性，包括其规模、造型、建筑使用的材料、其所在地点位置以及与邻近建筑物的比较，都是塑造顾客观感的因素。如前文的日本人能物流团地的选址、相关服务设施等都体现了这个特性。至于其相关因素，诸如停车的便利性，橱窗门面和门窗设计，招牌标示和指示车辆等也很重要。因为外在的观瞻往往能附联牢靠、永固、保守、进步或其他各种印象。而物流服务企业内部的陈设布局、装饰、桌子、家具、装修、座椅、照明、色调配合、材料使用、空气调节、标记，视觉呈现如图像和照片等，所有这一切合并在一起往往就会创造出“印象”和“形象”。从更精细的层面而言，内部属性还包括：记事纸、文具、说明小册子、展示空间和货架等项目。

能将所有这些构成要素合并成为一家物流服务公司“有特色的整体个性”，需要

相当的技术性和创造性。物流服务有形展示可以使一家公司或机构显示其“个性”，而“个性”在高度竞争和无差距化的服务产品市场中是一个关键特色。

2. 气氛

物流服务设施的气氛也会影响其形象。“氛围”原本就是指一种借以影响买主的“有意的空间设计”。此外，气氛对于员工以及前来公司接洽的其他人员也都有重要的影响。所谓的“工作条件”，是指它会影响到员工对待顾客的态度。就零售店而言，每家商店都有各自的实物布局、陈设方式，有些显得局促，有些宽敞。每家店都有其“感觉”，有的很有魅力，有的豪华壮丽，有的朴素。商店必须保有一种规划性气氛，适合于目标市场，并能诱导购买。

许多服务业公司似乎都开始了解气氛的重要。餐馆的气氛和食物同样重要是众所皆知的。大饭店旅馆应该被视为温暖与亲切，零售商店也应注意尊重顾客，而增添一些魅力到“气氛”里头；有些广告公司细心地花工夫做气氛上的设计；此外银行、律师事务所和牙医诊所的等候室，往往由于是否注意气氛的缘故，而有“宾至如归”或“望而却步”的差别。影响“气氛”的一些因素如下。

(1)视觉

零售商店使用“视觉商品化”一词来说明视觉因素会影响顾客对商店观感的重要性。视觉商品化与形象的建立和推销有关，顾客进门之后，可以达到前述两项目的。零售业的视觉商品化，旨在确保无论顾客在搭电梯，或在等待付账时，服务的推销和形象的建立仍持续在进行。照明、陈设布局、颜色，显然都是“视觉商品化”的一部分。此外，服务人员的外观和着装亦是。总之，视觉呈现是顾客对服务产品惠顾的一个重大原因。

(2)气味

气味会影响形象。零售商店，如咖啡店、面包店、花店和香水店，都可使用芳香和香味来推销其产品。面包店可巧妙地使用风扇将刚出炉的面包香味吹散到街道上；餐馆、牛排吧馆、鱼店或洋芋片，也都可以利用香味达到良好的效果；至于那些事业服务业的办公室、皮件的气味和皮件亮光蜡或木制地板打蜡后的气味，往往可以发散一种特殊的豪华气派。

(3)声音

声音往往是气氛营造的背景。电影制造厂商很早就觉察其重要性，即使在默片时代，配乐也被视为一项不可少的气氛上的成分。青少年流行服装店的背景音乐，所营造出的气氛当然与大型百货店升降梯中听到的莫扎特笛音气氛大不相同，也和航空公司在起飞之前播放给乘客们听的令人舒畅的旋律的气氛全然迎异。若想营造一种“安静”气氛，可以使用细心的隔间、低天花板、厚地毯以及销售人员轻声细语的方式。这种气氛在图书馆、书廊或皮毛货专卖店往往是必要的。最近对于零售店播放音乐的一项研究指出，店里的人潮往来流量，会受到播放什么样的音乐而有所改变。播放缓慢的音乐时，营业额度往往会比较高。

(4)触觉

厚重质料铺盖的座位有厚实感,地毯的厚度、壁纸的感度、咖啡店桌子的木材和大理石地板的冰凉,都会带来不同的感觉,并产生出独特的气氛。某些零售店是以样品展示的方式激发顾客的感度,但有些商店,如精切玻璃、精制陶瓷店、古董店、书廊或博物馆,就禁止利用触感。但不论任何情况,产品使用的材料和陈设展示的技巧都是重要的因素。

S 本章小结

物流服务有形展示是物流服务市场组合策略的 7 大要素之一。物流服务的无形性使之不同于有形商品的展示,顾客只能根据服务工具、设备等提供的服务线索来进行购买。

在物流服务展示概述中,根据有形展示能否被顾客拥有可分为边缘展示和核心展示;根据物流服务有形展示的要素进行划分,可分为环境、信息沟通、价格等三种类型。

物流服务的有形展示的出发点主要有物流服务的有形化和使服务在心理上容易把握。有形展示的效果有 3 种形式。有形展示管理的执行不仅是营销部门的工作,每个员工都有责任传送有关服务的线索。

在实施物流服务有形展示的过程中,物流服务有形展示的环境设计是物流企业营销的重点。影响物流服务环境形成的关键性因素主要有两点,即实物属性和气氛。影响气氛的因素包括视觉、气味、声音、触觉。

物流服务有形展示在物流营销过程中越来越重要,物流企业应对物流服务有形展示进行有效管理,提高顾客对服务的满意度。

C 案例分析

联合包裹公司物流服务展示[1]

(一)背景

1907 年,美国人吉米·凯西创立了联合包裹公司。创业初期仅有一辆卡车及几部摩托车,主要为西雅图百货公司运送货物。现在,联合包裹已发展到拥有 15.7 万辆地面车辆,610 架自有或包租飞机,全球员工 33 万多名,年营业额 270 亿美元的巨型公司。它每个工作日处理包裹 130 万件,每年运送 30 亿件各种包裹和文件。

[1] 案例摘选自中国物流与采购网/企业案例/国际物流,http://www.chinawuliu.com.cn/oth/content/200705/200723244.html,2007-5-24 。

(二)具体

1.联合包裹公司的物流业务

联合包裹提供的服务已经成为美国人日常生活中须臾不可离的东西,成为“美国经济运行中一只几乎无处不在的手”,每年装载了美国国民生产总值的6%。1997年,联合包裹卡车驾驶员罢工事件不仅使得这一“美国经济的主干架”几近瘫痪,对当年美国经济的打击也很大。据说,当年美国国民生产总值曾因此下降几个百分点。

1997年的罢工风潮使联合包裹的国内竞争对手美国国家邮政和联邦快递坐收渔利:罢工的15d内便抢去了3.5亿美元的营业额,而且联合包裹也因此损失了至少2亿美元,并丢掉了大批老客户。但联合包裹并没有就此一蹶不振,相反它自此励精图治,不仅努力修补与卡车驾驶员工会及客户的关系,并打破百年封闭式经营的保守传统,1998年在华尔街上市(上市金额高达55亿美元,创下了美国历史最高记录),同时涉足电子商务领域,大踏步向以知识为基础的全球性物流公司迈进。

如果说,联合包裹过去是一家拥有技术的卡车运输公司,那么现在,它是一家拥有卡车的技术型公司。如果联合包裹是一家纯粹的电子商务公司,那么它可能只是徒有虚名,净利润为零;但强大的物质实力使得它盈利状况十分可观。1999年和罢工前的1996年相比,联合包裹的净利润翻了一番,达23亿美元,营业额也增长了21%。

联合包裹公司的电子跟踪系统,跟踪每日130万件包裹的运送情况。联合包裹还使用全球定位卫星,随时通知驾驶员更新行车路线。

联合包裹最近宣布准备增加机队数量,今年将有7架空中客车A300交货,同时投资10亿美元扩建其设立在肯塔基州路易斯维尔的航空枢纽。所有这些,将为联合包裹的物流业务奠定了扎实基础。路易斯维尔航空枢纽附近的物流部门正在为惠普等计算机公司提供这种服务:每天晚上在3~4h的一段时间内,一共90架飞机降落在占地面积500公顷的这一航空枢纽。从这些飞机上卸下有故障的电脑部件以及笔记本电脑等,并以最快速度运到离枢纽只有几英里远的物流部门。在那里,60名电脑修理人员能利索干完800件活,并赶在联合包裹的头班飞机起飞前完工。

通过物流业务,联合包裹还顺势跨上了因特网零售业的快车。据调查公司统计,1998年圣诞节期间,联合包裹公司几乎垄断了美国因特网零售公司的承运业务,美国人在此期间网上订购的书籍、袜子和水果蛋糕大约有55%是由这家公司送去的。耐克公司注册的网上零售公司Nike.com成了联合包裹的最大客户。联合包裹在路易斯维尔的仓库里存储了大量的耐克鞋及其他体育用品,每隔一个小时完成一批订货，并将这些耐克用品装上卡车运到航空枢纽。联合包裹设在圣安东尼奥的电话响应中心，专门处理 Nike.com 的客户订单。这样，耐克公司不仅省下了人头开支，而且加速了资金周转。而联合包裹的另一公司客户——最近刚成立的时装网站 Boo.com 甚至连仓储费都不用掏：联合包裹将这家公司的供应商的货物成批运到物流中心，经检验后，打上 Boo.com 的商标，包装好即可运走。

2.联合包裹的企业形象可以从卡车驾驶员为形象看出来。

联合包裹的卡车驾驶员（兼送件人）不能留长发，蓄胡须，外套只能打开最上方的第一个纽扣。在客户面前不能抽烟。送件时只能疾行，不许跑步。皮鞋只能是棕色或黑色，而且必须始终光可鉴人。他必须始终用右手尾指钩住钥匙串，以免满口袋找钥匙时耽误时间。登车后，必须用左手系安全带，同时马上用右手将钥匙插入起动发动机。驾驶员每天工作前必须经过 3min 的体能测试，这一传统从公司创始人开始保留至今。飞行人员头天工作完毕必须清理桌面，以免第二天凌晨登机时耽误时间。高层经理人员每人工作桌下常备擦皮鞋用具。所有这一切细枝末节，都将保证公司的高运营效率，在客户面前树立值得信赖的良好形象。

联合包裹的员工队伍相当稳定，稳定率保持在90%以上，许多人一干就是几十年。高层管理人员有的就是从驾驶员、装卸工一步步升上来的。公司首席执行官凯里的衣橱里至今还挂着28年前在联合包裹兼职当驾驶员时穿的棕色套装。联合包裹上市后，一下造出了数百名百万富翁。这就更增强了员工对公司的向心力。

（三）案例思考

联合包裹公司如何进行物流有形服务展示的？取得了哪些效果？

（四）点评

通过物流服务环境、人员、信息等展示，联合包裹的物流部现已是公司业务增长最快的部门，过去两年增长了70%以上，而且今后三年仍可望有35%的年增长率。

E 练习与思考

一、选择题

1.（　　）是指顾客在购买过程中能够实际拥有的展示。

A.边缘展示　　　　B.核心展示

2.从服务有形展示的构成要素进行划分，主要表现为3种类型：（　　）、（　　）和价格。

A. 环境　　B. 员工　　C. 信息沟通　　D. 形象

3. 物流服务的环境展示有 3 大类型：(　　)。

A. 政策因素　　B. 周围因素　　C. 形象设计因素　　D. 服务员工因素

4. 影响物流服务环境形成的关键性因素主要有两点：实物属性和(　　)。

A. 色彩　　B. 声音　　C. 环境　　D. 气氛

5. 影响"气氛"的一些因素包括：(　　)。

A. 气味　　B. 声音　　C. 视觉　　D. 触觉

6. (　　)在购买和享用服务的过程中不能为顾客所拥有，但却更重要。

A. 边缘展示　　B. 核心展示

7. 设计性因素又可分为两类：美学因素和(　　)因素。

A. 功能　　B. 声音　　C. 环境　　D. 气氛

8. 物流服务企业总是通过强调现有的服务展示并创造新的展示，来有效地进行信息沟通管理，从而使服务和信息更具(　　)。

A. 无形性　　B. 有形性

9. (　　)通常被顾客认为是构成物流服务产品内涵的必要组成部分，是指消费者可能不会立即意识到的环境因素，如气温、湿度、气味、声音等。它们的存在并不会使顾客感到格外兴奋和惊喜。

A. 形象设计因素　　B. 服务员工　　C. 周围因素　　D. 信息沟通因素

10. 运输车队车的数量、车况、车的类型、车上的 GPS 定位系统等展示效果的测量含以下几种展示形式(　　)。

A. 是服务的一种实物表征，即能唤起顾客想到该服务的利益

B. 可以强调服务提供者和消费者之间的相互关系

C. 可以联结非实物性服务和有形物体，从而让顾客易于辨认的一种展示

二、思考题

1. 物流服务有形展示的效应包括哪些？

2. 影响物流服务形象形成的关键因素有哪些？

3. 从物流服务环境设计的角度看，环境具有哪些特点？

三、实训项目

【实训目标】

熟悉物流服务展示的关键要素，并能根据实际情况设计物流服务展示。

【实训内容与形式】

1. 以自愿为原则进行分组，以 5～6 人为一组。

2. 每组通过竞选产生负责人。

3. 进行市场调查，收集所在城市一些(至少 3～4 家物流公司)物流公司的物流服务有形展示，分析其现状。

4.小组成员充分讨论后，为上述公司提出物流服务有形展示的修改意见，为其设计新的物流服务展示。

【实训要领】

1.每个小组分别写出修改意见建议书交给教师审阅评估，此环节非常重要，学生所作建议书若“毫无新意”或“可行性极差”，教师应要求学生重新制订。

2.此次实训强调团队合作精神，要求每一位同学积极参与。

3.小组中有适当争论(当需要时，能够提出并坚持自己的观点，不随波逐流)，又迅速达成一致(而非不负责任的苟同)。

4.培养较强的说服他人接受自己观点的能力。

【成果与检测】

1.教师对每组提交的物流服务展示修改建议书及其表现进行考核；

2.教师根据各组完成的文字材料和实际效果及讨论中的表现评估打分。

第十一章　物流服务质量控制

学习目标

- ◆ 理解物流服务质量的内涵；
- ◆ 掌握设计物流服务标准的方法；
- ◆ 了解物流服务质量的认证；
- ◆ 掌握物流服务过程控制图；
- ◆ 了解物流服务质量的改进与提高的方法。

台湾茂永物流——国际性的物流服务公司❶

引入案例

成立于1982年的超全股份有限公司是茂永股份有限公司的前身，它早期从事纺织业。当时有相当多的客户，没有仓库设备，就委托该公司代管货品并且叫车运输。

1986年，公司改名为茂永股份有限公司，并开始直接从事仓储代管储放的工作。初期只是以仓储保管为主，直到1991年成立物流中心，做配送的全程服务。在短短的几年内有着骄人的成绩：该公司主要的往来客户，约有一百余家国内外知名的企业，例如震旦行、味丹、金百利、光泉、健保局、台湾慎吕行(OAK奶粉)、中国弘通(555香烟)、龙口粉丝、德记洋行、美商埃索石油、诚品、鸿信(菲士兰奶粉)、家福(家乐福)等。尤其是为法商家福公司负责全家乐福各门市店的配送工作，更使得该公司成为物流业界注目的焦点对象。该公司在客户及员工管理上有着自己的两个特点。

一、对客户的承诺和对自身工作极端负责的使命感

在一个竞争的时代，尤其从事物流配送的服务工作，除了要随时强化自己本身的能力之外，也要能够去了解客户(需求者)的需要。因为物流作业流程，除了依靠自己的实力，也要能够针对不同客户的需求，来制订不同的“应变”计划。例如，在每年7月份时，该公司的配送出货量大增，货量达平时的4倍以上，但是客户有这个出货的

❶案例摘选自牛鱼龙主编《世界物流经典案例》，海天出版社。

需求，相对地茂永也就全力以赴，除了推出出货不延迟之外，也让客户更加安心。所以，做好平时的服务品质是应该的，当客人有困难有问题时，也能够达到他们的标准，并且也维持平时的品质服务，那就是非常不容易了。茂永的经营除了要满足客户的要求之外，也要根据不同的变化，作出应变的动作。毕竟要使委任合作关系维持恒久不变，一定要主动去了解每一位客户的需求，尽量去满足他们。

茂永公司是一个讲究规范的公司，注重制度化与标准化。茂水本身可塑性高，活力强，可以针对不同客户的需求作出不同的服务。公司的经营理念，可以包括对客户的承诺和自身对工作极端负责的使命感这两项。

1. 对客户的承诺

(1)诚信。茂永对客户以诚信为出发点，本身有多少实力就做多少事；否则，一旦顾客有需求、困难时，反而做不到，那是不对的。所以，对每一位客户都以诚信的态度去接触，除了尊重客户之外，也是本身服务品质最佳的保证。

(2)安全。物流配送是一项非常辛苦的工作，除了注重自身人员的安全外，就连所送达的货品，也要求零故障。尽管辛辛苦苦，如果稍有不慎，就非常容易损害到客户所托的货品，所以，安全的强调，对人、货是一致的。

(3)时效。客户委托公司做配送，时间的控制与管理，一定要掌握住才行。平时如此，就算是货量多时也要做到，因为时效的保证，除了带给客户商机和利润外，相对也就是给自己带来商机和利润。

(4)便捷。所谓的便捷，不外乎是手续简单不繁琐，迅速而不疏忽，因为物流的作业流程环环相扣，任何一个细节做不好或出差错，都会造成许多问题的发生，所以说，便捷的承诺也包含了方便客户、节省时间的目标。

2. 对自身工作极端负责的使命感

(1)专业。该公司所强调的专业，可以区分为对人(客户)及物这两项，专业的精神，除了要非常清楚本身的工作岗位之外，也要能够去了解每一份所服务客户的属性，因为对物流的专业工作是一定要做到的，而对客户的专业了解是让客户很放心地与我们合作的必要条件，唯有对客户作出非常专业的认知与了解，才可能达到客户的要求。

(2)专心。专心是指工作时每一位员工都能在工作岗位上用心地工作，也唯有用心在所从事的工作上，才可能发挥最大的效能。

(3)求精。是指该公司在物流的服务工作上，是可以让所有客户安心地做合作伙伴，也只有本身在物流这个领域内做最专精的服务，客户才能源源不断而来。

二、每一位员工都是公司重要的资产

茂永公司除了秉承着诚信、安全、便捷、时效与经济的负责精神对待所有客户之外，也视每一位客户为长期合作与共利的事业伙伴，除了客户与公司共同成长之外，也积极培训员工，并且不断投资教育、训练方面，对员工进行培训。

在茂永，每一个分支的营业单位(所)就是一个战斗单位，要培育基层的单位人员及主管，有负责任的心态及行为。营业所能够接触客户，也是公司的第一线，所以对前线的人员及主管充分授权，使他们得以放手地去执行任务是非常重要的。该公司认为，给予地区各营业所充分的掌控权，除了培养负责的态度之外，也是员工实际成长累积经验最好的训练方式。

在人才的培育方面，新进人员除了通过严密的审核之外，还着重于品德及专业这两项。尤其是物流作业非常辛苦，人才的培育又是一种长期的投资，所以，每个员工都是公司的重要的资产。

请分析：

1. 茂永是如何尽力满足顾客需求的？

2.“零故障”意味着什么？

第一节　物流服务质量的内涵

一、物流服务质量的概念

物流服务质量管理既是物流企业营销的基础，也是物流企业营销的核心，深刻理解和认识服务质量，对于物流企业开展营销活动具有重要的意义。

物流服务质量是指企业通过提供物流服务所达到的服务产品质量标准、满足客户需要的保证程度、客户感知到的物流服务水平的集合，它包括 4 点内容。

1. 物流服务质量是顾客感知的对象

物流服务质量不能由企业单方面决定，它必须适应顾客的需求和愿望，因此物流服务质量具有较强的主观性。客户在评价物流服务质量时，更多地凭主观期望和感受作判断，因此，物流服务质量的高低，更多地受这些主观因素的影响。对于相同水平的服务，期望高的客户可能对其质量评价比较低，期望不高的客户评价反倒可能比较高。由于物流服务具有无形性的特征，物流服务质量缺乏有形的客观评价标准，因而主观标准往往成了主要的标准。又由于生产与消费的不可分性，物流服务质量的形成必须有客户的参与、经历和认可，因而不可能不受客户主观因素的影响。

2. 物流服务质量是由服务生产和交易过程中的每一个环节表现出来的

物流服务质量是一种过程质量，由于服务的不可分性，物流服务的生产及其质量形成过程，对客户而言一般是可参与的和可感知的，因而对于物流服务质量的评价可以是依据物流服务过程质量作出的判断。

3. 物流服务质量既要有客观方法加以规定和衡量，又要按照顾客主观的认识加以衡量和检验

我们知道物流服务离不开生产和交易的过程，是在买卖双方相互作用的真实瞬间中实现,因此这一过程具有客观性;同时这一过程又是顾客感知到的物流服务集合,具有主观性。定义一个顾客感知的物流服务质量绝非易事,要双重考虑。

4.物流服务质量的提高需要内部形成有效的管理和支持系统

物流客户服务质量的形成,需要由提供服务的全体人员的参与和协调。不仅一线的服务生产、销售和辅助人员的工作质量关系到物流服务质量,而且二线的营销策划人员、后勤人员对一线人员的支持和有形实物的状况也关系到物流服务质量。因此,物流服务质量是服务组织整体的质量。

二、物流服务标准

物流服务标准是指物流服务企业用以指导和管理服务行为的规范,包括物流服务组织自身定义的标准和顾客定义的标准两个方面。

1.组织定义的标准

大多数服务组织都有服务标准,但是许多服务组织的服务标准并非来自对顾客的期望的理解,而是来自服务组织自己的想法,是根据自己运营的需要和方便,为了实现效率、成本、技术质量等运营目标所制订的服务标准,称之为组织定义的标准。

2.顾客定义的标准

作为物流服务企业来说,最重要的是了解顾客是如何来看待服务质量的,应从顾客的角度来设定服务标准,正确把握顾客对服务质量的感知和期望。对此,顾客定义的标准可以描述为:将顾客所接受的服务的感知与对服务的期望相比较,当感知的服务超出期望时,顾客会惊喜;当感知与期望相等时,顾客会觉得满意;当感知低于期望时,顾客会觉得不能接受。

服务营销观念要求物流服务企业从顾客的期望和利益出发,制订顾客定义的服务标准而不是服务组织定义的标准,顾客定义的服务标准可以分为硬标准和软标准两种类型。

(1)顾客定义的硬标准

顾客定义的硬标准指那些能够通过计数、计时或者观测得到的标准。如:物流服务人员在电话铃响10s之内必须接听;在第二天上午10点半之前送货到门;24h之内回复客户咨询等。

(2)顾客定义的软标准

并非顾客所有的目标取向都能够计数、计时或者通过核算可以观察到。比如“理解和了解顾客”这一目标取向就很难用硬标准来衡量。顾客定义的软标准可以作为顾客定义的硬标准的补充。

顾客定义的软标准指的是建立在意见和情感基础上,无法直接观测到,必须通过顾客、员工或其他人的交谈才能了解到,并以文字形式表达出来的标准。顾客定义的软标准为员工满足顾客的过程提供指导、准则和反馈，对于像物流服务这种高接触度服务，软标准显得尤为重要。

三、物流服务质量的构成要素

我们也知道物流服务是顾客感知到的物流服务集合，它离不开生产和交易的过程，是在买卖双方相互作用的真实瞬间中实现，因此定义一个顾客感知的物流服务质量绝非易事。目前，作者还尚未发现一种有效的方法来解决这个问题，但美国营销学家贝里·派拉索拉曼和泽塞莫尔提出的服务质量模型对解决这一问题不无启发。他们通过对信用卡、零售银行、证券经纪和产品维修与保护等多个服务行业进行考察和比较研究时，发现顾客在评价服务质量时主要是从下述5个方面进行考虑的。

1. 可靠性

可靠性是指企业准确无误地完成所承诺的服务。可靠性实际上是要求企业避免在服务过程中出现差错，因为服务差错给企业带来的，不仅是直接意义上的经济损失，而且可能意味着失去很多潜在的顾客。

2. 响应性

响应性是指迅速应对顾客提出的要求、询问和及时、灵活地处理顾客的问题。其具体的绩效指标包括：缺货通知、订货的便利性、客户咨询处理速度、顾客投诉处理速度、索赔处理速度。

3. 保证性

保证性是指企业通过提供物流服务，对达到服务产品质量标准，满足用户需要的保证程度。

4. 移情性

一般说来，移情性是指人们在观照外界事物时，设身处在事物的境地，把原来没有生命的东西看成是有生命的东西，仿佛它也有感觉、思想、情感、意志和活动。这里讲的移情性不仅仅是指服务人员的态度问题，而是指企业要真诚地为顾客着想，了解他们的实际需要，关心顾客，为顾客提供个性化服务，使服务过程富有人情味。

5. 有形性

可感知性是指服务产品的“有形部分”，如各种设施、设备以及服务人员的服饰或者沟通材料等。由于服务是一种行为过程而不是某种有形的实体，所以顾客只能借助这些可视的有形证据来把握服务的实质。

四、物流服务质量的效益

1. 顾客保留

通常说的顾客是指外部顾客，即购买物流企业产品或服务的人或组织。物流企业要努力做到顾客满意，并且进一步将顾客满意目标提升到顾客忠诚，即使顾客对某物流企业作出长期购买或合作的承诺，这对顾客来说，是满意于物流服务的一种回报，而这一过程就是所说的顾客保留。据美国有关机构调查，随着顾客忠诚度的提高，企业3/4的销售成本会相应下降，而且顾客忠诚度每提高5%，企业利润可增加25%～85%。

值得注意的是，顾客的需求并非是一成不变的，随着时间推移，特别是科学技术的发展，顾客的要求也会发生相应的变化。因此，物流企业必须动态地聚焦于顾客，及时掌握变化着的顾客需求，开展服务为先、增值为本、关系至上的一系列管理创新改进，力求满足顾客需求并使顾客满意，直到获得顾客忠诚。

2. 员工保留

通常说的顾客是指外部顾客，即购买企业产品或服务的人或组织。而从"组织—员工—顾客"这一网链式关系来理解，企业的最终顾客并不是唯一的顾客，职工也是企业的顾客，称为内部顾客。

要让外部顾客满意，先要让职工满意，只有职工满意了，才会用全部的精力来为用户服务，这一过程就是所说的员工保留。Motorola公司就明确指出："企业内部职工满意是外部顾客满意的基础"。物流企业的职工，特别是那些面向用户的职工是联系企业与顾客的纽带，他们为顾客提供需要的服务，其行为及行为的结果是顾客评价物流企业服务质量的直接依据。实践表明，职工的满意度与生产率之间具有双向作用。一个快乐的员工，他会倾向于表现出更高的生产率；高的生产率又会使人产生成就感和满足感，获得企业的奖赏和晋升，导致他对企业和工作又产生更大的满意度。当职工对工作的满意度高时，他们一般不轻易"跳槽"，从而减少物流企业人才流失，降低企业在招聘、培训方面的成本。同时，由职工的高工作满意度，进而还可上升为职工对工作的高投入度和对企业的高承诺度，即职工对企业忠诚，将企业当作自己的"家"，始终如一、不计得失地为企业奉献出自己全部的智慧和能力。物流企业为职工提供的"产品和服务"主要是信息、资源、支持和授权等。要使内部顾客满意，物流企业应当为职工提供发展和展示其才能的机会，为职工创造良好的工作条件，按人之所长安排工种，赋予职工适当的权力，倡导内部协作的企业文化和团队精神。与此同时，物流企业应建立健全"内部顾客"制度，严格考核和衡量各个环节和部门的工作。比如，市场部为相关的几个部门提供服务，其内部顾客如产品部、运输部就对它打分，作为市场部工作业绩的考核指标之一。这样，通过强化内部顾客的管理，为物流企业开拓外部市场打下坚实的内部基础。

3. 避免价格竞争

一项名为营销战略的利润效应的研究指出，质量水平排在本行业前1/3的企业，其价格可以比质量处于后1/3的企业高出5%～6%，高质量可以避免价格竞争，并帮助企业取得最大的潜在利润。那些有良好服务质量的物流服务企业，其竞争地位要比服务质量不稳定或质量低下的竞争者更为稳固，他们在顾客中有良好的口碑，能依靠顾客良好的口碑保留并获得新的顾客。而那些声望不佳的物流服务竞争企业难以获得回头客,客源不足,门可罗雀,处于这种境地的物流服务企业,往往靠折扣、奖金券或其他价格竞争手段来吸引顾客。

4. 降低成本

在连接生产、流通和消费这三项社会主要经济活动的物流服务供应链中,降低成本一直是经营管理者的关注焦点。与质量相关的成本包括内部成本、外部成本两个方面。

(1)内部成本

内部成本主要包括4个方面:

①驾驶员的管理成本。在物流行业中驾驶员的人数占公司的比重很大,同时由于驾驶员直接和客户打交道,他的言行和举止直接关系到公司的形象和服务质量,驾驶员是物流公司管理中的重点,同时驾驶员的素质相对较低,在整个物流服务过程中经常会出现问题,比如单证填错、单证丢失等,一旦单证出现问题,必将会给物流公司造成重大的损失,成本也会随之加大。

②调度管理成本。在物流企业,调度的管理是整个管理中的核心,因为所有的订单都要在这个环节消化掉,所有车辆的安排也在这个环节派出,同时调度也要关注车辆派出后的跟踪服务,如果调度不当,就会造成订单的积压、客户的投诉、车辆的周转率降低、驾驶员的抱怨等,这些问题牵一发而动全身,而一旦处理不好,必然导致成本增加。

③车辆管理成本。车辆管理是物流公司管理中让人头痛的事情,车辆的维护修理、交接、油耗、维修材料等每个环节中都可能出现漏洞,而一旦出现问题,势必要加大物流成本。所以应建立严格的车辆管理制度,降低其成本。

④流程管理成本。物流行业和其他行业相比较有自己的独特性,由于它涉及环节非常多,要涉及到货运,涉及到报关、仓储、配送、海关、船公司、航空公司、货代公司、贸易公司等,加上工作地点的分散性,因此物流行业环环相扣的紧密性要远远地超过其他行业。那么对物流公司来讲就必须理清自己的流程,处理好接口问题,而一旦流程中的一个环节出现问题,其他后续的环节必将会受到影响,同时可能会给公司造成重大的损失。

(2)外部成本

指在交付顾客后,为改正不符合质量标准的工作所发生的费用或满足顾客特殊需要而发生的费用。由于服务的不可分离性,在服务失误发生并被顾客察觉之前对它进行预防是十分困难的。如:顾客要求第二天上午就要送达的货品,直到第二天下午才发现这单货物还没有装车,而顾客要求索赔一定数额的补偿。在服务行业中,由于非常严重的服务失误导致顾客不再光顾,这样的外部成本是非常昂贵的。

第二节　物流服务质量的衡量

一、物流服务质量范围

我国的物流业起步较晚，许多物流企业是从传统的储运企业转型过来的，功能单一，服务意识淡薄，服务质量不高。随着社会经济的发展，物流企业竞争越来越体现在服务质量的竞争，服务已成为企业取得竞争优势的一个重要手段。服务质量管理在提高物流企业的服务水平，降低成本，提高核心力等方面具有重要作用，全面观察服务系统对于识别服务质量指标是十分必要的。一般应从内容、过程、结构、结果和影响等5个方面来考察服务质量。

1. 内容

是指物流服务是否遵循了标准程序。对于日常服务而言，标准作业流程已经制订出，希望物流服务企业遵守这些既定程序。

2. 过程

是指服务中的事件顺序是否恰当。基本的原理是要保持活动的逻辑顺序和对服务资源的协调利用。顾客和服务人员之间的交互过程应得以监控，也包括服务人员之间的交互作用和沟通。

3. 结构

结构是指有形设施和组织设计是否充足。对物流服务而言，有形设施和辅助设备只是结构的一部分，人员资格和组织设计也是其重要的质量因素。

4. 结果

服务会导致哪些状况改变呢？服务质量的最终测量要反映最终结果。顾客投诉是反映服务质量结果的最有效的指标之一。

5. 影响

什么是服务对顾客的长期影响？服务的影响要包括服务的适应性、可获性、易接近性等方面。

二、设计物流服务标准

服务组织仅仅建立空泛抽象的标准如“提高服务质量”是没有效果的，因为这样的标准难以传达、衡量和落实。有效的服务标准以具体的方式进行定义，把所要满足的顾客需求层层分解，最终建立在员工具体行为和行动的基础上，使员工理解他们应当做些什么。

行为标准指为特定服务行为或活动建立的指导准则。如上午10点半送货、10s内接电话、24h内解决所有投诉、48h内送货上门等都是服务标准。

1. 物流服务标准层次

服务设计者可将服务标准分解为以下 4 个层次,从抽象的概念到每一项细微的服务活动或行为,都有明确具体的规范和衡量标准。

(1)一般性概念

其特点是宽泛、抽象、用词模糊,不具有判定和分析价值。如顾客满意度、顾客关系、顾客价值、合作伙伴关系、整体服务质量、投资价值、总体解决方案等都是一般性概念。

(2)服务维度

每一个抽象的一般性概念都可分解为若干个服务维度。服务维度是相同特征或属性的集合,包括服务质量维度、顾客关系维度等。如物流服务质量可以分解成可靠性、移情性、响应性、有形性、保证性等几个维度。

(3)行为特征

每个服务维度又可以分解为更为具体的服务行为特征,因而更具判断价值。例如,服务的响应性可以分解为热情问候顾客、尽快回复顾客电话、快速处理顾客投诉、及时交货等行为特征。聆听并尊重顾客的意见、与顾客分享商品知识、向顾客提供信息、请求顾客谅解、告诉顾客问题、主动询问顾客需要什么等,都是某种行为特征。

(4)具体行为标准

物流服务组织可将行为特征分解为具体的服务行为,并制订相应的行为标准。行为标准是服务标准最基本的层次,具有清楚、明确、易操作、可衡量的特点,并可以分为硬标准和软标准。例如,为体现热情问候顾客这一行为特征,公司规定前台员工必须在顾客进门 15s 内向顾客问候(这是硬标准),同时规定员工在问候顾客时真诚地向顾客微笑(这是软标准)。

2. 顾客导向的服务标准

制订顾客导向的服务标准,就是将顾客期望或要求转变为服务组织的服务规范和标准的过程,其最终的目的,就是使员工的服务行为尽可能地标准化。该过程包括以下步骤:识别每个服务接触环节上顾客的期望或要求;筛选为之建立标准的行动或行为;选择硬标准或软标准;确定服务标准的目标水平;评估服务标准的执行情况。

(1)识别每个服务接触环节上顾客的期望或要求

顾客对不同服务接触环节有不同的期望和要求,服务组织应该加以识别,如 AT 以 AT&T 公司将电信服务分解为销售、安装、维修、账务 4 个接触环节。

(2)筛选为之建立标准的行动或行为

每一服务接触环节包含大量的服务行为,如物流公司的接受投诉环节包含接听顾客投诉电话、上门前致电顾客、查明服务失误原因、向顾客道歉、服务反馈电话等具体行为。这一阶段要在大量的服务行为中优先选择出要为之建立服务标准的那些行为,下面是选择过程中最为重要的几个原则。

①服务标准应瞄准对顾客最重要的服务行为。如对于物流企业来说,对顾客最

重要的服务属性是可靠性、移情性、响应性、有形性、保证性等,故物流企业应对服务人员的相关活动制订严格的标准。

②服务标准应反映需要改进或维持的行为。顾客定义的服务标准应该瞄准在顾客眼中有待改进或维持的服务行为。服务组织可以通过重要性——绩效矩阵分析,来评估应该重点为哪些服务行为制订标准。

③服务标准应限于员工能够改进的行为。只有员工理解、接受和可以控制的服务行为,才能一丝不苟地执行。强加给员工的不愿接受或无力达到的服务标准,往往导致抵触情绪、怠工、缺勤甚至跳槽。一些物流服务企业为了节省人员开支,往往制订苛刻的标准,要求员工在短时间内完成繁重的服务工作,这样不可避免地导致员工的角色负担加重,服务质量下降。对员工无法控制的服务行为,制订标准将是无意义的,不可能带来服务质量的改进。为避免出现这种情况,管理者应让员工参与服务标准的制订过程。

④服务标准要反映将来的顾客预期。顾客定义的服务标准,不应仅仅建立在投诉或其他形式的消极反馈的基础上。消极反馈与顾客过去关心的事情有关,而与现在或将来的顾客期望无关。

⑤服务标准应具有挑战性又切合实际,这样才可能产生最佳的绩效水平。如果标准不具有挑战性,员工不费吹灰之力就能达到;另一方面,不切实际的高标准,会使员工因无法达到目标而灰心。

(3)选择硬标准或软标准

服务组织应考虑为某项服务行为制订硬标准还是软标准。很多服务组织倾向于优先选择硬标准,因为这类标准容易执行,容易测量、统计和分析。例如,在衡量服务补救质量时,物流服务企业可以选择服务补救速度这一硬标准,并从运营数据中直接测量。

对于无法测量的服务行为,可以考虑采用软标准。例如,服务组织也可以选择顾客的满意度这一软标准来衡量服务补救质量,并通过事后调查来获得顾客的意见。如果软标准和硬标准之间存在密切相关关系,为避免重复衡量,一般取硬标准而舍软标准。

(4)确定服务标准的目标水平

确定服务标准的目标水平,这一步要求服务组织设定服务标准的目标水平;否则,服务组织就无从度量服务标准是否得到贯彻。服务组织可以采取以下 3 种方法确定服务标准的目标水平。

①顾客感知——服务绩效相关性研究。服务组织可以把顾客满意水平和服务实际绩效联系在一起进行相关性研究,并在此基础上设定服务标准的备选水平。

②满意度——绩效假设研究。如果难以在服务现场开展研究时,服务组织通过事后的满意度——绩效假设研究也可以取得类似的结果。在上例中,超市可以在顾客结账走出收银台后,对顾客进行拦截访问,顾客会被问及假定在不同水平

的排队等候时间下（如 3min，5min，10min，15min，20min，30min，超过 30min）他们将会有怎样的满意度（完全满意——完全不满意）。服务组织可利用这项调查的结果确定顾客排队的时间标准，并根据这一标准合理安排收银台和收银员的数量和工作时间。

③标杆瞄准。标杆瞄准也是建立服务标准的方法之一，其核心思想是要以行业中领先者的做法为标准。例如，台湾茂永物流在成立之初就以日本丸运公司为榜样，努力学习其管理经验，最终在短短的几年之内就取得了骄人的业绩，现在又争做台湾的“DHL”，不断提升服务水平。因此在努力实现这一标准的过程中，服务组织可以改进服务质量，获取竞争优势。

(5)评估服务标准的执行情况

为确保各层次的服务标准得到有效执行，物流服务企业应建立评估指标（包括硬指标和软指标），反映和评估服务标推的执行情况。

硬指标指反映服务标准执行情况的可计数、核算或计时的反馈数据。它和软指标的主要区别是可不断从运营中得到，不必征询顾客的意见。比如延误的次数、延误的百分比、当天解决投诉的百分比等，都是反映行为标准执行情况的硬指标。

软指标即顾客对服务表现是否达到标准的意见和看法。对于难以在运营数据中直接测量到的标准（例如尊敬顾客）执行情况，可以通过软指标来衡量，物流服务企业经常采用事后查询电话等方式来获取软指标。有多种事后查询方式，如交易后拨打顾客电话、邮寄明信片、请顾客填写反馈信、顾客致电呼叫中心、网上电子调查等。对于较长期才能评估的服务标准落实情况，例如尊重顾客意见这一服务行为特征，每年定期进行关系调查可以获得顾客对此的意见和评价。物流服务企业应该把定期的关系调查和连续的事后查询相结合，为软指标取得反馈信息。

三、物流服务绩效监督系统

要提高服务质量，物流服务企业必须建立服务绩效监督系统，准确衡量服务质量，该系统有以下职能：确定顾客重视哪些服务属性；衡量整个组织、各个部门乃至员工的服务绩效，并论功行赏；确定服务质量改进重点；定期审计本组织与竞争对手的服务绩效；表明服务质量改进活动的结果和服务质量投资的回报。服务组织可使用以下各种调研方法，系统地收集、整理、分析质量信息，监督服务绩效。

1. 顾客投诉分析

指物流服务企业收集和记录顾客的投诉，并利用投诉信息识别不满意顾客，改正服务过程中存在的缺陷，研究经常出现失误的服务环节。

2. 事后调查

如物流企业在送货后致电顾客询问满意程度。通用电气公司一年发出 70 万张调查卡给许多家庭，请他们对公司服务人员的绩效进行评比。

3. 固定样本连续调查

使用科学的抽样程序，对符合调查要求的固定目标顾客开展持续的定期调查，目的是确定顾客对服务质量的评价。

4. 小组访谈

分别与顾客和服务人员进行小组深入访谈，对特定向题进行深入研究。

5. 神秘购买

目的是衡量单个服务人员的服务行为（也常用于人力资源评估和营销决策），从而监督服务人员在服务可靠性、响应性等方面的表现。

6. 标杆瞄准

通过把物流企业的业绩同最好的竞争者相比较，以领先者为标杆，建立赶超的目标，这个过程就是标杆瞄准，又叫测定基准分析。标杆瞄准不仅限于统计数字的比较，还通过领先竞争者的访问掌握他们的第一手活动资料。标杆瞄准也可以跨越行业的界限进行。

7. 重要性——绩效分析

物流企业可以根据服务属性的重要性和绩效来评价服务质量。

第三节　物流服务质量的控制

一、物流服务过程控制

物流服务质量的实现要通过一系列的控制手段来完成。服务质量控制可视为一种反馈控制系统。在一个反馈系统中，将输出结果与标准相比，将偏差反馈输入，随后进行调整使输出保持在可接受的范围。

图 11-1 描述了一个服务过程控制的基本循环过程。服务概念为设定服务目标和确定系统表现的测量方法建立了基础。为与标准保持一致，需要测量和控制输出。与要求不一致时，需要进行研究，以便分析原因和确定采取的纠偏行动。

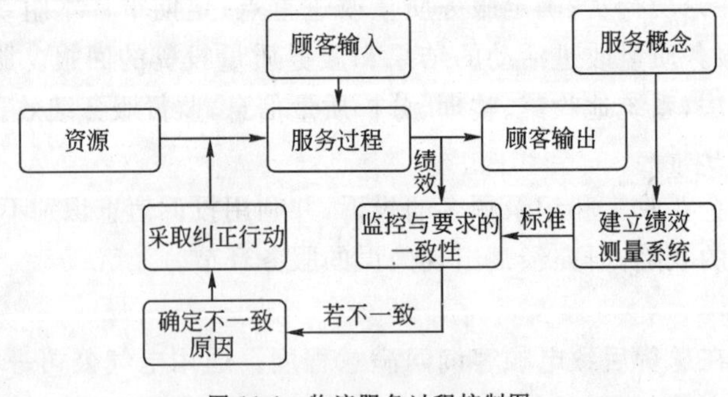

图 11-1　物流服务过程控制图

物流服务过程控制的难点在于:服务绩效测量方法的确定。服务的无形性使得直接测量服务非常困难,但可以通过一些间接的方法,如可以通过测量顾客的等待时间,或通过统计收到顾客投诉的数量来评价服务的质量。

二、物流服务质量的认证

许多物流操作在选用质量标准上几乎别无选择。由于越来越多的全球竞争者争取 ISO 9000 的认证,还未得到认证的也都开始启动这一程序。国际质量标准 ISO 9000系列于 1987 年颁布。它以英国质量标准 BS 5750 系列为依据,是一套超越单一行业而适用于所有公司的质量模型。简言之,ISO 9000 标准系列是建立在合理的商业惯例基础之上的。它们是模型或框架,而不是描述性的。这些由国际标准组织(International Organization for Standardization ,简称 ISO)开发的标准认识到每一家公司都是独特的、应当有它们独特的遵循标准,迄今为止,ISO 9000 已被约 100 个国家 75 万家公司所采用。一个符合 ISO 9000 的物流系统可以带来如下好处:

完善的纪律——组织内的个人将更加关心他们的活动和贡献;

对物流程序的不断完善;

恰当的程序分析和组织再造;

对多余手续和常规的识别与剔除;

对新员工的构建培训和对在岗职工的交叉培训;

提高由物流活动增加的顾客价值。

例如 TNT 公司的物流质量认证[1]。TNT(TNT Post Group N. V. ,天地速递)全球快运是澳大利亚的 TNT 集团与 5 家全国邮政服务的合资企业,它于 1991 年中期开始了质量管理项目。在两年之内,TNT 在英国的服务已获得 ISO9002 认证,由瑞士日内瓦国际标准组织颁布的一套质量标准。TNT 快运寻求外部顾问做最初指导,研究了许多非运输行业的质量工作成就。按照对业绩水平的诊断,公司成立了一系列讲习班来设立改进目标。TNT 以如何保持员工和顾客平衡为焦点,目标定为98%的按时交货率和 5%的工人流动率。管理层认识到公司要走的路很长:它的按时交货率目前仅在 90%~95%之间,而工人流动率徘徊在每年 15%~20%。TNT 最近增加了一个新项目来激发员工士气和减少工人更替的成本。另外,公司正致力于顾客询问 24 小时(多数情况下 3h)回应的承诺。根据管理层的消息,他们已接近了这一目标。无论如何,服务代表有权力立即解决任何问题。

研究表明,当质量努力失败,管理层往往受到指责。因为这经常是由于他们没有把质量贯穿到组织的日常工作中。与其紧密联系的第二个错误是,他们没能加深工作人员对根本变化的印象。因此,员工没能完全接受这一项目。TNT 公司正渐渐意

[1] 案例摘选自 Kent · N · Gourdin 著《全球物流管理》,人民邮电出版社,229 页。

识到质量的重要性，但他们还有漫长的路要走。一位高级执行官说："没有最后一章，你必须不断地重写这本书。"对于TNT来说，下一步是就其庞大的顾客群进行调查。

第四节　物流服务质量的改进与提高

为了进行有效的物流服务质量管理，首先需要对物流服务质量的现状有一个清楚的把握，并评价其好坏。这对于无形的、缺乏明确的评价标准的服务来说，如何描述其质量，本身就是一件不太容易的事。为此，可利用服务质量差距模型分析出现服务质量问题的关键所在，在此基础上对这一差距进行弥合，以实现服务质量的改进与提高。物流服务质量既不能在产品检查中自动改变，也不能以某种方式加入，所有用统计控制图来发现不一致之处的努力都无法产生高质量的服务，因为物流服务质量始于人，所以物流服务质量是服务组织内所有人员共同努力的结果。物流服务组织需要制订预防不良质量产生的持续质量改进计划，使每个人都建立起"高质量可以实现"的态度。

一、物流服务质量差距模型

确定服务质量的好坏显然会遇到许多困难。首先，对服务质量好坏的感知依赖于顾客对既定服务内容的期望和实际得到的服务之间不断的比较。对于一种服务而言，无论服务提供者对它多么经心，如果不能满足顾客的期望，也会被顾客看成是一种低质量的服务；其次，在工业产品市场中，用户一般只是对最终产品的好坏进行比较和评价，而对于服务业来说，顾客不但要对最终得到的服务内容进行评价，而且要对服务的"生产"流程进行评价。

服务组织管理人员、服务组织员工和顾客之间对服务质量的期望和心理方面存在差距，这些差距可以分为5种。前4种分别是：顾客对服务的期望和管理人员对顾客期望的理解之间的差距；管理人员对顾客期望的理解同服务组织制订的服务质量标准之间的差距；服务组织制订的服务质量标准同服务组织实际提供的服务质量之间的差距；服务组织实际提供的服务质量同服务组织宣传所描述的服务组织能提供的服务质量之间的差距。第5种差距，也是最重要的差距是顾客对服务的期望和对实际得到的服务的感觉之间的差距，见图11-2。

质量差距模型的核心是顾客差距（差距5），也就是顾客期望的服务与顾客感知的服务之间的差距，期望的服务是顾客在一次服务体验中的参考点。感知服务是对受到服务的实际反映。服务组织的中心工作就是弥合顾客差距，即图11-2的差距1、2、3、4。这5个差距的意义分别是：

差距1：不了解顾客的真正期望；

差距2：未能选择正确的服务设计和标准；

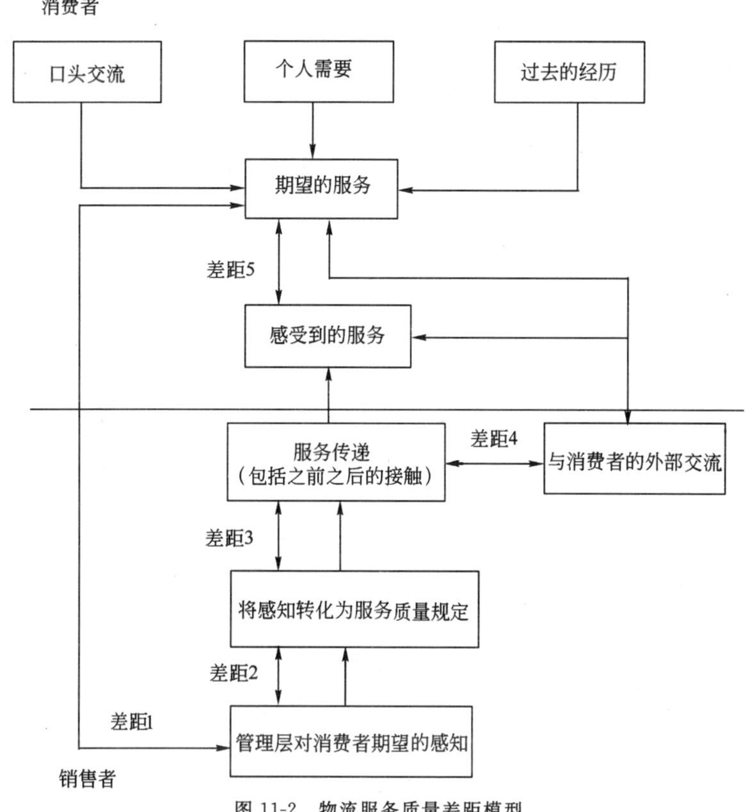

图 11-2 物流服务质量差距模型

差距 3：未按标准提供服务；

差距 4：服务绩效与服务承诺不相匹配；

差距 5：顾客感知的服务与期望服务不匹配。

二、通过设计提高物流服务质量

质量既不能在产品或服务的检验与检查中自动改变，也不能消失。对服务质量的关注，首先应该体现在服务传递系统的设计上。下面介绍一些如何通过设计来提高服务质量的方法。

1. 服务包中的综合质量

下面通过一个例子来说明，这是一个采用总成本领先战略的旅馆，它的服务包括 4 个方面。

(1)支持设施

建筑物被设计成由各种不需要维修的材料构成，各个房间使用独立的空调，使空调和供热系统分散化，以确保任何一个失灵仅仅影响一个房间。

(2)辅助物品

房间家具易于清洁且耐用,使用能随意放置的塑料杯来代替价格贵、需要刷洗的玻璃杯。

(3)显性服务

训练服务员用标准化的方式打扫和整理房间,每个房间有同样的外观。

(4)隐性服务

聘用的前台服务员有着使人愉快的外表和良好的人际关系技巧,通过进行标准作业程序训练,确保一致地对待每一位客人。

2.超强设计

超强设计(即田口式设计,是以田口的名字命名的,他倡导产品的"超强设计"),就是保证在不利的条件下产品具有恰当的功能。其基本观点是:对一个顾客而言,产品或服务质量最有力的证明是当它被非正常使用时。即,产品或服务的质量可以通过持续满足设计要求而达到。

3.缺陷预防法

新江滋生先生(在日本被叫做"改善先生")首创了自动保险或校对差错的理念,以防止不可避免的差错发展成缺陷。他倡导的缺陷预防法(Poka-yoke)也可被直译为"傻瓜也会做"的方法,这种方法就是一个程序中简单的嵌入式步骤,这个程序中的每一步都必须按顺序进行,其实就是要做一个可标示差错的设备或者流程。新江滋生先生认为,通过低成本的过程质量控制机制和员工工作中采用的日常工作程序,可以在不需要昂贵的检查的情况下达到高质量。发生错误的往往不是由于员工不合格,而是因为他们的注意力不集中或工作经常被打断所致。

缺陷预防法使用避免工人出错的检查表或手册,或通过一些软件或程序性的手段来实现。

三、留住顾客的重要性

任何的物流服务都难免出现质量问题,若是出现了问题,就要找出原因并加以弥补,以留住顾客。

"留住顾客"的重要性正在日益引起人们的关注,成为物流服务企业竞争策略的重要组成部分。由于市场、顾客、相关市场、成本和经营等方面的原因,留住顾客对物流服务企业十分重要。在这些因素中,市场、顾客和相关市场因素是发生在物流服务企业外部的因素,成本和经营是与服务组织内部相关的因素,下面分别加以说明。

1.市场的变化

市场的变化使赢得新顾客的成本十分高昂。现在顾客市场的一个重要变化是消费市场处于停滞状态。总的看来,新的顾客不像过去那样多,而每一顾客的消费又在减少,因此开发新顾客的成本越来越高,这是必须留住顾客的第一个原因。

竞争的加剧是要留住顾客的第二个重要原因。竞争加剧的因素包括：市场上的产品或服务的差异正在变得越来越小；管制的放松使得物流服务企业在开放的市场上展开更加激烈的竞争；很多物流服务企业都可以得到市场信息，信息上的优势变得越来越小。正是因为竞争越来越激烈，许多物流服务企业都发现留住现有顾客面临着前所未有的挑战。

留住顾客的第三个原因是营销费用的快速上升。尤其是大量常规的营销活动的成本上升很快。例如，电视广告成本。在广告成本增加的同时，广告的时间越来越多，新的广告媒体也在增多，顾客市场变得越来越零碎，物流服务企业将信息传递到目标受众的机会越来越少，市场营销人员越来越多地考虑有限的广告费用如何使用，以及用在哪些方面。因此，物流服务企业有必要认真了解现有顾客的情况，形成数据库，向目标顾客做有针对性的广告。

2. 顾客的变化

当今的顾客更成熟、更有知识，能自主支配的收入增多，获取信息的来源增大，也更具有一种怀疑主义精神，因而也就更容易流失。因此，物流服务企业需要更致力于留住现有顾客，并从现有顾客的重复购买中获益。此外，顾客采购后存在一定的消费风险，顾客减少这种风险的途径之一，是从同一个公司重复购买。一次满意的体验可能预示着下一次消费，甚至更大数额的消费。例如，如果银行给顾客提供了活期账户的满意服务，那么下次他就可能继续在同一家银行开设定期账户而不是转向一家新银行，尤其是当顾客已经对银行有所了解时。因此，留住"回头客"给服务组织带来的利益有可能更大。

3. 来自相关市场的收益

留住顾客的另外一个好处是满意的顾客进行宣传能产生积极的影响。现有的对物流服务企业满意的顾客有助于顾客信誉的形成，满意的顾客会向其朋友或家人推荐，例如，一家物流企业60%的业务来源于原有顾客的介绍。这种"口碑"对服务非常重要，因为服务是无形的，而且有一定的购买风险。

4. 减少成本的需要

在很多服务行业中，服务成本中的固定、半固定成本很高，边际成本较低。留住现有顾客并开展新业务的成本较低，因而利润较高，值得为留住顾客投资。另外，长期顾客所需要的维持成本较低，因为这些顾客对服务组织、员工、服务程序都很了解，因此他们的问题较少，成本较低。

四、物流服务补救策略

许多物流服务企业已经注意到服务补救的重要性，并制订了完善的补救策略，对物流服务企业来讲，要实施挽回失败、全面服务补救策略，应该是避免服务失误—欢迎并鼓励投诉—快速行动—公平地对待顾客—改进服务系统—从流失的顾客身上学习—避免服务失误这样一个长期的循环过程，起点和终点都是避免服务失误的发生，尽量第一次就把事情做好做对。物流服务企业应该集成所有的战略，使对服务补救的需要越来越少，而当服务失误一旦出现时服务组织也能出色地补救。

1.避免失误

服务补救的第一条规则就是在第一次就把事情做对，可靠性是服务质量的最重要因素，不必补救就是最好的补救策略。争取首次做好，这是服务质量最重要的量度标准。

要增加服务的可靠性，首先要求物流服务企业形成一种"零缺陷"的文化，让每个员工都了解服务可靠性的意义，并激励和培训员工在每个关键时刻和每个微小细节为顾客提供可靠的、优质的服务；其次，服务组织应通过统计分析，控制服务过程，降低服务失误出现的概率。

2.欢迎并鼓励投诉

将顾客纳入服务质量监控系统非常必要。顾客的投诉可以帮助物流服务企业改进服务质量，并提供更多有价值的信息。物流服务企业应提倡"投诉是金"的信念，通过各种渠道主动搜集顾客投诉信息，并采取措施鼓励和方便顾客的投诉，降低顾客投诉成本。

事实上，投诉的顾客是少数，尤其是提出帮助性投诉的顾客。因此物流服务企业要采取一些具体措施鼓励顾客投诉，因为投诉者是真正的朋友。投诉应该被预期、被追踪。

(1)物流服务企业可开展满意度评估、事后调查和流失顾客研究，并鼓励和培训一线员工发现顾客不满意和服务失误的根源。

(2)每个首先接到顾客投诉的员工应该对服务补救负责到底，并应向管理部门汇报服务失误的根源和补救措施，以便于改进那些容易发生失误的服务属性和环节。

(3)物流服务企业应鼓励投诉，包括教会顾客如何投诉：跟谁讲？过程是什么？涉及什么？可以通过热线电话等方式建立顾客投诉的方便渠道，经常向顾客尤其是重点顾客主动征求意见，经常监督检查服务系统等。

3.快速行动

服务失败后，物流服务企业反应越快，传递给顾客的信息越早，越可能成功挽回失败。研究表明，如果立刻处理顾客的投诉，服务组织可以留住95%的顾客；相反，如果服务组织不理睬顾客的投诉，会有50%的顾客离去。反应速度和时间是挽回失败的关键。

这要求物流服务企业建立合适的快速行动系统和程序，并向员工授权。

(1)从顾客那里听到第一声抱怨的员工必须"拥有"该抱怨，直到解决问题。最好是直接和顾客会晤或通电话，因为面对面的接触比书面的或电子邮件等方式更能及时得到顾客的反馈。

(2)必须对员工进行培训和授权。主要是授权一线员工,并培训其补救技巧。希望员工能够自然掌握挽回失败的技巧是不现实的,因此需要对员工进行培训。培训可以分为两个层次:第一个层次是培养员工的顾客意识,让员工站在顾客的立场上,体验顾客的感觉和心情;第二个层次是教会员工从管理者的角度考虑应该如何挽回失败,并学会判断和决策。要让员工在服务失败后迅速作出挽回失败的决策,还需要给员工授权,使他们能够相机行事,并承担一定的责任。

4.公平对待

这是有效补救的必不可少的部分。为了使顾客在服务补救中感到公平,就必须采取系列具体措施处理服务失败。

(1)道歉

服务补救开始于向顾客道歉,道歉表示物流服务企业意识到自己的失误可能给顾客造成的损失,这对顾客意味着过程公平。向顾客表达歉意的方式可以是口头的、书面的、私下的、公开的等。服务组织应该接受失误有时是不可避免的这一事实,这样它才能向员工灌输向失望的顾客道歉的必要性。

(2)纠正

这是顾客所期望的。在大多数情况下,顾客提出投诉意见时,服务组织马上给予纠正即可,例如商场售出的一双鞋全是右脚,商场马上调换即可。有时要进行超值纠正,即服务组织不仅纠正服务缺陷,而且采用其他方式给予顾客奖励或补偿,如允诺免费软件升级等。在一线人员无法解决顾客提出的问题,或超越一线人员权限时,管理人员可以及时出面了解顾客意见,解决顾客所认为的服务缺陷。

(3)移情

应该对顾客的失望和愤怒表现出理解,这是成功的服务补救的必要因素,它可使顾客认识到物流服务对他的处境十分敏感和关心。适当的移情对于顾客来说意味着一种相互对待的公平,有助于为双方的相互尊重打下良好的基础。

(4)象征性赎罪

即以一种有形的方式对顾客作出补偿,具体可以是:

①如果顾客对过去的服务不满意,那么可以在服务组织提供的现有服务中选择,以替换过去的有缺陷服务(适用于那些能保留、能调换的情况);

②给予价格折扣,以补偿因服务失败给顾客带来的损失和不方便;

③退款,在判明服务失败,确属自己的原因后,向顾客退回收费,这也是一种比较常用的方式;

④赠与优惠卡,面对顾客的投诉,许诺在以后的服务中给顾客优惠,发给顾客优惠卡作为凭证。

5.改进服务系统

从补救过程中学习,消除服务失误。服务补救帮助物流服务企业发现服务传递系统中存在的缺陷，通过分析识别服务失误的来源。如果这些失误是由于服务传递系统引起的，就要改进服务流程，消除再次出现失误的隐患，彻底消除对服务补救的需要。

6.从失去的顾客身上学习

有效补救的一个重点是弄清楚有多少顾客离去，离去的真正原因是什么，顾客转移到了哪里，这有助于避免未来失误的发生，防止更多的顾客离去。有时这是件痛苦的事，往往认为这是顾客的错。

五、物流服务承诺

留住顾客的另一个工具是服务承诺。通过提供服务承诺，可以留住顾客和巩固市场份额，还可以促使公司改进服务质量。服务承诺是一种特别的补救工具，它是对服务期望质量的一种保证，承诺往往伴有补偿。

1.物流服务承诺的类型

一般来说，服务承诺可分为3种：含糊承诺、特定承诺和无条件承诺，下面逐一进行分析。

(1)含糊承诺

含糊承诺是物流服务企业和顾客双方达成一种默契，非书面化的口头承诺。例如商场承诺如果顾客不满意可以退款或换货，商场致力于让顾客满意。顾客和服务组织在相互信任和尊重的基础上形成伙伴关系。

从正面看，含糊承诺没有明确的条款规定物流服务企业应该如何做，因此物流服务企业管理者可以根据管理的需要灵活调整，不会导致物流服务企业经营失败，也不会让物流服务企业陷入自食其言的难堪境地。

从负面看，含糊承诺是口头的、非书面化的，需要服务组织拥有良好的信誉，在多次的交易中形成很好的口碑，需要的时间比较长，而且不容易引起顾客的注意。

(2)特定承诺

特定承诺是在特定的条件下，服务组织承担赔偿义务，这些条件很具体，并且狭窄，不会对服务组织有大的损害。与无条件承诺相比，特定承诺只用于特定的阶段或特定的结果。

从正面讲，特定承诺最易于定量化和操作，例如物流服务企业承诺隔夜送到，而且物流服务企业便有能力履行诺言。

从负面讲，与无条件承诺相比，顾客有时会认为物流服务企业缺乏对自己能力的信心。例如一个商店承诺如销售了假货负责赔偿，会导致顾客认为服务组织缺乏对自己商品的信心。

(3)无条件承诺

无条件承诺是指让顾客最大限度地满意，在出现问题时全部退赔，让顾客不付成本地解决所有问题。无条件承诺的前提是：服务价格较高；服务的传递更多地依靠顾客的参与；顾客对服务不太了解，有较大的感知风险；服务失误对顾客的负面影响较大。

顾客可以从无条件承诺中获得以下利益：顾客感觉他们得到了更大的价值；顾客觉得物流服务企业更可靠；当顾客对不同物流服务企业进行比较时，无条件承诺能成为一种有力的比较优势；承诺有助于打消顾客购买决策时的疑虑等。因此，好的无条件承诺有可能产生“双赢”的结局，这进一步留住了顾客。在此我们所讲的一般是无条件承诺。

2. 承诺的利益

许多物流服务企业已经意识到，承诺不仅仅可以作为一种营销工具，同时也是在物流服务企业内对质量进行定义、培养和维护的一种方法。对于物流服务企业来说，服务承诺有下列好处。

(1)关注顾客

好的承诺，会使物流服务企业更加关注顾客，因为承诺，就要弄明白顾客的真正需要是什么，什么是他们的期待，这样可以使物流服务企业将注意力集中在顾客定义的“好服务”上来，而不是公司自己的定义标准。

(2)设定明确标准

承诺的内容将成为物流服务企业内部公开表明的一种质量目标，使员工有明确的努力目标。一个有效承诺为组织设立了清晰的服务标准，明确了员工应该如何去做。

(3)信息反馈

一个好的承诺，可以从顾客那里得到快速反馈(比如可以激发顾客的投诉)，顾客可以为评估质量提供有价值的信息。通过承诺产生的信息可以被跟踪，并汇总在持续的改善行动之中。

(4)建立顾客忠诚

实施承诺时，有一个快捷的补救机会，这有利于顾客的满意，也有利于维持其忠诚。对顾客来说，承诺降低了风险，使顾客期望更加明确，并建立起了对物流服务企业的信任，有助于消除不利口碑的影响。

(5)激发员工士气

承诺使员工产生自豪感，通过承诺的反馈，服务得到改进，这既使顾客受益，也使员工受益，从而鼓舞员工并使他们的忠诚度也得到加强。

3. 有效物流服务承诺的特性

不管承诺的类型如何，有些确定特性使一些承诺比其他一些承诺更加有效。有效承诺的重要特征如下所述。

(1)无条件。顾客满意是无条件的、没有例外的，即不带有各种约束、限制或其他证据。

(2)容易理解和沟通。作出的承诺应该使各方都容易理解,并同时传递给顾客和员工。顾客能明确地知道他们能从承诺中得到什么,员工应知道该如何去做。

(3)有意义。要承诺那些对顾客而言应该是十分重要的元素,并且赔偿应该是抵消顾客的全部不满,顾客希望对其不满意而花费的时间,甚至引起的争论得到充分的补偿。

(4)容易操作。

4. 不适合承诺的情况

承诺的援用和赔付过程中,不应有过多的约束和阻力,并能当场解决问题,特别是当服务的货币价值相对较低时。

(1)组织的现有服务质量低劣

在建立一项承诺前,应该解决所有重大质量问题。当一项承诺确实引起对这些失误和严重质量问题的注意时,完成该承诺的成本会轻易超过任何收益。

(2)承诺与组织形象不符

比如,物流服务企业已经因质量高而拥有很高的声誉,实事上已经无形地保证着服务,那么一个形式上的承诺就没有必要。

(3)服务质量确实无法控制

这常常是不作承诺的借口,很少有质量真正失去控制的情况发生。这种情况可能会出现在教育和航空等领域。教育受学生因素影响很大,而航空受天气的变化影响较大。

(4)承诺成本超过利润

对于任何承诺,都要仔细计算相对预期的期望成本。预期收益包括顾客忠诚度、质量改进、新顾客开发、口碑宣传等。预期成本包括对失误的赔偿和对服务进行改善的成本。

(5)顾客无感知风险

顾客在接受服务的过程中感觉不到风险,或服务质量相对稳定或服务价格相对比较低廉并有大量的替代品时,承诺就没有明显效果。

(6)服务差异小

服务质量在竞争者之间的差异性较小 ,这就不好作出承诺;作出承诺,其特征也不明显。

5. 服务承诺设计

为保证服务所涵盖的质量承诺与赔偿具体化与明确化,设计服务承诺时应明确规定以下几个方面的内容。

(1)确定承诺的范围

物流服务组织应明确是否采取无条件服务承诺。

(2)确定承诺的标准

对某种具体的服务属性承诺一定标准的质量,或承诺其整体服务表现达到一定标准。

(3)确定赔偿形式

可以考虑以经济资源的形式来对顾客进行赔偿,如一定量的货币、打折、赠免费券等,也可以考虑以社会资源作为赔偿形式,如道歉。

(4)确定赔偿力度

不论是物流服务企业还是顾客,都希望赔偿力度维持在合理的水平上。这要求物流服务组织寻求顾客与组织的利益的平衡点,这是确定赔偿力度的关键。合理赔偿的确定,取决于符合质量保证之服务与低质量服务各自效用的判断。

S 本章小结

在物流服务质量的内涵中,掌握物流服务质量的概念,它是指企业通过提供物流服务所达到的服务产品质量标准、满足客户需要的保证程度、客户感知到的物流服务水平的集合;了解物流服务标准,掌握物流服务质量的构成要素,包括可靠性、响应性、保证性、移情性、有形性;理解物流服务质量的效益,包括顾客保留、员工保留、避免价格竞争、降低成本。

在物流服务质量的衡量中,了解物流服务质量范围,设计物流服务标准,建立物流服务绩效监督系统。

在物流服务质量的控制中,了解物流服务过程控制和统计过程控制。

在物流服务质量的改进与提高中,建立物流服务质量差距模型,通过设计提高物流服务质量,采用物流服务补救策略、物流服务承诺,留住顾客的重要性。

C 案例分析

UPS提高物流服务质量的措施[1]

(一)背景

一个企业要实现快节奏的物流工作效率,人的因素是最主要的。UPS在物流管理中,关注的焦点是对物流员工进行管理。它的管理原则是既要严格又要充满人情味,把为员工服务、给员工公平的报酬和福利作为企业的重要目标。

[1] 案例摘选自牛鱼龙主编《世界物流经典案例》,海天出版社。

它的主要特色和措施之一就是员工持股制。

(二)具体

在员工分配上,UPS从20世纪50年代起在公司内部实行员工持股制。即每年年底,公司拨出年利润的15%作为股份,按职级高低进行配股,其额度约是员工自己2个月的工资:这些股票并不上市,只说明员工已是公司的股东之一。股票随着公司的发展而增值,等到员工离职或退休时,公司则按增值后的面额收回股票折成现金退给员工。所以,一个为UPS工作一辈子的员工,退休后就可得到颇为可观的金额以保证晚年生活。

员工持股制在一定程度上提高了员工的工作热情。因为员工知道,企业效益越好,所配股份的价值越高;自己工作越卖力,升迁的机会就越多,分得的股份也就“水涨船高”。因此,到UPS求职的都是大学生、硕士生、博士生,他们宁愿从驾驶员干起,因为他们感到在UPS有奔头。当然,持股的只是34万员工中真正的固定员工(约3.5万人),内部持股的主要是各级行政和业务管理人员,而其余近30万员工都是钟点工,公司对他们计时付酬,不承担其他义务。仅近年来,UPS员工在持股问题上有所通融,即钟点工也可购买适量股份,以增加员工对UPS的向心力。

(三)案例思考

1.保留员工的重要意义是什么?

2.UPS员工持股的真正目的是什么?

(四)点评

员工是保证物流服务水平、物流服务质量的关键环节。UPS在物流管理中,非常关注对物流员工进行管理,在公司内部实行员工持股制。通过员工持股,提高员工的工作热情,从而更好地满足顾客的需求。

E 练习与思考

一、选择题

1.(　　)既是物流企业营销的基础,也是物流企业营销的核心。

A.物流服务质量管理　　B.物流产品　　C.物流企业内部管理

2.服务营销观念要求物流服务企业从(　　)的期望和利益出发,制订服务标准。

A.企业　　B.领导者　　C.顾客

3.物流服务标准是指物流服务企业用以指导和管理服务行为的规范,包括(　　)两个方面。

A.自身定义的标准　　B.领导者定义的标准

C. 顾客定义的标准　　D. 第三方定义的标准

4. 服务质量模型是由(　　)提出来的。

A. 美国营销学家贝里・派拉索拉曼和泽塞莫尔

B. 美国哈佛商学院著名战略管理学家波特

C. 全球市场营销学权威菲利普・科特勒

D. 西方管理学界称为“科学管理之父”的泰罗

5. 在评价服务质量时主要是从(　　)5 个方面进行考虑的。

A. 可靠性　　B. 移情性　　C. 保证性

D. 响应性　　E. 控制性　　F. 有形性

6. 服务标准分解为(　　)几个层次,使得从抽象的概念到每一项细微的服务活动或行为,都有明确具体的规范和衡量标准。

A. 一般性概念　　B. 服务维度　　C. 行为特征

D. 顾客导向的服务标准　　E. 具体行为标准

7. (　　)的目的是衡量单个服务人员的服务行为(也常用于人力资源评估和营销决策),从而监督服务人员在服务可靠性、响应性等方面的表现。

A. 顾客投诉分析　　B. 小组访谈

C. 神秘购买　　D. 标杆瞄准

8. 服务包中的综合质量包括(　　)。

A. 支持设施　　B. 辅助物品

C. 显性服务　　D. 隐性服务

9. 物流服务承诺的类型包括(　　)。

A. 含糊承诺　　B. 特定承诺

C. 无过错承诺　　D. 无条件承诺

10. 为保证服务所涵盖的质量承诺与赔偿具体化与明确化,设计服务承诺时应明确规定(　　)几个方面的内容。

A. 确定承诺的范围　　B. 确定承诺的标准

C. 确定赔偿形式　　D. 确定赔偿力度

二、思考题

1. 决定服务质量的因素有哪些?

2. 如何设计服务质量标准?

3. 举例说明服务补救策略。

4. 有效服务承诺的特性有哪些?

第十二章　物流客户关系管理

学习目标

◆ 理解物流客户关系含义；

◆ 了解物流客房信息类型；

◆ 掌握物流客房关系的类型；

◆ 了解物流客户关系开拓的步骤；

◆ 理解物流客户关系营销的类别；

◆ 掌握物流客户关系管理的主要内容。

中外运的物流客服中心[1]

引入案例

中国外运公司是中国具有领先地位的物流服务供货商，核心业务包括货运代理、快递服务、船务代理；支持性业务包括仓储和码头服务、汽车运输、海运。并于2003年2月在香港联合交易所有限公司成功上市。公司业务经营地区涉足广东、福建、上海、浙江、江苏、湖北、连云港、山东、天津、辽宁等国内发展迅速的沿海地区和其他战略性地区，并拥有一个广泛而全面的服务网络和海外代理网络，总资产超过220亿人民币。

针对中国外运客户服务系统的业务功能需要，香港汇卓科技为其规划并建设物流客户服务中心系统。系统具备自动语音应答、业务代表人工接听、同步录音和监听、系统管理、信息检索查询、与后台业务系统联机信息处理等功能，并提供的业务涵盖中外运物流海运、陆运、空运、仓储、联运等各类业务，涉及查询、咨询、投诉、建议、人工受理等。中国外运称，先进高效的信息技术平台，将是中国外运实现其战略目标——成为中国领先的综合物流服务供货商的必备条件。

请分析：

中外运的物流客服中心，为其公司发展起到了哪些作用？

[1]案例摘选自海大青年网/资源下载，http://www.hiyouth.net。

第一节 物流客户关系管理概述

一、物流客户的含义

1. 客户的概念

客户的概念有外延和内涵之分。外延的客户是指市场中广泛存在的，对企业的产品或服务有不同需求的个体和群体消费者；内涵的客户则是指企业的供应商、分销商以及不同职能部门、分公司、办事处、分支机构等。现代客户管理的对象包括公司外部的顾客，以及公司内部上下流程的工作人员。

(1) 顾客与客户的差异

在希望的一些论著中，顾客(Customer)和客户(Client)是不同的两个概念。尽管顾客和客户都是购买和消费企业产品的人或者组织，但两者最大的区别就在于，顾客是“没有名字的脸”，而客户的资料确实很详尽地掌握在企业的信息库之中。从这样的一个意义上来讲，客户与供应商之间的关系比一般意义上的顾客更为亲密。在客户管理营销时代，一个非常重要的管理理念就是要将顾客视为“客户”，而不再是“一张没有名字的脸”。

(2) 客户的内涵

在现代营销管理理念的指导下，客户的内涵又进一步扩大，我们认为企业与中间商、消费者、公司内部上流层与下流层、上工序与下工序等都存在着现代的客户关系，见图 12-1。

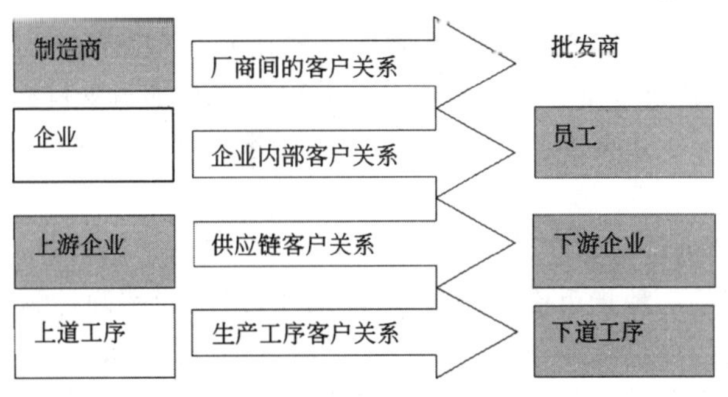

图 12-1 物流客户关系

也就是说，个体的客户和组织的客户都统称为客户，因为无论是个体或是组织其往往都是接受企业产品或服务的对象，而且从最终结果来看，有些“客户”的下游还是客户。因此客户是相对于产品或服务提供者而言的，他们是所有接受产品或服务的组织和个人的统称。

因此我们可以知道客户的内涵说明：客户不一定是产品或服务的最终接受者；客户不一定是用户；客户不一定在公司之外；股东员工是企业的基本客户；企业的各个职能部门之间也是客户；上道工序是下道工序的客户；生产部门是采购部门的客户，销售部门是生产部门的客户。

客户的内在含义早已大大延伸，其已经超出了大多数人的思维局限，深刻地说，是更多地将现代的客户思想上升为一种哲学理念。同样外部的客户关系可谓是令更多经营管理者思绪烦乱甚至头痛的事情。

2.客户的三个层次

第一层次是一般客户。客户的价值比较低，不宜提升，企业与客户的关系是价格利益的均衡。

第二层次是潜力客户，企业的目标是争取客户价值的提高，即通过与物流供应商的关系增加其价值，正如中小型出口商希望通过大型运输商提高自身的市场地位。

第三层次是关键客户，客户价值的上升空间很大，是企业的稳定客户，对企业利润贡献最大。具体客户层次见表 12-1。

客户层次分类表　　表 12-1

客户层次	客户数量比例(%)	客户关系档次	客户目标	企业利润比例(%)
一般客户	60	松散随机	客户满意度	10
潜力客户	30	经常往来	客户价值提高	30
关键客户	10	固定紧密	全面利益	60

(1)客户价值定义

客户价值是客户购买产品或服务的成本和所获价值的比较。针对具体客户来讲，客户价值是客户接受某一产品和服务时获得的满意感与支付的货币、时间和精力的差额。针对具体企业来讲，客户价值是企业为客户创造实物价值和服务效用与成本构成的差额。

(2)客户价值的特点

客户价值不是一种货币价值，客户可以感知，但不能精确计算，他反映客户在接受产品和服务后的满足程度。

客户价值是一种相对价值，不同客户对同一产品、同一服务的满足感不同，这取决于客户付出的成本和客户自身的状况。

二、物流客户关系的类型

企业在具体的经营管理实践中，建立何种类型的客户关系，必须针对其商品的特性和对客户的定位来作出抉择。市场营销学大师菲利普·科特勒的研究中对企业建立的客户关系的不同水平、程度区分为以下5种，如表12-2所示。

客户关系类型　　表12-2

类型	特征描述
基本型	销售人员把产品售出去后就不再与客户接触
被动型	销售人员把产品售出去，同意或鼓励客户在遇到问题或有意见时联系企业
负责型	产品销售完成后，企业及时联系客户，询问产品是否符合客户的要求，有何缺陷或不足，有何意见或建议，以帮助企业不断改进产品，使之更加符合客户需求
能动型	销售完成后，企业不断联系客户，提供有关改进产品的建议和新产品的信息
伙伴型	企业不断地协同客户努力，帮助客户解决问题，支持客户的成功，实现共同发展

这5种程度的客户关系类型之间，并不具有简单的优劣对比程度或顺序，因为企业所采用的客户关系类型既然取决它的产品以及客户的特征，那么不同企业甚至同一企业在对待不同客户时，都有可能采用不同的客户类型。比如一家生产日用化妆品的企业，与它的化妆品消费者个人之间常会建立一种被动型的客户关系，企业设立客户服务机构或联络中心将听取客户的意见、处理客户投诉以改进产品，但这家企业同大型超市或零售企业、同连锁的美容机构之间，常可能建立一种伙伴型的客户关系，实现产销企业之间的互惠互利。科特勒提出，企业可以根据其客户的数量以及产品的边际利润水平，根据图12-2指示的思路，选择合适的客户关系类型。

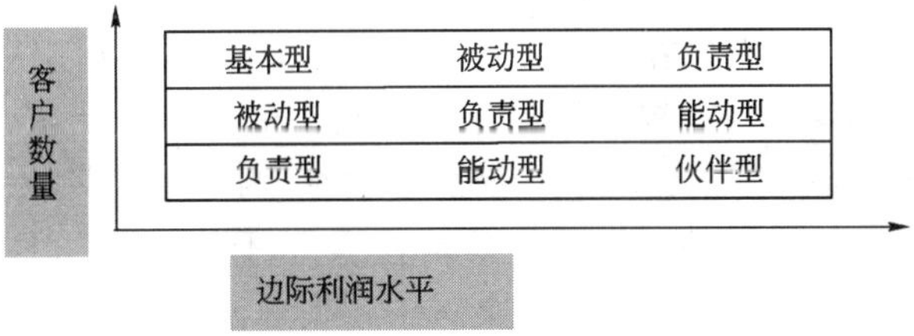

图12-2　企业依客户数量和产品边际利润水平选择客户关系类型示意图

企业的客户关系类型并不是一成不变的，那么该如何选择适当的客户关系类型呢？如果企业在面对少量客户时，提供的产品或服务边际利润水平相当高，那么，它应当采用“伙伴型”的客户关系，力争实现客户成功的同时，自己也获得丰厚的回报；但如果产品或服务的边际利润水平很低，客户数量极其庞大，那么企业会倾向于采用“基本型”的客户关系；否则，它可能因为售后服务的较高成本而出现亏损；其余的类型则可由企业自行选择或组合。因此一般说来，企业对客户关系进行管理或改进的趋势，应当是朝着为每个客户提供满意服务，并提高产品的边际利润水平的方向转变。

事实上，由于企业将自己的全部客户按照一定的标准来进行区别，从而根据具体的情况建立不同类型的客户关系。所以，企业用以区别不同客户的标准，某种程度上体现了企业经营管理的指导思想，也是进行客户关系选型的关键所在。

对于确立了客户导向的企业，这个区别和选择的标准应当围绕着如何帮助企业建立"高质量"的客户关系——与企业建立长期、稳定的合作关系，愿意为企业提供的产品和服务承担合理的价格，来最终确定。根据企业的实践，这个标准主要应当考虑客户忠诚度和销售实现额两个方面。

客户忠诚度的因素是企业进行客户关系选择时应当首先考虑的因素。在客户忠诚度的研究中，多项衡量指标，如其中的客户重复购买的次数，客户购买量占其对产品总需求的比例，客户对本企业产品品牌的关注程度，对竞争产品的关注态度、购买时间，对价格的敏感度等都是应当着重考虑的。如果企业对于客户忠诚度的判断不准确，就有可能选择不适当的客户关系类型，比如说，对于一个十分忠诚的"高质量"客户，企业按照"被动型"或"基本型"的客户关系对待它，这将反过来会影响客户的忠诚程度。

客户的销售额由于直接反映企业从该客户身上获利的程度，因此许多企业管理人员都自然地把它视做分类标准的最重要因素。客户关系选型时考虑销售额的因素是十分必要的，但是，企业必须注意不能仅以销售额甚至是历史销售额的指标来选择客户关系类型。因为历史销售额所体现的意义是多样的，单纯地以销售额来衡量客户的重要性往往会判断失误并丧失机遇。过去，企业常发现利润主要来自于中等规模销售额的客户，原因是最大的客户往往要求周到细致的服务和大幅的折扣，从而降低了企业的利润水平，小额的客户又会出现较大的交易费用，而中等规模销售额的客户处于相对弱势的交易地位，较少讨价还价或提出过多服务要求，交易费用相对不高。但现在，企业对于客户满意和忠诚的高度重视，为客户提供更多的"让渡价值"，实行可累计折扣、优质服务和互动营销等留住客户、促使客户升级方面有明显的作用。也就是说，目前企业销售额的增长来自于较大规模的客户让渡价值和促成中小规模的客户升级。企业如果只从历史的销售额判断客户重要性，在建立客户关系时处于"保"的态势而对"争"重视不足，就难以实现与客户的"双赢"。

三、物流客户关系管理的目的

1. 客户关系管理的内涵

客户关系管理(CRM，Customer Relationship Management)有多个定义，目前比较具有代表性的看法有：

客户关系管理是一项营销策略，透过选择和管理可以达到最大的长期价值。

客户关系管理是指管理企业所吸纳的客户的所有互动关系，重点在于管理及尽量延长整体客户生命周期。客户关系管理是信息行业用语，是有助于企业有组织性的管理客户关系的方法、软件以至互联网设施。

综上所述，我们认为客户关系管理是指通过对客户信息资源的计算机化管理，向客户提供的满意的产品和服务，并与客户建立稳定、相互信任的、关系密切的动态过程。

其内涵：

(1)客户关系管理是一种新管理理念，企业在这种新的管理理念指导下建立以客户为中心的商业模式，通过整合前台、办公系统的整套应用支持确保客户满意的实现，并把建立和维持良好的客户关系作为获得竞争核心力的重要基础。

(2)客户关系管理是一种新的商务模式。通过这种模式，在市场营销、销售实现、客户服务和决策分析 4 大业务领域中实现资源的整合和协调，确保客户与企业利益的一致性，达到双赢。

(3)客户管理是一种新的技术系统。是企业不断改进与客户关系相关的全部业务流程整合企业资源、实时响应客户，最终实现电子化、自动化运营目标的过程中所建立和使用的信息技术、软硬件和优化的管理方法、解决方案的总和。

2. 物流客户关系管理的目的

物流企业受市场变化多端特性的影响，物流服务企业不得不时时面对新的挑战。运输行业的全球化和开放性、成本控制的迫切性、客户需求的多样化等，都将导致物流企业要承担越来越深化的社会和商业责任，因此也迫切需要物流企业实现对客户的研究和分析，适应新形势的发展需要和自身生存发展的需要。

而物流企业实施 CRM 的目的是通过拓宽和加速与客户沟通的渠道和效率，提供更快速更全面的优质服务，保持和吸引更多的客户；同时也能够对企业业务流程实施全面监控，减少业务流程的运作成本。通过 CRM 的观察和分析客户行为对企业收益的影响，使企业与客户的关系及企业盈利都得到最优化。

四、物流客户关系管理的内容

为了赢得客户的高度满意，建立与客户长期的良好关系，在客户管理中应该开展多方面的工作。客户关系管理的内容涉及到企业管理的各个方面，本小节将对以下几个方面进行阐述。

1. 客户信息的收集与分析

客户信息的收集和整理过程不外乎是对客户资源的分析。该项工作主要是分析谁是企业的客户、客户的基本类型以及个人购买者、中间商和制造商客户的不同需求特征和购买行为，并在此基础上分析客户差异对企业利润的影响等问题。

2. 实行与客户强化关系的对策

实行与客户强化关系的对策，主要表现在4个方面：第一，对客户承诺的实现。承诺的目的在于明确企业提供什么样的产品和服务。在购买任何产品和服务时，客户总会面临各种各样的风险，包括经济利益、产品功能和质量以及社会和心理方面的风险等，因此要求企业作出某种承诺，以尽可能降低客户的购物风险，获得最好的购买效果。企业对客户承诺的宗旨是使客户满意。第二，与客户信息双向交流的实现。信息的双向交流，其主要功能是实现双方的相互联系，相互影响。从实质上说，客户管理过程就是与客户交流信息的过程，实现有效的信息交流是建立和保持企业与客户良好关系的途径。第三，客户需求反馈及时回应的实现。客户反馈对于衡量企业承诺目标的实现程度、及时发现在为客户服务过程中的问题等具有重要作用。投诉是客户反馈的主要途径，如何正确处理客户的意见和投诉，对于消除客户不满、维护客户利益、赢得客户信任都是十分重要的。第四，客户成本降低的实现。也就是说在提高客户服务水平的同时降低成本，在提高市场反应速度的同时给客户以更多的选择。目前与客户相关的应用系统市场正在急速起飞、网络技术、移动技术、集成式客户电话服务中心(Call Center)和通信技术的跃进，都为企业提供了多种方式来自动交换介于市场、销售和服务部门之间的信息。

要建立和保持与客户的长期稳定关系，收效要有良好的基础，即取得良好的客户信任；同时要区别不同类型的客户关系及其特征，并经常进行客户关系情况分析，评价关系的质量，采取有效措施；还可以通过建立客户组织等途径，保持企业与客户的长期友好关系。

3. 客户满意度的调查

客户满意度(Customer Satisfaction)研究的动机是改善客户关系，实践研究中发展出的用以衡量满意度的研究效果指标，顾客忠诚度。由于市场激烈竞争的结果，使得许多商品或服务在品质方面的区别越来越小，也就是说，产品的同质化倾向越来越强。客户满意度是在客户消费形态发生彻底变迁后，用以衡量客户消费价值选择的指标。

对于企业来讲，客户满意度是企业用以评价企业业绩，以顾客为导向的一套指标，他代表了企业在其所服务的市场中的所有购买和消费经验的实际和预期的总体评价，它是企业经营“质量”的衡量方式。企业营销管理层面上的顾客满意度研究，实际上是对其服务的市场中所有顾客个人的满意度的研究和顾客群体行为满意过程研究的综合。

对顾客满意度的调查主要应该集中在3个方面。

第一，产品。这里说的产品不仅仅是说有形产品还包括无形产品。这其中包括产品的基本设计、信息反馈、原料与产品的制造。

第二，销售活动。销售活动包括售前活动、售中活动。顾客对一件产品和服务带给自己的好处以及他们所愿意接受的表现和满意的程度,也就是产品的“顾客期望”。

第三,售后服务。售后服务是当今商家竞争的一个关键环节。物流行业也是一样。随着客户满意度观念的深入发展,为客户提供售后服务的工作从原来的维修及处理投诉扩展至免费热线等多个方面。这些不仅仅可以直接决定客户满意度的程度,还可以对销售中出现的失误给予补救,以更好地达到客户满意。

总之,对于一个企业来说,客户满意度是当今企业留住客户、发展客户的最根本衡量标杆。一个注重客户满意度的企业一定会在其企业文化乃至企业日常经营管理的各个程序中贯彻这个思想,以最大限度地实现客户满意,以达到保持或扩展现有市场的目的。

第二节　物流客户关系数据库的开发

一、物流客户开发

1.物流客户开发模式

(1)物流客户开发链

物流客户开发链由以下环节构成:加强客户服务—密切与客户的关系—留住客户—增加销售—稳定客户—客户忠诚。

物流客户开发链的重点在于加强物流营销服务,建立客户忠诚度。留住一个老客户相当于增加5个新客户。根据物流客户开发链,物流企业通过每一链节的客户数据收集、整理、优化的过程,为企业最终利用物流客户数据创造条件。

(2)物流客户开发日标

根据消息库的信息,向客户提供有针对性的信息(例如新产品信息、企业新服务、物流技术新动向等),刺激客户的“消费”欲望,从而增加物流服务的购买。

(3)物流客户开发目的

通过建立品牌形象来扩展新的市场,提高客户对企业及其产品的忠诚度,最终利用物流客户对物流服务的认同获得较高的经营利润。

(4)物流客户开发过程

物流客户开发的过程主要是:加强交互—促进客户参与—与客户充分沟通—引起重复购买,即开展整合营销,通过交互渠道促进客户关注并参与企业营销活动,增强客户对企业的认同感,从而促进销售。例如,通过客户讨论区和反馈意见箱,客户可以参与到企业相关的营销活动中来。

在与客户的联系过程中,除了需要的原定服务方案促销外,可增加与客户有目的的交谈、表示合作、进行交际、了解客户所需物流服务的特殊性、介绍物流技术或服务等内容。

在这个过程中,企业有3个层面的工作:

首先,即时解决问题层面,企业要诊断问题,提出解决方法或提供客户所需信息。

其次,营销作业层面,通过向客户询问已有的物流情况和再购买期望,跟踪客户,建立长期客户关系。

再次,物流需求满足研发反馈层面,将客户意见发至各相关部门,分类处理客户问题。

2.数据库

数据库是积累客户信息或与客户沟通信息的运行平台,它把所有信息汇整起来,从中萃取为了解个别客户所需信息的架构,称之为数据库。客户关系管理的数据库,不仅是累积客户情报与营销信息的内容,更整合了客户主义时代所需的所有知识。

由于个别客户信息已跨越了销售、采购、企划、开发、客户服务等各部门,甚至连最细微的个别客户信息也需共有,因此,数据库也可以说是信息库,数据库是实践营销策略的强有力工具,现代数据库被汇整为"数据仓库"的概念,作为客户关系管理循环流程的核心,是实现客户关系管理的必备业务。数据仓库的本质就是为了了解个别客户,把企业内所有的信息资源整合成能使用的资料。

数据库一般由4种要素构成:资料累积、资料整合、信息萃取和资料分析。所谓资料,就是企业向客户提出问题解决方案的同时,客户也提供企业的信息;新的资料可引导下一次的问题解决方案,这部分构成了企业的资产。

二、物流客户信息类型

1.物流客户具体信息结构

(1)基本资料

基本资料指个别客户的企业年限、业务方向、企业周期、企业信誉、市场状况等基本资料,多半可从企业登记、历史上购买记录或从各种信息登录媒体收集到。

(2)购买、利用记录资料

这类资料是显示个别客户的产品特征、市场特征、购买特征和发展兴趣、企业价值观等的重要资料。

(3)联络资料

与个别客户的联络中所得到的数据情报,包括联络地址、方式和主要联络人,而访谈等所得到的资料也收集在此。

(4)交叉销售资料

物流问题解决方案的实际资料,是物流企业与客户购买行为的交叉分析资料。

(5)使用资料

为了向客户提出最适当的商品、服务或问题解决方案,以及需要进行变更业务过程，组织专门物流方案设计项目小组所需要的资料。

2. 物流客户信息设计

客户信息设计事实上也就是数据库应用于实际的过程，数据库应用步骤如表12-3所示。

数据库应用步骤 表12-3

应用步骤	内　　容
1. 界定资料	决定完成客户关系管理的具体目标，分析所需的资料项目、收集方法、更新频率以及数据库编码方式
2. 设定数据库应用架构	设定所要求的分析方法、分析结果，以及为此所需的资料
3. 决定其构成	对于各种应用软件、储存工具、数据处理等工具组合
4. 选定数据库工具	配合系统构成来选定工具
5. 系统运用	储存管理、保养更新、资料输出/入

三、物流客户数据库的应用

1. 数据收集与使用

数据库建立中（如在客户访问、数据使用等方面）要注意以下方面。

（1）数据质量

数据准确对建立客户服务数据库而言是相当重要的；否则，有可能会出现为一个相同的客户建立很多条记录，也有可能为两个不同的人只建了一个记录之类的问题。这样，就会给同一个客户发很多份相同的邮件和沟通材料，企业因而很可能造成疏远甚至失去客户。因此，在建立数据库时，一定要确认由应用程序所生成的客户编码，要保证它的唯一性。如同医院在建立病人数据库时，保证病人只有一个病历号，即医院所有部门，如门诊、收费处、放射科等部门的应用程序都用的是同一个病历号一样。

（2）特别注意客户的基本资料

例如，企业名称对每一个客户来说，是唯一的。在把它输入到数据库之前，一定要进行分解和规范化。分解是指要把企业名称分解成各个组成部分，如国家、地区、称呼、性质及企业性质关系。规范化是指要将名称存放成一种统一的格式。在这个方面，地址可能会比名称做起来相对容易，因为它比名称有更为统一的结构，并且也可以很方便地用其他的数据库进行检验。例如，可以很方便地得到各地的邮政编码，并且邮政编码的格式也非常统一。

（3）替客户保密

由于数据库中会收集许多客户的商业信息，在使用中一定要替客户保密，不可随意泄露客户信息;否则,会引起客户反感,今后会拒绝接受来自你的一切宣传信息。

(4)有效使用数据库信息,使它们发挥最大价值

客户服务、服务销售等部门应熟悉客户资料,因为这些数据对客户服务等部门来说非常重要,可依据这个来判断一个客户是否能为企业带来效益;也可提供一些其他的东西来吸引他们继续作为自己的客户,使企业与客户保持一个良好的关系。

最后,对市场活动来说,这些数据也是相当有用的。信息沟通活动一个很大的费用来自于大范围分发材料。通过对数据库的数据进行分析,可以使材料的分发更具针对性,提高反馈率,同时节省费用。

2. 与客户保持友好交流

与客户建立以服务为基础的关系,必须按照以下几点与客户进行交流。

(1)数据的相关性

通过客户数据了解客户,并向他们提供完整的通路,赢得他们的信任,并避免侵犯他们的商业秘密。提供的信息要有价值,让客户认为你是值得信赖的、相关的、及时的、可靠的信息来源,这是聪明利用客户信息的方法。

(2)持续交易的核心是诚信

与客户进行诚实开放的信息交流,可以建立稳定的关系,这使得企业可以从每个客户那里获得最大的长期价值和收入。

(3)建立信任是必须的

信任是一种资源,因为它具有产出价值;信任是一种资产,因为它具有衡量标准;信任也是一种情感认同,因为它可以创造出“价值剩余”,为拥有它的企业带来潜在的财富。物流企业如果在目标客户中建立了信任,就可以搜索到更多的有关成员、潜在客户和客户信息的组织;可以获得大量与之相关的信息,这些客户会将介绍客户圈中物流需求者,为企业开发新客户提供很多帮助。

3. 安全控制

(1)信息安全控制

信息安全是指在信息收集、存储、处理和运用过程中,信息的自由性、机密性、完整性、共享性等都能够得到良好保护的一种状态。要提高信息系统的安全可靠性,防止信息的泄露和滥用。

(2)客户认证

客户认证技术是保证电子商务交易安全的一项重要技术。由系统管理员决定客户的权限和访问资源。

(3)建立企业信息安全管理制度

对物流企业储备的各种信息作出安全要求规定,制订信息获知人员工作规范,将

信息保密和安全作为日常制度规定下来。

第三节　物流客户关系的推动

一、物流客户关系的开拓

1.建立良好的物流服务体系

(1)物流服务设施由有形设施和无形设施组成

物流服务产品具有不可感知的特点，即在人们消费它之前是无法感受到的。服务的这一特点使得顾客在购买服务时，总是会心存疑虑，这给企业有效的推广其服务产品带来了难题。但是，任何服务又都或多或少地需要某些物质服务的支持，这些支持物是有形的，它与服务内容及服务水平密切相关，成为人们判断服务标准的一些有形的线索。对这些有形因素的利用，便成为服务企业开展营销活动一项重要策略——“有形展示”。服务企业恰当地运用有形展示策略，无疑会有利于促进服务产品的销售。

物流企业向客户提供的服务产品具有无形的特点。因此“有形展示”也是物流企业营销的一项重要策略。物流服务有形展示就是物流企业有目的的提供服务的有形线索，以帮助客户识别和了解服务，并由此促进物流服务销售的营销策略。

(2)物流服务作业体系

物流服务是无形的，但是其作业体系是通过有形展示体现出来的。通常物流服务的作业体系包括以下 3 个方面的内容。

第一，物质环境。物质环境主要包括：设施因素，这类因素通常被客户认为是构成物流服务产品内涵的必要组成部分，如配送服务中的车辆及网络分布等；设计因素，设计因素是物流企业用以刺激客户视觉的环境因素，如配送中心的形象设计、企业标识等；社会因素，这类因素是物流服务场所内一切参与及影响服务产品生产的人，如企业的管理人员以及其他在物流服务场所出现的员工等相关工作人员。

第二，信息沟通。它是另一种服务展示形式，来自物流企业以及其他渠道的信息通过多种媒体传播，引起人们的注意，就会起到展示服务的作用。从赞扬性的评论到成功的广告，从客户口头传播到企业标识，这些不同形式的信息沟通都传达着有关服务的线索，影响着企业的营销策略。物流企业应通过强调现有的服务展示并创造新的展示，来有效地进行信息沟通管理，从而使服务和信息更具有形性。

第三，价格展示。对物流企业来说，准确的定价十分重要。不仅因为价格是营销组合中唯一能产生收入的因素，而且因为价格使服务水平和质量具有可见性，进而成为消费者判断服务水平和质量的一个依据。物流企业的营销人员应利用恰当的定价,来培养客户对产品的信任。制订正确的价格不仅能获得稳定的收益,而且也能传递恰当的信息。价格的高低直接影响着物流企业在客户心中的形象。

2.进行准确的物流市场定位

市场定位是物流企业可以充分利用的一种竞争性手段,它反映市场竞争各方的关系,是为企业有效参与市场竞争服务的。有 3 种可供选择的市场定位方式。

(1)避强定位

这是一种避开强有力的竞争对手进行市场定位的模式。企业不与对手直接对抗,将自己置定于某个市场"空隙",发展目前市场上没有的特色服务,开拓新的市场领域。

这种定位的优点是:能够迅速地在市场上站稳脚跟,并在消费者心中尽快树立起一定形象。由于这种定位方式市场风险较小,成功率较高,常常为多数企业所采用。

(2)迎头定位

这是一种与市场上居支配地位的竞争对手"对着干"的定位方式,即企业选择与竞争对手重合的市场位置,争取同样的目标顾客,彼此在客户、价格、服务、供给等方面少有差别。

当然,也有些企业认为这是一种更能激发自己奋发向上的定位尝试,一旦成功就能取得巨大的市场份额。

(3)重新定位

重新定位通常是指对市场效益不好的物流服务产品或企业进行二次定位。初次定位后,随着时间的推移,新的竞争者进入市场,选择与本企业相近的市场位置,致使本企业原来的市场占有率下降;或者,由于物流客户需求偏好发生转移,原来本企业的客户转而购买竞争者的服务,因而市场对本企业服务产品的需求减少。在这些情况下,企业就需要进行重新定位。一般来讲,重新定位是企业为了摆脱经营困境,寻求重新获得竞争力和增长的手段。不过,重新定位也可作为一种战术策略,并不一定是因为陷入了困境,相反,可能是由于发现新的市场范围引起的。

我国物流业刚刚起步,同时面临着物流市场对外开放,国外大型物流企业的竞争,竞争的激烈迫使企业亟待寻求一个恰当的市场定位,以获取竞争优势。市场的细分原则将使有实力的企业找到自己的强势领域,物流企业将从混战状态逐渐转向在专业领域与竞争对手一争高低。

3.推进客户忠诚的物流市场营销

对于竞争日益激烈的物流市场,如果能让自己的顾客有"回头率",就会增加单位客户的销售额,同时减少客户流失率;可以对市场形势进行准确的判断,使产品设计更具针对性,向企业决策者提供关于产品和市场的专业参考意见;可以使企业在获取丰厚利润的同时树立更具亲和力的形象,为开发潜在市场打下牢固基础。

要想提高客户的忠诚度，企业首先要完整地认识整个客户生命周期，从技术提供与客户沟通的统一平台，提高员工与客户接触的效率和客户反馈率，建立多样化的沟通渠道和灵活高效的激励机制，形成一个完整的反馈流，从而既能为消费者提供完全一致的高品质服务，使消费者在意想不到的时刻感受来至产品提供商点到点、面对面的关怀，同时还可以时时掌握市场动态，迅速开发出新的市场，从而实现企业的客户忠诚目标，也就意味着企业的市场营销活动以客户为基本活动中心，最终实现企业的市场高占有率和高收益的目的。

4. 开展多样的物流促销活动

物流企业的促销活动是指物流企业在特定目标市场中，为迅速刺激需求和鼓励购买而采取的非经常发生的推销努力。其最大的作用就是通过某种营销刺激，以极强的诱惑力，使对方中间商或消费者迅速作出购买决策，产生即时购买效应。

现代企业物流促销形式较多，如提供咨询服务、现场示范、赠送纪念品等。针对不同的对象所采用的方法也不尽相同。

针对潜在购买者多采用：降价、增加数量、赠品、免费尝试、奖励等形式。

针对中介可以采用：货币奖励、更高的佣金、比赛或赠品、销售点设施的提供以及广告的联合。

二、物流客户关系营销

物流关系营销可以从 3 个创造客户价值的关系营销层次推进，即一级关系营销、二级关系营销，通过关系营销建立长期稳定的关系。

1. 一级关系营销

一级关系营销在客户市场中经常被称作频繁市场营销或频率市场营销。只是最低层次的关系营销，它维持客户关系的主要手段是利用价格刺激增加目标市场客户的财务利益。例如有些航空公司开发了“里程项目”计划，当累计飞行里程达到一定的标准之后，对于那些经常乘坐飞机的顾客予以奖励。由新加坡发展银行有限公司、VISA 和高到屋公司联合发起的忠诚营销，也正是希望与顾客建立长期的关系。智能卡(Smart-Card)的持有者能享受免费停车、送货服务、抽奖活动等一系列优惠，具体形式则取决于顾客用智能卡购买商品的累计金额。一级关系营销的另一种常用的形式是对不满意客户承诺给予合理的财务补偿。例如，新加坡奥迪公司承诺，如果客户购买汽车一年后不满意，可以按原价退款。

2. 二级关系营销

关系营销的第二种途径是既增加客户财务利益，同时也增加他们的社会利益。物流营销在建立社会关系联系方面优于价格刺激，物流公司可以通过了解客户的需要和愿望，并使物流服务个性化和制度化，来增加公司与客户的社会联系。二级关系营销特点是把任何人之间的营销和企业与人之间的营销结合起来。二级关系营销的主要表现形式是建立会员制客户组织，以某种方式将客户纳入到企业的特定组织中，使企业与客户保持更为紧密的联系，实现对客户的有效掌握与控制。

3. 三级关系营销

关系营销的第三种途径是增加物流技术结构纽带，与此同时附加财务利益和社会利益。在第三方物流提供商参与设计的一体化物流系统中，与客户的物流技术型结构联系包括物流信息技术、设备技术、设施技术以及其他方面的联系，要求物流商提供对关系客户有价值、但不能通过其他来源得到的服务。这些服务通常以技术为基础，诸如第三方物流提供商为客户提供物流信息系统终端服务，企业与客户关系被设计成一个信息系统，从而为顾客提供高效率、高质量标准的物流服务奠定了技术基础。良好的技术性结构关系将提高客户转向竞争者的机会成本，同时也将增加客户脱离竞争者而转向本企业的利益。特别是当面临激烈的价格竞争时，技术结构联系能为扩大现在的社会联系提供一个非价格竞争因素。因为无论是财务性联系还是社会性联系都只能支撑价格小幅变动，当面对较大的价格差别时，交易双方难以维持低层次的销售关系，只有提供买方需要的技术服务和援助等深层次服务联系才能吸引客户。特别是在物流服务市场上，由于服务通常是技术性、资源性的组合，涉及产权、谈判、信息等渠道，成本高、困难大、很难由客户独立解决，这些特点有利于建立关系双方长期的技术性结构合作。

三、物流客户关系管理成功的前提条件

1. 高层领导的支持

由于CRM是一种策略，因此，它离不开高管层的积极支持。CRM实施所影响到的部门和领域的高层领导应成为项目的发起人或发起的参与者，CRM的实现目标、业务范围等信息应当经由他们传递给相关部门和人员。管理者公开表现的对项目的理解与支持对推动项目的进程是十分必要的。

2. 要专注于流程

首先要有明确实施CRM的目标。CRM解决方案应该从以客户为中心的角度出发，将客户视为企业最重要的资产。在确立目标的过程中必须明确建立CRM的目的是什么？部署CRM解决方案所要达成的是怎样的效果？是否确实可行？此外还要用阶段性完成的进度表，有效控制或变更管理内容。作为CRM项目的发起者或未来项目的负责人，必须将已经形成并得到企业内部一致认同的明确的远景规划和近期实现目标落实成文字，明确实施目标和方向，实现周期、预期收益等内容。设计一个阶段性的部署进度表：每个阶段都专注于一个具体都CRM目标，及时将客户的反馈融入开发设计中，这样可以进行有效的控制，也有助于根据CRM实施情况调整、变更管理内容，修订阶段目标。

3.技术的灵活运用

再好的管理理念都需要技术的铺垫。利用技术工具,可以将先进的思想固化为标准的工作流程。对于 CRM 软件的选型,大体上分为定制和购买套装软件两种。对于行业特征比较突出的企业,例如电信、金融、证券等行业,由于客户数据和企业后台的计费系统、业务系统等紧密相连,而且这些行业的客户数据庞大,需要专业的数据挖掘工具才能充分进行分析,因此,定制或行业版 CRM 是较好的选择;在制造业、企业销售业、高科技业等标准产品行业中,虽然后台管理也是千差万别的,但是他们的生产管理、服务管理的程序大致相同。这样的前端管理是比较通用的标准,选择通用 CRM 软件可以降低成本,满足需求。但是,在套装产品的选择时,要注意那些自身具有灵活性、开放性的通用软件,是比较容易进行客户化定义的。通常最需要根据企业的自身需求定义的是客户属性、产品属性、订单属性、分析纬度等,如果这些方面的软件自定义功能强大,那么在应用的时候难度会降低很多。

4.信息系统的集成

建立完善客户数据的企业级资源库。成功的 CRM 解决方案,其驱动力是对客户数据有着最新、最准确和最全面的理解。通过集中管理的客户数据库,企业的所有部门均可获益。这包括通过对每个客户关系的有效了解(包括正面和负面的体验)而实现对每一客户的个性化管理。通过统一的企业级资源库,挖掘与每个客户进行沟通的更多机会,可以简化客户信息的管理,并且集中管理有利于保护客户的隐私。创建跨部门客户管理统一资源库的技术是数据仓库和数据转换技术。

5.组织良好的团队

当前利用 CRM 较好的企业都是行业中的佼佼者,无不是由具有良好合作精神的团队铸就成的。这些团队的共同点是不断创新。因此在 CRM 的使用上形成了组织和应对的转变。

6.重视人的因素

对人的重视主要体现在对专家的侧重和对系统所有人力资源的利用上。重视 CRM 专家顾问的作用,实施 CRM 需要在一开始就起用有经验的专业服务专家,请他们确定最重要的企业改进机会并设定优先顺序,并将 CRM 解决方案恰当地逐渐引入企业的流程和事务中。选择在行业中拥有丰富经验的顾问来帮助 CRM 的施行,有助于确保 CRM 实施过程与战略目标相符,同时改善企业的表现。

7.分步实现

任何成就的得来都不是轻而易举的,CRM 的实施也是一样。在任何一个企业的实施过程中,都应该对相关人员的意见反复沟通。对于新形成的规范和流程应该按部就班,在真正能为各级人员接受后,才能让规范化的流程在建立后有强大的生命力,才能够真正拷贝复制到企业的分支机构,大大提高管理效率。

8. 系统的整合

对整个系统的整合就意味着要完善度量、监控和追踪的综合体系。一旦CRM启动,企业将必须确定目标和衡量标准,以度量、监控和追踪CRM实施的效果。企业需定期对他们的现行和潜在客户进行调查、研究、分类,以确定CRM解决方案对客户态度和行为产生的影响,以适时落实CRM的下一个步骤。实践证明,那些从CRM中获得最大利益的企业通常都在项目实施的早期就为其业务流程设定了基准,找寻那些流程的性能标准并度量CRM是如何影响那些标准的。

需要指出的是,在客户关系管理战略实施过程中要防止陷入两个误区。其一,不要以为对客户服务、对成本可以通过简单地计算取得。事实上,客户服务是一个复杂的系统,大多数的情况下,简单计算取得的成本只是直接的成本,它们的数值仅占总成本的较少部分,产生的后果是过低的成本估算会诱导企业作出不计成本的客户服务标准。其二,机械地认为客户都是平等的,忽视了不同的客户会给企业带来不同的市场利益,在企业资源有限的客观约束下,客户关系管理的资金必须依据客户的差异作出相应的分配与调整。

第四节　物流客户关系管理内容

一、检测物流客户关系价值

检测物流客户关系价值即根据物流客户历史记录和过去行为,检测和预测其价值。最近购买量、购买频率、购买金额(Recency,Frequency,Monetary,RFM)和终身价值(Life－time Value,LTV)分析,可以检测、预测和跟踪客户长期价值。预测客户的未来价值,可以使管理效果达到潜力极限,也可以使用客户满意指数(Customer Satisfaction Index,CSI)来跟踪未来价值,因为任何满意度下降的行为都可能是拙劣未来表现的指示器,见表12-4。

客户关系价值检测/分析方法　　表12-4

检测/分析方法	工作内容	相关应用
RFM	把最近购买量、购买频率和购买金额结合起来,为每个客户计算积分	识别最有价值客户/可能的背叛者,预测不同价位、不同激励对客户购买倾向的影响,辨别销售时机
LTV	基于客户购买历史或购买行为、客户保持率、总计划花费等来预测客户在一段时间内带来的净现值	预测客户终身价值,决定新计划成功的可能性,检测获得新客户对保持客户销售投资的影响
CSI	设定一些标准,对客户评价取样,提供单个客户满意度定量检测方法	检测客户对服务的满意度,预测客户未来的购买需求和购买倾向

二、与物流客户进行个性化交流

想要更好地维系客户关系，需要做到如下几点。

1. 让客户更方便

要让客户更便于取得企业的服务，必须做到渠道流畅、接触方便，让客户自己选择是由电话、网站、传真、E-mail或面对面等不同沟通方式，与企业接触取得物流技术信息或服务信息。

2. 对客户更亲切

要多与客户接触，如果认为自动总机系统或电话留言就足够了，必然会使客户流失。尤其当企业与客户间的关系纯粹只是“给钱、交货”时，客户对企业的选择也只有“价格”，客户对企业毫无忠诚度可言，这对企业的长久发展是不利的，所以要多与客户沟通，使客户感受到企业对其的重视，在感情上维系住客户。

3. 个人化

企业要把每一个客户当作一个永恒的宝藏，而不是一次交易，所以必须了解每一个客户的“喜好”与“习惯”，并适时提供建议。

4. 立即反应

企业对于客户行为，必须透过每次接触不断学习，并且很敏感地立即响应。

客户关系管理，要体现方便、关怀、个人化的特点与客户沟通，同时能快速响应客户的需求(CCPR)，唯有如此，才能给客户完美的体验，企业的商机才能迅速增加，企业的规模也会逐步壮大起来。

三、维护物流客户的忠诚

忠诚是个很难精确定义的词语，它对企业行为带来的效益如何检测和定量，人们一直难以精确地给予量化，但有一点是毋庸置疑的，即客户忠诚对企业的效益作出了较大的贡献。

1. 客户忠诚收入模型

Netcentives 开发了忠诚收入(Return on Loyalty，ROL)模型，检测了忠诚计划对客户长期价值作出贡献的许多影响因素(见图 12-3)。

投资：与忠诚总现值相关的投资贯穿客户关系的整个生命周期；

转化：增加购买活动；

交易：提升忠诚计划功能；

价格：指维持价格点的能力；

频率：能提高购买数量；

客户保持：能提高客户存在的时限；

总收入：指忠诚带来的总收入。

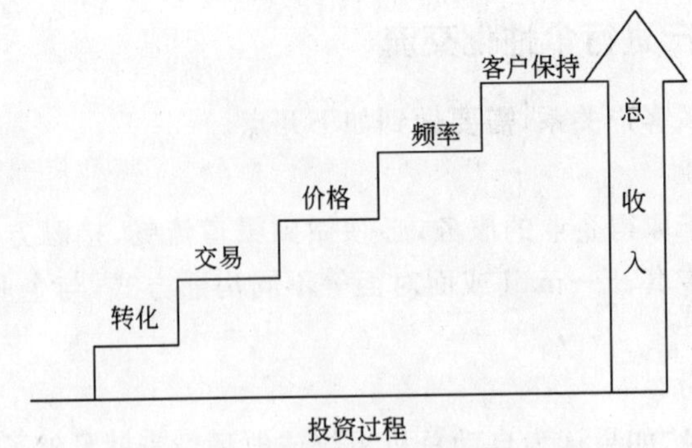

图 12-3 定量确定忠诚收入模型

忠诚收入模型展示了影响客户忠诚和客户价值的因素。

2. 增加客户忠诚的激励和奖励措施

可以通过激励和奖励的措施来提高客户忠诚度，这些措施主要包括累计折扣、批量折扣、积分点等形式，这些激励与奖励措施的具体描述及作用参见表 12-5。

激励与奖励措施 表 12-5

激励与奖励	描　　述	应　　用
累计折扣	对忠诚影响较小	推动商品特定渠道的销售，对销售流通慢的商品应用
批量折扣	多做促销用，容易转换，对忠诚有一定作用	鼓励客户购买，满足特定设计的物流工具，满负荷工作
积分点	有累计效应，客户积极收集点数影响企业长期行为	根据积分分级促销，识别达到特定积分的客户，鼓励购买

四、整合物流企业资源与客户资源

1. 关注数据的分析与组织，以避免信息障碍

强调数据的分析与组织的作用，从而细分客户群，确立清晰的以利润为基础的客户价值群，以开展更丰富、更可衡量的市场活动。

2. 集成各种客户渠道

客户渠道（客户服务、网络、市场营销、销售等）的集成，它们之间的相互作用，不管客户选择以何种方式与该企业发生关系，都将得到始终如一的、有价值的体验。这些渠道一旦合而为一，一个真正能够有效地管理并促进其中各渠道的市场营销门户也就宣告建立，市场营销人员可以通过这一门户，得到对客户更全面的了解。

提供客户支持、售后服务的自动化和优化。例如，客户服务人员管理、物流方案

的售后跟踪、投诉记录、现场服务的预约与调度、服务结果跟踪、备件管理、服务合同管理、服务收费自动核算等，帮助企业提供有竞争力的售后支持和维护服务。它允许客户选择电话、Web 访问等多种方式与企业联系。由于畅通的交流渠道，客户不论通过哪种方式与企业联系，都能在短时间内得到统一、完整和准确的服务。

3. 企业将通过 PRM 为最终用户增值

企业应该关注合作伙伴关系管理(PRM)，即通过提升企业的合作伙伴网络以更好地服务最终客户的战略。作为扩展型企业的关键组成部分，PRM 使得企业能够与其间接渠道(例如分销商、增值商和批发商等)更好地合作，把他们与最终客户所希望的增值目标结合在一起，这些增值目标表现在价格、整体质量、交易的轻松程度等许多方面。这样既可从间接渠道获得收益，减少产品投入市场的时间，也可提高交易效率，使库存水平和最终客户的需求更加透明化以及改进产品和服务的设计。

五、物流服务客户关系管理物流服务客户关系管理的 7 个步骤见表 12-6。

物流客户关系管理的 7 个步骤 表 12-6

步　　骤	内　　容
1. 分析客户关系管理环境	3C 分析(客户 Customer，竞争者 Competitor，企业 Company)； 客户区隔、客户满意分析； 竞争者基准、竞争力分析； 企业信息技术解决方案分析； 3C 分析结论
2. 构建客户关系管理框架	界定与相关者的关系、联盟、客户接触渠道； 客户关系管理理念与目标/选择
3. 指定客户关系管理策略	客户分析工具运用(客户满意调查、客户接触渠道分析)； 客户关系管理策略体系(策略选择、策略模式)； 客户关系管理策略体系的展开(操作模式、效益模式)
4. 展开客户关系管理与企业流程重组	客户服务过程分析； 设定各客户接触渠道的最佳案例
5. 建立客户关系管理系统	各信息技术工具的制订； 以信息技术来实体模拟客户关系管理系统； 将信息技术运用于客服中心、销售自动化、电子商务等
6. 运用客户关系管理信息	活用客户分析工具(最近消费时间、消费频率、消费形态等)； 调查与研究非企业客户与原企业客户族群； 数据挖掘(一对一数据库、大量客制化)； 商品开发、促销、提升服务的回馈
7. 利用客户关系管理知识	建立客户关系管理合作的架构； 知识管理的架构与运用； 客户关系管理基础的人力资源管理、人力资源发展体系(教育、评估、目标管理等)

六、物流客户关系管理技巧

1.利用网络技术

在与物流客户交流方式变革的过程中，技术是关键性的驱动因素。如网络，当它将信息系统连接在一起时，就可以通过应用服务提供商对其进行远程管理；电子邮件已成为普遍存在的通信和交流方式；数据库，快速寻找复杂数据的设备和低成本数据存储的企业正在考虑改变管理客户信息的方式。

当以关系营销原则为基础设计营销程序时，目标是通过建立长期关系和培养客户忠诚度来实现每一客户的最大价值。营销的费用从个体接触转移到管理客户，成本从促销运动转移到服务和宣传上，而服务和宣传是培养客户忠诚度和建立长久关系的关键。

电子邮件的优势体现在：其一，电子邮件是开放的，可以通过发送和传递信息来改变人们的信息接收来源，可以引起客户对你网站的兴趣。其二，电子邮件是及时的，它是实时的媒介，几秒内就可以通知所有成员、潜在客户和已有客户，可以进行即时反馈和迅速采取后续措施。其三，电子邮件的成本较低，其成本仅为邮寄和电话的一小部分，而且对于接听方很方便。不过一般企业只拥有一少部分客户的电子邮件地址，通过更多地了解客户电子邮件地址，企业既可以大大降低客户交流费用，也可以拥有更多的机会与客户进行更多的交流。其四，电子邮件是可衡量的，你可以很容易地衡量和跟踪反馈活动并清楚地区分发挥作用和没发挥作用的电子邮件，关注这些数据可拥有更多的机会进行方案再细化，提高电子邮件所提供的相关和服务水平。

2.通过长期交流建立客户关系

当与新客户或已有客户建立关系时，实际上也就是企业品牌与客户在进行交流，要注意以下原则：表格要简短，即时兑现价值，让客户了解企业的诚意，确保随后的交流与了解的客户信息具有相关性，为交流建立信任基础。

建立客户关系的基础过程：引起客户注意—客户许可—客户参与—建立客户忠诚度。

考虑客户与企业品牌建立管理类型，选择引起客户注意的方式。

客户注意后，需要说服客户，让他们相信本企业最适合与他们建立关系的品牌，期望他们参与能够给他们带来方便和价值的营销计划。

通过向客户发送消息、促销信息等来向客户提供实实在在的价值，以与他们建立服务关系。

建立忠诚度的方法首先要尽可能地得到他们的认可，听取他们的意见，并通过服务或价值进行反馈；同时从中获得额外信息，提高个性化交流和服务的水平。

3. 建立个性化联系

为了与客户进行个性化交流，需要了解各客户群与其他客户群的不同之处以及他们的真正需要(参见表 12-7)。在每个客户群内部，需要推动基于客户与企业的关系在循环中所处的位置而进行的交流；需要持续跟踪与已有客户和潜在客户进行的交流，关注他们的个性化反馈并进行实时的相关的相互交流。这种个性化交流的特点是：

(1)针对性。通过利用潜在客户或已有客户的兴趣和行为数据，可以对客户群进行细分，分辨出哪些是价值客户，是有资格收取特定信息的客户。

(2)个性化。在发出针对性信息时，要决定信息的内容和个性化的程度。

(3)适时性。应该何时与客户进行个性化交流？间隔多久沟通一次？

与客户进行个性化交流的工具 表 12-7

工具/技术	内　　容
调查：向样本客户询问他们的选择	收集到即时信息，可帮助增加对已有和潜在客户的选择及态度的了解
客户自我提交兴趣报告	客户描述，有助于与客户进行相关性交流
综合购物数据	跟踪客户购物史和产品档次，了解他们的需要，向他们提供高相关性的建议和推荐信息
综合客户服务	跟踪客户提出的每一问题，可提高将来与客户进行交流的频率
建立模型进行分析	对客户进行分析并建立模型，这样可更好地了解客户，预测他们未来的行为

4. 完善物流服务营销策

(1)售前服务策略

①发布产品信息和相关知识，培养消费需求。积极发布信息，介绍服务特色、宣传物流知识、培养购买物流观念等。设置通畅的渠道让客户了解服务方案信息，同时为客户资料保密，增强客户的够买行为信心，提高其满意程度。

②利用网络展示产品/服务形象，激发购买欲望。物流作为一种服务，无法满足物流购买者实际接触商品的需求，可以利用网络展示服务过程，跟踪服务流程，使购买者能够感受到服务的存在，全面了解物流提供的服务。

(2)售中服务策略

①开展定制营销，满足个性化需求。对于一些业务可以由客户自主决策进行组装，在不影响产品性能和物流技术允许的情况下，可设计多种备选方案，给客户个性化的选择。

②建立实时沟通系统。建立及时的信息沟通系统，可消除客户顾虑，增加安全性和可靠性。及时、快捷的信息发布系统，可以使企业的各种信息能够及时地传递给客

户。这就需要加强与物流购买者在文化、情感上的沟通，并随时收集、整理、分析客户意见和建议。例如，快速高效的用户查询系统，可以实时地向客户报告货物的踪迹，这就向用户传递了一种可靠的信息。

③提供个性化服务。个性化服务包括：服务时空的个性化，在人们希望的时间和地点得到服务；服务方式的个性化，根据购买者需要物流的产品特色来进行服务；服务内容的个性化，根据不同客户、不同需求提供不同的服务。

(3)售后服务策略

①建立客户数据库，积极管理客户关系。企业应重视已有的、潜在的客户资源，建立客户数据库，积极主动地管理客户关系，加强客户忠诚度。

②提供良好的自动服务系统，提高客户满意度。

在客户购买物流服务后的最后一个阶段，即评估阶段，满意程度取决于其实际的效用和其预期的效用的差额或比值。

客户满意程度＝实际所得效用/预期效用

所以，给客户一个合理的预期效用，并尽量使其充分认识到实际所得效用都是很重要的。在售后服务中，如能够自动适时地提供客户服务，是提高满意度的重要途径。

S 本章小结

物流客户关系管理，就是把物流的各个环节作为一个整体，从整体的角度进行系统化的客户管理。这样就可以超越各个环节的局部利益，既可以排除各个环节局限的约束和目标冲突来协调各个环节的局部利益，又可以排除各个环节局限的约束和目标冲突来协调各个环节的活动，从而实现商品实体运动的优化管理。

在物流客户关系管理概述中，理解物流客户的含义，掌握物流客户关系的类型，包括基本型、被动型、负责型、伙伴型、能动型，了解物流客户关系管理的目的和物流客户关系管理的内容。

在物流客户关系数据的开发中，了解物流客户开发模式，理解物流客户信息类型，熟悉物流客户数据库的应用方法。

在物流客户关系的推动中，能够进行物流客户关系的开拓和物流客户关系营销。了解物流客户服务创新理念是关系至上，把客户关系管理分成 3 个层级：一级关系，二级关系，三级关系。了解物流客户关系管理成功的前提条件。

在物流客户关系管理内容中，了解检测物流客户关系价值的方法，并能与物流客户进行个性化交流，掌握物流客户关系管理技巧，整合物流企业资源，通过物流服务客户关系管理的 7 个步骤，维护物流客户的忠诚。

C 案例分析

越海物流客户个个如雷贯耳❶

(一)背景

越海物流,是一家“另类”的物流公司。去年,跨国巨头飞利浦更换了国内总代理,让各大IT经销商跌破眼镜的是,最后中选者竟然是一家物流公司。以物流服务商的身份帮助厂商整合分销渠道,这在国内还是首例。

(二)具体

整合后的首月,越海物流就帮助飞利浦成功创出销售新纪录,超出同期深圳原总代理的销量近35%。飞利浦方面对此大为惊叹,专门授予该公司“创新商业模式奖”。

它,也是一家“低调”的物流公司。到2004年,该公司不显山不露水地成为了深圳海关的“纳税大户”,但客户却是个个如雷贯耳。且不说飞利浦、英特尔、三星、戴尔、LG、富士康等跨国公司是长期客户,明基、广达、冠捷、光宝、宝成、神舟电脑、中华映管等业界著名企业,也纷纷把物流重任委以该公司。柏灵顿和UPS,这两家世界物流巨头选择中国区战略合作伙伴时,都看上了这家名不见经传的深圳物流公司。

是什么,让越海物流赢得了跨国巨头的青睐?“在越海物流的每一个环节,都在思考创新的可能性。”总经理张泉的一句话,揭示了越海发展的核心机密。

越海物流的“手”越伸越长。早在1997年创业时,张泉就指挥着他的车队,赢得了相对稳定的客户和收入。

但他的感觉不是太好,原因是在当时,物料流通成本居高不下。张泉开始琢磨:除了运输,我们还能为客户做些什么?

此后几年里,“我们还能为客户做些什么”成为了越海创新的原动力。当客户为进出口手续不胜其烦的时候,越海增加了代理报关和代缴增值税业务;当客户因资金流转过程复杂而影响物流效益的时候,越海甚至做起了资金流服务……

典型的例子,莫过于该公司和飞利浦的合作。越海物流刚开始只是为飞利浦提供传统的物流运输,但越海物流的“手”越伸越长,进行了一系列国内物流界

---

❶案例摘选自锦程物流网/物流/案例精选/正文,http://info.jctrans.com/wliu/al jx/20065302555993.shtml,2006-5-30。

前所未有的创新，从简单运输延伸到显示器成品出口运输，再进一步延伸成为其一般贸易进口代理商，提供进口报关，代缴关税、增值税，代垫货款等资金密集型供应链服务。

把整个供应链"从头干到尾"。"最值得一说的创新成果，是我们以物流服务商的身份，帮助飞利浦整合分销渠道这件事了。"张泉表示，这在我国物流行业还是首例，为同行业探索出一条全新的创新发展道路。

在业界惊讶的眼光内，一家物流公司竟然正儿八经卖起显示屏来。越海物流也卖得不错，整合后的首月，越海物流就帮助飞利浦成功创出销售新纪录。越海物流和飞利浦的合作案例，也在首届中国供应链管理大奖中获得"最佳客户价值贡献奖"。

张泉说，整合前，飞利浦的成品从工厂到客户终端至少要经过4家或4家以上的责任公司，环节多，交接多，存在着许多人为因素和风险；同时，运输和暂存的仓储费用也很难降下来。

现在，越海已完全覆盖了飞利浦整个供应链环节，从工厂至客户终端中间的全部过程均由越海来完成。张泉表示，对于飞利浦来说，这样做减少了供应链环节，提高了物流和信息流的效率。

(三)案例思考

1.客户关系管理是如何在越海物流的企业经营中体现出来的？

2.越海物流是如何取得成功的？

(四)点评

越海物流的客户之所以个个都是业界知名公司，关键在于重视客户关系管理，注重客户信息的收集，进行准确的物流市场定位；根据客户的需要，有针对性地提供物流服务。

E 练习与思考

一、选择题

1. 物流客户的层次不包括下列哪种(　　)。

A. 一般客户　　B. 潜力客户　　C. 关键客户　　D. 普通客户

2. 物流客户关系类型中销售人员把产品售出去后就不再与客户接触的是(　　)。

A. 基本型　　B. 负责型　　C. 能动型　　D. 被动型

3. 顾客满意度调查应该集中的3个方面是(　　)。

A. 产品　　B. 售后服务　　C. 销售活动　　D. 服务对象

4. 物流客户的具体信息结构中的基本资料应包括( )。

A. 个别客户的企业年限 B. 业务方向 C. 企业周期 D. 市场情况

5. 企业选择与竞争对手重合的市场位置,争取同样的目标顾客,彼此在客户、价格、服务、供给等方面少有差别这种定位方式被称为(　　)。

A. 避强定位　B. 迎头定位　C. 重新定位　D. 思考定位

6. 第三方物流提供商为客户提供物流信息系统终端服务,企业与客户关系被设计成一个信息系统,从而为顾客提供高效率、高质量的准是物流服务奠定了技术基础。我们把这种客户关系的层次归为(　　)。

A. 一级客户关系　B. 二级客户关系　C. 三级客户关系　D. 四级客户关系

7. 指定客户关系管理策略是物流客户关系管理的第(　　)个步骤。

A. 3　B. 4　C. 5　D. 6

8. 物流客户关系管理中,提倡建立个性化联系,一个企业利用对其客户的现有资料进行市场细分和定位,这反映的是个性化联系的(　　)特点。

A. 个性化　B. 针对性　C. 适当性　D. 定位性

9. 维护物流客户的忠诚,增加客户忠诚的激励和奖励措施中,相对来说对忠诚影响较小的是(　　)。

A. 累计折扣　B. 积分点　C. 批量折扣　D. 返现

10. 物流服务作业体系包括的主要内容有(　　)。

A. 价格展示　B. 物质环境　C. 信息沟通　D. 渠道安排

二、思考题

1. 简述物流客户的 3 个层次。
2. 物流客户关系的基本类型有哪些?
3. 物流客户的开发模式是什么?
4. 物流企业市场定位的方式有哪些?
5. 物流客户关系管理的 7 个步骤是什么?

参考文献

[1] 霍红,马常红.物流管理学[M].北京:中国物资出版社,2004.
[2] 叶万春.服务营销学[M].北京:高等教育出版社,2005.
[3] 劳动和社会保障部中国就业培训就业技术指导中心组织.物流师[M].北京:中国劳动社会保障出版社,2005.
[4] 邹乐群.服务营销与服务管理[M].长沙:国防科技大学出版社,2002.
[5] 刘建国,申宏丽.服务营销与运营[M].北京:清华大学出版社,北京交通出版社,2005.
[6] 曹礼和,邱华.服务营销[M].武汉:武汉大学出版社,2004.
[7] 李海洋,牛海鹏.服务营销[M].北京:企业管理出版社,1996.
[8] (美)科特勒(Kotler,P.),凯勒(Keller,K.L.).营销管理(第12版)(书名原文 Marketing Management)[M].梅清豪,译.上海:人民教育出版社,2006.
[9] 沈珺,徐家骅.物流管理概论[M].北京:清华大学出版社;交通大学出版社,2006.
[10] 沈毅,许国银.物流实用手册[M].南京:江苏科学技术出版社,2006.
[11] 杨永杰.物流客户管理[M].北京:中国劳动社会保障出版社,2006.
[12] 陈春花.中国营销思考[M].北京:机械工业出版社,2006.
[13] 张杰,徐雷.物流客户服务[M].大连:大连出版社,2006,
[14] 曲建科.物流市场营销.北京:电子工业出版社,2007.
[15] 瓦拉瑞尔 A.泽比曼尔.服务营销[M].北京:机械工业出版社,2006.
[16] A.佩恩.服务营销精要[M].北京:中信出版社,2003.
[17] 邱华.服务营销[M].北京:科学出版社,2004.
[18] 迈克尔·波特.竞争战略[M].北京:华夏出版社,M1997.
[19] 沈默.现代物流案例分析[M].南京:东南大学出版社,2006.
[20] 董千里.物流市场营销学[M].北京:电子工业出版社,2006.
[21] 蒋长兵.现代物流管理案例集[M].北京:中国物资出版社,2005.
[22] 魏农建.第三方物流企业营销[M].北京:化学工业出版社,2003.
[23] 魏农建.物流营销与客户关系管理[M].上海:上海财经大学出版社,2005.
[24] 杨明,董兴林,刘新萍.物流市场营销[M].北京:高等教育出版社,2005.
[25] 陈立新.物流市场营销[M].北京:人民交通出版社,2005.
[26] 郭伟业,庞英智.物流服务营销[M].北京:高等教育出版社,2006.
[27] 杨惠萍.物流营销实务[M].北京:中国物资出版社,2004.
[28] 王少愚,李尧.物流与市场营销学[M].北京:对外经济贸易大学出版社,2005.

[29] 华蕊,马常红. 物流服务学[M]. 北京:中国物资出版社,2006.

[30] 袁炎清,范爱理. 物流市场营销[M]. 北京:机械工业出版社,2004.

[31] 吕一林,杨延龄,李蕾,金占明. 现代市场营销学[M]. 北京:清华大学出版社,2000.

[32] 李世杰,刘会亚,赵岩红,李颖,徐国良,王栓军. 现代市场营销与策划[M]. 北京:清华大学出版社,2006.

[33] 梁彦明. 服务营销管理[M]. 广州:暨南大学出版社,2004.

[34] 梅绍祖、张铎. 电子商务与物流[M]. 北京:清华大学出版社,2000.

[35] 石小平. 物流客户服务[M]. 北京:人民交通出版社,2005.

[36] 王广宇. 客户关系管理方法论[M]. 北京:清华大学出版社,2004.

[37] 王焰. 物流服务绩效标准及评价[J]. 物流技术,2002,1.

[38] 田宇. 论物流服务质量管理—兼与王之泰教授商榷[J]. 物流科技,2001,2.

[39] 陈京. 提高物流服务质量[J]. 中国物流与采购,2003,19.

[40] 翁心刚,魏新军. 论现代物流服务与企业竞争力. http://www.job186.com/lunwen2/2006/1-14/164326.html .

[41] 物流企业竞争优势及竞争力体系的构建. 中国国际物流网. http://www.wuliu.org/article/detail.aspx? articleid=34863.

图书在版编目(CIP)数据

物流服务营销/王进主编. —北京：人民交通出版社，2007.11

ISBN 978-7-114-06675-7

Ⅰ.物… Ⅱ.王… Ⅲ.物资企业—市场营销学 Ⅳ.F253

中国版本图书馆 CIP 数据核字(2007)第 173168 号

Wuliu Fuwu Yingxiao

书　　名：物流服务营销
著 作 者：王　进
责任编辑：陈志敏　高　培
出版发行：人民交通出版社
地　　址：(100011)北京市朝阳区安定门外外馆斜街 3 号
网　　址：http://www.ccpress.com.cn
销售电话：(010)85285838，85285995
总 经 销：北京中交盛世书刊有限公司
经　　销：各地新华书店
印　　刷：廊坊市长虹印刷有限公司
开　　本：787×960　1/16
印　　张：20.25
字　　数：403 千
版　　次：2007 年 11 月　第 1 版
印　　次：2007 年 11 月　第 1 次印刷
书　　号：ISBN 978-7-114-06675-7
定　　价：27.00 元